明代的宦官和宫廷

Eunuchs and Courts in the Ming Dynasty

温功义 ◎ 著

哈尔滨出版社
HARBIN PUBLISHING HOUSE

推荐语

在中国历史上，能够挑战皇权的势力大致有三：曰宦官，曰外戚，曰藩镇，其中又以宦官为害最久最烈。温功义先生《明代的宦官和宫廷》一书，全面、系统地梳理了宦官与皇权的历史，深刻揭示了二者相生相克，共存共荣的关系，以明代宦官为例，剖析了作为君主制寄生物的宦官制度由盛而衰的历史必然性。文字深入浅出，鲜活生动，是一部有识有趣的历史读物。

——解玺璋

这是一本了解明朝政治的好书。作者举重若轻，在据有丰富史料之上为我们讲述了明朝的政治生态。比起钱穆的《中国历代政治得失》，温先生更重视皇权、相权、宦官等的内部互动与斗争；同时，温先生不仅在讲史，也在讲人心。王朝政治或传统文化到了后期，已经无可挽回地走向末路，在制度和人性的绞杀场中，除了同归于尽，个人已经很难活出个人的尊严。

——余世存

宦官的权势之所以在明代臻于极点，一是由于朱元璋废除宰相，二是由于明英宗在太监王振的建议下从此不到文渊阁同内阁大学士一起办公，使得司礼监可以居间弄权，掌印太监成为事实上的"内相"。归根结底，太监之所以能戴着皇权的面纱登上历史的舞台，还是因为君臣缺乏互信，关系紧张。温功义先生的《三案始末》享誉已久，这本《明代的宦官和宫廷》延续了他深入浅出、明白晓畅的写作风格，以宦官提纲挈领，娓娓道来，引人入胜，是不可多得的明史佳作。

——吕峥

前　言

　　宦官究竟起自何时，由于文献不足，已不易查考。以记有宦官的书籍而言，最早的应是《周礼》。据此可知，宦官早在殷、周之时便已有了。在《周礼》中，宦官被称为阉、寺、竖等。这三种称呼，自始并无贬义，但因时间的变易，到了宦官又被称为内监、中官或太监的时候，再以阉寺称之，则已带有一些贬义和蔑视，若以奄竖或是宦竖为称，则不但带有轻贱之意，而且也是斥责他们时的用语了。

　　最早宦官的工作大概主要是守门，这从那些早期的称谓便不难看出。阉，《说文解字》的解释是"竖也，宫中阉閽闭门者，从门奄义兼声"。这里，它以阉竖相互对释，可见二者的职司必极相近。寺，《周礼·天官》说是"寺人掌王之内人"，也有监察出入之意，也许寺便是监护内官门户的人。汉时，宦者常被任为黄门令，一般宦者又习有小黄门之称，黄门即宫门，宦者主要用于守门，于此亦可概见。

　　早期既只限于守门，而且那时的宫室也并不大，所以宦官的人数不是很多，百人左右已足够了，因而《周礼》又有"奄寺不及百人"之说。然而这只是在早期，后来宫室日广，职事日多，宦官的人数一直都在增多，降及明、清，宦官的人数早已成千上万，若以拥有宦官的王府合计，数目就更多了。

说到宦官的来源，在早大概只有两条：一是由于战争的掳掠，二是得自籍没罪人的家属。在奴隶制社会时，对外作战，掳获奴隶原本是作战的目的之一，把掳来的幼童净身（阉割）而为宦者，当然也是例有的常事。这种做法不仅古已有之，直至明清，一直还是宦官的来源之一。把罪人的家属没而为奴，这也是行之已久的古法。在这些被没而为奴的家属中便有不少年幼的人被净了身，送进宫去，成了宦官。秦时的赵高，便是这类人中最出名的一个。在宦官的需用不多之时，从上述的两个来源得到的宦官原本足用，但到了需用日多之时，便又时见不足，得另辟蹊径了。

另外的途径有二：一是由宫中的执事太监各向自己的家乡去招选；一是等候一些自宫求职的人自行来投。

那些回乡招选的太监，大都是在宫里已经混出了些头面的宦官，他们自愿干这个差事，一是可以回乡夸耀一番，二是可借此增添自己在宫中的势力。他们所要收的都是乡中较贫苦的幼童，所以首先便要与幼童的家人洽谈他们的身价。一经谈妥，幼童便算已经纳入他的门下，由他为之净身，有时甚至还要改姓，然后便被带入宫去，在他或是比他的身份更高的宦官名下做个小太监，开始练习宫中的诸般事务。由于一经谈妥便要离家、净身、入宫，所以去做宦官也被称为"出家"。

自宫求职，那是宫中并未派人前去招选，而有些人家想要入宫求活，自行先净了身，设法请求入宫的一种做法。这些人虽被称为自宫,其实很多并非出诸自愿,常是由于生活实在困难,父母又受了一些在宫廷中有些门路的人的诱惑,才把自己的孩子先自净了身,希图能被收容进宫,当上一名宦官,借以求生,并图个升发的机会。这些人都比由宦官选招的人稍大些,甚至还有些是将近成年的人。当然也有些确是出于自愿而自宫的,这类人的年龄就更大些,有些已是成年人了。这些人都是身临困境,迫不得已才走上了这一条路的。譬如明末盛极一时,被称为九千岁的大珰魏忠贤,便是这类人中的一个。魏忠贤原是个市井无赖,游手好闲,无所不为。他是因为输了钱,欠了很多赌债无法偿还,想躲进皇宫,赖掉那些赌债,才想到了自宫求职这一条路的。

自宫求职既已成为宫中宦官的一条来路,自然也就有了它的供求关系。求过于供,这倒没有什么,无非是宫中人手稍紧一些,及时派出宦官回乡招选,便可加以调节。供过于求,可就有些麻烦了,宫里面的人数已足,再难安插,而自宫求职者却仍源源而来,群聚京畿左近,到处流浪,惹是生非,实在是个亟待解决的问题。明代是个宦官用事极久极盛的朝代,故自宫求职一事也以明代为盛。在明宪宗成化年间,自宫求职的人已经多到了无法安插的地步,明廷曾经多次明令严禁,但事已积之,早已势如波涛,虽加严禁,却也难有实效。这个情况,在《明宪宗实录》中已有几次谈到,这里选录几节,以见一斑。

成化十一年(1475)十二月,礼部奏:"近有不逞之徒,往往有自宫其弟□子侄,以希进用,聚至四五百人,告乞奏收,群众哄然,阻遏无计。"奏入,有旨:"此辈逆天悖理,自绝其类,且又群众喧扰,宜治以重罪。但遇赦宥,锦衣卫其执而杖之,人五十,仍押送户部,如例编发海户当差。自后有再犯者,本身处死,全家发边远充军。礼部仍移文天下禁约。"

十三年三月,自宫以求用者积九百余人,礼部以闻,上曰:"此辈以规避差役,违禁自宫,锦衣卫其执杖之,人三十,遣还当差,有再犯者,必罪不宥。"

十六年六月,礼部进自宫者至千余人,喧扰官府,散满道路,乞照旧例,令巡城御史、锦衣卫五城兵马等官逐回原籍宁家。

二十一年正月,周洪谟等疏言:"自宫求进称为净身人者,动一二千人,虽累加罪谪,旋得收用,若不痛惩,无有纪极!今各王府累求内使,宜量以赐之,否则,仍发原籍原卫。今后宜依先年枷项放遣事例,勿复收用。"

《明世宗实录》对自宫之事亦有所记载,嘉靖十一年(1532)五月,记道:"时自宫无票帖未收者尚数千人,先是,正德二年(1507)九月,申男子自宫之禁,令锦衣卫五城兵马限三日尽逐出之,有潜留京者,坐以死。时宦官窃权者,泽及九族,愚民尽阉其子若孙以图富贵,有一村至数百人者,虽严禁亦不之止也。"

从以上所引各条来看,最先自成化十一年开始禁逐,至嘉靖十一年所记,历时已逾三朝,达五十余年。多次严禁、杖逐,非但不能禁绝,反而越禁越多:人数从成化十一年的四五百人,到成化末年,十一二年间,已增至动辄一二千人了。到了嘉靖年间,未收用者更已达数千人,甚至一村之中,自宫者便已多达数百人了。这个势头实在惊人。明宪宗认为这些人自宫是为了规避差役,明世宗又说这些人是贪图富贵。这两种说法虽非全虚,但却都没能说到根本之处,主要的原因应该还是人们的生活日困,无以为生的人太多,所以才会有这样多的人不惜自残其身,或是伤及子孙,以求找到一条求生之路。这样的人越来越多,才会弄成这样的局面。

民间对于宦官，历来好评不多，提到宦官常带有一些轻贱憎恶的情绪。这种看法一是由于形貌，二是由其行为。宦官因为受过阉割已是一种六根不全的人了，在形体上表现出的是光面无须，嗓音尖窄。这种身残形变的人，原已使人易生憎厌，加以宦官外出办事，每每以为身在皇家，高人一等，显出一种倚势欺人、威福自恣的样子，而其所干的事又通常都是替皇家来盘剥人民，自然就令人更觉可恨可厌了。

对于宦官在形体上的变异感到憎厌，很多方面乃是由于受到长久占统治地位的儒家思想的影响，所以读书人更加憎厌宦官。读书人一向读孔孟之书，习圣人之礼，对于"身体发肤受之父母，不敢毁伤"一语是奉行唯谨的，肤发且不敢伤，伤及本根，形变身秽，那还了得，真是"所恶有甚于死者"。西汉的太史公司马迁，因替败降匈奴的李陵辩护而触怒了汉武帝，被处以宫刑，刑后他痛不欲生，只是为了要完成他的《史记》一书，才忍辱苟全，勉强活下来的。他在《报任安书》一文中，曾多次说到宫刑使人感到的奇耻大辱。他说："行莫丑于辱先，诟莫大于宫刑，刑余之人，无所比数，非一世也，所从来远矣。昔者卫灵公与雍渠同载，孔子适陈；商鞅因景监见，赵良寒心；同子参乘，袁丝色变，自古而耻之。"他又依次历数诸刑，最后才提到宫刑，说是"最下腐刑极矣！"《文选注》于此释曰："宫刑腐臭，故曰腐刑。"由此可见宫刑给人带来的切身的耻诟。太史公之身受宫刑，是由于汉武之一怒，应说是一场飞来的横祸，比不得那些自愿以此作为宦官的人，但他还要自憎不已，觉得已经成了"天下观笑"的人。并非自愿，尚且如此，对于甘心以此自献的宦官，洁身自好者对他们的轻视和鄙视，当然就更不待言了。

说到宦官来到民间总是干些倚势欺人、祸国殃民的事，实在也有很多必然的原因。首先，凡是能够出宫来为皇室办事的宦官，为首的常常都是在宫中已经爬上去的有些头面的人物，能跟着他出来的，也都是看着他的颜色干，一心想爬上去的各类小太监。但在这个数以千计的宦官群中，要想设法爬上一个较好的阶层，实在是很难的。因为竞争的对手都是六根不全、注定无后的宦官，他们为了竞争不得不拉帮结派，并投在已经攀上高位的大宦官的门下，以便得到援引。但因他们的特殊环境，彼此之间以诚相见的可以说是绝少，相互猜忌、排挤倒是常事。有利可图时，仇者可以暂时相亲；一旦逢到灾难，任谁都可出卖。很多一时颇有权势的大宦官，被扶植起来的门下倾害至死的事，实在是很习见。正因如此，巧于钻营的宦官都得练出很多狡诈的本事，才能保住自己，顺利地向上爬。还有，宦官所侍奉的不是后妃嫔御，便是诸王公主，这些人都是天潢贵胄，万不可轻易触怒。惹恼了这些人常会有不测之祸，所以对其更要尽心趋奉，不可或违，但得其高兴，就是把白的说成黑的，黑的说成白的，也得满口称叹，装得像是真的一样。"指鹿为马"，他们的老前辈赵高，老早就给他们留下了示范的教材。

他们在宫中是历尽那么多艰辛才爬起来的，一旦到了民间，自然便要任性而为，恣情掳掠一番了。况且他们出宫办事，多半总是奉命去向民间罗掘财物。为了便于复命，并也用以自肥，当然要大肆搜刮，扰得人民财竭力尽。出来办事的宦官要多捞些余润用以自肥，实在也是非常必要的：一来可以有些额外的供献，以博讨主子的欢心；二来出外办事是个肥差，宫里的大宦官也都在等着他们的供献。此外，如果出了什么差错，这些也可用来作为保命的本钱。

宦官们最怕的是朝政清明，一切井然有序，因为越是这样，他们就越少可以任性胡为。反之，朝政越是混乱，宦官们便越能得逞。宦官为害之烈，大多都在每个王朝的末世。因末世的宫廷常是贪奢无度，常常放出很多宦官到民间去任意搜刮，为害也就越厉。史册说到宦官为害之烈，每以汉、唐为言，实际上指的也都是汉、唐的末代。

史册所谓宦官为祸最烈的汉代，指的乃是东汉，特别是从汉和帝（刘肇）到汉灵帝（刘宏）的那一段时间。东汉时的宦官之所以得势，乃是由于他们帮助皇帝打倒了专擅朝政的外戚，渐次掌握了朝权和禁军之故，而外戚之得以专权，则又是幼主在位很难避免的事。因为皇帝年幼，太后临朝，垂帘听政乃是必然之事，而太后的家人由于帮助太后理事而得总掌朝纲，也就是无可避免的事了。但等到皇帝年事稍长，自理朝政的心意日切，而久于专权的外戚却又恋恋不肯归政，自然不免要发生冲突。皇帝深居宫中，在他的左右能为之效力的只有一些宦官，他既不满于外戚，自然只有和宦官在暗中计议，共同设法除去外戚。宦官于是就有了主管朝政的机会。不过也有些已近成年的幼主，对于专权的外戚还并无太多的不满，倒是宦官们看不过外戚们长久掌权，怂恿着皇帝设法把外戚们除掉。但不管是皇帝主动召集宦官，或是宦官说动了皇帝，结果反正都是一样：去掉了外戚，朝权便告易手，外戚倒后，宦官的势力便为之大增。更巧的是，自汉和帝以来，撇开那些为时极暂的少帝、冲帝、殇帝等人不说，即便是在位略久的诸帝，竟也全都是尚在冲年便即帝位的，所以太后临朝，外戚主政便不断重复，而宦官们协助皇帝又除去外戚，就不断地又重复了多次。

最先引起外戚与宦官之争的汉和帝，是在章和二年（88）二月，于汉章帝刘炟去世后继位为帝的，那时他才只有10岁，由于年岁太小，不能自理国事，所以由他的母亲窦太后临朝，外戚窦宪因而得以主政，掌握了朝权。待到永元四年（92），宦官郑众利用汉和帝不满于窦宪的一切专断的机会，暗中与和帝谋议，杀死了窦宪，朝权初次落入了宦官之手，他们实力大增。

元兴元年（105）汉和帝去世，殇帝刘隆继位为帝，他在位不及一年便早死。又由汉安帝刘祜继位，刘祜即位时仅13岁，所以又由邓太后临朝，外戚邓骘主政。公元121年，邓太后去世，邓骘仍旧紧握朝权，不肯放手。那时汉安帝已成年，不能再行等待，他便与宦官江京、李闰等人在暗中谋议，设法除掉了邓骘，夺回了朝权。宦官们经过这次斗争，势力较之以前，又增长了一步。

延光四年（125）汉安帝去世，最初继位的是被称为少帝的北乡侯，由阎太后临朝，外戚阎显当政。这次是因宦官们感到不满，由孙程等19名宦官带头闹事，杀了阎显，改立了当时年仅11岁的刘保为帝，也就是后来的汉顺帝。这时，宦官的势力已比昔日更强，所以敢于自己起来废立改立。

建康元年（144），汉顺帝去世，继之而立的有冲帝刘炳和质帝刘缵，这两个人都是幼年便被立来继位，但又都是即位不久便夭折了的。最后登上帝位的是汉桓帝刘志，他即位时15岁，原已不算太小，但却仍旧依照惯例，由梁太后临朝，外戚梁冀当政。梁冀是所有当政的外戚中最横暴的一个，汉桓帝受其欺压，早已极为愤恨，终于在延熹二年（159），桓帝与内监单超等人暗中计议，安排妥当，先动手杀了梁冀和他的家人，然后又把梁冀的党羽三百余人也都拿住杀了。在桓帝即位之际，宦官的权势原已增大，但经梁冀专权多年，对宦官不断予以压制、分化，宦官的势力已经弱了很多，如今一举除掉了梁冀，消灭了他的党羽，宦官重又掌权，他们的势力重又振兴起来。宦官们这次做得比以前更为彻底,他们把朝中事务几乎全都抓尽,不但朝内朝外大小官职差不多都为他们自己或是他们的党羽所据,甚至连朝野名流和太学生的利益也都成了他们攫取侵夺的目标。名流和太学生们为此对宦官极为不满,不断指责他们,说他们"虐遍天下,民不堪命"。

永康元年(167),汉桓帝刘志去世,继之登上帝位的是年仅12岁的汉灵帝刘宏。新即位的皇帝刘宏又因年幼不能理事,例由窦太后临朝,外戚窦武主政。当朝的窦武,一上来就感到棘手,因为宦官们得势已久,朝中诸务尽都落入了他们的手中,很有些尾大不掉之势,他的政令很难施行。窦武很想把这些跋扈的宦官除掉,却又怕自己力量不足,招来不测,就想联合当时的名流共同除去他们。他不断与名流李膺、陈蕃等人私下商议,还安排了动手的步骤。然而事机不密,他们的布置还未就绪,却已为宦官们得知,并且在他们动手之前就先下了手。建宁元年(168),宦官们开始动手,先杀了窦武、陈蕃和他们的全家,随后又杀害了李膺、范滂等一百多人,并把和陈蕃、李膺等常通声气的所谓清流者们也都抓了起来,予以禁锢,人数六七百人,还有太学生们,被捕的也有一千多人。杀掉了外戚窦武和名流多人,宦官们的势力至此而益增。

公元189年,汉灵帝去世,少帝刘辩继位,何太后临朝,外戚何进主政。那时宦官的势力已大到空前,朝中一切都掌握在他们的手中,何进当朝不过是挂个空名,朝中诸务几乎毫无可由他着手之处,何进心有未甘,也想动手除掉这些宦官,他找到手中握有相当武力的司隶校尉袁绍商谈此事,但又怕袁绍握有的武力不够充足,暗中又派人到陇中去招请当时领军屯驻在扶风的前将军董卓,要他率领所部即行进京，想让他与袁绍合力，一举灭绝宦官。何进召集兵马，干得有欠周密，董卓应召，还在路上，宦官们却已先知道了。他们大为吃惊，抢先在宫中动起手来，不但杀了何进，就连何太后也被他们杀了。在外边的袁绍，听说宫里的宦官已经开始动手，为了自保，便也纵兵杀入宫去。混乱之中，袁绍干得倒很得势，他吩咐杀入宫中的军兵，见到宦官便杀，一个也别放过。他这一仗杀得很是彻底，宫中的宦官几乎被他完全杀尽，甚至一些没有胡须的人，也被误认为是宦官，全被杀了。宦官与外戚之争，经袁绍这样彻底一干，宦官一时元气大伤，算是终于告一段落。但紧跟着的却是董卓率军入京，赶走了袁绍，废了少帝刘辩，另外立了汉献帝刘协。汉献帝是汉代的最后一个皇帝，他先在董卓的手中，后来又转入曹操的手中，苟延残喘地当了31年的皇帝，其时虽然不再有宦官与外戚之争，但汉之为汉，却已名存而实亡了。

唐代宦官的声势称盛，开始于唐德宗（李适）在位的兴元元年（784），那时唐代的藩镇割据之势已成，因而唐德宗对于领兵在外的将领们都不放心，要派出一些他所亲信的宦官去监视他们。他最初派出窦文场和霍仙鸣这两个宦官，让他们到左、右神策军中去做监军。等到贞元十二年（796）时，唐德宗便将左神策大将军柏良器的官职贬去，而任窦文场为左神策军中尉，霍仙鸣为右神策军中尉，并明令左、右神策军此后俱由中尉来管辖。这样一来环绕京畿一带的禁军便全落入了宦官的手中。窦、霍二人又不断加以扩充，后来所辖人数竟达十五万之多，他们的势力也随之增大了。

晚唐时期的宦官由于手中掌握了这么大的兵力，他们的声势实已远远超过了东汉末年的宦官。东汉之末的宦官不过只杀了几个外戚，对于皇帝可是一个也没敢杀过；晚唐的宦官可就不同了，那时不但很多皇帝的拥立和废黜都由他们做主，就连一些皇帝的生死，常常也是由他们来决定的。

晚唐时期，第一个由宦官所立的皇帝乃是唐宪宗李纯，他是由宦官俱文珍和当时的一些朝臣联合着拥立的。那是在唐德宗去世后，唐顺宗李诵初立，局势未定，俱文珍等趁机把他拥上帝位的。李纯因为是由宦官拥立而得帝位的，所以他就特别倚信宦官，其中最为他看重的便是宦官吐突承璀，他任命吐突承璀为内常侍，知内侍省事，统率所有的宦官。他还任命他为左神策军中尉，不但把禁军交由吐突承璀来掌管，甚至将当时中外诸将的调动指挥权也交由吐突承璀来管。唐宪宗一共做了15年的皇帝，他是由宦官所立，但到后来，也是被宦官给杀掉的。唐宪宗为了求仙和长生，很早便开始服用丹药，由于药性燥烈，他变得性情烦躁怪异，动辄便要杀人。常在唐宪宗左右的，差不多都是些大大小小的宦官，因此在他性发时被杀的，常常也就是这些宦官。唐宪宗李纯，倒是个颇能有些作为的皇帝，在平定各路藩镇上，他还做出了一些成绩。由于他的性情，那些拥立了他的大宦官们，早已兴起了废立之心，想另立一个和顺点儿的皇帝来代替他。不过唐宪宗又颇具杀伐手段，宦官们也不敢轻动。然而唐宪宗的暴烈，终于使得他们忍无可忍，就在元和十五年（820），宦官寻到个机会把唐宪宗杀了。

由于唐宪宗还在世时大宦官就已想着要试行废立，所以在那些大宦官的心目之中，各有各的继位人选。宦官梁守谦和王守澄等人所看中的人是皇太子李恒，他们认为，父死子继，这样最为合适，也少争端；然而，有军权在握的吐突承璀却不赞成，他想要使之继位为帝的是和他亲近的澧王李恽。他们相互争持着，一时不相上下。但得到弑杀唐宪宗机会的是梁守谦和王守澄那帮人,他们杀掉了唐宪宗后,先把唐穆宗李恒拥上了帝位,然后顺手又把吐突承璀和澧王李恽也都杀了。宦官们胆敢杀掉一个在位已有15年的还有些作为的当朝天子,跟着又杀了一个有争位身份的亲王,这实在是旷古未有的奇事,而更奇的却是,满朝的文武官员竟眼看着他们不断地杀,却都不敢言,连说个"不"字的都没有。由此也可看出,晚唐时宦官们的势焰之大,已经到了何等的程度。

由梁守谦和王守澄所立的唐穆宗李恒,在位为时实在很短,他和唐宪宗一样,也是个渴望长生,拼命乱服丹药的人。他在位只有4年。从元和十五年(820)初,到长庆四年(824)初,他便因所服丹药的药性发作而短命身亡了。

继唐穆宗李恒被立为帝的乃是唐敬宗李湛,他也和唐穆宗一样,是个只想着过自己的放纵生活,对于朝政绝不过问的人。这样,在他在位之时,朝政便更进一步地落入了宦官们的手中。唐敬宗比唐穆宗在位的时间更短,他从长庆四年登基,只坐到宝历二年(826),在位还不满3年,便被一心想要拥立唐宪宗的儿子李悟为帝的宦官刘克明所杀,结束了他的皇帝生涯。

唐敬宗突然被杀,引起了朝中极大的混乱,那时已经身为枢密使的宦官王守澄,为了争夺势望,发动了禁兵入朝平乱。他杀掉了宦官刘克明和绛王李悟,而改立唐文宗李昂为帝。这位唐文宗乃唐穆宗李恒之子,原名李涵,受封为江王,是在即位为帝时才改名为李昂的。唐文宗最初乃是个不甘心由着宦官们来摆布的皇帝,他在位时,曾不断秘结朝臣,设法与宦官对抗。但是,那时宦官的势力已成,根基已深,他的多次挣扎都以失败告终。到太和九年(835)唐文宗又与李训、郑注等人密谋杀尽宦官,但他们为执行此事而策划的"甘露之变"①因出了岔子,也失败了,结果唐文宗倒成了宦官们的俘虏,被软监起来,孤零无助,每日唯以饮酒消愁。他曾赋诗自遣,自称受制于家奴,境遇比周赧王、汉献帝还不如。唐文宗就这么一直活到开成五年(840),才因病而死。

在唐文宗之后即位为帝的是唐武宗李炎,他是由宦官仇士良和劫余后的朝臣们共立的。唐武宗由于任用了颇有才能的李德裕为相,对内对外都颇有成就,宦官们的势焰也略见减弱。但唐武宗也是个迷信服食丹药可以长生的人,他服食到会昌六年(846),又因药性发作而去世了。

继唐武宗而为帝的是唐宣宗李忱,他也是由宦官们的拥立而登上帝位的。这唐宣宗为人颇有智术,即位以来便严禁朝臣与宦官之间有所往来,这个禁令使朝臣与宦官们声气难通,彼此对立,这样便使为势已大的宦官们的势头稍见减弱,他也可以略有所为。唐宣宗和在他以前的几个皇帝一样,也酷爱服用那些据说可以长生的丹药。但他是在大中十三年(859)去世的,也是死于药性发作,只是他在位的时间略长。

紧接着唐宣宗被拥上帝位的是唐懿宗李漼,他是在唐宣宗去世便登上帝位的。唐懿宗才即位便赶上了浙东农民起义。那时宁国人裘甫率众起义,首先攻下了剡县,很快就集众至三万余人,造成了

---

① 甘露之变是李训为唐文宗安排的。李训为与郑注争功,在郑注被派往凤翔后再谋除去宦官的计划,他先在左金吾衙门近处设下数百名伏兵,然后令人谎奏在左金吾衙门后的石榴树上降有甘露。唐文宗故示不信,派左、右神策军中尉仇士良、鱼志弘领众宦官去那里察看,以便在那里把他们围歼。仇士良等抵达前发现了伏兵,率众逃回殿上,先把唐文宗劫持在手,然后派出神策军分头杀了李训、郑注等人,这次事变宦官前后杀了李训、王涯、郑注等共达一千数百人,朝廷为之一空,而宦官们则更进一步,完全控制住了皇帝。他们的势焰更盛了。

013

很大的声势。这次的起义虽说前后只有几个月就被官军大力镇压下去了,但它却代表着农民的心声,农民的意念。这次的起义竟成了农民起义的嚆矢,此后的农民起义便此起彼伏,不断发生了。

唐懿宗是在咸通十四年(873)死去的,在他在位的这十多年里,虽说没再发生过比浙东农民起义更大的暴动,但旋起旋灭的农民起义还是不断发生。他去世以后,唐僖宗李儇登基。其在位期间,由王仙芝和黄巢所率领的彻底动摇了李唐王朝的农民大起义,便爆发了。

唐僖宗李儇是由宦官田令孜拥立为帝的。宦官们为了便于掌握由他们拥立的皇帝,在拥立之初,先杀光了唐懿宗所遗留的年长诸子,只留下了李儇,让他来当皇帝。那时的朝政全由田令孜一人把持,唐僖宗不过是个傀儡,摆在那里做个样子而已。李儇成天只是玩耍,一切事务也真得全要依靠田令孜,他甚至称田令孜为"阿父"。

最初发动农民起义的王仙芝,乃是濮州人,他是于乾符元年(874)在河南长垣县带头起义的。起初,他只聚集起了数千人,直到次年,乾符二年(875)他攻下了濮州和曹州,四方的农民才纷纷起来响应,人数一下子也多了起来,黄巢便是在那时和王仙芝会合在一处的。黄巢是山东冤句县人,他在王仙芝起义后,也聚集起了数千人遥为呼应,和王仙芝会合后,他带领的起义军不断扩大,很快便增到了数万人。唐代从乾符元年到中和四年(884),是晚唐农民大起义从爆发到兴盛,又转到消亡的一个时期。到中和四年以后,实际的局势已成为以李克用和朱全忠为主要人物的藩镇相争的局面,宦官们把持着的那个朝廷竟已成为政令不行,势难自保的小朝廷,干不成什么事情来了。虽然在唐僖宗之后又由宦官杨复恭在文德元年（888）拥立了唐昭宗李晔，表面上还保持着宦官专权的样子，实际上却已是政令难出国门，无足为道了。

自唐而下，历经五代、宋、元，宦官在朝政中虽仍占有一些颇具影响的地位，但与汉、唐相比，却又显得望尘莫及。到了明代，宦官的活动变得触目惊心，另具特色。

明代是宦官用事历时最久的一朝。明初，在明太祖和继之而即位的建文帝时期，由于那时对宦官的管束极严，他们的活动很少，可以忽略不计。但从明成祖夺取帝位以来，直至崇祯十七年（1644）明代灭亡，二百多年来，都是宦官极为活跃的时期，历时之久，即以汉、唐而言，也难与之相比。但明代宦官用事的时间虽长，势焰却又不够，在对于皇帝可以兴废由己这一点上，却又远远不及汉、唐。即如明末天启年间，已经成为干儿义子满朝堂，生祠遍天下，被人呼为九千岁、与称万岁的天子几乎已是平起平坐了的大珰魏忠贤，原已起了篡位之心，并且很不想让人把信王召进京来嗣位，但因他所握有的朝权、军力等都还不足，不但未能阻挠崇祯嗣位，而且在崇祯即位三个月后，便完全垮了。这种情况，若和汉、唐相比，特别是和晚唐时的宦官相比，在气势上可又差得太远了。

清代自入关以后，一切都因袭明制，然而对于宦官却一反明代之所为，对待他们变得很是严厉，立有不许宦官出京之戒，在宫中的限制也较明代为多。所以清代宦官的权势比着明代要差得多，为害民间之处也少于明代。但宦官身居宫中，在帝左右，要想让他们与政治绝缘，几乎是不可能的。如在一向以英明自诩的清高宗（乾隆）的鼎盛时期，还发生了军机大臣于敏中与宦官高从云等内外勾结，窃探朱批的事情，乾隆感到非常羞怒，大发了一阵雷霆。于敏中因有失圣意而病，乾隆派人前往探病，带去的恩赐之物，竟是他常在大臣们身后赐给他们用于在棺内覆盖尸身的陀罗经被。于敏中睹物会意,不久遂以病势不起,已经去世见闻。此事在清代流传很广,人们论及内外交接最应慎戒时,每每以此为例。清代宦官最为活跃的时期,是在清末慈禧太后垂帘听政的时候。在先慈禧所最宠爱的宦官是安德海,慈禧常叫他为小安子。这个小安子仗恃着慈禧的宠爱,平日无恶不作。为了讨好慈禧,小安子时常外出,到各省去横行勒索,其势焰之高,为害之大,比起明末那些在外横行的宦官来,几乎还有过之。那些地方官,知道安德海是太后身边的红人,都很怕他,由着他在境内横行。但是那时却也有不怕祸事,敢于打击邪气的人,譬如山东巡抚丁宝桢就是一个这样的人。一次,小安子去到山东,在省城一带大肆横行,丁宝桢得知这个情况,便以"祖宗向有内监不许出京之戒"为由,指称小安子是个冒充太监,招摇撞骗的恶棍,吩咐人们把他拿来,问也不问,马上杀了。丁宝桢奏明慈禧也说他在济南拿到一个冒充安德海的恶棍,已经即行正法了云云。慈禧虽然知道丁宝桢是存心要杀安德海的,但因他抬出了"祖宗严禁宦官出京"之戒,也拿他没有办法,只好忍了。

在小安子之后见宠于慈禧的是宦官李莲英。李莲英原本是给慈禧梳头的太监,小安子被杀后,他就窜上来了。李莲英得宠后所干的坏事比小安子要多得多,但他吸取了小安子的教训,除非跟着太后,他自己只在京中横行,绝不单身出京。

清末的宦官,其势焰远不及明末的宦官那样豪横,这虽与清朝执行禁例比明朝要严有关,但时势的变易也是原因之一。在太平天国革命以后,封建王朝的崩溃已极显见,宦官们无论自觉或是不自觉,大概都已经感到,他们的来日实在是已经无多了。

目录
CONTENTS

一　明代宦官的概况 / 001

二　郑和下西洋 / 017

三　从永乐到宣德 / 037

四　王振擅权和土木之变 / 065

五　保卫都城与上皇回京 / 085

六　南内的禁锢和夺门 / 109

七　夺门以后 / 129

八　明宪宗·汪直·东厂和西厂 / 147

九　以勤政传称的明孝宗 / 167

十　正德年间，宦官之势复起 / 187

十一　嘉靖初年的议礼 / 213

十二　朝臣门户之渐兴 / 237

十三　冯保和张居正 / 265

十四　万历一朝政务的败坏 / 291

十五　从万历到天启 / 309

十六　天启间的魏忠贤 / 329
十七　崇祯铲除魏忠贤 / 351
十八　明代的灭亡 / 367
附表　明朝君主世系图 / 392

一

明代宦官的概况

宦官为害之巨，论者常称汉、唐，然而若以明代来说，也可算得是一个很够一提的朝代。明代的宦官虽没有东汉之末和晚唐时期那些宦官的势焰大，也从没有像汉、唐的宦官那样，把天子的立、废、生、死都操之于手，但他们之所以异于先前各代，是因为他们用事最久，握有的朝权极为深广。以历时而言，明代自永乐以来，宦官便见得势，从此直到明思宗（崇祯）缢死在煤山，二百多年来，宦官无一时不活跃在明代的朝堂上。自正统以来，几乎每朝都会有一些像王振、汪直、刘瑾那样的权倾人主的大珰，而且愈演愈烈。到了明末天启年间，大珰魏忠贤当权，数年之间，已经做到了人称九千岁，生祠遍天下，真是几乎已有了"并帝"的位分。然而话虽如此，魏忠贤无论想干些什么，仍得要奏明在位的明熹宗天启帝。他想杀害什么人，也总是要百般设计，总要骗得明熹宗认可才敢放手去干。所以当天启在时，魏忠贤简直是手握王权，口含天宪，实际上似已与当朝天子无异；而一旦天启去世，他又成了个虚弱无依、难于自立的人。天启将死之际，魏忠贤原想阻住召回在外的信王，使他不能嗣位。魏忠贤还多次与拜在他门下的崔呈秀计议，想要篡夺皇位，但因循久之，终于没敢动手。天启七年，信王朱由检奉召入京，并受遗命得登帝位。那时魏忠贤的党羽仍充满朝中，魏忠贤不但掌管着缉事捕人的东厂，在宫中还有数以千计的习武太监。继位的崇祯不过是个才即位的藩王，立足未稳，根基未定，和魏忠贤相比，表面上似乎强弱之势相去甚远。但崇祯以引而不发，坐待其变为主，和魏忠贤暗斗了几个月，垮下来的不是崇祯，却是失去了依仗的魏忠贤。不久，魏忠贤被发往凤阳安置，在路上又因接到逮治的后命，便在途中自缢而亡了。有帝势可倚时，势焰可以熏天；失去帝势时，却又虚弱至此，这就在当时也很出乎人们的预料。所以如此，实自有故，这是由于明代自废去宰相制后，建立起来的是个政由六部，军隶五军都督府的，事权分散，彼此相互牵制的政治机构，一切大权统由皇帝一人来掌握。但因结构松散，牵制太多，即使公认有调动一切权力的皇帝，在明代中期以后，遇着大事，调动起来政治机构也还很见吃力。其他的人，若想一时之间便能把所有事权都掌握在手，调动自如，就更难了。明代的大珰虽有很多，但都只能弄权于一时，没有废帝、立帝全可由己的威势，主要的原因便在这里。

　　最初，明代的宦官是很不得势的。由于大明帝国的创建者，明太祖朱元璋是个起自民间的人，身受、目睹过宦官的危害，对于宦官，他与民间一贯的看法很是一致，深切地认为，这种人里，好人不多！这个看法，在他身登帝位以后依然如故，每逢论及宦官，他常常说："此曹善者千百中不一二，恶者常千百，若用为耳目，即耳目蔽；用为心腹，即心腹病。驭之之道，在使之畏法，不可使有功。畏法则检束，有功则骄恣。"在宦官的人数上，朱元璋实在想的是，这种人不能多，越少越好。他常以《周礼》为例，说："朕观《周礼》，奄寺不及百人，后世至逾数千，因用阶乱。"这些都是他的真实想法。可事实的发展往往是不以人们的意志为转移的，他在心里虽然想着这种人不宜多，但实际的需要却由不得他。在建立大明之前，还是称为吴国的时候，宫中的宦官人数已经逾千，他把其中的很多事务都交给了宦官。而到洪武初年，内监的二十四衙门：十二监、四司、八局都已建立起来，宦官的人数就越发多了。

内监的二十四衙门，它们依次是：

一、司礼监。设有提督太监一员，掌印太监一员，秉笔太监、随堂太监、书籍名画等库掌司、内书堂掌司、六科廊掌司及典簿等俱无定员。提督太监掌督理皇城内一应仪礼、刑名及铃束长随、当差、听事各役，关防门禁，催督光禄供应等事。掌印太监掌理内外章奏及御前勘合。秉笔、随堂太监掌章奏文书，照阁票批朱。掌司各掌所司，典簿典记奏章及诸出纳号簿。司礼监由于有督理皇城内一应仪礼刑名的职权，暗中寓有管辖其他各监、司、局等内监衙门的权力，所以在二十四衙门中自始便占有突出的地位。后来所设的东厂、西厂、内行厂等缉事厂卫，也都由司礼监来掌握。中书省被废置后，司礼监还得到了一项批朱权，代皇帝以朱笔批示内阁的票拟，司礼监的权势就更大了。因此，有明一代，内监们最为热切争夺的职务便是司礼监中的提督太监。

二、内宫监。掌印太监一员，另有总理、管理、佥书、典簿、司掌、写字、监工等职无定员。该监所掌为木、石、瓦、土、塔材、东行、西行、油漆、婚礼、火药十作，以及米盐库、营造库、皇坛库等。凡国家营造宫室、陵墓，并铜、锡妆奁、器用暨冰窖诸事，俱由内宫监掌管。

三、御用监。掌印太监一员，里外监把总二员，典簿、掌司、写字、监工等无定员。凡御前所用围屏、床榻诸木器，以及紫檀、象牙、乌木、螺钿诸玩器，皆造办之。又有仁智殿监工一员，掌武英殿中书承旨所写书籍画册等，奏进御前。

四、司设监。员同内宫监，掌卤簿、仪仗、帷幕诸事。

五、御马监。掌印、监督、提督太监各一员。腾骧四卫营各设监官、掌司、写字、拿马等员。象房有掌司等员。

六、神宫监。掌印太监一员，佥书、掌司、管理等无定员，掌太庙及各庙之洒扫、香灯等事。

七、尚膳监。掌印太监一员，提督光禄太监一员，总理一员，管理、佥书、掌司、写字、监工等无定员，掌御膳及宫内食用并筵宴等事。

八、尚宝监。掌印一员，佥书、掌司等无定员，掌宝玺、敕符、将军印信。凡用宝，外尚宝司以揭帖赴监请旨，至女官尚宝司领取，监视外司用讫，存号簿，缴进。

九、印绶监。员同尚宝监，掌古今通集库及铁券、请敕、贴黄、印信、勘合、符验、信符等事。

十、直殿监。员同上，掌各殿及廊庑等扫除之事。

十一、尚衣监。掌印太监一员，佥书、掌司、监工等无定员，掌御用冠冕、袍服及履舄、靴袜等事。

十二、都知监。掌印太监一员，佥书、掌司、长随、奉御等无定员，旧掌各监行移、关知、勘合之事，后惟随驾前导警跸。

十三、惜薪司。掌印太监一员，总理、佥书、掌司、写字、监工，以及外厂、北厂、南厂、新南厂、新西厂各设佥书、监工，俱无定员。掌宫中所用薪炭等事。

十四、钟鼓司。掌印太监一员，佥书、司房、学艺官等无定员。掌出朝钟鼓，以及内乐、传奇、过锦、打稻诸杂戏。

十五、宝钞司。掌印太监一员，佥书、管理、监工等无定员。

掌造粗细草纸。

十六、混堂司。掌印太监一员，佥书、监工等无定员，掌沐浴之事。

十七、兵仗局。掌印太监一员，提督军器库太监一员，管理、佥书、掌司、写字、监工等无定员，掌制造军器。火药司亦属之。

十八、银作局。掌印太监一员，管理、佥书、写字、监工等无定员。掌打造金银器、饰。

十九、浣衣局。掌印太监一员，佥书、监工等无定员。凡宫人年老及罢退残废者，发此局居住。惟此局不在皇城内。

二十、巾帽局。掌印太监一员，管理、佥书、掌司、监工等无定员，掌宫内使帽靴、驸马冠靴及藩王之国诸旗尉帽靴。

二十一、针工局。员同巾帽局。掌造宫中衣服。

二十二、内织染局。员同上。掌染造御用及宫内应用缎匹。城西蓝靛厂为此局外属。

二十三、酒醋面局。员同上。掌宫内食用酒醋、糖酱、面豆诸物。与御酒房并不相统辖。

二十四、司苑局。员同上，掌蔬菜瓜果。

在内监二十四衙门中，其中的十二监因位居首要，其执事人员的品秩也就略高，洪武初年已定为每监各有太监一员，正四品；左、右少监各一员，从四品；左、右监丞各一员，正五品；曲簿一员，正六品；长随、奉御无定员，从六品，四司略次于十二监，旧制每司各有司正一人，正五品；左、右司副各一人，从五品。管理八局的人员，其品秩与管理四司者同，每局设大使一人，正五品；左、右副使各一人，从五品。

以上所述的内监二十四衙门的概况，大致都是洪武初年、二十四衙门建立齐备时便已具备了的，但也有些情况已略超出了洪武初年的时候，因为这些衙门，自建立之始，便都在不断扩展着，这种不断扩展的情况，使明太祖朱元璋感到很不安。他是一心想要限制宦官的发展的，而实际都是事与愿违，宦官的人数、职权等总在不断地发展着。他原本以为，宦官的职务，只是在宫中执行洒扫、清除的任务而已，人数最多有个百十个便够了。但实际上却是，宫中的事务日繁，宦官的人数日增，到了内监二十四衙门全部形成之时，宦官的人数早已逾千，所管的事项也已大大增多，不但把宫中的衣食住行全都揽尽，而且连在这些之外的工农诸业，以至兵器甲仗等，也都设有专属，全管到了。明太祖是个一心想把他的帝业传诸子孙万代的人，在他即位为帝后，他的精力主要便是用在这一方面。他感到宰相制有碍于他的帝业，便不惜以多年的谋划和大动杀伐，废除了自古形成，已经成为定制了的宰相制。宦官的人数不断增多，他们的职权不断增大，这也很使他感到担心；但他又深知，这些都是出于实际的需要之故。他并不想废除宦官这一制度，因而想出一些做法，希望能把宦官的发展势头予以限制。为此，朱元璋定出了很多的禁条和禁例，其中最主要的有：内臣与外官不得有文移往来，不得互通消息；内臣不得兼有外臣之文、武官衔；内臣不得用外臣冠服；内臣官阶不得高过四品；内臣月给食米一石，衣食都在内廷，等等。另外，明太祖特别注重并且关心的还有"内臣不得识字"和"内臣不得干预政事"这两条。在这两条中，尤以后者为重。他为此曾在宫门特别立了一面铁牌，上面铸有"内臣不得干预政事，犯者斩"的字样。关于此事，在《明太祖实录》中，也特别记有他宣谕"内官不得干预外事"的言论，他说："为政必先谨内外之防，绝党比之私，庶得朝廷清明，纪纲振肃。

前代人君不鉴于此，纵宦寺与外臣交通，觇视动静，夤缘为奸，假窃威权，以乱国家，其为害非细故也。间有发奋欲去之者，势不得行，反受其祸，延及善类，汉唐之事，深可叹也！夫仁者治于未乱，知者见于未形，朕为此禁，所以戒未然耳。"这里所说的"内臣不得干预外事"，与铁牌上所书的"内臣不得干预政事"，二者之间仅有一字之差，但《明太祖实录》中所说的却比铁牌上所书的，包括的范围更宽，也更难于执行。因为内监虽然主要是活动于宫廷之中，对于外面诸事总不免有所接触，要他们不干预政事已经很难，要不干预外事，就更难了。明太祖对于他自己的这些禁令都是很认真的。据说有个在他左右任事很久了的老内监，一天无意之间谈起了政事，明太祖听此立即大怒，即日便把这个老内监斥回乡里，不许再回朝。他的认真程度，于此可见一斑。然而即便如此，有时出于事实的需要，明太祖自己也还是不免要触动这些禁例。如在洪武八年（1375），他就曾派内侍赵成到河州去干市马的事务；又在洪武二十五年（1392），派司礼监的内监聂庆童到河州去办理有关茶、马等项事务。除去这两次派出内监到河州办事之外，明太祖对宦官的控制管理都是很严的，直到他于洪武三十一年（1398）去世，都是如此。

　　明太祖去世后，继之而登帝位的是他的太孙朱允炆，也就是后来被谥为"恭闵"的恭闵帝。但是人们历来还是习惯以他的年号来称他，称之为"建文"，或是建文帝。这位皇太孙朱允炆，是明太祖曾立为皇太子的朱标的次子。朱标是在洪武元年正月，初建国时便被立为皇太子的，但他只活到洪武二十五年，便在他的父亲明太祖之前，先下世了。那一年，朱允炆已14岁多，遂于当年被立为皇太孙。

朱允炆在即位为帝时，年龄已过20，他是在明太祖言传身教中度过了作为皇太孙的几年岁月的，因此对明太祖的教导都一体谨遵，在约束宦官方面，比明太祖更为严厉。他于即位之始，便曾严谕各处地方官吏，说是内侍外出，如有某种不法之处，地方有司便应将其械送治罪。在内廷，他对内监的管束也极严厉，稍有违忤，立即严惩不贷。他对宦官管束如此之严，以致宫内的宦官们很多人都很不安，有的甚至私逃出宫，另寻去处。那时明太祖的第四子燕王朱棣，即后来的明成祖，早已有了不臣之心，由于他待宦官们较为宽松，因此那些逃出宫外的宦官，很多都投奔了燕王，并把他们所知道的各种消息也都告诉了燕王。特别是燕王以清君侧为名，起兵南下时，逃离出宫，投到他那里去的宦官就更多，这也给朱棣添了不少的助力。

明成祖朱棣原本就很信任在他左右的宦官们，他起兵后又得到宦官们的很多助力，对宦官的倚重更增加了一些，因而在他即位为帝后，便一反他的父亲明太祖的所为，对于宦官，从严加约束到信任倚重，觉得最可信赖的，还是那些随在他身边的宦官。他的帝位是由篡夺得来的，他怕各地有人不服，便派出很多宦官去镇边方，或是作为监军驻在军中监视各地的守将。这些出镇或监军的宦官，自认为是来自禁中，在皇帝左右的人，几乎都是傲然高踞于地方有司之上，为所欲为，比起建文时期，宦官外出稍有不法，便被械送法办，真有极大的不同。由于信倚内监有过于信倚外官，朱棣把对外出使的重任也交给了宦官。如永乐初年奉敕出使暹罗的李兴，出使西域诸国的李达，出使迤北的海童，出使西番的侯显等人，便都是很被明成祖朱棣信任的内监。当然，永乐时期令人最为瞩目的三保太监下西洋一事，更是内监出使事件中，传说最为广远，一直流传至今的事例。

永乐如此任用宦官,与他父亲明太祖留下来,要他的后人敬谨奉行的《祖训》,显然是有违的,因此很有些人不免发出疑议。然而永乐却不肯承认有违《祖训》。他说:"朕一遵太祖训,无御宝文书,即一军一民,中官不敢擅调发。"他这是说,中官奉有御宝文书,便是奉命行事,已非个人行为,所以也就不能算是干预政事了。其实出使、出镇以至监军,全都并非细举,没有御宝文书,如何干得成呢?况且明太祖并不认为宦官们能够任以这般大事,他倒常说,"此曹止可供洒扫,给使令",又还常说,"……驭之之道,在使之畏法,不可使有功"。若用明太祖的这些话来衡量,朱棣那样任用宦官,显然就有违父训了。不过,在这方面,明太祖自己也不免会有所违反,所以也就很难深论了。

永乐十八年(1420),明成祖朱棣又做出了一件显得更为倚信内监的事。在那一年,朱棣于专门缉事的锦衣卫镇抚司以外,又设立了一个称为东厂的缉事机关,专门由司礼监的太监来予以管理和掌握。所以要另外再设这么个东厂,一则是由于永乐对于锦衣卫镇抚司所办各事,自始就觉得不够满意;二则是有些机密要事,他总觉得交给外官去办,不及交给内臣去办更为妥善。他的所谓机密要事,主要是指,要访查建文帝的踪迹。建文四年(1402),朱棣率领叛军攻入南京时,宫中起了大火,入宫后却寻不见当时在位的建文帝。永乐为此很是心急,曾一连数日闭门大索。虽经数日的仔细搜寻,仍是一无所获,竟是生不见人,死不见尸,什么线索也没有找到。那时外面偏又盛传:在靖难军攻入皇宫之时,建文帝已经化装成僧人,带了早已备好的度牒,从地道中,逃出宫外去了。关于建文帝逃出宫外的踪迹,各样的传说就更多了:有的说,建文帝扮成僧人早已逃到海外；又有人说，建文帝仍旧留在国内，但常化装成各样人物，到各处去串联，到处集结旧臣，企图复辟。永乐为了查访不见踪迹的建文，做了不少的布置，他曾派出太监郑和，率领船队，多次出访西洋各国。这样，一则是为了扬威海外，宣谕各国；二则也是因为谣传说建文帝已经逃往海外去了，所以让郑和访问海上诸国，也可顺便查访建文帝的踪迹。与海外寻访同时并举的是，明成祖朱棣又以访寻张三丰为名，派出了近臣胡濙，在全国到处查访。朱棣设立东厂，暗中也有查访建文帝踪迹的用意，这件事是他最为急切而又需要隐秘进行的，所以应以最为他倚信的内监来主管这个机构。东厂在初立时，任务原只说是以侦伺谋反案件为主，一般的侦伺案件并不由他们管，仍由锦衣卫镇抚司来经办。由于初时稍有分别，所以在东厂初立之时，它与锦衣卫镇抚司尚可彼此相安，没有什么纠葛。但因缉事办案都能带来不少好处，而且案件办得越多，好处也就越大，东厂和镇抚司的人，不免各自都会向对方的活动范围之内去伸手，这便渐渐形成彼此纠缠不清，厂、卫互争的局面了。这种局面，在永乐以后的历朝之中，一直都在继续，有时是厂压倒了卫，有时又是卫压倒了厂。不过总的说来，总以厂占上风的时候为多，因为厂是握在内监的手中，他们身在宫中，与皇室靠得要近些。

明太祖的"内监不得识字"这条禁令，到了永乐年间，也已没有人再提起了，不过永乐却也没有做过什么大肆违反这条禁令的事，仅在范弘、王瑾、阮安、阮浪这四个小太监身上稍稍违犯了这一条禁令。这四个小太监都是交趾人，是英国公张辅出征交趾时虏回来的俘虏。张辅征交趾回来，带回来很多俘虏，其中有很多交趾的美童。张辅把这些美童都净了身，献入宫中做了服役的小太监。

范弘等四人，是这些小太监中长得最为俊美的四个，他们很得到明成祖朱棣的喜爱。朱棣见范弘等四人聪明俊秀，认为很可造就，不但让人教他们都认了字，而且还命人按日教他们读了一些书，几年以后，他们竟达到了能通经史、善笔札的程度，可以派得上干点文墨方面的事情了。最后，永乐把四人中的范弘、阮安、阮浪三人都赐给了那时已被立为太子的朱高炽，也就是后来的明仁宗。在这三个人中，以范弘最为得用，他曾被任为司礼监的掌印太监，很有权势。阮安后来学会了修建，在造宫殿和治河等方面都做了不少的事情，而且干得很好。阮浪的运道远不及范弘和阮安，他只做到了御用监的少监，景泰时为人所陷害，被杀掉了。王瑾原名陈芜，是后来才被赐名王瑾的。在明宣宗还是皇太孙时，永乐特别把王瑾赐给了他。皇太孙很喜欢王瑾，让他朝夕都随侍在左右。他经常随侍明宣宗出征，是宣德朝中最受宠眷的宦官。

把"内监不得识字"这条禁令彻底推翻了的是永乐皇帝的孙子朱瞻基，也就是明宣宗。朱瞻基自从得到了王瑾后，深深感到，这个读过书、通文墨的内监办起事来，比那些不识字的老内监要得心应手得多，奏报诸事也能口笔并用，详简得宜。他觉得，内监如果都能像王瑾那样，就省事得多了。明宣宗是个敢作敢为的人，所以登基后不久，便在内廷办起了个内书堂，选了一些聪明伶俐的小内监到那里去读书，他还特派了阁臣、谨身殿大学士陈山去主管内书堂的事，并由这位阁臣自己来任教。这个内书堂办得很持久，从宣德初，一直办到了明朝的灭亡才终止，先后长达二百多年。在陈山之后，所有被用来主管内书堂的一直也都是些殿、阁大学士，来教这些小内监读书的，也都是那些在翰林院相关部门任职的词臣。管的人和教的人都是精选的，所以那些得入内书堂读书的小内监，书都读得不错，批朱、拟旨等项工作，都能援笔立就，干得很好。《明史》在论及这些小内监时说，"用是多通文墨，晓古今，逞其智巧，逢君作奸。数传之后，势成积重，始于王振，卒于魏忠贤，考其祸败，其去汉、唐何远哉！"《明史》此论似与明太祖的论调暗合，大有把明代的祸乱归罪于宦官，尤其是归罪于任令宦官读书之意。其实，其所论并不准确。说这些内监在内书堂读了书后，他们都"习知经史，娴于文墨"，倒确实是的，说他们都是"逢君作奸"，就有些太过。他们之中，善于逢迎，机巧多变，惯于逢君作奸的固然很多，但忠劲正直的倒也还有，一笔把这些人抹掉，不能说是确论。说祸国大珰"始于王振，卒于魏忠贤"，也不尽然。王振确实是首批从内书堂培养出来的大珰，而魏忠贤和内书堂实在扯不上多少关系。魏忠贤是个半路出家的人，他在自宫入宫之前，原是个在赌场、茶舍等处鬼混的痞徒，是由于赌输了钱，无法偿还，迫不得已，才走上自宫求职之路的。他入宫时已经成年，能被选入内书堂的机会实在不多。而且魏忠贤也未见得读过什么书，关于他的文化程度，大概说他是一字不识的人占大多数，说他能识些字的人实在很少，而且这些人必跟着声明，魏忠贤虽说识字，但实在识字不多。至于魏忠贤自己，他倒是很想和内书堂牵上点儿关系的，在他当权后，曾说内书堂的某些人教过他，被他指说过的人也漫应着，好像有那么回事，但他们，说的和应的，都极为含混，让人摸不着头脑。说魏忠贤是最后一个祸国的大珰，也并非尽切。在魏忠贤之后，还有在崇祯年代曾横行过一时的张彝宪、曹化淳、高起潜等人，这几个人在暗中为恶，坏事干得实在也不算少。不过，若拿他们和王振、汪直、刘瑾等人来比，似乎弱了一些，若和在他们之前不久的魏忠贤来比，就更微不足道了。《明史》没有把这几个人列为大珰，大概正是为了这些。

能够有些娴于文墨的内监，对于身在帝位的人来说，实在可以省力不少。皇帝高踞于统治者的首位，自古便有"日理万机"之说，如果认真办事，实在也真够忙的。明太祖朱元璋在洪武十三年（1380）废去了宰相制，撤去了中书省以后，有很多以前是由宰相们来办理、决定的事情，都变得要由他来办理、决定了，这些加上他原有的事务，他真是忙上加忙，简直照顾不过来了。特别是那些批复、指示等有关文墨上的事，更使他感到为难。在洪武和建文时期，这些都常由翰林院、詹事府等处的学士们被派定参办，后来有了"娴于文墨"的内监，他们近在左右，让他们来做更为方便，渐渐便改由他们来办，日久成例，反倒成了这些内监的分内之事。甚而至于一向应由皇帝亲自来做的，用朱笔在各类文件上加以批示的工作，竟也成了司礼监的例行公事，他们称之为"批朱"。自从得到了"批朱"这一重任，司礼监们权势比以前更加显赫，这使他们已高踞于内阁之上。一切政令、政策的最后决定权，都掌握在他们的手中了。

由于掌握着东厂，有了镇压、统治的权力，又取得了应由皇帝自己来办的批朱权，这便是明代的宦官与前代的宦官显著不同之处。由于这些已经成了明代宦官的例行之事，所以他们在政治上的权势和影响才能够历久不衰。然而也正由于此，明代历朝的大珰们，他们达到权倾一时的地步，常常都是按部就班、逐渐实现的，很少有拼死斗争攫取权力的过程，所以他们实际都是外强中干、虚而不实的。他们在得势弄权时虽像是势焰熏天，不可一世；而一朝事败，常又显得极为虚弱，一蹶不振。明代的大珰虽多，当权虽久，但他们不能像汉、唐时的宦官那样，连天子的兴废生死，都掌握在手，实在也是由他们所具有的不同条件决定的。

二 郑和下西洋

三保太监下西洋,不但在明永乐时期是众口纷传,影响深远,具有世界意义的空前壮举,就是时至今日,也仍是为人传颂,举世皆知的史迹。之所以如此,乃是由于,郑和下西洋,由他统率出海的船队,其规模之大,船只之巨,以及出海的次数之多,航程之远,在当时都是空前的,远非当时海上诸国所可想象,这在世界航海史上,都是无比巨大的里程碑。

但是出使别国,就明代而言,却并非初次,在郑和之前,明太祖朱元璋和明成祖朱棣都已多次派出使臣到过海外诸国。还在明代立国之初,明太祖便曾派出多人,前往如今的南洋群岛,也就是当时被称为西洋诸国的地方。他派人到那里去,是要他们向诸国宣告,大明皇帝已经即位立国。洪武二年(1369),他又派遣刘叔勉前往西洋琐里和在其左近的琐里等国。洪武三年,又派出御史张敬之和福建省都事沈秩等人前往渤泥。到了永乐时期,明成祖在派遣郑和下西洋之前,也已多次派人出使海外。在永乐初年,他便派出过中官尹庆前往满剌加、古里、柯枝等处[①]。永乐二年(1404),尹庆又被派去出使爪哇,回来时还顺便去过苏门答

---

① 这些地名都是旧时的音译,《明史》和那时的诸书所用的都是这样,与今略有小异。因地名过多,不一一注以今名。

刺。不过自洪武至永乐，派往海外的，都只是极普通的使节，所带领的人数有限，来往的航程也短，与郑和下西洋相比起来，在规模上实在相差很远。

郑和下西洋所率领的舟师，其人数之多，舰只之众，舰船之大，在当时的世界上都是无与伦比的。据《明史》所载：全队共有长四十四丈，宽十八丈的大船六十二只，舰上所载的将校士卒共达二万七千八百余人，另外还载有很多金银布帛等类的东西。这大概是初次出海的情况，以后他又曾多次出海，率领的舰只和士卒的人数当然会各有不同，断然不会一致。在《明史》之外，说到郑和下西洋的笔记、小说等还有不少，说到船队的舰只和人数，有些和《明史》所记大致相同，有些却又与《明史》所记颇不相同，其所以如此，那是由于所根据的出海次第不同，情况自然有异。郑和下西洋，前后共有七次之多，历时共达二十余年，首尾相距共跨永乐、洪熙、宣德三朝，其间变化之多是不难想象的。

郑和的七次出使，大致都是从苏州刘家河出口，泛海到福建，再从福建五虎门那里扬帆而行，以达占城、爪哇、真腊、旧港、暹罗、古里、满剌加、渤泥、苏门答剌、阿鲁、柯枝、大葛兰、小葛兰、西洋琐里、琐里、加异勒、阿拨把丹、南巫里、甘把里、锡兰山、喃渤利、彭亨、急兰丹、忽鲁谟斯、比剌、溜山、孙剌、木骨都束、麻林、剌撒、祖法儿、沙里湾泥、竹步、榜葛剌、天方、黎伐、那孤儿等三十余国。由于每次出海，在中途所取的航路各不相同，所以每次所抵达的国家也不免有异，大抵每次少则可以抵达十几国，多则一次历经二十余国。上述的那三十余国，则是就其七次出海分别到达过的那些国家的一个总数。以那时的航海情况而言，郑和七次所经，航程都并非绝远，但就其船数之多，船只之大，以及前后出海的次数和所经历的年数而言，却又是那时绝无仅有的事件，所以后来就成为哄传世界的一件大事了。

郑和率领着这么大的一支舰队，往西洋一带去出访，并且前后多达七次，历经三十余国，究竟有何目的，其动机主要是什么？关于这个问题，历来的论者颇多，说法也不一致。在《明史》中，对郑和出海的情由是这么说的："成祖疑惠帝亡海外，欲踪迹之，且欲耀兵异域，示中国富强。永乐三年六月，命和及其侪王景弘等通使西洋。"《明史》把郑和下西洋的动机和目的说得很周备，而把踪迹惠帝冠于首，明示其着重之点即在此处。所谓惠帝，乃是后来人们对不见踪迹的建文帝的一个称呼。建文帝在燕王朱棣打进南京，攻入宫中之时忽然不见。据说他早有准备，先期削去头发，换上僧衣，携带了早已制就的度牒，从地道中逃出皇宫。这些前面已略谈过。建文逃出宫后，宫中大索不得，外间却兴起了不少的谣言。在这些谣言中，以说他早已逃到海外去了的一种说法，为数最多。甚至有些人还说，在海外曾见到过他。说建文帝仍在国内的，为数虽稍次于逃往海外的传说，但说得更似历历如见。这些人说，建文帝化装成了一个游方僧，身披袈裟，到处云游，所到之处，总要和他的昔日旧臣在暗中谋议，想要联聚成片，共同复辟。这些谣言扰得永乐极为不安，因而无论是在国内，还是在海外，他都要派人出去详查，希望能把建文帝查获，可以妥为安置。在国内，永乐把查访建文帝的任务交给了户科都给事中胡濙，但为了瞒过外间、免生扰乱，对于这个目的却偏隐而不言，对外只说是派他去寻访仙人张三丰。伴随着寻访张三丰，胡濙还有个另外的任务，那便是到各处去颁发御制的各种书籍。虽然有这么些作为掩护的借口，但胡濙四处奔走主要是为了什么，当时的人们都还是很清楚的。后来又有很多令人费解的事情,更证明了当时人们的看法。

胡濙从永乐初年奉命外出寻访,一直毫不停息地到处奔跑,直到永乐十四年(1416)才回到京里。在这十几年里,他奔奔忙忙,几乎走遍了域内的州郡乡邑,但仍什么也没有找到。在这段时间里,胡濙经历了母丧,他也曾请求让他丁忧回籍,却没能获准,只得仍自继续寻访下去。在封建时代里,父母之丧乃是一件极大的事,孝子都要回到家里守孝三年。明代对此更为认真,做官的人,即便已是入阁拜相,闻丧之后也要拜表辞官回家守墓三年,称为丁忧。只有身居前线的将帅,又正当战斗方殷之时,才可免于丁忧,以特旨命其移孝作忠,继续任职。这样做谓之"夺情",夺情者,以国事为重,夺去其亲子之情之谓也。由于历朝历代都标榜"以孝治天下",人子逢到父母之丧,可以去不待时,稍加安排后,可以拜表即行,不必等候皇帝的钦许。要等候帝命的,不是身在要职,便是负有重任。以胡濙的情况而言,他所摆明的不过是一个略似行人的职务,连什么安排都不用,正合于拜丧即行,自己去奔丧。但他却计不出此,不但要拜丧请求回籍守孝,还要等候钦命才敢启行,这不就奇了吗?更奇的是,永乐并不斥其妄自为重,反而钦命他不必奔丧,简直把他看成正在前方战斗的将帅,对他行起夺情之举了。这些都是异乎常情的,对一个寻访张三丰,顺便发放些皇帝御书的人,是绝不会这么做的,这些事更证实了人们的看法。

到海外去踪迹建文帝,是郑和下西洋的主要目的,这是历来都为人所公认的,《明史》把它首先提起,也是顺应众意而来的。其实郑和也与胡濙一样,他也没有奉到什么明令。《明成祖实录》在说到郑和出使一事时,只是说:"遣中官郑和等赍敕往谕西洋诸国,并赐诸国王金织、文绮、彩绢各有差。"这里不但对于踪迹建文一事只字不提,而且连郑和率领的舟师规模等也都略去了。对这事记述得如此简略,很令人感到诧异,因而有人指出,如此大规模之航海出使事,叙述乃尔简略,甚至不提"舟师"字样,显属有意隐秘[1]。这话说得不错,确实是有意加以隐秘的。照例《实录》定稿总在本人身后略有一些时候,当时的那种张皇举动,过后时看不免觉得有些过分,记及此事时,不免有些讳书之处,所以才会简略到这样。《明史》在说到这事时,只是说,"夏六月己卯,中官郑和帅舟师使西洋诸国",显然这是依据《明成祖实录》而写的,只增记了"帅舟师"一事。但在《明史》中却又说出了踪迹惠帝的用意,并且还以之为首要。这是一种隐于彼而显于此,略于彼而详于此的笔法,史家们在纪传体的史书中是常加以运用的,而且在详略取舍之间又寓有史家的书法。

也许正由于在《明实录》中隐讳至此,所以关于郑和下西洋的目的,除踪迹惠帝之外,又颇有别说。在这些另外的说法中,却又以"扬威海外,显示中国富强"的扬威说,和以"通华夷之情,迁有无之货"为主的通商说,这二说在众说中又占有主要的地位。

统率着那么大的舰队,舰上的将校士卒达二万七千八百余人,扬威海外,炫示富强,是明摆着的。扬威说,不过是认定郑和出海只是以此为主,并无其他目的而已。这一说曾历述七次出海所到的地方,以及炫示出的威力。但这些叙述都和通商说颇有相关,所以我们只来谈谈海外通商说,以及历次如何来沟通海上的通道,则"扬威海外"一说诸多情况,有些便也可以略在其中了。

---

[1] 见黄云眉所著《明史考证》。

说到海上往来，通商、通贡，有些与此有关的事，在这里还要略谈一下。

原来，沿海各省，虽说从很早便与邻海各处都有些往来，但实际上却并不多，而且去得也不太远，直到三国时，才走得远了一些。据说，在那时吴国已有人出海到了台湾，并和那里有了往来。但是，那还不是真正的频繁往来，还不能说是已经达到了通商贸易的程度。海上交通渐见繁兴，还是在南宋之末才算初具规模，到了元代，和海外的航海交通才多起来。在元代，往来船舶的集散地共有三处：一处是广东的广州，一处是福建的泉州，另外一处则在浙江的明州。在这三处，元代都设有市舶司，并有官吏，专门管理舟楫往来和有关通商的诸种事务。明太祖朱元璋很早便已注意到了与海外通商往来的重要性，因而在他建立大明皇朝之前，还在称为吴元年（1367）的时候，已经在太仓州的黄渡镇设立起了市舶司，经管华夷贸迁的各种事务，说那是"通华夷之情，迁有无之货"。和外间的贸迁，当时有通商和通贡两类，这二者虽然都是有无相通，在做交易，但因交易的对象有异，在交易的方式方法上却有很大的不同。通商是平常的贸易，船货到后，市舶司只对船只加以监理，并且查清货值，抽取一定的税金，便可以任其自行出售，对于船上诸人的生活食宿等并不过问。来船如要运货出口，也只按货抽税后，便予放行。这出入时所应抽的税金，被称为"报官抽分"。

通贡虽然也带有贸易性质，但因它的对象是朝廷，在名义上说，它是献纳给朝廷的，所以与普通的贸易便自不同。首先是市舶司不但要监理检查船只，而且还要照管船上诸人的各种生活上的事项。船上如有人需要上岸居住，市舶司还得设法把他们安置到馆驿里去居住。有些人如果需要入京向朝廷办理交纳事务，市舶司还得安排他们上路进京,给予一切的方便。由于来货是称为献纳,所以对来货不必论价,也不能拒绝不要。即便是很为滞销的货,也依然要勉强收下,但可以向贡使说明这货已是滞销,嘱其再来朝贡之时,不带,或是尽量少带这种货物。由于来货并不论价,但又不是真的并不论价,所以在把朝贡的货物收讫之后,便需给予价值相当的货物以为回报。这种回报的货物,被称为"回赐"。"朝贡"与"回赐",名义上虽有不同,其实与通常交易并无大异,往来之间,总要取得平衡,进行才会顺利。然而这种朝贡与回赐式的贸易,由于其中含有一些政治性质,与一般的贸易究竟有些不同之处,它从招待和回赐这些项目上,常常就表现出彼此之间的不同程度的厚薄和轻重。譬如某一国前来朝贡,朝廷若想加以拉拢,则对前来朝贡的人员,不仅在接待上要特别优厚,所给的回赐也要比贡物的所值要超出一些。朝贡者回去以后,对各种情况加以权衡,自然会增进邦交。如果对于朝贡的国家有些不满,也是在这些方面表现出来,在接待上很为轻慢,回赐也不够丰,有时甚至还会让他们显然地感到,在朝贡和回赐之间,依货值而论,有不小的差距。这样,正可使那些受到冷遇的朝贡之国对此加以推敲,从而寻出何以会使中朝感到不快,再次朝贡时可以加以改善。这种以朝贡和回赐达成交易目的的做法,又被人们称为"朝贡贸易"。也许有人以为,这种朝贡贸易应只限于以物易物,其实也并不尽然。当然,由于交易的对象和方式,以物易物是这种贸易的主要方式,但是朝贡国如果一时无物可贡,而又亟须中朝所产的某些货品,他们也可以派出人来,以朝贡为名,献上大量的金、银,用以换回足够的回赐。反过来也是这样,如果适逢朝贡者例须回赐的物品告缺,或是数量不足,也可以全部以金、银作为回赐,或者在回赐中加上一些金、银，用来作为补足回赐中货值不足的部分。

和朝贡贸易差不多的，还有一种名为"颁赐贸易"的交易。这种贸易与朝贡贸易的不同之处在于，采取主动的一方正好相反。朝贡贸易是海外诸国先来献纳，然后再由中朝报以回赐，用来完成交易。颁赐贸易则是中朝需要某国所产的某物时，所用的一种方法。它并不等候某国前来朝贡，而是径自派出官员或是中使，赍具敕书，带着赐物，前往颁赐。受赐国收到敕书和赐物后，自然得知中朝所需，因而便以相应的产物回奉。这种回奉的货物报以朝贡贸易中的回赐，但它却不能称为"回赐"，而只称为"回贡"。

这种通贡、通商的做法，当然并不只是和海外诸国才有，边境相邻有陆路可通的诸国，无论通贡、通商都比全靠海上往来更为方便，往来的次数也更频繁。比如中朝与口外各部落之间常有的茶市、马市之类，便都是民间的正常贸易。而各部落又不断派人入京贡茶、贡马，那就又成了朝贡贸易了。

朝贡贸易是两国之间的交易，引起一些争端是常有的事，有时甚至还会导致两国之间的战争。明英宗正统十四年（1449），中朝与瓦剌之间所发生的那场战争，便是因马价的纠纷而引起的。这场战争后来演出了"土木之变"，明英宗便在那里被瓦剌俘获，失去了帝位。

明太祖朱元璋是个敏于谋算的人，他在建国之初，便很重视与海外诸国的往来和贸易，所以在前朝所设有的广州、泉州、明州这三处市舶司以外，又在太仓州黄渡镇另外加设了一处市舶司，使海外诸国前来朝贡更感到方便。但是，同时他也想到了，海禁畅开，会带来很多的不便。首先他认为，纵容人们轻易便能出海，实在是件很危险的事。他既怕有人出海，可以和时常在海上为害的倭寇发生勾结，生出祸患；更怕他们去会合尚在海外诸岛栖息着的，方国珍的败逃残部，暗自结合，会有什么异图。这方国珍是元末那很多起义军中的一股，他在起义之前是以贩盐浮海为业，所以他的部下也以善于操舟浮海的人为多，他和朱元璋曾在长江下游以至近海一带，为了争夺地盘，发生过多次的激战，最后方国珍虽为汤和所败，不得已而归降了朱元璋，但其余部却有很多人驾舟出海，流散到西洋一带。他们船械俱足，常在海上以劫掠客商，或是走私为业，常常还要诱胁渔民、船户与他们合伙，以增加自己的实力。这些方国珍余部的骚扰，使明太祖很是担忧，他虽然很看重与海外诸国的贸易和往来，但是却也顾不得了。洪武三年（1370），明太祖终于传旨裁撤了太仓州黄渡镇的市舶司，因为那里离着南京太近，设有市舶司，易为奸人混入都城，加以窥伺。到了洪武七年（1374），明太祖更进一步，觉得在广州、泉州、明州三处设有市舶司，也没有什么好处，于是传谕，把这三处的市舶司也撤了。明太祖要这样做，还是为了彻底禁绝人们出海，以免和倭寇或是方国珍的余部发生勾结，会因此酿出一些事端。

原来明太祖最初之所以重视海上交通，并且增设了太仓州黄渡镇市舶司，实在只是想要招徕朝贡，由官方居间独揽，得到从海上运来的番香番货及珠宝等物的专利而已，并没有想着为海上贸易提供方便。对于商人出海贸易，明太祖自始便怀有戒心，认为越少越好。他最初设立市舶司，原就认为，市舶司对于出海的船只，可以用严加管理盘查，把出海商人的手脚先给捆住，使之无利可图，然后再来施行严禁民间船只出海的办法。但他的这个想法没有能够成功，因为管得越紧，盘查越严，商人们就越要设法规避，尽力抵制，结果反使商人之中有很多人竟和走私集团勾结起来，以致管理方法虽然不断加严，但实际效果却越来越差。本来是想使民间对于番香番货等都插不上手，而由官家独获其利的，不想弄到后来，官家倒上手无几，而市面上的番货反倒满坑满谷，到处都是。最后，明太祖可真冒了火，终于拿出了最后一招，传旨尽罢市舶司，并且严谕："寸板不许下海！"他认为，在这样的严禁之下，走私之弊自可根绝。既然寸板都不许出海，查禁起来就简单容易，纵然有人想与倭寇或是那些形同海盗的人勾结，却因接触不上，也就没有办法。而且所禁的只是国内的人，不许他们下海，对于外来船舶并不禁绝，诸国的朝贡仍可自由往来，这样，海货之利也就只有让朝廷来独占了。明太祖的打算，不能说是不够精到，然而"道高一尺，魔高一丈"，他的禁令虽严，效果却仍甚微，海外各种易销的货物，如香料、珠宝、苏木等类，还是充满市上，他的朝贡之利仍旧日渐微弱。这种情况一直持续到洪武十三年（1380），那一年正是宰相胡惟庸以谋反被诛的一年。

自此事发生后，明太祖因为怕会有人乘机勾结倭寇为乱，对于海禁又更进一步加严起来，对于外来的船舶，也不像以前那样不加限制，对他们的盘查，也变得极为紧密。恰好就在那时，早先陆续流往海外的走私人等，已经结为一团，占据了处在往来西洋的咽喉要道——三佛齐地方，他们为了方便走私，不断派人潜入国中，探听各种信息。由于盘查不断加紧，三佛齐来的探子们，很多人被捉，并以间谍论处，遂有了"三佛齐乃生间谍"之说，明对于从那里来的人查得更严，戒备得也更周密。占据了三佛齐的走私集团为了报复，也利用他们的有利条件，卡住了东西往来的通道，阻遏了西洋诸国载运朝贡货品的贡舶，东西交通几至断绝。关于此事，《明史》也有记载，它说"由是商旅阻遏，诸国之意不通。惟安南、占城、真腊、暹罗、大琉球朝贡如故"。

这个三佛齐，古称干陀利，由于地处联通东西的要道，自来航运便极发达，早在南北朝时的宋孝武帝期间，他们便曾派遣贡使来到中国，后来，到梁武帝时，又陆续来过几次，从此以后，和中国便不时都有往来，不过都是不以时至，相隔的时间长短不一，而且往来的次数并不算多。降至南宋时，它已改名为三佛齐，来往的次数又稍多了些。自宋及元，由于航业都渐发达，贡使也来得更勤，已经可以说是朝贡不绝的一处了。那里的地方虽小，而人却因总是五方杂处，显得极为剽悍，而且那里常是处于数强分割的局面，很少有一强称霸的时候。洪武初年时，那里便有三个国王，各自分据一方。爪哇离那里很近，后来灭了三王，把三佛齐并入了自己的领土，并把它更名为"旧港"，也称为"巨港"。然而爪哇此举却无法把那里措置安定，反而引起了三佛齐的大乱，显得难于治理。不久，三佛齐竟又由中国的走私商人，籍隶广东南海的梁道明占领了。梁道明是带领着他的一些帮伙来把三佛齐占领下来的，他们以那里为基地，专门进行走私，有时还在海上做些有如海盗的事情。洪武十三年，因为流传着"三佛齐乃生间谍"之说，明廷便严谕沿海地方官吏，要他们严禁走私，对于从三佛齐来的船只尤应严加盘查。这种严查，使三佛齐的梁道明一伙断绝了不少财源，他们更加要依靠在海上做海盗为生，渐渐竟使西洋的朝贡之路为之不通。朝贡路断，使那些久为中土所习用的货物，如苏木、香料、胡椒等，在市上日见短缺，价钱也逐日增高。但是虽然如此，也还是不能使走私达到彻底禁绝的地步，因为货缺价俏，走私者虽在途中会遇到无尽的困难，但如设法偷渡成功，却又可得厚利，那些牟利之徒，总要千方百计以求偷运成功，藉以致富，只是朝廷所享的朝贡之利却愈显微薄了。针对这种情况，在洪武二十八年（1395），明太祖又采取了更强硬的办法，明令禁止民间使用番香番货，违者要受到处罚。在《明太祖实录》中，对此事也有所记，它说，"凡番香番货，皆不许贩鬻，其见有者，限以三月销尽。民间祷祀，止用松柏枫桃诸香，违者罪之。其两广所产香木，听土人自用，亦不许越岭货卖，盖虑其杂市番香，故并及之。"这种措施虽更严厉，但仍无法禁绝走私，因为三佛齐以西诸国的朝贡之路虽绝，而在其以东的占城、真腊等处却还不受影响，仍自不时前来朝贡。同时朝廷对他们的朝贡不但并不示禁，而且还很欢迎。在占城、真腊等处的番货中，番香也为数不少，这些货物不免要流入市间，而走私而入的各种货物正可借此作为掩护，仍自可以流通在市上了。

　　这种"寸板不许下海"，以及严禁民间使用番香番货的做法，因其收效甚微，困扰却大，后来明太祖也有了应该改弦更张的念头，因此在礼部奏闻"诸蕃缺贡已久，应予设法"一事时，他也就改变了他已行之多年的各项禁运办法，甚至还想遣使前往爪哇等处，设法打开局面。他说，"洪武初，诸蕃贡使不绝。迩者安南、占城、真腊、暹罗、爪哇、大琉球、三佛齐、浡泥、彭亨、百花、苏门答剌、西洋等三十国，以胡惟庸作乱，三佛齐乃生间谍，给我使臣至彼。爪哇王闻知，遣人戒饬，礼送还朝。由是商旅阻遏，诸国之意不通，惟安南、占城、真腊、暹罗、大琉球朝贡如故。大琉球且遣子弟入学。凡诸蕃国使臣来者，皆以礼待之，我视诸国不薄，未知诸国心若何，今欲遣使爪哇，恐三佛齐中途沮之。闻三佛齐本爪哇属国，可述朕意，移咨暹罗，俾转达爪哇。"礼部的移牒是这样写的："自有天地以来，即有君臣上下之分，中国四裔之防，我朝混一之初，海外诸蕃，莫不来享，岂意胡惟庸谋乱，三佛齐遂生异心,给我信使,肆行巧诈。我圣天子一以仁义待诸蕃,何诸蕃敢背大恩,失君臣之礼。倘天子震怒,遣一偏将将十万之师,恭行天罚,易如覆手,尔诸蕃何不思之甚。我圣天子尝曰:'安南、占城、真腊、暹罗、大琉球皆修臣职,惟三佛齐梗我声教。彼以蕞尔之国,敢倔强不服,自取灭亡。'尔暹罗恪守臣节,天朝眷礼有加,可转达爪哇,令以大义告谕三佛齐,诚能省愆从善,则礼待如初。"

从以上所引的明太祖的谈话,还有礼部致暹罗的牒文,可以看出,在洪武三十年(1397)之际,明廷已经有意要派出使臣,就像后来的郑和下西洋那样,一面出使西洋诸国,宣扬德意;一面又以武力扫除一切阻碍,使航路重又畅通,以增西洋诸国的朝贡之利。不过,明太祖的这个意旨并没有付诸实施,因为次年,他便因病下世,明成祖之派出郑和,也可以说是继承他父亲的这一遗愿了。由于有此一说,所以认为郑和下西洋是为了宣扬国威,或是认为其目的专在沟通海上贸易的二说,对此都很重视,都不断地加以引用。

明成祖朱棣对于开通海上航道,原也早就有心,还在派出郑和率众出海之前,曾派出行人谭胜受前往西洋一带进行宣谕。他所以要派谭胜受去办理此事,乃是因为,谭胜受与占了三佛齐的梁道明都是广东南海人,彼此早就相识,又有乡谊之故。谭胜受作为使臣,率领着护送他的千户杨信等人,赍敕去到三佛齐,向梁道明加以招谕。梁道明受到了招谕,便和谭胜受一同入朝,还贡献了朝贡的方物,并领到了回赐。郑和的首次下西洋,在时间上要略后于谭胜受,那时对于三佛齐的情况虽已略有所知,但为了更进一步加以了解,他依然还负有前往三佛齐去察看的使命。郑和初次路经三佛齐时，倒还算顺利。但是后来却又听说，三佛齐一带的海道又不畅通了，那里又接连发生了几起劫掠货船的事，特别是以陈祖义为首的那一帮人，干得最为凶狂，郑和听到了这个信息，便于永乐五年（1407）从西洋回朝时，又顺路到那里察看。郑和派人找到了陈祖义，并向他宣谕，要他保证海上的平安。这陈祖义也是个广东人，他又是海上走私集团的诸首领中，最剽悍粗猛的一个。就在上一年，也就是永乐四年，他还派了他的儿子陈士良，让他和梁道明的侄儿梁观政一道朝贡过一次。但他虽说也是个朝贡者，却又不改他那海盗的行径，他对别处前来朝贡的贡船却又劫掠如故。对于郑和的严正宣谕，陈祖义因看到郑和的兵多势大，表面上倒装得很和顺，说是愿意一切照办，一切唯郑和之命是从。然而在暗地里，陈祖义却又别有阴谋，他暗自多方布置，想趁郑和不备，突出偷袭，连郑和的船队，一举尽数夺获。如果陈祖义的阴谋不被发觉，那实在是很危险，幸而那时有个叫施进卿的人，他是走私集团中另一帮的头目，在他获悉陈祖义的计谋后，悄悄通知了郑和，使郑和能够有所预备。郑和事先严阵以待，陈祖义来偷袭时，不但未能得手，反被打得大败，连他自己也被郑和所擒。

擒获了陈祖义，郑和把他带回朝来，向明成祖献俘。明成祖觉得陈祖义这个人反复太过，不宜留存，传旨把他杀了。这时，那个曾给郑和报信的施进卿，恰好派了他的女婿丘彦诚前来朝贡，于是明成祖便以朝命在旧港设立了宣慰司，并将施进卿任为宣慰使。明成祖又赐给施进卿以诰命、印信和冠带等物，顺便都交由丘彦诚给他带了回去。这件事，是那些认为郑和下西洋，其主要目的就是宣扬国威的一派人，所最爱引用的故事。有的人甚至还说，三保太监下西洋就是想向海外扩张，实在极有对外侵略的色彩。这种向外扩张说者，首先要提出的，便是以在旧港设立宣慰司一事作为证例。已经在那里设官立职了，不是侵略又是什么呢。实际却并不然，进行侵略之设官立职，必要派去自己的人，还要派驻足够的军队才能加以控制。明廷在旧港虽然设了宣慰司，但任职的人却不是派自中朝的，只是给原来就在那里的施进卿加上这么一个名义而已。这不过是历来所惯用的"给以荣名，使为我用"的办法而已，并无借此并其土地，夺其主权的意味，实在不能够算得上是侵略。中国历来惯以"天朝上国"自居，对于常相往来的邻近小国，常常都会视若属国，轻易就在那里设置宣慰司，也是出于这类的习惯。在往来贸易上，也竟有"朝贡"和"回赐"之称，也是因为中朝惯以上国自居之故。正因如此，所以四邻诸国若有新君即位而不来报，中朝便会感到气恼，从此会交往疏淡；倘若前来报请一番，中朝便会感到满足，交往也会更进一步；倘若竟来陈告并请加以赐封，那便最满意了，为此会派去专使，锡以金印，参加那新君的即位大典。三佛齐就曾有过这样的事。在洪武十年（1377），在三佛齐为王的麻那者巫里，由于父亲死了，新嗣王位，就曾遣使来报，并且贡上了犀牛、黑熊、火鸡、白猴、红、绿鹦鹉、龟筒、丁香和米脑等物，还说"嗣子不敢擅立，请命于朝"。这样，明太祖就派去了封贺的使臣，带去了金印，敕封麻那者巫里为"三佛齐国王"。中朝的皇帝连那些小国的国王都可以由他来封，任命一个像宣慰司这样的官，那就更是不在话下了。不过，那时候的三佛齐，早就已被爪哇所灭，以所设的旧港而言，地方比先时的三佛齐也小着很多。因此，施进卿虽说受有朝命，却仍不敢自专，他仍服属于爪哇，听命于爪哇和中朝双方，在那里相机应付地干着。

从以上所述的一些事件来看，郑和下西洋的目的，实在非仅一端，所有那些"踪迹惠帝""耀兵异域，示中国富强""扫清航道，以利朝交"等说法，可说都有一些。《明史》把这些都并列出来，倒确是综观全面之说，那些力主应以某一目的为主的说法，其实倒是过于偏狭了。但是这些偏狭的说法，倒却有个共同点，那便是，他们都认为踪迹惠帝之说根本不能成立。首先，他们便认为，建文帝于宫中发生大火之际，趁乱巧扮僧人，从地道中逃出宫外，不过是齐东野人之语，没一点可信处。明成祖朱棣如何会轻信至此。其次是，纵然出逃是实，永乐也绝不会怕，试想，他在建文高踞帝位，踞有域内之时，还能一点也不在乎，竟敢兴兵造反，如何会在建文已经完全败溃，立身无地之后，反而倒把他怕到那样，惊慌得不可言状，只凭一些追风捕影之言，竟就派出偌大一支舰队去往海外查访？而且还要一之不足，至于再，再而不足，至于三，至于四，至于五，竟至七次之多。这不是太奇怪了吗？他们为了加强自己的说法，更常引用明人朱国桢的说法，来作为自己的依据。朱国桢在他所著的《皇明大政记》里说："建文仁弱，帝座一倾，窜入蛮夷中，其何能为，文皇岂不见及此？"为此说者之引此书，乃是要人知道，就是明人，他们便已很不看重建文，而认为郑和下西洋是踪迹建文帝，乃极为无据的说法了。不错，朱国桢确是明人，但他和建文之世还是相距太远，不能与当时的人来同论了。朱国桢是万历十七年（1589）己丑科的进士，在他著书之时，上距建文失位实已二百年左右，在那时人们的眼中，所谓建文，不过是一个被推翻了的，失去了帝位的倒霉皇帝而已，与生活在建文和永乐之际的人们的心情和想法是绝难相比的。其三，那些认为郑和下西洋的主要目的是开拓海上贸易的人，他们最爱以郑和第七次下西洋，也就是最后一次出海为例，作为有力的说明。其理由之一是，以时间而论，那时明成祖去世已有几年，在位为帝的已经是他的孙子，明宣宗朱瞻基了。难道祖父为之担心，苦苦搜寻了几十年，到了他的孙子据有天下时，还会那么担心害怕，仍要派人到海外去搜寻吗？其二则更显然，这次出海是史有明文，说是明宣宗觉得，他已即位日久，而远道的西洋诸国犹未来朝贡，所以才又派出郑和、王景弘等出使忽鲁谟斯等国，宣谕他们前来朝贡的。他们以一例余，认为前面各次郑和之下西洋，一直便是以开通航路，招徕西洋诸国来中朝朝贡为主，不过以前的那几次，都没有像这一次那样说得明白而已。郑和最后一次下西洋，确乎只是出海办理招徕诸国朝贡的事宜，并无踪迹惠帝的用意，倒确实是的，但如果以为历次都是如此，却又不然，最少以前诸次总还负有踪迹惠帝的使命。郑和下西洋，是和胡濙奉命寻访张三丰，暗中所负的使命相同，胡濙的寻访也可作为郑和出海负有踪迹惠帝的旁证。胡濙的寻访，一直是奔波于路，略无停息的，他遭到了母丧都不能获准回家守孝。胡濙只在永乐十四年（1416）才得回京略微停息了一下，并被升为礼部左侍郎，待到永乐十七年，他就又开始了和以前一样的寻访。胡濙寻访到永乐二十一年（1423），又赶到京中，那时恰巧永乐正在北征，驻跸于宣府。胡濙得知永乐的驻所，立即赶往觐见，当他赶到宣府时，永乐已经睡了，没有什么紧急大事，随侍的宦官们是不敢惊动他的，而永乐也绝不会一叫便即起来。但胡濙确是不同，随侍宦官不但即刻去叫，而永乐也是一唤即起，马上命胡濙即行入奏。胡濙这次奏对历时很久，直到四更时候方才奏毕。他们都说了些什么，史无明文，《明史》只说："先濙未至，传言建文帝蹈海去，帝分遣内臣郑和数辈浮海下西洋，至是疑始释。"这段话说得很模糊，很隐约，但也并非隐约难寻。提到了建文帝蹈海，也说到了郑和下西洋,可见奏对到那么久,谈的就只是这件事。最后说"至是疑始释",可见胡濙所以求觐那么急,是因为得到了确实的消息,真相可以大白了,用不着再来担心,四处寻访了。这时正是郑和第六次下西洋,还没有回来,到他回来时,明成祖朱棣已经去世了。因为永乐生前既已得知确息,疑念已释,而且人又死了,踪迹惠帝的事已无须再提,所以明仁宗朱高炽即位不久,便于洪熙元年(1425),谕令郑和,率领着他属下的下番诸军,去到南京,即在那里作为守备。

前六次的出海,每次之间相隔都较近,回来后多则隔上三年两载,少则只有一年左右,便又率众出海了。唯独这第七次颇有不同,它和第六次回来相隔多年,相隔得实在太久了,而且随行人众已改为守备南京,再想重行出海,一切都要重新整理,明宣宗要郑和重行出海的朝命,原在上一年便发出了,但由于修葺船只、安置人员等,很是费时,竟拖延了很久,直至次年才得成行。这第七次的出海,是历次出海中规模最小的一次。另外,这次出海回来后不久,郑和也就因年事已高而去世了。

在郑和去世以后,奉命出海的人还是不时都有,只是每次出海的船队规模和航程都要差得很多,无法与郑和七下西洋相比了。《明史》记载这一情况说:"自和后,凡将命海表者,莫不盛称和以夸外番,故俗传三保太监下西洋为明初盛事云。"

大规模下西洋始于郑和,也止于郑和,这一点,可以说也是郑和下西洋为人纷纷议论的原因之一。实则郑和初下西洋之时,正在三佛齐人阻绝了海上通道之际,没有一支颇具规模的舰队,是很难完成任务的。等到海路已通,诸国的往来已畅,率领着这样规模的舰队出海,就只有"宣扬国威,示中国富强"的作用了。每次这样大规模的出海，其费用实很不赀，而船只增补修葺，所费更多，所以在六下西洋后，明仁宗便想不再继行此事，后来明宣宗虽又举行了第七次出海，但在郑和去世之后，便没再举行过这种规模的出海了。

三 从永乐到宣德

明成祖朱棣是在永乐二十二年（1424）去世的，当时他北征阿鲁台，突然得病，在班师回朝的途中不治去世。他死在一个名曰榆木川的小地方，随军大臣和宦官等秘不发丧，回到京中后才公开发丧，传位于皇太子朱高炽。

继明成祖而即帝位的朱高炽，死后被谥为仁宗。这位明仁宗在帝位上坐得很短，从永乐二十二年即位，到次年改元为洪熙元年（1425），便去世了，从即位到去世，屈指计来，只有十个月，实际上还不满十个月，若不是后来又有个在位只有30天左右的明光宗，朱高炽就该算是明代诸帝中在位最短的一个了。

在明仁宗之后即位为帝的是皇太子朱瞻基，也就是后来被人称为"促织天子"的明宣宗。朱瞻基在位的时间虽然是他老子的十倍有余，但算起来还不足十年，也不能算长。继明宣宗即位为帝的是他的长子朱祁镇，他即位时只是个小孩子。

这一段时间，帝位的转换真是够快的，若是从永乐还在位时算起，永乐二十二年（1424）的正月，在位为帝的还是永乐，但到宣德十年（1435）的正月，坐上龙廷的却已经是他的曾孙朱祁镇了。在不过是十个年头多一点的时间里，皇位竟数度易手，一下便从曾祖父传到了曾孙手里，就是放在五代十国那样杀伐不断的时代里，也称得上是件罕事。因为帝位转换得这么快，那时的很多事情也跟着起了不少的变化。

　　详情应先从明仁宗朱高炽说起。这位明仁宗乃是明成祖朱棣的长子，他生于明初的洪武十一年（1378），洪武二十八年（1395）时被册立为燕世子。他的父亲燕王朱棣兴兵造反、发出靖难之师时，他留在后方，留守在北平。朱棣夺取了帝位改元永乐后，他在永乐二年（1404）二月间才被召至南京，并被立为皇太子。关于这位皇太子，《明史》说他"稍长习射，发无不中"。这个说法未见得是事实，虚誉的成分很重。但只说他"习射"，而不说"习骑射"，倒还不离实际。事实上，朱高炽身体异常肥笨，又有足疾，连走路都很吃力，更别说骑马了。他的父亲明成祖朱棣是个娴于骑射、野心很大的人，很不喜爱这个不能习于骑射的儿子。他之所以被立为皇太子，不过是因为"立子以长"的旧规。朱高炽做事很迟缓，这也常使他那性子急躁的父亲大为光火，甚至罪及他的东宫官属。比如永乐十二年（1414）明成祖北征回朝时，就是因为皇太子遣使迎驾来迟，而把那时在东宫的侍读黄淮、侍讲杨士奇、正字金问、洗马杨溥和芮善等人都投入了狱中，其中以黄淮和杨溥二人受祸最重，在狱中竟被一关就是十年，直到明成祖去世，皇太子朱高炽登上了帝位，才把他们从狱中赦出。

　　明成祖朱棣共有四子，长子朱高炽、次子朱高煦、三子朱高燧、四子朱高燨。其中长子、次子、三子，全都是中山王徐达的长女、正宫皇后徐后所生。四子朱高燨的生母则因史籍无传而无从查考。在这四子中，最受明成祖喜爱的是次子朱高煦，因为他和哥哥朱高炽比起来，处处都见长。朱高炽肥笨迟缓，他却长大轻捷；朱高炽不能乘骑，他却是长于骑射；朱高炽木讷凝重，他却能巧言如簧。在实际事务中，朱高煦也比朱高炽更接近他们的父亲，取得了朱棣的欢心。在靖难之役中，朱高炽只能作为留守，远远地躲在后方；朱高煦可是明成祖在军中的一大助手，并曾多次为明成祖解围，使其脱离险境。朱高煦不止一次地奋勇立下这样的大功，更使明成祖对他钟爱有加，曾多次称赞朱高煦最像自己，并在欣赏至极时，曾亲口许过他，将来若得了帝位，会立他为太子。朱高煦也颇以自己的雄武而自得，还常常自比唐太宗李世民，觉得将来的天下早已握在他的手中了。但是攻入南京，明成祖即位为帝以后，立定的皇太子却并不是他，仍然是他的哥哥朱高炽。这件事使他颇为气愤和不满，后来他一意谋反，其动机正在于此。

明成祖的第三个儿子朱高燧也是个精灵人，他虽不及朱高煦，有那么多长处，但与朱高炽比起来，他可又能干多了。自从朱高炽被立为皇太子，朱高燧便与朱高煦合成了一路，两人都竭力向明成祖进谗，想把朱高炽的皇太子之位搞掉，为自己取得皇储的地位。朱高燧在战争中的功勋虽不及他的二哥，但想谋夺帝位的心思却更为急切。永乐二十一年（1423），明成祖有病，朱高燧认为这倒是个好机会，便与他的亲信护卫指挥使孟贤、钦天监王射成，还有一个内监的养子杨庆等人合谋，伪造了一道诏书，打算把准备的毒药献给明成祖服用，等他毒发身亡后，再发出那道事先拟好的诏书，废了皇太子朱高炽，接着立那时已被封为赵王的朱高燧为帝。他们事机不密，先期败露，孟贤最先被捕，伪诏被搜去了，孟贤最终和王射成、杨庆等人一起伏诛。永乐怎么也没想到自己的儿子竟会想用毒药来谋害他，真是又惊又怒，但也有些疑信不定。他派人把朱高燧召来，问他："这可是你搞的？"朱高燧已经吓得话都说不成了，倒是那个时常遭到他在暗中谋害的皇太子，这时却在一旁竭力为他开脱。朱高炽说，这些都是孟贤等人瞒着朱高燧干的，人非禽兽，怎么会想要谋害自己的父亲呢！明成祖原本也有这样的想法，因而朱高炽才被救了下来。

朱高炽被册立为燕世子，是他的祖父明太祖朱元璋钦定的。这一则因为他是燕王朱棣嫡出的长子，依例这世子本该是他的；二则是，这个肥厚迟钝的人，虽不为其父所喜，却很对他祖父明太祖的心意。原来，明太祖为了考察他的孙子们，常把他们召入京中，让他们在那里读些书或就近做点事，给他们以磨炼，在这些事上，也可以查看他们的人品。一次，明太祖召来了秦王、晋王和周王三个王的儿子，让他们和已在京的朱高炽同在一处。读书之余，又命他们分别去检阅御营的卫军。这是派给他们的大事。那三个都忙着急速去检阅，要以办事迅速见赏于他们的祖父。只有朱高炽，还是和平常一样，仍是慢吞吞地干着，比那三个完事得都晚。明太祖问起他迟完的原因，朱高炽道："天太冷，我让他们吃过早饭再检阅，所以迟了。"他之所以完得最迟，也许只是因为一向做事迟慢所致，天冷，让军士们吃过早饭再检阅，或许都不过是临时的饰词。但他的话却让明太祖很满意，认为他肯爱护军士，能够为别人着想，有一种很可贵的品德。又有一次，明太祖把一些奏章交给朱高炽，要他代为分检一下，把重要的尽先送上来。朱高炽选送上来的，都是些与军、民等切身利益极为密切的奏章。这就先投合上了明太祖的心意。在那些被送上的奏章中，留有些错字并没有改正，明太祖为他指出来，并问，"你大概没看见吧"？朱高炽做事原本很马虎，也许他真就是没看到，但他回答得却好，他说，"我没敢马虎，不过我觉得这样的小错处，实在不足以上渎天听"。这答语又给了明太祖一个好印象，认为他真是个善于辨别轻重，能知当务所急的人。论条件，应该被册立为燕世子的人本就是他，何况他又给了明太祖一些很好的印象，所以到洪武二十八年（1395），明太祖便把十八岁的朱高炽册立为燕世子。

深为燕王朱棣所爱的次子朱高煦，却不能得到他的祖父明太祖的欢心。这是因为他在京学习时，既不见好学，而语言举措等又都很粗率轻浮。明太祖并不喜欢他，朱高煦自己也很清楚，所以当朱高炽被立为燕国的世子时，他并不在意。他认为这是祖父的偏心，简直毫无办法；再则，一个燕世子，无非是将来可以顺顺当当地袭封为燕王而已，真也算不了什么。他的胃口可比这个要大得多！燕王兴兵造反，发起了靖难之师，这可对上了朱高煦的心思，他在战场上尽力拼杀，终于赢得了他父亲的看重，并且亲口许过他，将来得到了天下，要立他为太子。得立为太子，这可不同了，这样将会登上皇帝的宝座。这正合他的心意。然而，到他攻入了南京，燕王朱棣登上了帝王的宝座，却没有履行当初许下的诺言，被立为皇太子的，还是那个只能躲在后边作为留守的朱高炽。这一回他可不能容忍了！他知道，要去提醒自己的父亲履行诺言，那并不会有什么好处，只有从朱高炽身上下手，设下些圈套，让朱高炽来钻，再编出些谣言吹进父亲的耳朵，让父亲能明白，立朱高炽为皇太子，真是立错了人。那时再请那些能够进言，又肯帮他的勋戚，如淇国公丘福、驸马都尉王宁等人，把那些谣言不断地向他父亲提说，同时还要不断称说朱高煦的英武和战功之多。这样，既使皇太子不断失误受谤，又为自己树誉，朱高煦干得很是顺手。毁谤皇太子的，还有那赵王朱高燧，他与汉王朱高煦合谋，彼此一唱一和，影响很大，几使皇太子朱高炽身陷不测。幸而情况最紧之时，明成祖弄清了真相，不由叹道："几杀吾子！"由此可见汉、赵二王设谋之深，皇太子朱高炽的处境之险。

皇太子朱高炽之所以能久受谗害而保住身位，并未被废，还有个更为重要的原因，那便是他的长子朱瞻基很为永乐所爱，永乐很想把将来的帝位传给朱瞻基。要把帝位传给朱高炽的儿子，自然先得把帝位传给朱高炽才是顺理成章的，所以朱高炽受到的谗陷虽多，却能始终不倒。

朱瞻基，也就是后来的明宣宗，生于洪武三十一年（1398），又有一说则是生在建文元年（1399）。据说，他将生时，那时还是燕王的朱棣做了个梦，梦见他父亲明太祖给了他一个大圭，还对他说，"传之子孙，永世其昌"。那时正是明太祖已经去世，朱棣已经兴心谋位之时，他觉得这个梦应是个吉祥的先兆。次日，朱瞻基便降生了，朱棣认为这孩子是应梦而生，更加感到奇异。到朱瞻基已满月时，燕王朱棣把他抱在手中，觉得这孩子长得真好，不觉赞道："儿英气溢面，符吾梦矣！"这个孩子，更鼓舞了他要兴兵造反的雄心，他感到，这孩子之来，简直就是他受命于天的象征。

朱棣兴师靖难成功，身登帝位之愿已遂，对他那个应梦而生的孙子更极喜爱，常常把他带在身边，并且常向这孩子的父亲、皇太子朱高炽说，"此他日太平天子也"。这话更稳固了朱高炽的皇太子地位。永乐七年（1409），明成祖还把他的这个爱孙带到北京去，那里是朱棣已经决定把都城迁去的地方。在那里，朱棣带着孙子去看了农家的生活，还有那些务农的工具，参观回来，明成祖又作了一本《务本训》要朱瞻基读，要让他知道"农民是邦国之根本"的道理。永乐九年（1411），明成祖把朱瞻基立为皇太孙，表明日后皇位的继承之所在。永乐帝无论是出征，还是巡幸，都要把皇太孙带上，让其可以经多识广，增益见识和眼界。永乐对于朱瞻基的学业也很看重，即便在军中，也绝不废读。永乐选定了学士胡广做皇太孙的师傅,在军中,也让胡广跟着,逐日为皇太孙讲授经史。朱瞻基聪明过人,样样都学得很好,遇事显出,才智不凡。这种早期便显露出来的才华,更使明成祖感到满意。

皇太孙朱瞻基不但巩固了他父亲的地位,而且以他的聪明和精悍,还常使那些想不利于其父的人为之气夺。一次,皇太子朱高炽奉命带同朱高煦等人到孝陵去祭奠明太祖,他是皇太子,自然该当走在最前面,并且还不能走得太慢。但他的身子过于肥重,脚又有病,左右虽有两名内侍搀扶着,还是走得极为吃力,不但气喘如牛,而且还有几次几乎要摔倒。朱高煦随在朱高炽的身后,看到这位皇太子如此之狼狈,心里高兴,不觉便把心里默念着的话说了出来,他笑着说:"前人蹉跌,后人知警!"谁知紧跟在他身后的还有个皇太孙朱瞻基,那朱瞻基一闻此言,马上便接口道:"更有后人知警也。"这话接得脆快,又针锋相对,朱高煦不觉大惊,他开始觉得,走在前面的那个皇太子朱高炽固然不足为虑,而随在身后的这个皇太孙倒有点扎手,将来怕倒是个硬对手。

朱高煦对于谋取帝位总是念念不忘的,在先他倒是想把朱高炽的皇太子废掉,要明成祖践行曾许他为皇太子的诺言。后来他越看越觉得无望,便存下了以武力争夺帝位的想法。他想学着他的父亲,只等永乐去世后,把朱高炽从帝位上推下来,由他自己来干。永乐十五年(1417),朱高煦最后徙封于乐安州,并且被迫之国以后,他便在那里安排起了将来谋乱造反的事情。他一面暗中募兵,扩张实力,一面又不断派人潜入京中,探听消息,谋取内应。明成祖是在北征旋师回京的途中去世的,由于事出非常,六军在外,随侍在明成祖身边,替他料理切身事务的太监马云,会同随军出征的大学士杨荣、金幼孜等人,共同议定,暂时秘不发丧,日常饮食供应等，仍与在世时一样，只是暗暗派人把这信息传给了皇太子。事情办得这么紧秘，所以朱高煦毫无所知，等他获悉此事时，皇太子朱高炽已经被拥上帝位了，也就是明仁宗。

朱高煦最后又失了一着，暗自愤怒，他那谋反的心更急切了。明仁宗毫无所察，仍以宽爱诸弟为怀，才继位便把朱高煦和朱高燧的禄米加封至二万石。禄至二万石，是极为优厚的封赏，但这仍不能打消朱高煦的反心，他仍在加紧准备着，想一举把皇位从他哥哥的手上夺过来。但是明仁宗偏偏死得太快，在改元为洪熙的那年，他就忽患急病而死，撒手而去了。

朱高煦在京中派有很多探子，他很快便打听到，明仁宗突然驾崩，皇太子朱瞻基远在南京，正从那里赶着来即位。听到这些，朱高煦立即决定，最要紧的是派人在中途把皇太子劫住杀掉，别的都在其次。乐安州正在南、北二京通路的东侧，劫杀起来是很方便的，因此，他派出一支部队，以为事在必成。这是他第一次和朱瞻基斗法，不想出师不利，势在必得的竟然失败了。朱瞻基是个极精敏的人，又跟随祖父操练多年，行动起来极为迅速机密，他率领着一些轻骑，从南京到良乡，只用了20天的时间，朱高煦派出的部队竟没能及时赶上他。朱瞻基在良乡接到了他父亲明仁宗的遗诏，更加急地赶入宫中，主持了举哀发丧。又过了不到10天，他便在灵前即位，正式成为有明一代的第五位皇帝了。

新天子朱瞻基即位后，对他的两个叔叔，汉王朱高煦和赵王朱高燧，封赐得比他的父亲即位时还要优厚，让他们实在不能发出什么怨言来。但汉王朱高煦为了探查动静，还是不断提出一些过分的请求，想试试这位新天子的分量。他还递上了一件封事，列陈了四件有关国计的事件，想看看新天子的见识。朱瞻基确实不凡，一见便尽知其意,他接到奏章后,马上批令有司迅即照办,他还回书一封,向汉王致谢。在临朝时,说到汉王,他还向众臣宣说,他的祖父明成祖曾向他的父亲说过,汉王像是有异志,叫他要特别戒备。然而以汉王所上的奏章而言,却只见一心为国,可见其已改过从善,所以汉王所奏,必须认真执行。朱瞻基向群臣说这些话,实在有很深的用意,首先他借着明成祖曾说过朱高煦有异志的话,给汉王头上扣了一顶大帽子,将来若无事便罢,若有个风吹草动,出兵去讨伐,就更觉师出有据,名正言顺了。他是明成祖所调教的最得意的人,看来倒实在辣得很。

朱瞻基的这一手,却把朱高煦给迷惑住了。他竟然是所奏无不准、所请无不遂,成了最为这位新天子所尊重的人,这倒使得他有点忘乎所以起来了。他甚至以为,这位新天子,并不像人们所想的那样聪明和可怕。到底还嫩着呢!有了这样的认识,朱高煦更加肆无忌惮地扩张起自己的实力来,更盼着早些打进京去,夺取帝位。他已和山东都指挥靳荣等人约好,当他举兵时,他们便也要率众相从。他不断地积聚起了很多的军资,把乐安左近州、县的刀弓畜马等,都一齐收聚拢来,以待兴兵时动用。最后,他已经组成了前、后、左、右、中五军:前军由指挥王斌率领,左军由指挥韦达率领,右军由千户盛坚率领,后军由知州朱恒率领,中军则由他自己统率。已被立为世子的儿子朱瞻坦,则被任为留守,起事后要留在乐安,余下的几个儿子,则被分别派入各军作为监军。暗中分派已定,朱高煦又派出了很多亲信,让他们潜入京中,与那些在靖难军中和他共过事的故旧进行联系,约他们届时作为内应。他派到英国公张辅那里去的,是他的亲信枚青,但那里的事却出了差错。英国公张辅得知枚青的来意后,便将他拿下,献给了朝廷。继英国公之后，还有不少人也将乐安的谋反情况上报，希望朝廷能早自为计。才登基不久的明宣宗朱瞻基对于朱高煦的所作所为很清楚，所以非常镇静，丝毫不露声色。他先只派出中官侯泰捧着他的敕书到乐安去，当面向朱高煦开读，并面谕朱高煦，要其莫辜负朝廷的恩意。他要把自己宽容、忍让的恩意发挥至尽，以激起通朝的义愤，这样出征之时，士气会十分高涨。

朱高煦的做法却与他的侄儿明宣宗相反，他趾高气扬，用陈兵列阵的方式来接待中官侯泰。他还向太监侯泰发了很多牢骚，说朝廷轻慢了他。最后，他抄袭了父亲燕王朱棣的老办法，以"清君侧"为名，叫侯泰回去告诉明宣宗朱瞻基，要朱瞻基尽快把在朝中主事的夏原吉、蹇义等人都交出来，并把他们送到乐安，由他朱高煦来发落，然后才可以谈别的。侯泰走后，朱高煦还怕他不敢向明宣宗直说，紧跟着又派了百户陈刚到京中上疏，并随身带去给朝中诸大臣的信。在这些疏和信中，朱高煦对当时的朝政更加痛诋，认为朝政已经坏到无可救药。明宣宗所想要的正是这些，他这才说："汉王这可是真反了！"于是传旨出师，发动了他早已准备停当的征讨。

出讨朱高煦，原本议定是由阳武侯薛禄提兵去那里，当时的阁臣大学士杨荣，却觉得皇帝如果能自己去，效果会更好。明宣宗朱瞻基很欣赏杨荣的建议，马上决定亲征。英国公张辅却觉得御驾亲征太"小题大做"了，对付朱高煦，实在不必这么做。他说朱高煦一向都是似勇而实怯，如果给自己两万兵，一定能把朱高煦生擒到阙下。朱瞻基也确知朱高煦并不足虑，他赞同杨荣的意见，是又有他另外的想法。他向张辅说道："卿诚足擒贼，顾朕初即位，小人或怀二心，不亲行，不足安反侧。"

在行军的途中，明宣宗常和随行左右的人们谈说军情，借以增加对他们的了解。在路经杨村时,他们谈论到朱高煦将有何动向。在这一点上,众人的说法不一,主要有两种看法。第一种看法认为朱高煦必去济南,先把那里占据下再说,他们认为,要谋反,必然先要找个稳固的巢穴,济南城高壕深,离乐安又近,应该是个最合宜的处所。另一种看法是认为朱高煦必会提兵去取南京,因为他一向都极眷恋南京,以前给他封地时,几次他都恋着南京,不肯离开。如今他任性而为,当然首先便会想到南京。况且南京龙盘虎踞,进攻退守都极有利,他若有雄图,也必会选到那里。明宣宗对此二说都不以为然,他说:"济南虽近,但却难攻,他们得知大军将至,必不敢屯兵坚城之下。朱高煦虽恋南京,但其军中上下,室家都在乐安,断不肯随之远征。他一向酷爱浮夸,自以为不可一世,其实却很胆怯,不敢勇往直前。如今他敢于造反,是以为朕年轻又才即位,人心尚未全附,必不敢亲征以振奋人心。在他得知朕竟亲自出征时,定已胆破,大军一到,必可就擒了。"他的这一番话,说得合情近理,料敌测势都很深刻,后来,事情的发展果然都像他所说的那样。

朱高煦果然是色厉内荏,他虽然整军秣马已有多时,但还是心惊胆战的。最初,他听说提兵来讨的是阳武侯薛禄,倒还高兴,觉得薛禄这个人倒是不难对付;后来又听说明宣宗竟要御驾亲征,阳武侯薛禄不过是个前锋而已,便感到有些怕了。当他回想起自己和这个已经成为天子的侄儿以前所打过的一些交道,深感明宣宗这个人锋锐机敏、料事精确,不由更怕了起来。在军中,主帅的勇怯是无法瞒过属下士兵的,朱高煦的暗自心惊,早对全军都有了感染,因而不久便开始有人悄悄逃到来征的大军那里去。这一来,又使得朱高煦更深为胆怯了。明宣宗对这种有人前来纳降的情况也早有成算，他很好地安抚了他们，并命他们即行回去宣谕皇帝的宽厚，宣说凡是前来纳降者，一概不究。明宣宗又致书朱高煦，要他急速出降。说若早降，恩礼可以如初；若再因循观望，将来或是一战被擒，或是他的部下为了赎罪，将他捆送来营，那可就难说了。

御驾亲征所率的大军，行动很快，不到10天，大军前锋已经行抵乐安。朱高煦先是派出人来，相约在明日交战。明宣宗并不理他，自己先定下，要在乐安城北驻驾，并传谕诸将，把乐安城团团围住，那时，还放了神机统箭，以示即将攻城。这神机统箭是当时威力最大的火器，放时声如雷震，这使得乐安城中更加惊慌不定。围城的诸将都认为，不必耽搁，就此趁势攻城，定能一鼓而下。明宣宗表示，不必如此急切，还可以稍等一下。他再次敕谕朱高煦速速出降，以免生灵涂炭。朱高煦此时更加张皇失措，不知如何是好。原来他也已经晓得，乐安城里就有不少人想要把他擒住，捆送到御营中去。他再三寻思，觉得现在只有认罪请降才有一线生机。他暗暗派出了自己的亲信，让他们到御营中去叩见明宣宗，请求能够让他在当晚先去诀别妻子，明日再行出城归罪。明宣宗答应了朱高煦的这个请求，并且起驾转驻城南，准备次日受降。朱高煦连夜焚毁了军械和有关谋逆的文书，只等待着天明赶出城去请降。他的五军将领王斌、韦达等人知道了此事，都不赞成投降，他们认为，宁可拼死一战，也不能就这么不战而降。朱高煦说不过他们，只好假作听从了他们，转回到宫中。但他实在怕战，只好悄悄地又从另一条路上暗自逃去。

朱高煦潜行到御营，请人禀告了他的侄儿明宣宗，自己伏在御营外待罪。对于这个自来投罪的谋逆者，御营上下都很愤怒，认为应该把他明正典刑。但是明宣宗却不置可否，只命人把朱高煦带上来，并把以前各处纷纷告他谋反的奏章都掷给他，让他一一地看过。朱高煦惶惶然摸不着头脑，只得叩头认罪道："臣罪该万万死，愿听命于陛下。"明宣宗让他先写信给他的那些留在乐安城中的儿子，叫他们都要赶快来投降。这时乐安城中已经很乱，明宣宗又命人分头传谕城中人，"只罪首恶，胁从者不问"。这样，城中的乱势稍平，汉王朱高煦的余党，很快便一一被擒。

事定后，明宣宗把乐安改名为武定，并把阳武侯薛禄和尚书张本留在那里，予以安抚。诸事已定，才班师回朝。回朝后，明宣宗把朱高煦父子全都废为庶人，并在西安门内筑起关押他们的禁室，后来，他们父子便都被关死在那里。伙同汉王为逆的王斌、韦达诸人，被擒后全都被依法处斩，只有长史李默，因曾谏劝过朱高煦，才被免死，但仍被贬往口外为民。那些曾响应过朱高煦，或是有过献城之约的都督或者指挥，不久被全部查出并处决。此事前后被诛者共达六百四十余人，此外，以纵脱或隐匿要犯而被判处死罪或是戍边的，也有一千五百多人，被送往边地，在那里编为边民的，还有七百二十人。这件事，由于明宣宗看得准，算得透，又沉得住气，他干得实在非常漂亮，几乎是兵不血刃，就把隐藏在内部多年的隐患，很快地消除干净了。明宣宗自己也很得意，因此他还写了一篇《东征记》，刻印出来，遍示群臣。

解决了汉王朱高煦的叛乱，紧接着，赵王朱高燧的问题又出来了。汉、赵二王合谋，几乎是尽人皆知的事，所以回军的途中，尚书陈山便主张移兵彰德，顺便把赵王朱高燧也予以擒获，以免日后作乱，又劳车驾。当时随征诸臣都赞成这个做法，只有首辅、大学士杨士奇认为此作并非所宜。明宣宗对此默然听着，一直没有说过什么。陈山生怕错过时机，便又约上了蹇义、夏原吉二位尚书，联合着又说到此事。这时明宣宗才表明了他的意见,他说:"先帝爱二叔甚。汉王自绝于天,朕不敢赦。赵王反形未著,朕不忍负先帝也。"但后来朱高煦在受审时却供出了他与赵王彼此合谋的很多事实。这样,群臣中又有多人上疏,请求惩戒赵王,最少也要削除他所拥有的、超出应用数量的护卫。最初明宣宗对这些仍是不予理会,但后来论者日多,奏疏竟是不断飞来,因而拖到次年,明宣宗才派出驸马都尉广平侯袁容,要他把汉王的供词和群臣的奏章都带到赵王那里去,让赵王自己看看。看了这些,赵王朱高燧极为害怕,只好上疏认罪,并且自请削除一切护卫武力,听候查办。明宣宗没有把赵王的护卫全都撤销,仍给他留了一些,以资保卫。后来有些人论及明宣宗对待赵王朱高燧何以如此宽厚时认为,明宣宗在随侍着他的祖父明成祖时,与汉、赵二王都时有接触,深知他们二人的实质。在明宣宗看来,赵王虽比汉王更为狡诈,但又比汉王怯弱,更干不出什么像样的事来。赵王和汉王合着,也许还想搞点儿什么名堂,汉王既已就擒,赵王孤掌难鸣,不足为虑。留下赵王,不仅可以显出明宣宗本人的宽厚,而且还可显出他父亲明仁宗曾多次救护赵王的仁爱,有利而无弊,何乐而不为呢!

明仁宗和明宣宗,当他们在位时,还有以后的一些时间里,都获得了很高的评价。明代的人,称他们父子在位的那十年为"仁宣之治",说是治绩为明代之冠,甚至竟以仁宣之治与唐代的贞观之治为比,说是圣君贤相,相辅相成,实在真差不多。他们所设的贤相,所指的便是人们所称的"三杨":杨士奇、杨荣、杨溥。三杨在明代的阁臣中,确乎是一直被以名相看待的,但其立身行事,与旧时所公认的贤相标准相差得还太远,正如明仁宗和明宣宗,在明代诸帝中,他们虽是较好的,但称之为圣君,却又不太够。

先来说明仁宗朱高炽，他在位的时间很短，实在没有什么仁政可言。他之所以被谥为"仁"，很大程度是由于他曾不惧得罪，冒死搭救过常常生心害他的两个弟弟，别的便再没有什么可说的了。他在位的时间虽短，但在那段时间所干下的不体面之事，倒还不止一端。首先，在封建社会中，孝这件事是最首要的，所谓"百行孝为先"是也。说到孝，人们在父母之丧中的表现尤为重要。在守孝期间，很多禁例都要遵守，有违便是不孝。这些禁例中，对于男女之事尤其悬为厉禁。在守孝期，便是夫妇也不得同房，在这期间如果有了孩子，便要视为罪行，为官者会被罢官，即或未予重处，人们也会耻笑。守孝原为三年，后因时日太久，不断减短，最后已缩至期年。至此已到了最低限，再不得短了。这一礼制，无论贵贱，都要遵守，即便贵为天子，也不例外。而且天子为万方仰视，更是分毫不得有差。但是明仁宗朱高炽，在这件事上却出了毛病。朱高炽这个人虽极拙笨肥重，却还是个好色之徒，在父丧之中，他也不能管住自己，每夜仍要到妃嫔处恣意寻欢。他以为自己深居宫中，外间何能得知，而且就是有人得知，谁又敢来乱说！但是事有难料，侍读李时勉上疏论谏，其中有一条所说的正是这事。固然，李时勉说得很含蓄，他只说了一句"谅暗中不宜近妃嫔"，便带过了。但是新即位的明仁宗可受不住他这一击，朱高炽既惊诧于宫闱秘事外间何以得知，又深知这事有关帝德至为重大，将来若在《实录》上给他记上一笔，他可真是难以自救了。为了妥善处理此事，明仁宗把李时勉召入便殿，责备他不应轻信流言，妄行入奏，并要他上疏请罪，以正视听。明仁宗完全是打着官话，来向李时勉指出他自己设想出来的解救办法的。李时勉如果是个善观风势的人，应承下来，诸事照办，事情便会了然无迹。然而这位李侍读，却是个行为古板，极以君德为重，什么都能不顾的人，他觉得明仁宗有错不认，还要叫人用谎言来替他掩盖，实在更是难容。他所说的事，虽说秘在深宫，可是都有所据，最少敬事房处也是都有所录的，瞪着眼撒谎，还教臣下也撒谎来帮他，这君德的败坏又更进一步了。为了"致君尧舜上"，李时勉觉得，就是拼死，也得把皇帝从错路上拉回来。有此一念，他的话不像在疏中所说的那么含蓄了，反而尽其所知地都抖亮出来，而且力劝明仁宗，叫他要知过必改，更不可文过饰非。他这么一说，让明仁宗更下不来台了。明仁宗原来是想让他设法掩盖过去的，却不想他更来了劲儿，说得更直，更露骨了。明仁宗觉得他已经无法使李时勉住口，只好用武力来阻止了，就挥手命两侧的武士把李时勉拉下去，还叫他们用手中的金瓜来打他。结果，李时勉的肋骨被打断了三根，被关入锦衣卫狱中。

明仁宗本想继续和李时勉相持，要打击和折磨他，直到他改口或是死了才算完。但是明仁宗还没来得及再挤压李时勉，自己就急速病危，很快便下世了。然而就在临危之际，他还不能忘怀这件事，他向靠近他御榻的顾命大臣夏原吉说，"李时勉廷辱我！"他这话是以遗命传下来的，简直就是宣布了李时勉的死刑，因为天子的遗命是必须予以办妥的，按例，侮辱天子就该治以死罪，廷辱更罪加一等，自不必说了。

李时勉被投入狱中时，伤势很重，原已生望无多，但他命不该绝，却巧碰上那时来查狱的某千户，在先曾受过他的大恩，正苦于无以为报，如今恰好是个报答的机会。他先将李时勉在狱中医治的事打点好，又出去寻来了一些出自海外的、医治胸肋骨伤的药物，上心治疗。李时勉得到这种救治，竟然活了下来。

宣德元年（1426）十月，李时勉入狱已有一年多，这时明宣宗出讨汉王，已经回京，夏原吉这才得空把明仁宗的遗言，"李时勉廷辱我"，向明宣宗奏知。这话所激起的新天子的哀怒，是可想而知的，明宣宗立即传旨，命人将李时勉捆上殿来，他要亲自审问，替他父亲雪辱。在等候着人们把李时勉捆送时，明宣宗越想越怒，又派了一个王姓的指挥赶向狱中去，要他在那里就把李时勉绑赴市曹处斩，他已不想再见再问这个得罪了先帝的人了。王指挥哪敢怠慢，奉旨后即行赶去。当时在场的人，都觉得这一回李时勉可真完了，不久一定会在法场上身首异处了。但是李时勉偏又有救，竟因王指挥与先去的人走岔了路，他又躲过了这杀身之祸。原来从殿上到诏狱去有两条路，一条出端西旁门，一条出端东旁门，先后派去的人，刚好各走了一条，路上岔开了，没能见到，李时勉还是被押上殿来了。

明宣宗见到有个人被押上殿来，知道那必是李时勉，不由怒骂道："你一个小臣，如何敢辱没先帝！你在奏章里都说了些什么？"李时勉在下面叩头道："臣言谅暗中不宜近妃嫔，皇太子不宜远左右。"李时勉的话有如惊雷，引起了明宣宗的共鸣。原来他对这两件事也很敏感，并且不以为然。父亲明仁宗在守孝期间仍要近妃嫔，明宣宗自然更清楚，也还知道，父亲让自己去谒孝陵，并有居守南京之命，也是为了远远地支开自己，做这些事才更方便。而明仁宗忽然便一病不起，显然也与这些事有关[①]。作为皇太子而

[①] 明仁宗一病便至不起，传说颇多，且都和他的纵欲有关。也有说他是服春药过量而亡的。《明仁宗实录》载有他的《遗诏》说，"夫死生者，昼夜常理，往圣同辙，奚足悲念？"说得极为含混，也更令人生疑。当时的人陆钱，在他所著的《病逸漫记》中说，在明仁宗去世后，他向一位雷太监探听过病由，雷太监悄悄地告诉他，"阴症也"。所谓阴症多与行房后着凉有关，或是事后汗出为阴风所袭，或是事后误服冷饮，所构成的绝症。明仁宗死在旧历五月，极易患上此症。

居留在外，这事也显违祖制。这不但会使他形同诸王，甚至会生出很多的非分之想，引起一些非分之举来。这两件事曾使明宣宗深以为忧，不想这个被称为廷辱先帝的人，所想的首先也是这些。他正是为天下而忧，难道竟要说这是他的罪吗？

听了这话后，明宣宗怒意全消，忙命人为李时勉松了绑，并再三温谕，要他再说下去。李时勉又续说了六件事，都是极其重要、应予急办的要事。明宣宗听得非常有味，见他忽又停住，便鼓励他再说下去，千万不要顾忌。但李时勉却说，别的他已经记不起来了。明宣宗又问："你的疏草还有吗？"李时勉说，疏草在上疏时他便烧了。原来这上疏焚草，乃属应为之事，作为纯臣是必当这么做的，因为这样既可保密，又能避免宣扬自己。谈到这里，明宣宗真是喜不自禁，觉得这李时勉真是无一不好，不觉连连称叹他是忠臣。明宣宗再问明了李时勉原来的官阶，立即宣布恢复他的原官，并命人取来侍读的冠带衣服，当场为他换上。等到那个原是奉命把李时勉绑赴市曹的王指挥赶回殿下时，他见到的李时勉已是服装整齐的侍读了。

霎时之间便使李时勉从狱囚而官复原职，不顾夏原吉所传的他父亲的遗命，而唯以公正是非为所依，这和那兵不血刃而生擒汉王，都是明宣宗所干的为人称颂的漂亮事。以他的行事而言，说他是个能君，倒可以当之无愧，但若说他真是当时为人称道的贤君，却又有很多地方他够不上。

明宣宗和他的父亲一样，也是个好色之徒，而且比他的父亲尤甚。明仁宗纵欲而亡，死得很快，明宣宗的死也很突然，他是在宣德九年（1434）十二月末得的病，过了年，到次年的正月初便死了。从得病到死，前后时间很短，比明仁宗也差不了多少。明仁宗之纵欲身亡，给外间留下了不少的传说，而明宣宗之死虽也突然，但他把诸事却都布置得干净利落，在外间并没有引起什么传说。其实，明仁宗也说不上是什么好色，他无非是任情纵欲而已。明宣宗与其父实有不同处，他是被一个绝色的女人迷昏了头，什么都顾不上了。

这个让明宣宗迷昏了头的美人，就是在皇后胡氏自请退位后，继之而为皇后的孙氏。这孙氏原是永城县主簿孙忠的女儿，她之得以进宫，乃是由于明仁宗的皇后张氏的母亲彭城伯夫人（她是永城人，和孙忠家有些往来）。彭城伯夫人一眼便看上了孙忠那绝色的小女儿，她入宫去看望张皇后时，常提到这个美到无比的女孩子。那时还是太子妃的张皇后因常听到她的母亲这么样夸说，倒很想看看这个孩子到底有多美，就叫彭城伯夫人顺便带她进宫来玩玩。小姑娘进了宫，张皇后竟也爱得迷上了。那时的皇帝还是明成祖朱棣。小姑娘在宫中也见到了他。永乐见到这个美人也极欢喜，便命太子妃张氏把她留在宫里养着，他心里早有了打算。永乐十五年（1417），永乐为他心爱的皇太孙选妃、嫔，他特意下诏，选济宁胡氏为皇太孙妃，邹平孙氏为皇太孙嫔，定下了他们的姻缘。

这个孙氏不但容貌极美，又最工于心计，她巧于显出自己，却又能让别人说不出什么话来。她与胡氏一同被选，她们之间一直就有个妃、嫔之别，后来皇太孙即位为帝，她们又有皇后和贵妃之分：她与胡皇后，在位分上总要差着一级。这些，她一向是很不甘心的，但却做得像是心甘情愿，自认比胡氏要差着一头。但她又灵巧多变，容色迷人，在很多方面又使得胡氏全比不上她。胡氏也早就感到，孙氏处处都占了她的先，但对她又那么恭顺，让她也说不出什么来。孙氏虽然早就不甘心居于人下，想把压在她上面的胡氏赶下去，但以她的精明，颇能忍耐，忍到可以动手的时候。她和胡氏作为皇太孙的妃、嫔，是由明成祖为皇太孙选定的，她如显出了野心，明成祖会不悦，她当然不会自己去找些不自在。明成祖去世，明仁宗登基，她还没有弄明白情况，明仁宗已经下世，由爱她的皇太孙来当皇帝了。在那个对她的话无不依从的人登上了帝位后，孙贵妃认为挤开胡皇后可以说道路已通，不会有什么阻碍了，但她为了慎重，还是积极活动，要探个明白。在探查中，她发现，原来她以为是她的引路人的，明宣宗的生母张太后，竟然是她前路上最大的障碍。她要明宣宗为她请金宝来试探张太后。原来依明代的规例，作为皇后既有使她成为皇后的册立她的金册，另外还有一颗皇后的金印。这金印又称金宝。在贵妃被封时，虽然也给有金册，但却无金宝，在这处有很显见的区别。明宣宗便是以这个区别来向皇太后试探的。他在为太后请安时说，当初皇祖为他把胡氏和孙氏同时选为妃和嫔，礼数上相差并不多，如今她们二人，一个是皇后，一个是贵妃，一个有册有宝，一个有册而无宝，相差就太多了！不知可否也赐给孙妃一颗印，让她也有宝呢。明宣宗又说，这事他不敢自专，希望由太后决定。

　　张太后还是燕世子妃时便辅助朱高炽理事，后来又成为皇太子妃和皇后，经历过很多事。朱高炽办事过缓，多少事都全靠她来处理和决断，特别是朱高炽几次作为留守的时候，要她替他来办的事很多。这就磨炼了她，使她成了一个精明能干，公平正直，处事能顾大局的人。对于胡氏和孙氏，她早就看出了孙氏的得宠，而且处处都要比胡氏占先一步。孙氏虽是她母亲彭城伯夫人带来的，但她并不欢喜孙氏的过于灵慧，倒是胡氏的沉默大方，很能容人，让她更加喜欢。在明宣宗向她说到金宝一事时，皇太后早已看穿了他们的用心。她已经想到了，他们的大头恐怕还要在后面，不如且应下了此请，但设下说词，免得他们再生心。她计算已定才说，贵妃之有册无宝，是祖宗的规矩，原不该轻议，只是贵妃是与皇后同时选入宫中的，稍示优异，倒也未尝不可。不过以后却不可再想与皇后为比。皇后胡善祥不但在门第上要高得多，而且在德行上也是极高的，皇祖所以选中她，绝不是偶然的。孙妃何得与她相比？

明宣宗深知太后的用意，便不再多言。但他为了心爱的孙妃，总想能设法越过太后这一关。他深知太后一向最重舆情，怕违众请，如果能得群臣纷纷提出立孙去胡的主张，太后为了怕违众意，也就不会再说什么了。然而要使群臣共请，总得找出胡后一个显然的短处，再使孙妃有个长处，可以压倒皇后才好。胡后的短处是极易找到的，她多年不育就是个最大的短处。不育是七出之条中主要的一条，这一条用在皇后身上固然好，然而孙妃和皇后一样，她也没生过，只有另寻妙法了。

明宣宗为这事和他宠用的一些太监计议过，那时他有四名最得力的太监，就是那四名被明成祖送去读过书的交趾美童。在这四人中，范弘是明成祖交付给明仁宗使用的，如今他已经是司礼监中的提督太监，宫闱之中，上上下下他都能够串通，让他来秘传信息，最是方便妥当。王瑾是明宣宗还是皇太孙时，就已经派给了他的，这个人最为足智多谋，跟了他这么多年，给他办过无数的机密事。这件事，最好让他来统筹照顾。阮安是一个既能修建又会治河的人，他和外廷的往来最多，串通外廷，他最方便。阮浪文墨精熟，语言便给，串通内外，也是个好手。这四个人都是明宣宗的宠臣，他们也真神通广大，活动的时间并不算太长，只到宣德二年（1427）十一月，便让孙贵妃顺利地生出了皇长子朱祁镇。这孩子当然不会是孙贵妃所生的,但又必定得是明宣宗的骨血,然而又无论如何不能让人知道生他的是谁。他们把事情干得干净利落,很多的难言之处竟都无从查考了。然而再密的篱笆也会透风,当时认为皇长子不会是孙妃所生的人,为数不少。《明史》是这样说的,"……阴取宫人子为己子,即英宗也"。这个生下了明英宗的人连姓名都没有留下,从此便消失无闻了。

孙贵妃忽然生下了皇长子,成了个很明显的信号,事先早已安排就绪的废胡立孙的行动,便突然兴起。连被称为贤相的杨士奇、杨荣,也在这件事里出了不小的力。杨荣是个带头的人物,废胡立孙之说,便是由他一马当先,首先提出来的。明人谈迁在他所著的《国榷》里,说杨荣是"首进谰说,重玷主德",把他看成了一个逢君的佞臣,贬得可真不轻。杨士奇做得没有杨荣那么露骨,他是出来做善后的工作,并且千方百计地为明宣宗粉饰和解说的,这也近似是佞臣的行径,但在《国榷》一书中,对他的败行说得要温和得多,只说他是"弥缝其失,亦规亦随"。说实在的,以封建社会的道德标准而言,"宠艳妃而废元后",在君德上已经是极大的失德,有被列入荒淫无道的危险了,作为一个贤相,坐视不论,已极不该,如何可以"首进谰说",或是"弥缝其失"呢。"三杨"被盛称为有明一代的贤相,有些人很不以为然,主要便由于他们处处随着皇帝的手来转,在皇帝的败行惭德这方面,他们没有提过任何规谏。

明宣宗自己也知道,他做这种事,弄不好会给自己造成很多不利和不好的名声。但他是个予智自雄的人,他觉得,不管事有多难,只要他略施小计,巧妙安排,就没有摆不平整、搞不妥当的。在这废旧立新一事上,他觉得应该设法避开"废后"这一说,先在外廷造了声势还不够，如果能够让胡皇后自己表示出她想要退位让贤，那就更好了。这么做，并不难，只要暗示胡后，让她以自己无出为词，上表陈请愿意退位就行了。胡后由于多年被压，人已日趋软弱，如何敢违圣命，只好上表自陈有病，以致多年无出。目今情愿辞去皇后之位，以便早定国本。在胡后上表之后，孙妃也紧跟着上表力辞，她说，"后病痊自有子，吾子敢先后子耶？"据《明英宗实录》所载，胡后和孙妃，一个坚让，一个力辞，真是三推三让，犹不能已，竟使外廷诸臣也纷纷上表各自催请。这一场"欲盖弥彰"的闹剧，演得倒真够酣畅。

经过多次谦让，最后胡皇后竟在上表之后迁出了正宫，退居到长安宫中避位待命。这样，才真正结束了这一场不断的推让。明宣宗在宣德三年（1428），终于明命废去了胡氏的皇后称号，同时赐号为静慈仙师，命其潜修静养；而孙贵妃也终于堂皇地登上了皇后的宝座。这事在表面上虽然办得很像回事，孙贵妃确实是由于胡皇后上表累辞，再加上群臣催请，迫于群情，很不得已，才勉强登上了皇后之位的。但在那时人们的心中，都知道胡后辞位并非出于自愿，她是被逼着来演这一出戏的。《明史》说，"后无过被废，天下闻而怜之"。所记的倒是实况。张太后也与群情无异，她看得很清楚，胡后乃是位贤德的皇后，是被逼着下来的。张太后很怜惜她，常把胡后召入清宁宫中和自己同住，内廷宴会，也总是把胡后的座位安置在孙后之上。为此，孙皇后常常怏怏不乐，但她不敢和张太后抵触，也无可奈何。等到明宣宗忽然去世，朱祁镇登基为帝，孙皇后被尊为皇太后，张太后则已被称为太皇太后。依历代的旧例而言，皇帝年幼，只有太后才有管理朝政之权，上升到太皇太后，却又无权理政了。但这是据明代以前的历代而言，在明代并不合用。因为明太祖留有遗训，严禁后妃干政，太皇太后自从为燕世子妃时便开始操持政务，历经为皇太子妃，皇后，以至皇太后，都是一直连续下来的，在这一段时间里，她操练得越来越精干，威信也越高，连像明宣宗那样的能干人在位时，有很多事还要听她的裁决，张太后的威信和能力也就可见了。明英宗即位后，张太后虽已上升为太皇太后，但她自觉更不能放开朝权，年幼的皇帝更需要她的扶持。满朝文武对此也无不欣然，认为有她来主事才妥当。孙后当上了皇太后自然也希望由自己来主政，但她的威信和才干都远逊于太皇太后，实在插不上手去，也只好暂且退在一侧。这种情况对于被废的胡后更有利，因为她依然能在太皇太后的荫庇下，过着比较平安的日子。这种日子到正统七年（1442），太皇太后去世时，才算是完结了。但是太皇太后去世后，胡后因伤心过度，很快也下世了，并没有格外再受什么罪，只是她的葬礼却因孙太后之故，实在很薄，很不合她应有的身份。胡后是被以嫔御之礼葬在金山之上的。当时虽有很多人都感到葬礼太薄，但因怕孙太后，无人敢说。一直等到天顺六年（1462），孙太后去世了，那时明英宗的皇后才出头为胡后诉屈，她称说，人们都觉得胡后贤而被废，死后又礼数有亏，很为之不平，似乎应予以改葬才可以安抚人心。后来明英宗和大学士李贤加以研究，重修了胡后的陵寝，还追谥她为皇后，才算告一段落。但她的神主仍不能和孙后一样，还是不能够附庙，只能安置在新为她加修的享殿中。

胡皇后无过而被废，明宣宗虽然耍了不少的心眼，但当时人们始终都认为这实在是他的惭德。明宣宗自己也知道，这件事他是掩盖不了的。他后来常自辩解说，"此朕少年事！"这个辩解实在很乏力。

明宣宗确实是个才智出众的人，他不但办事精明，算无遗策，而且在作诗填词，写字作画等项上，也还都有些才干。在这些事中，他的画尤为有名，最为人称叹。但他在玩乐诸事中最为出名的还是斗蟋蟀，他因此而得了个"促织天子"的诨名。所谓"促织"，乃蟋蟀的雅名，因它入秋而鸣，正当预制冬衣之际，似有催人织作之意，所以称为"促织"。时谚有"促织鸣，懒妇惊"之语，也正由此而来。

一个皇帝，竟自有如顽童，嗜为促织之戏，论说起来，实在不足为训。但明宣宗是个深为自负，不怕众议的人，他欢喜什么，总不免愈演愈烈，总要做到极端才罢。他搜集促织也是这样，不惜传旨、下敕，派出很多中官，到全国各地去采办，结果闹得宇内纷然，多方扰乱，弄出了不少使百姓家破人亡的事情来。明代著名文人王世贞所著的《弇州史料后集》中，便载有一篇明世宗发给苏州府知府况钟的敕文，文曰："敕苏州知府况钟：比者，内官安儿、吉祥采取促织，今他所进促织数少，又多有细小不堪的。已敕他末后运自要一千个。敕至，尔可协同他干办，故敕。"这道敕文是宣德九年（1434）发出的，作为皇帝，竟发敕给一个为民理事的知府，让他协助派出的内监采运促织，这真可以说是荒唐透顶、贻笑千古的事。

在《皇明纪略》一书中，也记有这样一件事："宣府将促织之戏，遣取之江南，其价腾贵至十数金。时枫桥一粮长，以郡督遣，觅得其最良者。用所乘骏马易之。妻妾以为骏马易虫，必异；窃视之，乃跃去。妻惧，自经死。夫归，伤其妻，且畏法，亦经焉。"黄景昉在他所著的《国史唯疑》一书中，也有"苏人至有以一蟋蟀殒其家三命者"之语，大概和《皇明纪略》中所说的是同一件事。

蒲松龄（1640—1715）的《聊斋志异》里，也有篇名为《促织》的小说，说的也是明代宣德年间事。那是说，一个孩子，因偷看而放跑了他家准备进献的蟋蟀，竟自吓死了，但他居然变成一只蟋蟀，被送进宫中，反给家里带来了很多好处。蒲松龄写得很生动、深刻，充分显出了苛政猛于虎的情境。王士祯（1634–1711）在读了《聊斋志异》的这一则后却说："宣德治世，宣宗令主，其台阁大臣又三杨、蹇、夏诸老先生。顾以草虫纤物殃民至此耶？抑传闻异辞耶？"蒲、王出生在明末，上距明宣宗去世已逾二百年，蒲的小说倒还能传写出当时的惨状，王士祯却称宣德为治世，宣宗为令主，又盛称三杨和蹇、夏等人，实在都与当时的实况相去较远。然而，仁、宣之世，明代的国势正强，府库充盈，四方也大致无事，确实是明代最为治平昌盛的时候，仁、宣二君，还有三杨等人，也正是沾了这个光，竟也赚到了什么"令主""贤相"等类的好名声。

促织之为害，主因固然由于明宣宗催索无度，而他所派出的太监，在民间需索过多，逼勒太甚，也是其中的一个原因。明代惯于派出宦官去各地采办诸物，这些宦官倚势欺人，几乎到处为害，扰得生民痛苦，政事糜乱。清代有鉴于此，所以入关伊始便定下了不许宦官出京干办的律条。

四 王振擅权和土木之变

明宣宗去世后，继之而登上帝位的是他的长子，明英宗朱祁镇，也就是孙贵妃从一个不知姓名的宫人那里夺过来的那个孩子。他出生后才四个月，便被立为皇太子。立得这么早，是由于孙氏生怕日久生变，总要先定下来才得安心。他生在宣德二年（1427），明宣宗是在宣德十年（1435）死的，认真算来，朱祁镇到登基时还很年幼，真称得上是个冲龄天子、儿童皇帝。

明英宗是明代的第一个儿童皇帝，明代开始出现权倾人主的大珰，也是在他即位后的事。这个大珰并非别人，就是《明史》中所提到的那个王振。王振是河北蔚州人，他自幼净身入宫，做了一个小太监。那时恰好赶上明宣宗在内廷办起了内书堂，挑选聪明伶俐的小太监，送进去，由在那里任教的大学士教他们读书。王振就是第一批被选进内书堂的。王振自幼便极聪明狡黠，很快就成了内书堂里的尖子，并被选入东宫，去侍奉年幼的皇太子。这个年幼的皇太子被王振尽心地引着玩耍，对他极为依恋。王振很快就成了皇太子最倚信的人，什么都肯听他的。从在宫中积下的经验，王振早看出了，司礼监实在是内监二十四衙门之首，掌管住司礼监，所有的内监都得由他来调动了。为此，他早就瞄上了主管司礼监的提督太监的职位。王振等到他的玩伴明英宗朱祁镇才一即位，便开始了他对司礼监提督太监职位的夺取。那时在这个职位上的太监是金英，他已经是个资历很深的太监了，在宣德初年，他就掌管了司礼监，到宣德七年，他和范弘二人，更受到明宣宗的殊恩，赐给他们每人一道"免死诏"。有这道诏书，除了"谋反为逆"罪在不赦外，若犯了其他任何死罪，都可以因为执有这免死诏而得到赦免。为什么会突然有此一举，实在也还有个原因。原来明宣宗为了搜求海外好玩之物，曾派出内监多人到广东采办。这些人倚势欺人，敲诈到的金银珠宝及锦绮等物，以巨万计。后因事发，派出的袁琦、阮巨队等多人全都被投入锦衣卫狱中。审理结果，将其中赃物最多，为恶最厉的内官袁琦凌迟处死。其他罪恶亦著的阮巨队、阮诰、武莽、武路、阮可、陈友、赵淮、王贵、杨四保、陈海十人都被问了斩刑。后来又有内监裴可烈，也因为贪暴问了死刑。这是宣德六年十二月间的事，一时处死了那么多内监，各处的内监都受到了极大的震恐，极为惶惶不安。明宣宗为了安抚众内监，于是乃有赐金英、范弘二人免死诏之举，以见他是有罪必诛，有功必赏。他深知金、范二人德位俱高，纵然得了免死诏，也绝不会胡来。果然，得到免死诏后，金、范二人办起事来更为谨慎，比以前加倍小心了。早在王振还在东宫随侍太子之时，金英对他已经深有所知，他觉得王振狡狠毒辣，巧计又多，自觉在这方面远不如他，所以在王振一摆出想要夺取司礼监的架子后，金英便赶紧告退，把位子让了出来，因此王振还没等到改元，还是在宣德十年时，便已经如愿以偿，坐上了司礼监提督太监的这把交椅了。

王振做事倒还很有点章法，他是由内而外，积少成多，慢慢地才把内外朝权尽量抓在手中的。在明英宗初即位时，因为尚在冲龄，自然无法亲自理政，宣宗时的张太后，那时已经是太皇太后了，她在明宣宗在世时就常替他出些主张，有时也予闻朝政。英宗年幼无知，太皇太后对于朝政就更加留心了。再说那时正是号称得人之时，阁臣乃是一向被称为贤相的三杨：杨士奇、杨荣、杨溥，六部中又有蹇义、夏原吉等老臣，他们都是在朝多年、深得太皇太后倚信的人，论及朝政，自然总以他们的意见为重，哪里有王振插话的地方。王振很明白这些，所以初时他对朝政绝不多言。不过，王振可没有闲着，他在暗中却要调教那个儿童皇帝，教他临朝之时要如何显出自己的英明，要敢于严罚那些使他不如意的人，要叫人见了他都怕。

太皇太后在世时，王振的行为都极为收敛，《明史纪事本末》有这样的一个说法，说是太皇太后张氏深知王振是个奸狡贪狠的人，因此在明英宗才即位为帝时，便把王振召入她所住的清宁宫里，命人将他拿下，以剑加颈，说要杀他，直到王振不断叩头，百般求饶，发誓赌咒，保证绝不敢去引诱英宗胡作非为，太皇太后才放了他。和这个传说相类的故事，部分明代野史中还有一些，但并不可靠。这些大概都是当时一些人痛恨王振，又思念太皇太后在时的日子，才编造出来的。照实说来，一个像英宗那样的冲龄皇帝，有个像王振那样又精灵又能干的人来服侍他，倒还是很有用处的。这个人如果表现得不好，或是有了过失，依例把他发往南京去闲住，或是发往凤阳去守皇陵，然后再换上一个来，也就是了。何必如此小题大做，吓唬上一通却又算了呢！以太皇太后张氏的为人而言，这事更不可靠。张氏是个恪守先例、不会乱走一步的人，这种以剑加颈、用来吓人的事，很少先例，她绝不会这样乱来。《明史纪事本末》成书在《明史》之前，它采用了不少野史的材料，但去取却不很精，《明史》不用此说，显得很有见解。

当太皇太后在世之时，王振很少在外廷露面，只在暗中教导着明英宗，对他施以各样的影响。在宫中，王振是和这个小皇帝接触最多、又最亲密的人，他用尽心机，力图让这个小皇帝对他敬佩，乃至倚赖。明英宗每次临朝之后，王振总要设法弄清楚在朝堂上发生了什么事情，然后再将诸事予以仔细揣摩，悄悄告诉那个小皇帝，某事、某事该如何应付，要怎么说才能服人，以及事后应有何样的赏罚等。在每日临朝之前，王振还要为小皇帝做些准备的工作，把该说、该做的事又预计一番，叮嘱一遍。王振耳目众多，消息通畅，将会发生些什么事，他常能料到。关于这类事，他也预先为那个小皇帝妥善安排，告诉他事情如果真发生了，他应该怎么说、怎么做才便于操持。王振的预计很精到，常常是十有九中，这使得那个小皇帝感到很惊奇，非常佩服他。而在朝的诸臣，又觉得这个小皇帝能遇事而不惊，举措言谈都从容有见地，也不觉暗暗称奇，赞叹不已。王振还教这个小皇帝要如何树威，如何以重典来驾驭群臣，让他们都畏威而不敢欺。这一招，那个小皇帝可学得不错，从正统元年到正统六年，这最初的五六年里，他先后将兵部尚书王骥、兵部侍郎邝埜、礼部尚书胡濙、户部尚书刘中敷、刑部尚书魏源、右都御史陈智、兵部侍郎于谦等很多在朝的大臣都下入狱中。六部尚书，只有吏、工二部的尚书得以幸免，其余礼、兵、户、刑四部的尚书都逢到了牢狱之灾。太皇太后对于朝政虽然不断加以照应，但一来年事渐老，二来到底碍于后妃不得干政的祖训，除了重大事件的决定，别的事还是由着这个孩子去胡干了。她只能随时做点补救的工作，有谁被下入狱中，她知道了，不久便又把他放出。大概最使王振和小皇帝不快的，首先要属户部。户部是管钱的，在这方面他们最碍手碍脚，因此户部中人被投入狱中的也就最多。明英宗首次把户部尚书刘中敷投入狱中，是在正统三年

（1438）七月，这一次是由太皇太后出来干涉，很快就放出来了，并且重新官复原任。事隔三年，在正统六年，刘中敷又有了麻烦，又被抓起来，关进了狱里。这一次还不仅关了尚书一个人，连户部左侍郎吴玺、右侍郎陈瑺也都陪着入了狱。这一次刘中敷、吴玺、陈瑺三人不仅是坐牢，还被罚在长安门"荷校"。所谓"荷校"，也就是枷号。这又是王振兴起来的惩办大臣的新招，他制了很多轻重不同的枷，称之为"校"。这些校，从一二十斤以至几十斤，有的甚至还有重至百斤的。所谓"荷校"，便是让人扛起这种枷在一定的地方站着。荷者承也，所以扛上这种枷号令在哪里，就称为在哪里荷校。又有人说，荷校并不始自王振，在他以前就有过，不过很少用，是到了王振当权，才用得频繁起来，所以人们才误以为是由他兴起的。荷校的最毒酷处乃在其历时之长，扛着那么个重枷，站在一个地方，一站便会站上几天以至十几天，还有荷校至月余，人就站死在那里的。户部的刘、吴、陈三人，在长安门竟被枷号了十几天，后来又是太皇太后出来干涉，才官复原任的。不过他们这次的复任为时极暂，只过了一个半月，刘、吴、陈三人又同时入了狱，在狱中被关到正统七年（1442）才得到处理，结果刘中敷丢了官，被释为民。在封建王朝的法制中，官是很被重视的，落职为民，罚得不能算轻。但吴玺和陈瑺受到的惩罚更重，他们不但丢了官，还被发遣到边地去，在那里做戍边的苦役。太皇太后张氏就是在正统七年死的，那时她正在病中，所以这一次她已不能出来干涉了。

太皇太后去世，王振再无所惧了，在朝堂渐次露面。这时他培植的亲信，人数已有不少，内廷、外廷俱已势力充足，所以才一登台，便所向披靡，风头极劲。那时久在阁中为人称颂的"三杨"只剩下两杨，杨荣已在正统五年（1440）去世，但当时在阁中的却还有阁臣四人，二杨（杨士奇、杨溥）以外，还有不久前才入阁的马愉和曹鼐。曹马二人都是状元出身，马是宣德二年（1427）丁未科的状元，曹鼐则是宣德八年（1433）癸丑科的。马、曹之得入阁，乃是三杨与王振彼此暗斗而引起的。那时杨荣尚在世，一日王振有事来到阁中，办完事后向杨士奇和杨荣二人很有深意地说："朝里的事久劳老先生们了。你们年纪都很老了，也有点儿累了吧？"杨士奇虽知其意，但并不理会，只说自己"要当尽瘁报国，死而后已"。杨荣却与杨士奇不同，他顺着王振的话接了下来，说他们确实都很老了，干不动了，只有选出些年富力强的人，把他们带理起来，以报朝廷的厚恩了。杨荣的话使王振感到高兴，这才满意地走了。

王振去后，杨士奇埋怨杨荣不该说那种话让王振得意。杨荣却解释说，他早就厌烦我们，并想来打主意了。一旦他说动皇上，以阁中人少、阁臣年纪又老为名，用中旨派他们的几个人到阁里来，那时可怎么办？倒不如顺水推舟，就此推荐出几个可靠的人，倒还好些。杨士奇觉得杨荣说得也对，于是次日便将侍读学士苗衷、侍讲马愉和曹鼐的名字开列出来，送进去请明英宗选择批示，补入内阁。明英宗选上的是马、曹二人，因此，杨荣虽已去世，留在阁中的还有四人。太皇太后的去世，使王振加强了要把内阁控制在自己手中的念头，恰好那时的首辅杨士奇又碰上了麻烦，王振更有了进攻的机会。原来杨士奇的儿子杨稷在家乡颇为横行，那时又杀了人，把杨士奇也裹了进去。王振正好以此为由，不断攻击杨士奇，使杨士奇自顾不暇，更不敢阻挡王振向内阁进逼了。正统九年（1444）杨士奇在家乡去世，阁中的老臣只剩杨溥一人。到正统十一年（1446）杨溥也死了，阁中的老臣已经无人，余下的人，更难抵抗得住王振的压力了。

王振不但一意想要压倒阁臣，让他们随着自己的手儿转，对于另外的大小臣工，他也想做到"顺我者昌，逆我者亡"的地步。想这样必定要以杀人来树威，杀害侍讲刘球一事便是昭然在人耳目的实例。刘球是个带点方巾气的读书人，生于江西安福，是永乐十九年（1421）辛丑科的进士。刘球得中后，并没有即行入仕，而是回到家中又读了十年的书才出来做官的。他潜心读书，造诣很高，在经学上所得尤多，因此投入他的门下，执弟子礼，向他求问的人很多，颇有时誉。刘球初入仕途，便被任为礼部主事，不久，又由胡濙保荐任为翰林侍讲。正统六年（1441），王振为了谋取边功，便怂恿着明英宗，要大举征讨远在西南的麓川。刘球上疏论谏，对调兵远征提出了异议。他认为，北方的瓦剌日见强大，把驻防在甘肃的防军调去远征麓川，并不合宜，一旦有事，那里会很空虚。这种论调使王振很生气，因为征讨麓川是他想给明英宗和自己增添光彩的事，上疏阻拦，岂不是和他作对？幸而兵部已经以南征已有成命为言，驳复了刘球，王振才放下此事，但他记下了刘球，预备以后寻刘球的事。恰巧正统八年（1443）发生了雷震奉天殿的事，明英宗依例下诏求言，用以敬答天谴。刘球也是应诏言事的一人，他列举了十件事，认为都应停办。在这十件事中，麓川用兵也是其中之一。他还说到君权不可下移，他说，"夫政由己出，则权不下移，太祖、太宗日视三朝，时召大臣于便殿裁决庶政，权归总于上。皇上临御九年，事体日熟，愿守二圣成规，复亲决故事，使权归于一。"这些话原是针对着王振揽权树威而言的，但因应诏上言的人很多，王振无暇细看，只收拢来，依例交付廷议，也就算了。不想刘球的疏文却被在钦天监为官的彭德清看到了，这彭德清和刘球虽是同乡，但素有仇怨，他看了刘球的疏文，认为抓住了一个趋附王振，顺便打击刘球的机会。他赶到王振那里，说到刘球又提起了南征麓川的事，并特别指出后面"君权不可下移"一段，认为刘球是含沙射影，不是随便说的。王振先前略去了刘球的疏文，如今才看清了，他最忌有人说他揽权，这次又是这个刘球在这上面猛刺了他一下，不由得大怒，立即命人把刘球关入诏狱，然后又召来自己的爪牙锦衣卫指挥使马顺，要他设法把刘球除掉。马顺是专干这些事的人，他奉命后，便在深夜带了一名小校来到狱里，在刘球的卧处把他杀了，并把尸体砍为几块，在狱中草草埋了。刘球被害，他的家人后来虽知道了，但连尸首都得不到。他们多方寻求，才找到了一只手臂，又从和刘球同在狱中的修撰董璘那里得到了刘球的一条血裙，用它裹了手臂，入殓埋了。

刘球的被害，确实吓住了不少人，很多人提到王振和他那一伙人，都不免为之色变。但是这却也使更多的人感到愤恨，很多人敢怒而不敢言，但也有些人奋然而出，和王振一伙展开了斗争。这些人无所不在，就连被王振严密控制着的大小内监，还有锦衣卫镇抚司衙门中，都有不少像这样的人，譬如内侍张环、顾忠，锦衣卫卒王永等人，他们都各自愤然而起，散发过揭露王振罪状的揭帖。发现这些事后，王振一律不经奏闻，便叫人把他们押赴市曹，立即斩了。

正统七年（1442）张太皇太后去世以后，王振大权在握，威势不觉日盛，出入煊赫，随从云聚，简直不可一世。内外官员，以及公侯勋戚等，都争着来趋附奉承他。那时他的年纪并不大，但却有很多人争着称之为翁父。兵部尚书徐晞等人，见到王振，竟诣然下跪，而不以为耻。以当时王振的势焰而论，这实在是极平常的小事，因为就连当时在位的皇帝，常常都称他为先生而不直呼其名，何况别人呢！在正统十一年（1446），明英宗发布了褒美王振的敕文①，还把他的弟弟、侄儿等人都敕任为官，真可说是极为尊荣。那时的明英宗已经年将二十，并不像以前那样，是个"冲龄之主"，所作所为更被人认真对待了。皇帝对王振尚且尊敬若此，尚书向他下跪，也就算不得什么了。

王振实在是浅薄易盈的人，他自得掌司礼监，凡有所欲，无不顺利，这使他得意非凡，以致到了任性而为、不知所止的地步。有人反对他或是触怒了他，当然会受到残酷的毒害；而有些人，则是想讨好他、奉承他，却因语言欠周，闹出笑话，因而也被投入狱中。王振恣横至此，他的那些党羽也都跟着他学，几乎也都如此，一时举国上下，几乎到处都被他们闹得惶惶失措，人人自危。以致在土木之变的消息传来以后，王振声势立垮，人们的积愤爆发，王振的爪牙马顺、毛贵、王长随等人都被拖到左顺门那里，由众人拳打足踢，甚至口咬，无一不被打得血肉横飞，顷刻命绝，可见人们对王振的极端痛恨。

所谓"土木之变"，乃因明英宗亲征瓦剌，回军至土木堡时被袭大败，并且被俘而得名的。原来自元朝在中土覆亡，蒙古人被赶回他们的旧居之后，他们之间便开始了分裂，居于东部一带的称为

---

① 敕文见《明英宗实录》，文曰："朕自春宫至登大位，前后几二十年，而尔夙夜在侧，寝食弗违，保卫调护，克尽乃心，赞翊维持，糜所不至，正言忠告，裨益惟多。兹特赐敕给赏，擢为尔后者以官。诗曰：'无德不报。'书曰：'谨终惟始。'朕眷念尔贤劳，昕夕不忘，尔尚体至意，始终一致，我国家有无疆之休，尔亦有无穷之闻。"

鞑靼，居于西部的则称瓦剌。最初，瓦剌全由元臣猛哥帖木儿统率，猛哥帖木儿死后，他的部众又分为三股，由马哈木、太平、把秃孛罗三人分别率领，各自据有一些地方。明成祖朱棣还是燕王时，便开始和他们有了往来，他登基为帝后也曾派人前往宣告，并以绮锦等物赐给他们。永乐六年（1408）冬，马哈木等开始以马匹前来，作为朝贡，并且表示愿意接受明朝的敕封。永乐七年夏，明成祖派出使臣，封马哈木为特进金紫光禄大夫、顺宁王，封太平为特进金紫光禄大夫、贤义王，封把秃孛罗为特进金紫光禄大夫、安乐王，伴随着敕封，还各赐以印信和诰命等物。永乐八年春，三个新被封拜的王，都亲自前来贡马、谢恩，并且此后每年，各自都要来贡马一次，有时个别还要加贡一次。这三个被封为王的人，并不各自相安，为了扩张自己的势力，他们不断自相攻杀，有时还要向外伸张，侵占他们的封主大明帝国的土地。明成祖对付这三王的方法是征、抚并用，依势而行，分别对待。逢到攻入，必予征讨，而且常是亲率大军，力予驱除。在被讨平之后，他们如果愿意贡马谢罪，则又予以厚待，作为抚慰。像这样的情况，这么多年来总是不断地反复出现。

顺宁王马哈木原是三王中最强的一个，他死后，带领其众的是他的儿子脱欢。在脱欢的统率下，力量显得比马哈木在时更强，他向北袭杀了元主本雅失里的领属——那时避居在漠北的阿鲁台，向东迫逐了鞑靼的朵儿只伯，在内，他又把贤义王和安乐王都杀了。经过这一番扩张，脱欢的声势一时大振，明朝的守边将领们也都警惕、戒备起来。脱欢原本想自立为可汗，但又觉得自己的资历、威望等都还不够，只好与各部落合议，共立脱脱不花为可汗，并且让他接手带领才被吞灭的阿鲁台的部众。脱欢自称为丞相，不断地扩张，不久又向东袭破了朵儿只伯，他的势力，已经东达朵颜、福余、泰宁这三卫所的边际了。正统四年（1439），脱欢死了，他的儿子也先继领其众。也先比他的父亲又更扩进了一步，他自称为太师和淮王，并把北方诸部也都纳入了他的属下，使脱脱不花只剩了个可汗的空名，实际上没有什么是由脱脱不花统率的了。那时的朝贡也分为两起，由脱脱不花和也先分别派人前来入贡。中朝由于脱脱不花历时长久，对待他特为优厚，赐赉上也较丰厚，有时甚至加赐给脱脱不花的妻子，以及他那已经为数不多、仍在他属下的部落头目。

也先的贪狠无忌，在朝贡一事上也渐渐显了出来。最初瓦剌派来朝贡的贡使只有五十人，由于人数并不多，住进招待他们的馆舍里，不但各自按名给予廪饩，回去时还各有赐予。在这方面，也先觉得可以搞点花样，他逐次增多贡使的人数，以便捞回更多的好处。因为贡使人数的不断增多，礼部对也先的用心有所察觉，并曾多次告诫他们，贡使人数必须如旧，不得递增。但是说者自说，来者自来，也先装聋作哑，仍不断增派，后来朝贡的人数竟增至两千余人，这使礼部感到沉重的负担。不仅如此，也先还勾结了近边的各部，不断阻扰境外的道路，杀掠行旅，以此来向中朝讹诈。到得正统十二三年时，也先与各部的勾结已经就绪，贪索之状更为显然。他把派来朝贡的人数竟增至三千余人，内中还有些人是虚报的人员，他们所带来的贡马也混杂了不少弱劣马匹。这时王振在朝当权已久，他对也先的贪婪早已愤恨，只是还再三忍着，这一次王振已经忍无可忍，他通知礼部，一切只能按照实在的人数发给他们，这就使也先的所得比其预计的要少得多，在回赐上，王振给得更少，只给了应有的五分之一的样子，也先受到这样的打击，又羞又怒，于是更兴起了攻入之意。

正统十四年（1449）也先发动塞外诸番，联兵入寇。他们兵分三路：脱脱不花从兀良哈进兵，攻入辽东；阿剌知院攻入宣府，围赤城，另又分遣一支骑兵攻入甘州；也先本人则在中路，率领大军直趋大同。在这三路军中，以中路军为最强，攻势也最猛。驻守大同的明军，首次和攻入敌军接战便被击败，参将吴浩在猫儿庄一带阵亡。那时驻在大同一带的守军也不少，还有西宁侯宋瑛、武进伯朱冕、都督石亨等人所带的一些队伍。那里的监军是太监郭敬，他乃王振派在那里的党羽。继续接战，由于手握全权的监军郭敬调度、安排不当，和也先的大军相遇时，明军几乎全军尽没。西宁侯宋瑛和武进伯朱冕双双阵亡，郭敬趴伏在草丛中才没有丧命，逃了回来。石亨在战败后也逃出来了，他躲藏着，不敢出头。

也先忽然攻入的消息传到了北京，王振听到了倒很高兴，他觉得等了很久的、为明英宗和自己扬威的机会，到底给等来了。他早就料到也先早晚会有这么一手，他克扣马价，薄待贡使，便是为了要促成这事。王振忙把也先的攻入奏明了英宗，又劝明英宗，他最好效法祖宗，亲自率领大军去讨伐也先。明英宗本就习惯了听王振的意见，而且他也觉得带了兵出去打仗很好玩儿，所以不假思索地答应了王振，决定亲自出征。

亲征的决定在交付廷议时，大臣们都很不以为然，他们以为，对付区区的也先，不值得如此小题大做，用不着御驾亲征，只派像英国公张辅那样的一位勋臣，由他带上一些军马前往就足够了。吏部尚书王直还为此带领着群臣切谏，多方论述亲征实在并非所宜。王振很不以这些人的说法为然，他觉得这些人全都在阻拦他立功。也先的攻入是完全在他的算计之中的，他这样指挥若定，料敌于先,岂会有不胜之理!王振把这些都暗暗向明英宗说了,明英宗也更加起劲,不顾众议,径自决定了亲征,并把一应有关事宜都交给了王振,由王振一人自行安排。

王振虽然觉得也先的攻入全如他所安排,但到了真正布置出征之时,却又不免心慌,也先似乎来得太快了,让人有点措手不及。他久居深宫,对于军事可以说是一窍不通,只是想着带兵要多多益善,兵多将广,自然能打胜仗。他胡乱分派,开口便命令兵部调集五十万大军一同保驾出征。他把日期定得很急,只给兵部两天的时间,他在七月十四日通知兵部,要他们七月十六便把军马集齐。兵部虽然知道这太不切实际,但因畏惧王振,不敢多说,只有派人到各处去催办。到了十六日那天,人马乱纷纷地都到了京畿一带,人数之多,情况之乱,都为历次北巡或是北征所未有。而且由于催征之急,各军都装备不齐,车辆马匹、戈矛弓矢、粮草器用……什么都不齐全,还有很多极为破损。这都是由于时限太紧,才闹成了这样。

关于朝中诸事,明英宗作了这样的安排。七月十五日,他在出征的前夕传谕下来,明令他的弟弟郕王朱祁钰留守北京,在他启驾后照料朝中诸事。那时的阁臣有曹鼐、陈循、苗衷、高榖、张益五人,明英宗决定由首辅曹鼐和新入阁的张益跟随出征,次辅陈循会同苗衷、高榖留下来辅佐郕王办理朝务。另外,明英宗还要英国公张辅、泰宁侯陈瀛及六部尚书全部随驾出征。明英宗这一次所带重臣之多,也远远超过了以往的历次出征,几乎可以说带上了一个随军的政府。带了这么多人,需要的供应也就随之增多,一路行来,简直忙坏了各处的地方有司,他们忙着接应皇帝和这些御前重臣,已经感到应付乏术,照顾不周,哪里还有工夫照料随行的大军,有时甚至连军队的食宿也无暇照管，只得由他们自行设法。这支人数众多、装备不全的军队，一开始便走上了缺乏供应、困顿不堪的道路，他们还不知道，在前面等待着他们的竟然是惨重的败亡。

大军一上路，就赶上了连续的大雨，走出居庸关，苦雨之外又加上了大风，雨横风狂，行军就更难了。在随军诸臣之中，有很多都是极为反对亲征的，到了此际，他们便又旧事重提，希望可以就此回銮，改由武臣率军出征。无奈此时王振的信心仍然很足，他觉得这些人提请回銮简直是和他作对，必须加以严惩，才可让人不敢轻视。首批提请回銮的人中，有兵部尚书邝埜、户部尚书王佐等人，对他们，王振也假借天子的名义，传出口谕，罚他们在草中长跪。如此一来，王振的威声更大，有些人在向他回事时，竟也不由屈膝。大军到达宣府，这里离大同已近，便有人主张，天子该驻跸于此，以示从容。王振很想让明英宗亲自看到他是如何谈笑破敌的，否定了这个主意。那时恰又接到探报，说也先听到天子亲征，已觉胆寒，慌忙向后移军了。这个消息给人以很大的鼓舞，王振更是信心倍增，预备赶向前去大显身手，更不肯留驻宣府了。

八月初一，大军开抵大同，王振一行人初次见到了战后伤亡极重的惨状。那时虽然也先已退，战场却还未打扫，人马倒伏，断头破腹的残尸随处可见。王振看到这些才开始心惊，感到战争实在不是什么好玩的事。在他见到了监军郭敬，又听郭敬报告了连日战况，并密谈了一阵后，王振心气更衰，已经感到有些害怕了。这个郭敬原是王振的心腹党羽，在王振面前，是个能说得上话的人。他到大同做监军，自始便很怕也先，所用的一味是媚敌求全的政策，瓦剌每有所请，郭都无不设法予以满足，甚至瓦剌派人来要军中刚运到的箭镞，郭敬也答应了他们，以求平安。瓦剌攻入，他极害怕，初次接战便大败，几乎丧生，这更加使他胆破。夜间，他又和王振密谈，再次说起了也先的兵强马壮和诡计多端。他劝王振绝不可轻动，应该尽快回去，持重保身。他又说也先忽然退军，绝非惧怕王师，必是以退为进，寻找有利地形以谋一逞！他劝王振最好借口也先已退，就此退军，才能不被也先给缠住，如果被也先拖住，再想退军也退不成了。别人的话王振是听不进的，而郭敬的话却不同。郭敬是他的心腹，所有的话都是替他打算的。他还认为郭敬是他们之中知兵的人，话很有分量，况且战场上的惨状也真叫他怕了。最后，王振终于暗自决定了：退军！

决定了退军，王振倒也干得利索，他马上传出了命令，即行退军回京。但他又是个极好虚荣、最爱自行炫耀的人，撤军的路上他又想出了个夸耀自己的主意。他想，他们此时距离着蔚州已经不远，退军时只要略绕一点便可以从蔚州经过，那时可以把皇帝请到他的家里，让乡邻们都看看他是何等富贵、皇帝待他又有多好。他们原本是想从居庸关撤回北京的，有了这一打算，王振便又传令取道紫荆关，绕道向蔚州进发。

大军困苦行进已逾兼旬，又在大同目睹了战场上的惨状，军心很为低落，又得知退军之令，深觉不解，众情更为惊怯。如今忽然又有改道紫荆关的命令，诸军更为惊疑，不觉乱了，一时惶然而走，争先恐后，有如仓皇败退，竟把所过处的庄稼也踏毁了无数。王振接连下令，不许乱踏庄稼，但是军心已乱，三令五申竟也毫无效果。王振原想回乡自炫，如今反倒成了祸害，若再走近家门，岂不更令人笑？因而他又下令，不去紫荆关了，全军重又转回故道，仍然从居庸关处退军。如此反复改道，既延误了时间，又疲困了兵卒，而且使军心更加涣散。这时也先所率的大军也寻踪而至，就要跟上来了。

一路上频繁改道，到八月初十，大军才退至宣府，恰好这时也先的追兵也已赶到，直向宣府奔袭而来。

为了阻遏也先来袭的敌兵，王振匆忙地于八月十三日派出了恭顺侯吴克忠、都督吴克勤各领一支人马前往阻击。但临时布置，全然不济，二吴与敌兵才一接触便被杀得大败，二人连性命都丢了。作为接应、带领四万人马跟在二吴后面的成国公朱勇和永顺伯薛绶也在鹞儿岭遭到了伏击，几乎全军覆没。

大军派出了阻击的人马，同时继续撤退，在当天便退到了怀来县西的土木堡。探报传来，也先的军马逼近，因此有人认为，应该先退入怀来县，在那里安顿下来再作打算。但是这一想法尚未施行，便因发现土木堡已被也先的军队团团围住而作罢。那时兵部尚书邝埜曾三次紧急上奏，要求由他率领一批部队，保着明英宗朱祁镇先突围。明英宗倒也很想一试，只是王振反对，没能实行。

土木堡原本名为"统幕"，姜南在他所著的《叩舷凭轼录》中说："统幕之地，在北直隶隆庆州西南八十里，相传辽主游幸尝张大幕于此，因名统幕。俗讹为土幕，又名土墓，又名土木，皆讹也。"

明军被困在土木堡，不觉已有两天，那时已是八月十五，到中秋节了。那里地势很高，尚易据守，只是很难得水，困守的军兵掘地求水，掘到两丈多深，也没有掘出水来。南面原来倒有两条小河，只是已为也先的军兵据有，干渴的明军只好望而兴叹了。渴且不言，无水为炊更是难耐，全军困顿，已极惶惧不安。但是正在这时，也先竟派来了持有书信的使者，说他们是来谈判求和的。明军被逼困至此，已觉将有全军覆没之虞，如今见也先竟派人前来求和，喜出望外，竟忘了加以推敲，明英宗立即将曹鼐召来，命他赶紧拟出一道敕书，用来与也先成和。敕书很快拟就，英宗又立派两名通事和来使一同去办和议。这个消息很快便在全军传开，饥渴已久的军士得知成和有望，汲水必已无阻，纷纷离开营垒，四处去寻水觅草，一时之间，军伍全乱。但是他们岂知，派人前来求和，乃是也先所设扰散明军的毒计，他等的正是明军只顾求水的行为，此时一到，伏兵便各自手执长矛，从四面八方攻杀而来，他们逢人便刺，一面高喊着脱去铠甲便可不杀。有些明军信以为真，纷纷脱衣卸甲，但纷乱之际，哪里有人理会，倒是更为方便地让瓦剌军给杀了。瓦剌军赶杀这些手无军器、身无铠甲、惊慌疲饿的明军，真是如入无人之境，极为迅速，很快他们就已杀入中军，把正想带领禁军突围的明英宗很轻易地俘获了。这一仗，由于明军堕入也先的计中，毫无所备，不但被瓦剌军屠戮的人多到无数，那些因拼命逃生，自相践踏而死的，为数也与被杀而死的相差无几。在明宪宗朱见深的成化二年（1466）入预机务的阁臣刘定之，曾根据他掌握的材料追记此事，在他所著的《否泰录》中说"相蹈藉死，蔽野塞川"，还说"我师死伤过半"。刘定之所说的，是仅就死伤的实际人数而言的，其实，当时的实况应说是遭到全军覆没，因为没有死也没有伤的人，一时也全逃光了，五十万大军，连同所有的装备，已经是荡然无余。从随军诸臣绝少幸免这一点，更可见其覆溃之惨。随军诸臣，遇难者后来有较详的查录，其中主要的武臣有英国公张辅、泰宁侯陈瀛、驸马都尉井源、平乡伯陈怀、襄城伯李珍、遂安伯陈埙、修武伯沈荣、都督梁成和王贵等人。文臣则有首辅曹鼐、阁臣张益、尚书王佐和邝埜、侍郎丁铉、王永和、副都御使邓棨等人。另外的办事人员，还有通政司龚全安、太常少卿黄养正、戴庆祖、王一居，太仆少卿刘容，尚宝少卿凌寿，给事中包良佐、姚铣、鲍辉等人。另外，在土木之变中遇难而死的各色人员，像中书舍人、监察御史、郎中、员外郎、主事、行人、钦天监等，也都各有多人。领军的王振据说也已死于乱军之中。关于王振，倒还别有所说，盛传他是在明英宗被俘之时，被护卫将军樊忠用长锤给打死的。挥锤去打时，樊忠还大呼："我为天下诛此奸贼！"这个传说大概是痛恨王振的人故意编造出来的。实际上，明英宗被俘时王振并没有在他身边，那时明英宗正想骑马突围，在他左右的禁卫军也都同被瓦剌军俘获，做了俘虏。他们的仪仗之具早就丢了。还有人说，明英宗在突围不得下马静坐，四周有些禁军围护着他，瓦剌军就是见到了这种情状，才猜到他是皇帝，把他和左右一齐俘获了的。

　　人们痛恨王振，主要是因为他一向作恶多端，残害世人。其次是他故违众议，力主御驾亲征，弄出了失陷天子的大祸来，"胁天子以亲征，致乘舆于北陷"。其实"土木之变"主要的祸因乃在王振不知兵而弄兵，以致生变。"胁天子以亲征"倒是冤枉了他。亲征不但明英宗很自愿，而且也是循例而行，他的父祖等人，每有外患，常常都是亲自出征的。但是他们的出征，所带的兵马都有限，没有这么兴师动众过，而且他们常是得胜而归，所以人们对此都不以为意。明英宗这一次带领的人最多，而且最终把五十万大军的军资人马都折尽了，不但创巨痛深，损失重大，而且这一仗更成了明代全盛的转折点，此后明军对外，尤其是对北边，再不能像昔时那样，每战常胜了。

　　这一仗，从也先方面来说，也是大出意外。最初，也先不过是想以攻入作为威胁，捞上一点便宜。他想象中的对手，只不过是明军的边将，最多也不过遇上个特别派来的帅臣而已。在听到明英宗竟统率着五十万大军要来亲征时，他倒真有点怕了，还猜疑着，他的攻入是不是正中了中朝的圈套。他在大军将到之时后退了一步，就是想先看看情势到底如何，再定进退之策。明军到后，他探得明白，明军人数虽多，行伍却极散乱，而且长途行军，将校士卒都很疲困。这些都增长了也先的勇气，自觉可以取胜，因而才敢于在大军撤退时尾击。不过，也先最初还是慢慢地尾随在大军之后，以免或会遇伏。他这么做，明军原可安然撤回，但因多次改道，既疲乱了自己，又延误了时间，到在土木堡彼此相遇时，也先已弄清了明军的虚实，决定给明军以痛击。但也先为了事出万全，才又以求和来诈骗明英宗。明军一切都入了他的谋算中，又乱得那么快，所以也先出手一击，便大获全胜，几乎全歼了明军，又夺到了全军的军马器械。尤其使他感到意外的是，他还活捉到了统兵亲征的明英宗。

居然把明朝的天子也捉到了，这大大地增加了也先的胃口，他觉得，以他们的天子为质，明人如何敢再与他相争，可以到处去捞一票了。再则，经此一战，他自觉已经看穿了明军徒有其表的本质，竟然想到，就算南下夺取明人的天下，其实也并不难。这样，也先不觉食指大动，一下子竟把"求大元一统天下"的旗号都打出来了。

五 保卫都城与上皇回京

土木堡之败发生在正统十四年（1449）八月十五日，正好是中秋节那天，当时北京还正在过节，还没知道什么。但是两天之后，全军覆没、皇帝被俘北行的消息便传来了。这个消息有如晴天霹雳，使得京畿一带民情大乱。凡是有人从征的人家，都极为悲痛，想要从军，为亲人报仇。还有些人家，也和他们一样，想着要挺身而起，抵抗也先来攻。但是也有些人只想逃避，又不知应当躲向何方。朝中的大小官员也都极为惊慌，他们很是诧异，五十万大军，怎么一下子就完了，并且还把皇上也给丢掉了呢！他们之中很多人觉得，丢了皇上比全军覆没还要可怕。败讯传来，当时留守在京的郕王朱祁钰，一得到这个消息，便立即将朝中诸臣都召集起来，和他们商议。大臣们在听到天子蒙尘（即天子蒙难）时，都呼天号地、相对痛哭，却没有人说到应付当时情况的办法。最先说到当前情况的是侍讲徐珵，他是个读书很多、并以多识多能闻名于世的人，他在天文、地理方面研究得最为精深，另外在阴阳方术等方面也极有研究。徐珵的发言首先提到了历数、星象，他说日来天象凶险，大不利于北方，只有向南迁都才可以避开凶危，因此他主张即行南迁。徐珵的话还没说完，兵部左侍郎于谦便厉声大呼："言南迁者，可斩也！"于谦接着说出了他的看法，他以为京师乃天下之根本，是绝不可轻动的，一动则大势去矣！宋时的南渡，就是个现成的例子。赞同于谦意见的人一时很多，包括大太监金英、吏部尚书王直，还有身兼礼、户两部尚书的胡濙等，他们不仅赞同于谦，同时也都严厉地叱责了徐珵。迁都不可行，话题自然转到了守城，因为瓦剌获得了那样的大胜，即将乘胜前进，来窥北京，已是尽人皆知、无可避免的事了。

说到守卫京都，众人的眼光都不约而同地转向了于谦。当时于谦虽然只是个兵部左侍郎，但他的饱学精干却是众所周知的。随军从征并在土木堡遇难的兵部尚书邝埜，在先便曾多次称道于谦，认为自己的才干远不及他，每有要事，总要认真向于谦请教。邝埜去后，兵部的事务便都落在了于谦的肩上，他对各处的军情了解得也更清晰了。所以说到保卫京都，大家便都盯住了他，认为只有于谦才可当此重任，一切都该先听他的。那时的阁臣陈循及老臣胡濙、王直等人，官阶虽说都在于谦之上，也都衷心赞同，并无他意。

土木堡兵败、天子蒙尘的消息传到了宫中，也与在外廷一样，引起了很大的震动。其中受到最大震动的首推孙太后。她不仅受惊最重，而且忧虑也最多。她不断地焦虑着，苦苦地盘算如何才能保住她和明英宗的利益。她想，最好是能替明英宗把皇位保住，朱祁镇保住了皇位，她这皇太后的位分也就稳住了。她首先想到，明英宗临去出征时，给郕王定下的称号是留守。所谓"留守"，应是有个皇帝在外时才能有的一个称号。留守要管的事情不多，不过留在后方，办一些皇帝留下来的事而已，一切都还要那个在外面的皇帝来掌管。在所有的留守中，实际比起来，又以郕王朱祁钰这一次的留守为最差，管的事也最少，因为明英宗朱祁镇几乎已经把整个政府都带在了身边，什么事他都在外面办了。可是如今变了，外边的皇帝已经被俘，什么事全堆到郕王这个留守的身上来了！他名不副实，不会生怨吗？孙太后觉得郕王一定会生怨，所以赶紧传旨命郕王改称为监国。监国是在皇帝不能理事时，可以代理朝政的。孙太后想，朱祁钰得了这个称号，名实俱当，应该可以免生异心，不会窥伺皇位了。但是保留住了皇位，孙太后还怕有什么闪失，不久，她又下诏，把明英宗朱祁镇的长子朱见深立为皇太子，她觉得如此一来这皇位就更稳固，将来朱祁镇如能回来，皇位自然仍是他的，即或他回不来了，皇位也不会留给别人，还是稳稳地落在他儿子的手里。布置下了这么周全稳妥的两手，孙太后极为得意，她想这样一来朱祁钰就不会格外生心了。

郕王朱祁钰初时确实没有格外生心想到什么别的事，土木堡的消息一到他就忙起来，忙得什么都顾不上。孙太后把她那两件安排很轻易地就办下来了，正是由于这个。最让郕王着忙的有两件大事，一件事是，他得尽心关注京畿一带的防务；另一件事则是他要清查王振专擅误国的罪行，还要惩办王振的党羽。

关于防卫也先来攻的事，郕王虽极关心，但负担还不太大，他和群臣都把这副担子交给了于谦，主要的事全要由于谦来决定。于谦自己也觉得责无旁贷，只有勇敢地承担起来。但这实在又是件极为困难的事，因为王振上次出兵，出于多多益善的想法，把京畿左右的兵员、军资等项早已抽调一空，又在外面全丢掉了。如今想再从这里重兴军旅，而且要尽快地重建起来，实在难以办到。若只靠那些上次没有被带走、留守下来的部队，看来真是虽有如无。那都是些被选剩下来的老弱残兵，装备也差，不过是做个样子而已。于谦摆出了实际情况和大家详商，定出了即应实行的六项措施。首先是应该尽快把京中现有的军兵全派到通州去，把存在那里的仓库中的军资武器及粮食等，全都赶着运回北京城里，同时还要立即发给所有的官兵半年以至一年的饷禄，安定军心。其次要把原在两畿（北京、南京），以及山东、河南等处作为防御倭寇并且兼运粮草之用的诸军，都调来保卫京师。同时还要把正在沙县讨伐土寇的宁阳侯陈懋也尽快召回。第三，要告知京郊居民各项实况，并令其全部迁入城中，以资守卫。此中如有愿入伍从军者，当从优给予粮饷。第四，侦事人员严密侦防，肃清京城内外各类敌探。第五，从土木堡逃回的所有官兵一律赦罪，仍令各自报名归入守城诸军，从事操练，并各给予服装赏银。第六，加固城垣防御设施，从速赶造军器，并应命令南京军库，尽速将库中所存军器三分之二，北上运抵京师。这六项办法商定后，于谦立即交由属下分头去办，他自己则统筹全局，随时陈告郕王。于谦还将各种情况随时奏知孙太后，使她可以安心。

　　严惩王振及其党羽，是在城防问题之后才提出来的。人们对于王振，原来已是愤恨之至，土木之变的消息传来后，人们更是纷纷议论，认为王振就是这件事的罪魁祸首，但仍只是愤怨而已，却还没有爆发，点起这个导火线来的，却是王振的心腹爪牙马顺。马顺原本是锦衣卫镇抚司衙门里的一名指挥使，他早就存心想巴结王振，在王振把手伸进镇抚司衙门里面时，马顺就特别为王振出力，凡是王振想坑陷、谋害的人，马顺都赶着替他去办。马顺心狠手辣，干这类事极为残酷，因此王振对他很是赏识，很快就把他视为心腹，马顺仗势横行，比以前也更加凶狠。土木之变的消息传来，人人痛愤，马顺倒给吓住了，比以前着实老实了不少，在人们痛骂和议论王振时，他也强忍着不敢出面争论。一次，他在殿上值班，恰又碰上了有人疏论王振，有个人在读着疏文，另一些人听到恨处，不由伏地而哭，纷纷要求郕王把王振全家处斩，以平民愤。郕王听着他们的话，一时不知如何是好，几次挥手，命众人且去。马顺以为郕王是不耐烦，误以为郕王也和他一样厌烦这些人的啰唆，已经快冒火了。马顺是个惯于拍马、最爱仗势逞威的人，为了讨好郕王，再行竖起自己的威风，他一面追着那些被挥退的人，一面呼叱、推搡他们，赶他们快走。他这个意外的举动，激怒了憋了一肚子气的人们，他们发现这人原来竟是可恶的马顺，更如火上浇油，怒到极点。这些人中的户科给事中王竑，原是个极豪迈的人，他冲过去，揪住马顺的头发，骂道："奸贼！你也就该死，还敢如此！"他边骂边打，还一口咬下了马顺的耳朵。众人也极恨马顺，被王竑一引，不由哄然而起，纷纷扭住马顺殴打。在众人的拳脚交加之下，马顺很快便被打得血肉横飞，死于非命。

马顺是在左顺门处被围殴致死的，众人打死了他，意犹未足，又一同拥了回去，还要抓王振的余党。这里离正殿不远，众人打马顺时的喧闹声早已惊动了郕王，忽然又见人们都大呼着拥了回来，郕王不觉大惊失色，忙向殿后躲去。于谦那时正在郕王身边，他一面劝郕王不必惊怕，一面向众人迎了上去，奋力阻挡住他们。这时原本在郕王左右的大太监金英也从后面赶来，帮助于谦阻止众人，并问他们想要干什么。众人齐声呼喊着内监毛贵、王长随二人的名字，说他们也是罪不容诛的王振的党羽。郕王得报后，立命把毛、王两个内监也捆送出去。众人得到这二人，把他们也拖向左顺门处，在那里又是群起奋殴，把毛、王二人也都打得肉如泥烂，一命呜呼。这场在左顺门处一连殴毙三人的事，后来便被称为"左顺门事件"，左顺门竟也成了可以聚众除奸的去处，在那里聚众把众人皆曰可杀的奸人打死，可以循例不予治罪。明代的法律原是极重先例的。

在这次的暴乱里，于谦为了力阻众人，出力最多，事后，他的袍袖都被扯得稀烂，几至不能蔽体。郕王自从和于谦时常议事，便对他的识见极为钦佩，如今见到于谦这样奋不顾身，更觉钦佩，越发感到保卫京都实非此人不可！早在郕王初被任为监国时，他便已将于谦升任兵部尚书，使其可以方便行事，于谦受到这样的重视，干着也更尽心竭力了。

于谦认为，也先既将明英宗俘获，攻入时定会挟持着明英宗到处去诈关，为了免遭此患，他曾特请郕王以儒家"社稷为重，君为轻"的话晓谕守边诸将：如果瓦剌挟持着御驾前来叫关，绝不可以轻出；如遇诱使出外接驾，更是不能轻动。总之，务要尽力坚守，绝不能为已经蒙尘了的天子而轻动。那时在朝的诸臣，主要有阁臣四人：首辅陈循、次辅苗衷，另外还有商辂和彭时二人。商、彭二人都是在土木之变后才被推入阁的。自马愉、曹鼐先后被推入阁以来，明代开始了非甲科不得入阁习例，在这个习例开始的初期，似更着重于推状元入阁，像最初的马愉和曹鼐二人，便都是状元，而如今的四个阁臣，也有三人都是状元，首辅陈循是永乐十三年（1415）乙未科的状元，商辂是正统十年（1445）乙丑科的状元，彭时要比商辂晚一科，他是正统十三年（1448）戊辰科的状元。在这三位状元阁臣中，商辂还是明代唯一一个连中三元的状元。除这四位阁臣之外，在朝的重臣还有，年高德重，身兼礼、户二部尚书的胡濙和吏部尚书王直二人。王直论年资虽然比胡濙差不了多少，但是他端毅敢言，依例六部又以吏部为首，所以诸臣言事，往往要推王直领头，他俨然已是个朝堂上的领袖人物。这些人也都是极佩服于谦的，在左顺门事件之后，更增重了他们对于谦的佩服,王直就曾以叹服的口吻向于谦道:"国家正赖公耳。今日虽百王直何能为!"

然而在暗中反对于谦的人却也不少,这些人以孙太后为首,以下则有皇后钱氏,在太后和皇后宫中活动着的心腹宦官,以及属于她们那一方的勋戚。另外,一直依附着王振的朝臣和宦官,也是极力反对于谦的。这些人都很为朱祁镇的皇位担忧,他们生怕于谦把朝政搞好了,将来会更进一步把皇位也夺了过去,奉献给郕王。怀有这样的心思,使得他们对于朝中诸事,不论黑白,都要设法阻挠,并想制造纷乱,使朝中诸人都不安于位,免得会有人想要拥立新帝。但他们的行为所导致的结果,却适得其反,众朝臣几乎都觉察到了这些人的反侧行为,认为这对朝政极为不利。他们以王直为首,已经多次陈请郕王,要郕王早登大位,以免有人怀有二心,挑动是非。于谦也深同此意,他觉得,为了减少办事阻碍,郕王还是即位为是。郕王虽然一直忙着,无心他顾,但是他在被任为监国之后,紧接着就看到朱见深被立为皇太子,他早已察觉到了孙太后的居心,很为不快,不过当时他既事忙,又未知众意如何,没有加以理会。今经各方劝进,他早已跃跃欲试。不过依照理应三推三让的旧习,他总表示谦逊。后来于谦说道"臣等诚忧国家,非为私计"这些话时,郕王觉得事机已熟,随后即位为帝,并定明年为景泰元年,遥尊明英宗朱祁镇为太上皇帝,又尊孙太后为上圣皇太后,而尊他自己的生母吴氏为皇太后。郕王朱祁钰即位为帝,原是孙太后最担心、最害怕的事,因为那样一来,她所苦心经营的一切就都成了泡影。但是,在土木之变以后,她对朝权已失去了控制,忽有此变,她也只能干看着,无能为力。最使她暗自怀怨的是,原来地位和她相差很远的吴妃,现在也成了太后,与她竟地位相当,平起平坐了。虽然她在太后之上加有尊号，好像比吴太后要稍有不同，但那不过是个虚名，吴妃是个实际上的皇太后，比她可又强了！和孙太后心意相同的，还有朱祁镇的皇后钱氏，她原是身居乾清宫中的，唯一的正牌皇后，如今却成了过时的皇后，还要离宫别居，把乾清宫让给原来只是个郕王妃的汪氏去住了。如今还没有被触动的，只有皇太子朱见深一个人了，但他是否还能安于其位，却也毫无把握。但是这也成了孙太后仅有的指望。她一面在暗中多方设法，以求能把朱见深这皇太子的地位保住，一面在暗中派指挥佥事季铎去瓦剌见明英宗，把郕王已经即位为帝的事告诉他，并设法让他们母子能取得联系。

朱祁钰即位为帝之时，瓦剌即将大举攻入的消息已经哄传于都下，他们所举起的"求大元一统天下"的旗号，也已到处有人在悄悄议论，看来，他们来打北京已是定而无疑的事了。朱祁钰这位新天子深深感到，他的首要任务便是收拾人心和努力备战。要激励人心，他觉得最好的做法便是严惩王振的余党，以释民愤。他首先便把王振的从子王山押去市曹，斩首示众。然后又把王振的族人也都一一拿获，并都予以正法，真是做到了"无少长皆杀之"的地步。王振的党羽自然更是在被清除之列，陆陆续续地被捉获正法的，也已不少。在惩恶以平民愤之外，景帝朱祁钰还亲自带头隆重祭奠在宣府和土木堡等处阵亡的将卒，并派出人去，要他们尽力设法掩埋那些被丢在路边的遗骸。由于边关的情况越来越急，景帝将给事中孙祥与郎中罗通都升为右副都御史，命他们分别到紫荆关和居庸关去，做那里的镇守。他又派出十五名御史，让他们到畿内、山东、山西、河南等处去募兵。这些人先后募集到二十二万人，连同旧有的军兵，在人数上已稍可观，所苦的是军器甲胄等项都极短缺，最初,只有十分之一的人可以分到武器,随后虽然不分昼夜地赶造,又将南京武库中的军资都赶运来京,但军器甲胄仍显不足。在用人上,于谦举荐久经战阵的石亨、杨洪、柳溥等人为将帅。其中的石亨就是在大同战败逃回来的。那时作为大同监军的宦官郭敬,也已逃回了北京,但因他是王振的党羽,逃回来后仍被推问,并且被判了斩刑。石亨却因合于"败后逃归者不问"那一条,重又带起兵来。

到了正统十四年的九月下旬,也先认为一切布置都已就绪,便又开始驱军攻入。他还是兵分三路:西路是从甘肃边界向东攻入;东路则用三万余人,从辽东进军,向西深入;中路由也先自己带领,被他俘获的明帝朱祁镇,也被挟持在这一路中。这时也先已经知道,在北京留守的郕王朱祁钰已经即位为帝,并且遥尊他的哥哥朱祁镇为太上皇帝,所以他才到达大同,便命同样被他俘获的太监喜宁和通事指挥岳谦二人,一同到大同东门那里去叫关,说也先此来,是要敬送上皇回京复位,叫城中的守将赶快开关出城,率众来迎接上皇。大同守将早已得到了"即便是以前的天子到来,也绝不可轻出"的戒谕,通事岳谦又暗示他们切不可开关,所以也先虽然挟有上皇,却也没能把大同城门赚开。原来,也先已将所有和明英宗同时被俘的人都带来了,这些人被俘后的表现好坏不一,为数最多的是心怀本朝,却又畏惧瓦剌,不敢不顺从他们的一类,像通事指挥岳谦,就是属于这一类人中的一个。和岳谦同来的那个喜宁,却是被俘人中表现最坏的一个。喜宁原是个在内廷供职,极受朱祁镇宠任的太监,他常随侍在明英宗的左右,所以被俘时他也在其中。照说明英宗那样待他,他即便不敢对被俘的天子再为尽心,也应不背叛天子才是。但这个喜宁实在是个见异思迁、惯于卖身投靠的人，才一被俘就投靠了也先，把他所知的朝中诸事，都谄媚地奉献给了也先。他还为也先献策，为也先筹划出一个最迅捷的打入北京的方法。也先得到了个像喜宁这样的人，当然格外高兴，立即把喜宁视为亲信，待他竟如久在瓦剌为官的人一般。居处等与所有的被俘人员，包括明英宗朱祁镇在内，都有很大的差异。喜宁还揽下了监视明英宗及其左右的任务，不断把他们的各种情况向也先报告。这次去叫关，本来只派岳谦一人前往已经够了，之所以还要派上喜宁，便是要他代为监视岳谦，免得岳谦会捣鬼。

在明英宗被俘以后，对明英宗最为关切、竭尽全力来保护他的共有二人，那就是锦衣卫校尉袁彬和作为通事的蒙古人哈铭。之前，袁彬不过是个极平常的校尉，仅仅是站班护卫天子的许多校尉中的一员而已，没有什么特别的机会，他连个能和天子搭话的机会都难得有。在和皇帝一同被俘后，他仍执行自己的职责，形影不离地保卫着这位蒙尘的天子。那时护卫着这位皇帝的人已经极少，所以他和这位天子便不断有了说话的机会，很快，他竟成了和明英宗可以无话不谈的知心人了。北地天寒，入秋后已经很冷，瓦剌拨给他们居住的毡帐已很破旧，不足抵御风寒，为了使明英宗可以睡得暖些，袁彬便来和明英宗同睡，用身子为他添些暖气，还常常以自己的胸肋为明英宗暖足。哈铭是专为明英宗向瓦剌人传话的人，他极忠于职守，日夜不离地守在明英宗左右，以备随时能为他传话。被俘后，明英宗常愁容满面。为了替明英宗解愁，哈铭便和袁彬相约，故意在明英宗面前说些笑话，做些逗笑的动作，让这位愁容天子也能常常破愁为笑。在被俘期间，他们有事总是三人共议，择善而行。袁彬和哈铭简直成了明英宗的参谋和伙伴。叛卖了明英宗的喜宁，和他们对照着也许有愧，所以最为记恨袁彬、哈铭二人，多次向也先说过这二人的坏话，若不是明英宗多次营救，这二人早被杀了。一次，也先听了喜宁的谗言，又要杀这二人，已经绑了出去，就要开刀了，明英宗及时赶到，趴在他们身上，要和他们共死，这才解救下了袁、哈二人。在那段苦难的时间里，袁彬和哈铭已经成了和明英宗呼吸相关、不可或离的人。

也先没能赚开大同的城门①，便舍之而去，转而去攻紫荆关。紫荆关的守将已在上次接战中阵亡，派来接替他的右副都御史孙祥才来到那里不久，指挥、调动还很生疏，他在紫荆关只坚守了四天，关口便被攻破，孙祥本人也战死在那里。也先攻下了紫荆关，他那东、西两路的人马，也都先后赶来相会，于是合兵一处，直扑北京。

防守北京，于谦是众望所归的主帅，新天子朱祁钰最信赖他，于谦也慨以自任。他曾向景帝说："至军旅之事，臣身当之，不效则治臣罪。"也先挟上皇直奔京师而来时，计议中石亨曾说，最好是敛兵入城坚守，外间坚壁清野，敌军久屯城下，毫无所得，士疲粮尽，自当退去。于谦不以石亨之议为然，他觉得那么做太显软弱，不足以振奋尚未兴起的士气，如今之事，应以鼓舞士气为先，只有迎头出击，才可使士气振奋，也才可稍挫敌人的锐气。他一面将已经集聚起来的二十二万人马点齐，分别命人率领，驻守在都城诸门之外，严阵以待。他在主要各门都派有专人负责，他派定，都

---

① 也先挟明英宗到大同赚关一事，《明英宗实录》还载有这样的一节："是日，虏众复奉上皇至大同东门，也先遣得知院及太监喜宁、通事指挥岳谦到城下言，今送上皇回家，若不得正位，虽五年、十年，务要髒杀。谦密言虏情叵测，于是知府霍瑄从水窦出见，控上皇马，献鹅酒等物。上皇密谓之曰：汝去与郭登说：'固守城池，不可开城门。'"明英宗所说的郭登，乃是大同的守将。

督陶瑾负责安定门，广宁伯刘安负责东直门，武进伯朱瑛负责朝阳门，都督刘聚负责西直门，镇远侯顾兴祖负责阜成门，都指挥李端负责正阳门，都督刘得新负责崇文门，都指挥汤节负责宣武门，于谦自己与石亨和副总兵范广、武兴等人，则在德胜门外列阵，专等从正路而来的也先。分派已定，于谦又派人向宣府、辽东等处的总兵官，山东、河南、山西、陕西等地的巡抚等传布诏命，要他们尽快带领人马入援，以便内外夹击来攻之师。此外，于谦还负有总领之责，随时要到战事吃紧的地方督战。一切都安排妥当了，于谦便把兵部的一应事务都交给兵部侍郎吴宁代理，让他把城门关闭，一心料理城内各项事务，以便自己可以专心退敌。于谦又向诸军宣布了一些临阵时的严令：临阵时，诸将中如有不顾其所部而先退者，杀那后退的将领。军队不顾其将而先退者，后队即杀前队。这种严令一经宣布，全军更为整肃，队伍也立见精神，虽说甲胄还不太周全，但士气实已高涨，所有军兵都有一种摩拳擦掌、专等杀敌的气势了。

也先的先头部队最先到达的地方是京南的彰义门外一带，于谦命随他往来督战的都督高礼、毛福寿等人先迎上去应战。高、毛二人率众前往，第一仗便打垮了敌军，并擒获了一名军官。旗开得胜，通城都极为鼓舞，景帝也很高兴，他又命于谦再多选些精兵，驻在教场一带，遇到哪里紧急，便可赶往哪里接应。景帝又怕于谦忙不过来，还派了他亲信的太监兴安、李永昌二人，到于谦那里去，随时给他帮忙。

先头部队在彰义门一战而败，也先大吃一惊。和明军作战，吃败仗，在他这儿还是破天荒的头一次。更使也先感到费解的是，土木堡时，英宗御驾亲征，军容那么强大，然而几经接触，却被他像是摧枯拉朽一样，完全给打垮了。留在北京的守军，他早已派人打探得明白，实在已所余无几，后来虽又陆续招了一些新兵，但都是些衣甲不全、武器不足、不值一击的新军。像这样的军队，如何反而能把自己的精锐部队给打垮呢？也先十分不解，只好暂且停下，派人出去探听，想找一个戒备不足、可以进攻的地方。派出去的人回报时说，京师诸门都有驻军在严阵以待，军容也都壮盛，似乎都不能轻易下手。这种情况，使也先想到，他之前认为"取北京易如反掌"的想法，是已化为泡影了。既然如此，他只好另换一手，又想把被他抓在手里的上皇朱祁镇当一张好牌来打了。这时太监喜宁也出来向也先献策，他教也先且先将在彰义门近处的一座土城拿下来，然后以上皇的名义，要明廷派大臣到土城里来迎驾，再从这一点上寻求有利的机会。喜宁的这一招很灵，他捉住了明廷不能不理的契机。以前的皇帝朱祁镇虽然已经失去了皇位，但仍然被尊为太上皇，迎驾一说虽难肯定，但是派人到土城去看看，却又是不可免的。可是派什么样的人去呢，明廷却感到很伤脑筋。瓦剌人存心不良是显然的，派出个较重要的人，多半要被他们扣留，再添些要挟的本钱。派个官职过低、太不起眼的人，说起来又太不像话。研究了一阵，景帝终于还是把通政司左参议王复擢升为右通政，中书舍人赵荣擢升为太常寺少卿，让他们二人换上擢升后的官服，带上羊酒等物，同到土城去觐见上皇。这二人虽然已经升了官，但是以品秩论仍然偏低，喜宁一眼便已经看穿，这二人身份不够，并无实权。喜宁于是又教也先，让他向这二人大张海口，向明廷索要以亿万计的金银。王、赵二人心里没底，哪里敢在这上面深谈，只好唯唯诺诺地被打发回来。二人回来时，也先要他们传话，来迎驾的人官小了不行，非得是像于谦、石亨、王直、胡濙那样的人来一些，才像个样子。王、赵二人回来，传述了也先的要求。朝议以为，也先所说的这几个人，都是军国重事倚仗至殷的，一个也不能到那里去。这样双方的谈判破裂，战端又起。

也先诱迎上皇的诡计不行，于是又开始了猛攻，不断向各城门进攻。他们以在西北方的西直门和德胜门作为攻击的重点，对其余诸门也不放松，不断地扰犯，希望能在任何一处寻得一个突破口。于谦严令各门守军务须尽力防守，他自己则和石亨、杨洪、范广等人带领着机动部队，哪里吃紧，就向哪里增援。更可贵的是，通过多日的备战、教战，他把京畿一带的居民也都发动起来了，这些居民都尽力助战，不仅救死扶伤，抬运伤残军兵，竭力运送军资，而且还在敌兵后方予以袭击，有的登屋投石，有的伺机放火，使瓦剌军防不胜防。这些瓦剌军进攻北京，几乎战无不败，北京城外的居民确实也有重要的贡献。也先在北京城外一共苦战了五天，这时他才发现，他的人马已经显出疲困，并且他还从探报得知，各路来京勤王的明军，大部分都将赶到，有的离此已经极近了。屯兵坚城之下遭受内外夹击，乃兵家之大忌，也先见及于此，遂于进攻的第五天夜里，也就是十月十五日的夜里，下令悄悄拔营，向紫荆关退去。到了十月十七日，瓦剌军便已全部退出了紫荆关。得知也先已经退军的信息，于谦只命石亨等把他们追出紫荆关后便可回军，同时对于攻入山西、河北等地的敌军，也开始加以扫荡。全力进行到十一月初八，攻入各地的敌军都被完全肃清，京畿地方也于那一天开始解严。

这次保卫京畿，于谦以新练的、装备极差的新军，来和也先的那些装备精良、乘胜而来、志在必得的瓦剌军相争，不但毫无惧色，而且竟连战连胜，很快便击退和肃清了各处的敌人。这自然是由于于谦智勇过人，而他的战略合宜更是取胜的主要原因。倘若他依从了石亨坐待敌退的办法，那结果可就完全两样了。所以战后论功，通朝都认为，于谦应该功居第一。景帝为了酬功，特为于谦加上了少保的官衔，并依前仍任兵部尚书，掌管部务和总督军务也仍然如故。于谦对部务和军务都不推辞，但却坚辞加给他的那个称为少保的官衔。他说，"四郊多垒，卿大夫之耻也，敢邀功赏哉！"但他辞意虽坚，景帝的授意也切，所以于谦终于受下了少保这个官衔。

也先攻入被逐出以后，在中朝和瓦剌之间，又开始了以上皇的进退为务的斗争。在瓦剌那一方面，上皇朱祁镇一直被当成一张极为有利的好牌。叛阉喜宁不断为也先出谋划策，搞出了不少的花样。在中朝这一边，景帝由于战胜了瓦剌而声誉日起，深得民心，他的江山已经坐稳，因此不愿有人再提他那个身在漠北的哥哥，有时还会想到，万一他那个哥哥竟得回来，如何安排倒还有点麻烦。然而使他不快的是，不拘内廷、外廷，都还有好些人在挂念着上皇，要求设法去接他回来。在这些盼念的人中，自然是孙太后和钱皇后显得最关切。钱皇后所做的是，不断地告诉人，千万可别忘了，在漠北还有个蒙尘在外的太上皇帝。孙太后做得更多，她除了向人们说些像钱皇后所说的那些话以外，还常不时地催景帝，要他设法把他的哥哥要回来，要不断派人去看看他。景帝很厌烦这些，但他又有口难言，只好时常推托着，只有在推无可推、被逼无奈时，才答应派人去那里看看。

也先被驱出后并不死心。次年，也就是景泰元年（1450）的闰正月里，他又调动起人马，开始攻入。他先派出一支人马，让他们去攻入宁夏一带，他自己则仍向大同进攻。这一回，他的两路人马都不多，只能在边界做一些扰乱，并无大举进攻的力量。原来瓦剌军在败回之后，各部都折损了不少人马，军资上的损失更大。这使瓦剌各部之间又发生了分裂。知院阿剌和脱脱不花都觉得这种攻入很划不来，以前常年朝贡，比这样有利得多了。他们又开始设法与中朝和好，仍旧想恢复他们的朝贡之路。这两部的脱离，使也先那"求大元一统天下"的旗号已打不成了，但也先仍然想用武力来捞一些好处。

去攻大同，也先又吃了败仗，守将郭登又打败了他。郭登先是在沙窝那里把他打败的，后来追他到栲栳山那里，又把也先打了个落花流水。但是，这样仍不能打消也先那到处去扰乱的心，从三月到五月，也先又多次进扰朔州、宁夏、庆阳、大同、河曲、代州、雁门等地方。到五月末，也先又派人入京求和，但因没能及时得到回音，他便又挟持着上皇进攻大同，并探问中朝对他的求和之意有何信息。

也先不断改换他的进攻方向，才去进攻大同，忽而又转向宣府，行动飘忽不定。在这些行动中，他都挟持着上皇朱祁镇，有时拿他当敲门砖，有时又拿他当挡箭牌，这些都是在不同的情况中，太监喜宁教他的。喜宁还教唆也先，说挟持着上皇满可以大干上一番，可以拥着上皇从山西南下，直趋南京，到那里，不拘是赚开或是攻入南京，都可以用上皇为傀儡，开辟天下，最少也可以占有大半个中国，甚至可以夺取中国的整个天下。也先虽然很为喜宁的语言所动，但总觉得绕道南下的风险实在太大，他想和上皇谈谈，听听他的意见。那时的上皇已是凡事都要和袁彬、哈铭二人商量后才决定了。他和二人商量过后，认为南下之事并不可行。喜宁又替也先出过不少利用上皇的主意，但也都为袁、哈二人识破，没能够办成。喜宁恨透了这两个人,几次挑拨也先,想把他们杀了,但每次都因上皇营救,没有实行。上皇朱祁镇已经看得明白,袁、哈二人几次险遭毒手,都是由于喜宁在暗中挑拨,这喜宁还干了不少祸国之事,非把他除掉不可。朱祁镇暗自打定了主意,于是利用也先渴望求和之便,向也先谈到,如果能让他打发太监喜宁、总旗高斌、那哈出等人回北京看看,也许谈和可以有点门路。也先自无不允,于是上皇又命袁彬写了一封密书交给高斌,叫他一抵达宣府,便要那里的总兵官设法把喜宁拿下。他们一行人到了宣府,高斌把密书交给那里的守将,彼此又略一商议,果然设法把喜宁诱出拿了,立即送往京中。

喜宁叛国且作恶多端,早为众所尽知,一经审问,罪证更明,很快便被押往西市处决,并且暴尸三日,俾众周知。喜宁伏诛一事,《景泰实录》和刘定之所著的《否泰录》都有所记,而《否泰录》所记尤详[①]。

喜宁走后,也先仍不断攻入,但因人马不足,而明军士气日增,军械已备,每次攻入多为守军所败,徒然折去了一些人马。景泰元年三四月,脱脱不花和阿剌知院都已遣使和明廷讲了和,又恢复了朝贡,重又获得通商之益了。这事也使也先起意,到了五月末,他终于派人来到明廷,表示愿意谈和,还暗暗透露出,中朝不妨派人去看望上皇,同时商议一下迎回上皇的事。

---

① 《否泰录》还载有六科十三道连章奏劾喜宁所举的一些罪状,并说,"以小人而为大奸,挟外寇而为内患,滔天之罪既著,赤族之戮宜加。"又说,"本朝廷腹心,反为丑虏腹心;本丑虏仇敌,反为朝廷仇敌。凡也先敢尔跳梁,皆喜宁为之向导。若不正之典刑,碎之万段,不惟无以大彰天讨,垂戒将来,抑亦无以慰宗社之灵,雪臣民之忿。"这些话,说的都是当时人们恨喜宁的实情。

土木堡之败，全军覆没，天子蒙尘，明人举国上下无不视为深耻，那时很多人都在想着，该如何打败瓦剌，以雪此耻。打退了瓦剌的几次进攻，人们不但舒了口气，而且看出也先已经有放回上皇、借以修好之意了。于是不仅孙太后、钱皇后等人切盼着迎回上皇，朝中诸臣也纷纷表现出了这样的愿望。他们以为，在上皇尚未归之际，还应不断派人前去问安，献上些衣食等物，以免上皇困乏。有个金齿卫知事袁敏，是个曾跟从上皇北征的人，他还上书给景帝说："上皇曩居九重，所服者衮绣，所食者珍馐，所居者琼宫瑶室。今驾陷沙漠，服有衮绣乎？食有珍馐乎？居有宫室乎？臣闻之，主辱臣死，上皇辱至此，臣子何以为心，臣不惜碎首刳心，乞遣官一人，或就令臣赍书及服御物，问安塞外，以尽臣子之义。臣虽万死，心实甘之。"他上的这书，道出了当时很多朝臣的心意，大臣王直、胡濙等人也都以为，如果能设法奉迎上皇归来，不仅可以稍雪土木之役主辱兵败之耻，实则也是人生之大义。但是这种说法却为景帝和其左右很不高兴。他们认为，景帝在位，干得要比上皇好得多，现在这样已经很好，何必多此一举呢。这两种不同的心意，早就已经有了，自打退了也先，对立得更显见强烈起来。景帝对这种对峙只以默然示之，他不说什么，也不派人到瓦剌去看望上皇。大臣们都知道景帝深有顾虑，觉得应该加以解说，让他化开这个结子，因此，便由王直率领众臣向他上疏陈请道："太上皇惑细人言，轻身一出，至于蒙尘。陛下宵衣旰食，征天下兵，与群臣兆姓同心戮力，期灭此朝食，以雪不共戴天之耻。乃者天诱其衷，也先有悔心之萌，而来求成于我，请还乘舆，此转祸为福之机也。望陛下俯从其请，遣使往报，因察其诚伪而抚纳之，奉太上皇以归，少慰祖宗之心。陛下天位已定，太上皇还，不复莅天下事，陛下第崇奉之，则天伦厚而天眷益隆，诚古今盛事也。"这些话把情况已经点明，但景帝还是不想有所举动，他是把也先的狡诈作为他不动的理由。他说，可怕的是也先野心未泯，不可不慎。如今先后已经派过五次使臣了，却始终没有得到什么要领。如今若再派人去，也先若以护驾为名，派兵随驾，暗袭京师，岂不惹出了麻烦。这个说法虽能稍安片刻，但却很难服众。后来胡濙又提起了遣使奉迎之事，景帝为此特在文华殿召来群臣集议，他首先说明了自己的主张，觉得和也先是越少往来越好。但王直等人却不再按着他的调子说话，他和众臣一直坚持着遣使的主张，说事情原本就应如此，否则将来必会后悔。景帝对此极为恼怒，他仍以帝位为题，来堵诸臣。他说，"朕本不欲登大位，当时见推，实出卿等。"这话说到尽头了，令人很难答话。于谦为人耿直，见众人无言，便挺身而出，向景帝道："天位已定，宁复有他，顾理当速奉迎耳。万一彼果怀诈，我有辞矣。"景帝一向最看重于谦，见他也这样说，才让步道："好！依你，依你！"于是最终议定，以李实、罗绮二人为信使，让他们到瓦剌那里看看。为了显得庄重，还将李实从礼科给事中升为礼部右侍郎，罗绮也从大理寺丞升为大理寺少卿。景帝应允派人前往，是因众臣所逼，实是出于无奈，随侍在景帝身边、很受他宠信的太监兴安在侧边看得真切，很觉生气，很想帮景帝说上几句，却又一时想不到什么妙语。众臣退出时，兴安再也难耐，他追了出来，向众臣喊道："你们一定要遣使，你们可有文天祥、富弼那样的人吗？"众人不答，只有王直大声回答道："廷臣惟天子使，既食其禄，敢辞难乎！"他不断重复，说得声色俱厉，终于压倒了兴安，兴安自己悄悄地退回殿上去了。

　　派出李实和罗绮不久，也先却又派了人来，径直申明来意，要明廷尽快派一两位大臣去奉迎上皇。这一次，更不合景帝的心意，但却又无法推脱，他只得以要等李实和罗绮回来作为借口，尽力拖着，并且希望把事情拖得出了变化，或者也先又翻了脸，不肯把上皇送回来了。景帝尽量把事情拖下去的意念极坚，虽有孙太后、钱皇后和群臣们的不断催请，他还是坚定不移。在眼看李实、罗绮即将回来复命时，景帝却又忽然改变了主意，不等这二人回来，又把右副都御史杨善、太常寺少卿赵荣二人任命为奉迎上皇的使臣，命他们即行上路。为了稍见气派，赵荣的官似嫌小了些，景帝又将赵荣升为工部右侍郎，才打发他上路。景帝这种忽冷忽热的做法，很令人费解，其实景帝的各样做法，说来仍是万变不离其宗，无非是为了拖延，并想在拖延中生变。等李实、罗绮固然意在拖延，但若真把他们等了回来，落实了奉迎上皇的事，就又无法拖延了。那时在致瓦剌的书中，就不能不有恳请奉还上皇这类的言辞。如今不等他们，这种话便可略去。你在书中不谈，也先岂有赶着把上皇送回的道理。这样，这一趟就该白跑，下次再派人，又可以拖一些时候了。而且这么做也许会惹得也先发怒，不想放回上皇了。那样其实更好。景帝忽然赶着派出杨善、赵荣，便是出于这样的盘算。因为时间促迫，景帝只命杨、赵二人带了极少的礼物赐给也先，对于上皇则分毫俱无。胡濙等人进言，说是上皇蒙尘日久，服用诸物必已不足，请让杨善等也给上皇带些物品去。景帝对此只是听着，既无一言，也无一点照办的意思。景帝还给杨善一行设下了不少阻碍，让他们简略不周，绝难迎回上皇。但出乎他意料的是，处境如此艰难的杨善和赵荣，居然一举成功，一去便把上皇奉迎回来了。

杨善是畿内大兴县人，并非甲科出身。明代自永乐初便已极重甲科，已有"身非进士，不能入阁"之语。杨善这个非甲科出身的人,其宦途之坎坷,自可不言而喻。真是一步一跌,一跌一爬,好不容易才爬上来的。但也正因如此,又把他磨炼得机警敏捷,才高智广,遇事都能对答如流。他颇有仪表,声音又很洪亮,以前在鸿胪寺为序班时,每逢由他引人入奏,他那清亮的语声常会引起明成祖的注意。这次派他去奉迎上皇,景帝处处都约束着他,连赐给也先的赐物都菲薄到难于拿出手去的地步,分明是想让他到那里去碰钉子。杨善为官已达四十余年,又是从佐杂官慢慢升上来的,什么没有经历过,如何还看不出此中的奥妙。但他不想由着景帝摆布,想用自己的能力把事情办好。他不惜自己出钱,买了很多瓦剌人认为稀罕的东西,把它们都作为赐物给带了去。他语言便给,出手大方,所以才一入境便结识了很多瓦剌朋友。杨善去见也先时,他那加厚了的礼物也让也先很高兴,并且也先早已听过左右夸说杨善的为人,说他是个殷勤周到、极有见识的人。也先在谈到他与明廷起衅的积因时,很是不平,还带有积怨。杨善把那些使也先不满的事,都很巧妙地一一加以解说,使也先不仅释怨,有时还不断地连连称是。后来杨善把话题又转到了送还太上皇这件事上,他说,战争虽使两国敌对,但若能送还上皇,定会和好如故,对彼此都很有利。也先原也想送还上皇达成和局,只是敕书中却不见奉迎上皇的话,使他很不解。他问杨善:"何以敕书中并无奉迎上皇的话呢?"杨善人很机灵,回答得很妙,他说:"这是为了要把太师显出来,所以请太师自己来办。如果敕书里已经有了,倒不能显示出太师的诚心了。"这话也先听着很合意,于是又问:"上皇回去,还是天子吗?"杨善道:"如今天位已定,不能再换了。"这时也先手下的平章昂克又问:"你们为何不用重宝来赎?"杨善道:"那样可就显得太师只是图利,这样才可见出太师的仁义。"也先很为杨善所动,送还上皇的意念更坚。原来虽然还曾有人主张要先扣下杨、赵二人,然后派人入京,提出"送还上皇,必须复位"的条件,但经杨善再三解说,瓦剌人终于不再坚持,最后应许了杨、赵二人,让他们奉侍着上皇,一同回到了北京。

六 南内的禁锢和夺门

杨善和赵荣已经奉迎着上皇取道回京的消息，很快哄传到了京师，人们都感到喜出望外。只有景帝与众不同，觉得很烦恼。以前，每说到奉迎上皇，在表面上，他还可以装得与众人无异，如今事已成真，他可是再也勉强不来了。杨善回京复命时，人们都以为他立了奇功，定会受到上赏。但是他所得到的却微乎其微，只是从右副都御史迁为左副都御史，仍被赶回鸿胪寺，去干他的旧差事去了。这种自右而左，按例是升迁中最差的一种，人们循例递升，也尚不止于此，对待一个立了大功的人，就更非人所可知了。然而就是如此，景帝也还是尽力克制着自己才给杨善这点迁转的，若依着他的本心，真想把杨善一下子赶走。他也并不讳言行赏太薄的因由，他说，杨善并未奉命去迎上皇，他自作主张，显有违旨之处，所以只得如此。

在如何迎接上皇一事上，景帝也显然是深违众意，与诸臣的想法相去很远：诸臣都认为礼应从重，而景帝却觉得越从简越好。究应采用何种仪节，应由礼部议出。礼部尚书胡濙从他请求为上皇带些服食之物未能获准一事，便已得知景帝的心意，知道仪节若重必会碰壁，因此在主持部议时，便竭力主张一切从简。结果议定的仪节是：首先由礼部派员，迎候上皇于居庸关外处的龙虎台，锦衣卫备法驾在居庸关迎候，百司诸官迎于土城之外，诸将迎于教场门处。上皇由安定门入城,从东安门入宫,自东端登上北门,面南而坐,皇帝谒见后,百官再朝见。朝见过后,上皇再由此进入南城大内。这套仪节订得已很简薄,但奏上之时,景帝仍很不悦。他传出旨意,把仪节定为:以一轿二马迎上皇于居庸关,抵达安定门时再易法驾,在这以后的仪节则可依原议。诸臣对于原议已怨其太薄,经此一改,意见更大。给事中刘福集纳众意,上了一道奏章,道出了群臣之意。景帝得奏,更加不耐,便在原奏上批道:"朕尊大兄为太上皇帝,尊礼无加矣!福等顾云太薄,其意何居?礼部其会官详察之。"这批文几乎和"著令某某明白回奏"一样,是很严厉的责问了。为了免生枝节,礼部尚书胡濙只得自行承当起来,他会同礼部的几个大臣一同回奏道:"诸臣意无他,欲陛下笃亲亲耳。"他们抬出了太上皇,并又以手足之情动之。景帝和胡濙等针锋相对,也用太上皇来回敬了他们,他说:"昨得太上皇书,具言迎驾之礼宜从简损,朕岂得违之。"诸臣明知上皇所说的,不过是于例应有的谦辞,但又是不能说破的,只好不说什么了。然而,大臣好办,小臣却仍难通,千户龚遂荣就上书给大学士高穀,说是奉迎宜厚,并以唐肃宗奉迎唐明皇为例,说那个仪式就可供参照。高穀深知景帝的心意,不敢贸然将龚书奏上,只悄悄把它带入朝堂,暗自交给了王直、胡濙等人,并问他们有何意见。王、胡二人都认为径自奏上去,也并无不可。在他们互议之间,得知此事的已有多人,给事中叶盛是个胆大敢为的人,他探知之后,也不和别人商量,就以自己之所知,径自奏了上去。另一个给事中林聪,则为此劾奏了王直、胡濙、高穀等人,说他们身为大臣,却不能有闻必报,而竟形同细人,偶语窃议,实有违于事君之道。这样,龚遂荣上书一事竟闹到景帝那里,景帝还下诏要他们奏呈龚书。至此,王、胡、高等只好将龚书奏进,并说:"肃宗迎上皇典礼,今日正可仿行,陛下宜躬迎安定门外,分遣大臣迎龙虎台。"这样的话,景帝认为更加不宜,再次告诉他们,只需一遵前议,不必再行多谈。

从瓦剌获释归来的上皇朱祁镇回京以后,已被他的弟弟、当时的皇帝朱祁钰当成了头号的政敌,朱祁钰对朱祁镇极具戒心。这种情绪实在是积渐而来的。这也可以说是由于孙太后的步步为营,不断算计,给朱祁钰带来了这种不安的感觉。他很明白,孙太后生怕他继位为帝,所以在任命他为监国之后,紧跟着便把朱祁镇的儿子朱见深立为皇太子,就是为了表明朱祁镇纵然难以回国,将来的帝位也将是朱见深的。他之得登帝位,是群臣为了"一事权以安反侧"而拥立的。那时正处于瓦剌即将攻入、朝事极乱之际,他更处在内外夹攻之中,自始就感到很不稳定。幸而终于打退了瓦剌,他觉得自己的帝位稍形巩固,因而那时才把他的生母吴贤妃尊为皇太后,又把一直被称为郕王妃的汪氏立为皇后。他这样做虽已有了充分的实力,但仍旧能感到从孙太后、钱皇后那方面传来的敌意。他很不愿把上皇奉迎回来,也是因为那又使孙太后更添上些反对自己的力量。杨善出人意料地迎回了上皇,那种举国欢腾的情况也使景帝很惊心,却也加强了他的决心,他要尽力防范,一定要和他们你死我活地斗争一番。

上皇朱祁镇归来后,景帝立即对他采取了一个把他和外面严密隔绝的办法。他把上皇和他的皇后钱氏都安置在那所被称为南内的宫院里,派去了很多内监,还有很多锦衣卫军兵去保卫他们。这些被派来保卫他们的人,如果说是派来看守、监视他们的,也许倒更恰当一些。这些人最应切实做到的,便是断绝内外的交通,在里面的人,绝对不许轻易出来,在外面的人,没有什么来由,也绝不许轻易进入。这种隔绝,对于在朝的大臣们也绝不例外,譬如王直、胡濙等老臣,自从得知上皇已经住在南内,便想到那里去叩见上皇,却都被阻拦住了。他们还曾请求,每逢元旦或是别的节日,应该能让群臣都有去南内叩见上皇的机会,但是多次请求却始终无人理睬。只有孙太后是个例外,她去到那里,倒没有人敢加以阻拦,因而她去看过上皇几次。她的这种举动,总给景帝带来很大的不安,猜不透她老要到那里去干些什么。他猜想着,他们一定又在那里捣鬼。这些事,他无法和外廷诸臣共同商议,倒是很多亲信的宦官,成了他很好的帮手。这些人是掌管司礼监的太监兴安,还有主管各项职务的大太监王诚、舒良、张永、王勤、刘永诚等人。在这些人中,兴安又是最被景帝宠信的一个。说起来,兴安在正统年间也是很受皇帝宠信的一名太监,明英宗宠信他,仅次于王振。土木之变后,兴安很快又成了最受景帝宠信的人,而他之为景帝效忠,也远远超过了他以前效忠于明英宗的时候。那时景帝最关心的事情,便是如何把上皇与外间隔离开来,封锁南内的工作,他就交给了兴安,一切都由兴安来布置。关于南内,在沈德符所著的《万历野获编》中,曾有所记,在那书的第二十四卷里,写到南内时说"余曾游南内,在禁城外之巽隅,亦有首门、二门,以及两掖门,即景泰时锢英宗处,所称小南城者是也。闻之老中官,不特室宇湫隘,侍卫寂寥,即膳羞从窦入,亦不时具。并纸笔不多给,虑其与外人通谋议也。钱后日以针绣出贸,或母家微有所进,以供玉食,故复辟后待钱氏甚厚,至两幸其第。"此书的作者曾身入南内,所说的很多地方自颇有据,但也有些是传闻失实之语。如说"钱后日以针绣出贸"便太失实,那时对于内外交通查禁最严,如何能容他们如此做呢?

景帝对上皇的防范之严，以及对待上皇左右之人的严酷，可从那时发生的赐绣袋与镀金刀一案见其大概。原来最初派往南内去服侍上皇的，有一个老内监，御用监少监阮浪。这阮浪原本是永乐时英国公张辅所进的四个净了身的交趾美童之一，另外的那三人便是范弘、王瑾和阮安。他们四人也正是内监中最初被培育着、读了几年书的人。范弘最初便被明成祖赐给了明仁宗，很早便掌管了司礼监。正统末，他随着明英宗出征，在土木之役中死了。王瑾是这四个人中最显赫的一个，他最初是被明成祖赐给了当时还是皇太孙的明宣宗的。他和明宣宗从开始便很投缘，成了明宣宗的得力帮手，参与过明宣宗在日的很多大事。明宣宗对他的赏赐颇丰，还赐给他多枚刻有褒美文句的银章，章文有"忠肝义胆""金貂贵客""忠诚自励""心迹双清"等。最后还特别赐给他两名宫女，让她们来服侍他。阮安的才能表现在修建和治水这些方面，他先后修建了很多宫殿，治理过不少河流，兴建北京时，他也参与了那个工程。阮浪是四人中成就最少的一个人，入宫已有四十余年，在宫中的职位还只是个御用监的少监，连个太监的身份都还没有混上。他被派来南内，干的也是很多人都怕去的、吃力不讨好的差事。太上皇在南内见到阮浪倒是很高兴，这个老内监让他记起了不少的旧事，和阮浪谈起来，朱祁镇觉得很有味。一次，上皇朱祁镇又和阮浪谈得很高兴，便把一个金绣袋和一柄镀金刀赐给了他。阮浪是个马虎大意的人，并不以这点儿赐物为重，不久便把这两件东西随手又给了别人。得到他这两件东西的人叫王瑶，早年曾拜在阮浪的门下，如今是个皇城防卫使。王瑶和一个叫卢忠的锦衣卫指挥常有些往来，卢忠在他那里见到了那绣袋和金刀，觉得做工精致异常，极似出自大内之物，心里有些羡慕。卢忠偶然和一个在尚衣监任职的内监高平相遇，不免谈到了袋、刀之事。高平是个极工心计的人，听了以后，认为不难由此寻个升发，他教导卢忠，让他用酒把王瑶灌醉，把绣袋和刀偷到手中，然后命他伙同锦衣卫校尉李善同去告密，说是阮浪替上皇用绣袋和金刀买通了王瑶，让他借职务上的方便，为上皇的复位效力。"阴谋复辟"是景帝时刻在念的极敏感的问题，忽得此报，景帝立即把阮浪和王瑶都逮入诏狱，让卢忠出头为证，要阮、王二人把上皇阴谋复辟的事情都招供出来。卢忠原以为，阮、王二人即使一无所知，但为了救活他们自己，多少也会供出一点什么，可以由他报功。但是，实际上阮、王二人并不像是他想的那样。他们都不肯无中生有，随便乱说。直到判了斩刑，押赴市曹，他们也没说出什么会干连上皇的事。因为这样，所以到英宗复辟以后，阮浪被追赠为太监，取得了他生前没能达到的品秩。高平和卢忠从这件事情上什么好处也没有捞到，后来追查，却都被问成死罪，终于也被押上法场，身首异处了。

阮、王一案震惊了景帝，他一向便疑惧着暗中会有些这样的事，如今可真正证实了。他觉得只完结这一案还不够，他还要狠狠地打击他们一下！他想用来打击孙太后和那些反对他的人的手段，是把孙太后所立的皇太子朱见深废去，改立他自己的儿子朱见济为皇太子。这件事，景帝在暗中和他所信任的内监兴安等人已经商量过多次了，兴安等人认为，如今孙太后已经没什么可怕，只要把外廷稳住了，孙太后孤掌难鸣，就搞不出个什么名堂来，最可怕的是内外廷联合上了，此呼彼应地来闹事，那就不好办了。景帝既决定以废立皇太子来打击孙太后，便又和兴安、王诚、舒良等人商议，如何来稳住外廷。兴安等人认为，在外廷诸臣中，阁臣至关重要，因为他们有"封驳权"，所以关系匪浅。但这些内监又认为，人总是可以用钱买动的，阁臣也不例外，先额外赐点儿钱给他们，也不用多，只要他们知道这是额外的恩赐就行了。如果他们收了钱，往后的话就好说了。那时的阁臣有首辅陈循、次辅高穀，以及商辂、江渊、王一宁、萧镃，共计六人。景帝陆续把这六人一一找到，把他们每人都夸奖了一番，然后都赐了一些银两，首辅、次辅两人都各赐一百两，以下的四人各为五十两。皇帝向他的臣下做出这种类似行贿的行为，真可算是千古奇谈，兴安等人的招数之欠高明，也于此可见。

买通了阁臣，兴安等内监便开始向外大肆活动，先说明皇太子之立并不合宜，应予废去的道理。他们活动了很久，但废立的事还是迟迟没能提到日程上来。废立所以从缓，主要的原因一共有二：一是皇太子朱见深年龄还幼，找不出什么可以作为废立借口的失德；二是由于汪皇后出头反对，景帝怕她会和孙太后合成一伙，所以且停下来看看。这事直到景泰三年（1452），才忽然又有了转机。原来那时有个广西土官、都指挥使黄玹，为了私怨行凶杀人，把他自己的弟弟——思明知府的全家人都杀了。杀了朝廷命官，并且还杀了其一家，这罪过实在不小，认真说来，黄玹非抵罪不可。为了求得朝廷恕罪，黄玹派了他的下属千户袁洪赶在思明人报案之前，让他向景帝上书，殷切恳请速易春宫，以慰民望。春宫即皇太子的代称，黄玹这个机真投上了。那时景帝正苦于没有个重提废立的机会，黄玹此举可谓天从人愿。景帝不觉赞不绝口地连称黄玹是个大大的忠臣。后来思明府把凶杀案报来，不但已属无用，而且黄玹还更加官晋禄，已经升为都督了。

景帝为了事在必成，把黄玹的疏文交给了兴安，让他拿出去交付廷议。这种事应由礼部先议，再由礼部召集诸臣共议。集议很久，却无人敢说什么，只有都给事中李侃、林聪，还有御史朱英几人，都认为事不宜行，吏部尚书王直同意李侃等人的说法，认为事很难办。这时，交办此事的太监兴安开始向众官厉声发言，他说这事的来势已不可挡，众官有不同意的，可以不必署名；不想立异的，全把名署上就行了。他这么一办，不但诸臣纷纷署了名，就是曾认为不可的李侃、林聪、朱英等人，也都署了名。诸臣还说："陛下膺天明命，中兴邦家，统绪之传，宜归圣子，黄玹奏是。"景帝据奏，立即欣然批道："可，礼部具议，择日以闻。"当日又重新任命了东宫的一应官属。

另立皇太子的事，办了足足一个月才全部办完，那时已是景泰三年（1452）了。这事，首先要把原来的皇太子朱见深的太子名号废去，改封为沂王，另以皇子朱见济为皇太子。接着又将原曾反对过另立太子的汪氏的皇后称号废去，改立皇太子朱见济的生母杭氏为皇后。与此同时，还把太上皇朱祁镇的几个儿子也都封了王：朱见清封为荣王，朱见淳封为许王。把这两人都封了王，意思是对太上皇和孙太后稍予以抚慰。废了皇后汪氏，一则是因为她曾伙同孙太后等反对另立太子，二则是做给孙太后看看，想要伙同着她的人，所得到的是什么下场。孙太后人很聪明，看到这个来势，什么都没有说。景帝的这一仗，真可说是大获全胜，一下子办了许多大事，宫廷内外，谁也没有半点异议。可惜他的这个胜利为时太暂，到景泰四年，一共才只有一年半的样子，皇太子朱见济却难承禄位，忽然一病不治，呜呼哀哉了。他这一死尚不打紧，可惜的是景帝并没有另外的儿子继承皇太子的名位，储君无人，是件大事，这又给景帝招来了不少的麻烦。

皇太子朱见济去世，给景帝招来最大的麻烦是，竟然有很多人还想着已被废去的皇太子朱见深,一力想让他复位。景帝认为,这自然出诸孙太后的影响,而朱祁镇父子之尚在人心,也是原因之一。这些都使景帝深为不快,他决意要倍加小心,把它顶住。但是,初时这些议论只是有些人在暗中谈说,还没有正式提出,直到朱见济去世已逾半年,御史钟同才在他的一道疏文里正式说到此事。

钟同是在他于景泰五年(1454)所上的疏文里提到此事的,他说:"父有天下,固当传之于子,乃者太子薨逝,足知天命有在。臣窃以为,上皇之子,即陛下之子,沂王天资厚重,足令宗社有托,伏望扩天地之量,敦友于之仁,蠲吉具仪,建复储位,实祖宗无疆之休。"这些话很使景帝不快,尤其是"太子薨逝,足知天命有在"二语更使他冒火,仿佛他儿子的死是由于命小福薄,承受不起这皇太子之任,才折寿死了的。他原想把疏文留中,但因钟同所说的事情很多,所以还是把它交付廷议了。他想,这事混在很多别的事中,也许被人一时略过,也未可知。但是事实却不然,钟同的这些话竟引起了很大的反响,随后郎中章纶又上了一疏。在章纶的疏中,比钟同的疏文,触忌之处更多。他说:"上皇君临天下十有四年,是天下之父也。陛下亲受册,是上皇之臣也,陛下与上皇,虽殊形体,实同一人。"在说了这些之后,章纶又引用了景帝在奉迎上皇回宫的诏书中所用的"礼惟加而无替,义以卑而奉尊"这两句话,希望景帝能切实履行。他要求,每逢朔望或节日,景帝要亲率群臣去朝见上皇,以展友于之情。疏中还说到汪后,认为应予复位:"复汪后于中宫,正天下之母仪;还沂王之储位,定天下之大本。"章纶的这些话比钟同说得更全面、更大胆,要求也更高、更多。景帝为了要杀住此风,决意把钟同和章纶都予以严惩。那时天色已晚，宫门已闭，按说应该等到次日再办了，但景帝竟是片刻难忍，特令人从门缝中传出谕旨，把章、钟二人都逮入了诏狱。

　　章纶和钟同在诏狱中受了很多的酷刑，被拷问他们说这些话是受了何人的主使，以及他们和南内有些什么往来，何以与那里有了勾结。章、钟二人被折磨得几濒于死，但也没有说出些什么，而在外间却因此激起了一股请求复储的风潮，有很多人反而继章、钟而起，一力要求把储位还给沂王。这一股狂潮，被人称为"复储之议"。为了竭力阻住这股风，景帝开始以廷杖来予以打击。凡有说到复储的，不拘何人，一律予杖。不但当时说到的人要打，就是以前说过这些话的人，被想起来了，也要予以补打。南京大理寺少卿廖庄在景泰五年时曾有过复储之请，当时因有别事岔了过去，没有挨打。景泰六年，廖庄的母亲去世，他入京请求给以勘合。廖庄从东角门入宫朝见，景帝一见到他，便想起了这个打漏了的人，于是不问青红皂白，先把他廷杖八十，然后把他贬为定羌驿的驿丞。补打廖庄，更引起了内侍们所兴起的拿祸首之议。那些被景帝宠任的内监认为，这股复储之风全由钟同和章纶二人兴起，打了别人，不打他们，似也太不公平。这时的景帝已被复储之论激怒得近于疯狂，听到了内侍们的这种议论，不假思索，立即封了两根巨杖交付狱中，命他们即用此杖来打钟、章二人。结果，钟同受不起那样的大杖，竟自死于杖下；章纶虽然没被杖毙，但仍被关在狱中，直到英宗复辟以后，才被从狱中释出，并被擢任为礼部右侍郎。

　　景泰间，凡曾论及复储一事者，几乎无人未被论罪，但还是有人被漏掉了，像礼部郎中孟玘，便是漏网者之一。还有个尚未入仕的进士杨集，他曾上书给于谦，说："奸人黄玹献议易储，不过为逃死计耳，公等遽成之。公国家柱石，独不思所以善后乎？今同等又下狱矣,脱诸人死杖下,而公等坐享崇高,如清议何!"于谦把此书拿给才入阁不久的文渊阁大学士王文看。王文笑道:"书生不知忌讳,要为有胆,当进一官处之。"于是杨集被任为安州的知州。杨集这个人,可以说是议及复储,不但没有惹祸,反而唯一得了点儿好处的人。

皇太子朱见济去世后,景帝的日子过得很烦恼。伤心于独子的去世是其一;焦急于没有另一个儿子可以立,是其二;每天被复储之议闹得头昏脑涨,是其三。他的身体原来就不佳,既忙于国事,又苦受熬煎,不觉已有了积病,拖到景泰七年(1456),景帝的病已经很重,但在次年正月时,他还强自挣扎着,要亲自到南郊的斋宫去行郊祀之礼。随祀诸臣看到景帝已经病到这般模样,便又劝他建立太子。把复储改称建立太子,是为了少触忌讳。但虽改了说法,景帝还是给气坏了,竟气到了不能起来行礼的地步,只得把石亨召来,让他代行祭礼了。石亨细看景帝,似已有了病将难起的样子,不觉有了异心,他想,如果趁这机会拥立上皇复辟,那可是莫大的功劳,将有无穷的富贵。寻思已定,石亨便在祭毕回京之后,找到他的亲信都督张𫐄、内监曹吉祥等人,暗中商议此事。张、曹二人也觉得这可是个飞黄腾达的好机会,立即表示愿与石亨合谋。他们又去约请太常寺卿许彬参与举事。许彬也认为这将是件不世之功,但又觉得自己老了,无力追随他们,改荐了徐有贞来和他们共事。许彬还说,这徐有贞是个上知天文、下明地理、极为能干的人,一定能有大用。石亨也知道,徐有贞就是在土木之变时主张南逃的那个徐珵,因为那贻笑于人的南迁之议,使他很难做人,为了免受那种影响,他才改成了目前的这个名字。石亨也知道徐有贞极有学问,因而即时便和张𫐄、曹吉祥等一同去找徐有贞。徐有贞那时官为左副都御史，他一听到石亨等人说起他们的计划，立刻觉得这可是一场飞来的富贵，于是竭力为诸人策划起来。他觉得，首先要和住在南内的太上皇接好头，以免声气不通，闹出了误会。这时张𫐄告诉他说，上皇那里已经有人去接洽好了。徐有贞又说，孙太后那里也得有个人去奏知，这个人自然以曹吉祥最为合适。他们相互商议已定，便各自分头去干。次夜，众人又聚集在徐有贞家里，徐有贞先爬上屋顶去观天象，少刻才下来说，行了，正是这个时候！那时正值边方有警，徐有贞便命张𫐄以保卫皇宫为名，带兵赶往大内，四更时分，张𫐄带着队伍赶到，此时石亨也已拿到开长安门的钥匙，把门开了，纳入队伍，然后又关了门，以免又有其他人等闯入。那时天色阴沉，行动都在黑暗中，石亨、张𫐄等虽然都是武人，不免也有些怕。他们都问徐有贞：事能成吗？徐有贞用"事可必成"来鼓励他们，又催他们快走。他们赶到南内，因为那里的门是紧锁着的，只好毁墙而入。这时上皇亲自举灯出来照看，徐有贞等都伏地叩拜，请上皇登位。这时，早已安排好的御舆已经抬到，众人请上皇登舆，由徐有贞等人挽舆而行。恰好那时天色忽然开朗，星月交辉，上皇已能清晰地看到诸人，还一一问了他们的姓名。来到东华门，守门人拒而不纳，上皇向之高呼："朕太上皇帝也！"这一声竟惊散了守门人，众人顺利地进入大内，登上了奉天门。上皇登上奉天门后，徐有贞、石亨、曹吉祥等都齐呼万岁向上皇叩贺。他们又去把所有的门都开了，由徐有贞出去，向已经待在阙下、等候着朝见的群臣大呼：太上皇帝已复位了，快来叩贺！群臣都赶来拜贺，于是太上皇帝复辟的一幕，至此便真大功告成。

这一幕，后来被人称为"夺门之役"，又简称为"夺门"。参与其事者，类如徐有贞、石亨、张𫐄、曹吉祥等人，都成了"夺功臣",他们的这种功,便被称为"夺门功"。但是,何以要称为"夺门",以所夺的哪个门为主呢,这却又有点儿众说纷纭,意见不一。有人以为,所谓"夺门",指的是张軏带兵首先来到的长安门,石亨夺到了那里的开门钥匙一事。有人则以为,要说夺门,应推上皇在东华门的那一声大喝。他这一喝就惊散了众人,那才是先声夺人!然而此说却有个不便处,那便是不知道该算是谁最有功。头功应该只是喝那一声的上皇本人,别人都不大沾得上边了。但是后来论起夺门功来,人数却多到成千上万,单由石亨一人保举而得官的就有四千多人,如果再加上徐有贞、张軏等人所保的人一并算起来,最少怕也将达万数了。若说是东华门,如何会这样?又有人说,所谓"夺门",不过是上皇复辟的代称,不拘什么门,都可以算进里边去,不但是长安门、东华门,就是上皇登上的奉天门,徐有贞所打开的那些门,完全都可以算入夺门的数里。

上皇朱祁镇,虽然已经在奉天门受过了群臣的拜贺,但是还不能算是已经正式登基即位了,正式即位还要等到日中时,在奉天殿上举行,他在所经过的历程中,早已看出来,徐有贞是众人中最有见识、最有才干的人,即位之事要由他来经办才好。因此他在正式登基之前,便已传谕,徐有贞着以原官兼翰林学士,入内阁预机务。

正式登基之后,朱祁镇所做的第一件事,便是命人在朝班中拿下了兵部尚书于谦和阁臣、谨身殿大学士王文。他先把这两个人都下了诏狱,然后才叙夺门之功。太常寺卿许彬、大理寺卿薛瑄,都升任为礼部侍郎兼翰林学士入阁预机务。这两个人在夺门时虽然没有出来做过什么,但他们是上皇困居南内时,便对上皇表示过忠心的人,上皇为了酬报他们的忠心,又素知他们极为干练,所以才有此命。夺门时实际出过力的人中,石亨从武清侯晋封为忠国公,都督张軏被封为太平侯,都督张輗被封为文安伯,右都御史杨善被封为兴济伯,太监曹吉祥的嗣子曹钦,也参加了夺门之事,由于和曹吉祥的夺门功,他被升任为都督同知。所有这些,都只是初步的封赏,随后不断论功,几乎无日不有大批的人受到封赏。

与封赏同时进行的是对有罪者的惩罚。所有被认为有罪的人都受到了惩处。在朝中,首当其冲的便是于谦和王文。于、王二人被宣说的罪名是,在景帝患病时,他们竟想立外藩为帝。当然,这是给他们硬安上的一个罪名,实际上是因为,他们都是景泰时的重臣。王文为人苛刻,人们对他都颇为不满,而且他还反对过迎奉上皇和复储,所以他被处以斩刑,人们的反响并不大,不过仅有些人认为,王文纵然有罪,却也罪不及死。对于于谦,人们的意见又大不相同了。于谦为人正直精敏,保卫京师又立了大功,举朝上下对他都极敬重,他的死,主要是因徐有贞和石亨都一心想要杀他。徐有贞恨于谦,主要是由于他提出南迁之议时为于谦所叱,使他为满朝人所笑,并且仕途艰困。为此,徐有贞不但改换了他的本名,还千方百计地巴结上了首辅陈循,求陈循给他以特举。陈循推举他在景帝那里碰了钉子,却委过于于谦,他说于谦虽非阁臣,影响却大,用人之事,景帝常是专听他的,要想举荐成功,最好还是去求于谦。徐有贞是个只求晋升不顾廉耻的人,他竟真去求了严叱过他的于谦。于谦倒还认为徐有贞颇有能力,向景帝推荐了他。但是景帝只记得徐有贞便是那个力请南迁的人,对他的印象极坏,虽经于谦力荐,却仍不肯用他。于谦荐而不成,徐有贞却认为于谦不过是随便敷衍,心里更恨他了。所以这次徐有贞才给于谦扣上了个"谋立外藩"的罪名,一心想要把他杀了。石亨恨于谦,是因为误认为于谦看不起他。本来,石亨从大同战败逃归,原已是个失律落职的人，是于谦又把他起用起来的。他原本极为感念于谦，极力想报答他。为了报恩，他暗向景帝奏称，于谦的儿子于冕极有战功，才堪大用。景帝据奏，已经下诏，命于冕入京陛见了，但事为于谦所知，于谦认为石亨所奏于事无据，陛见事竟落空。于谦论及此事时还说："且亨位大将，不闻举一幽隐，拔一行伍微贱，以裨军国，而独荐臣子，于公议得乎！"石亨不能理解于谦率真公平的人品，误认为这是于谦故意打击他，因而反转成仇，也暗恨上了于谦。而且石亨深知，论才干他实在远不及于谦，若不把于谦除掉，将来对于自己的升迁总会是个妨碍。他有这种心意，所以听到徐有贞的说法便与他一拍即合。朱祁镇恨于谦，是因他在土木之变后提出了"君为轻"之说，害得自己几乎永陷漠北，不得回来。再者，景帝登基为帝，于谦起了不小的作用，这也令他怀恨。但他却并无心杀之，所以在议论处死于谦时，明英宗还说过"于谦实有功"一语。明英宗说了这话，徐有贞紧接着说，"不杀于谦，此举为无名。"明英宗的话便被堵住，不再说了。徐有贞所说的此事，指的就是"夺门"。夺门是依据徐有贞所造的有人"谋立外藩"为借口而兴起的。那个没有点出名来的"有人"，指的便是于谦。所以为了使夺门有据，便得杀了于谦，不杀于谦，夺门便无名了。

于谦和王文都是在夺门之后的第六天被杀的，在夺门当天仅抄了他们的家。有些被认为罪不及死的人，也在那一天给治了罪。首辅陈循被判为：杖一百，谪戍铁岭卫。和陈循同时谪往那里的，还有阁臣江渊和部臣俞士悦。陈循从景泰元年到那时，一直都是首辅，要清除景泰时的重臣，他无论如何都是逃不了的。江渊得罪，则是有人指称，黄竑的那个易储之奏，实在是出自他的手笔。但是这事后来经过细查，并不属实。俞士悦和陈循是同年，他们都是永乐十三年（1415）乙未科的进士。有这种同年的关系，陈循对俞士悦一向都极肯照顾，同被遣戍至一地，有人说，这也是陈循给俞士悦的一个照顾。阁臣萧镃，因为他和陈循是同乡，在议复储时，他还说过"既退，不可再也"的话，所以受到了削籍去官的处分。阁臣商辂，是有明一代中，唯一的一个连中三元的人，他在当时，最有能文之名。当时皇帝并没有把他列为有罪应惩的人，还要他代草英宗复位的诏书。但在代草诏书时，他却因为不肯顺从石亨的心意，照着石亨的意思写诏，所以终被办了个"朋奸罪"，受到革职为民的处分。

和外廷一样，在内廷中，奖和惩也正在交织着进行。凡是在南内服侍过上皇的内监，在上皇复辟后都受到了升赏；为景帝所宠信的那些内监，可都倒了霉。在内廷，被杀掉的人竟比外廷被杀的还要多。王诚、舒良、张永、王勤等为景帝尽力的内监，很快地便都被处决了。景帝的头号宠侍，掌管着司礼监衙门的兴安，在早他也是明英宗的宠侍，土木之变后兴安完全背叛了明英宗，他帮着景帝朱祁钰，干了不知多少不利于上皇的事。夺门事成后，人们都觉得，兴安是怎么也逃不了的，要杀，头一个就该轮到他。不说别的，背叛了自己投靠上景帝这一条，明英宗就饶不了他！但是明英宗却没有像人们所想的那样，他没有杀兴安，只给了他一个夺职闲住的处分。这事，有人说是由于明英宗的"妇人之仁"。这是明英宗很显见的一个弱点，这一点，在他对于王振的怀念上更十分显见。对于明英宗来说，王振让他吃上的苦头实在不算少，王振害得他失去了帝位，害得他在塞外受苦，几乎不能活着回来。但对于这些，明英宗毫无所怨，仍在思念不已。复辟后，他不但立予王振以赐祭、招魂，还把王振所建的智化寺改为王振的祀祠，并赐以"精忠"之名。

明英宗对王振竟如此怀念,而对他的弟弟、有功于国的景泰帝,却怀恨不已。他原本以为病势沉重的景帝必然很快就会去世,所以他在复辟后只是宣谕,立将景泰八年改为天顺元年(1457),却忘了宣诏废去景泰时在位的那个皇帝。这样,一时倒有两个皇帝,真成了笑话。后来明英宗虽然已经感到事有不妥,但已无法立刻改正,只有等到孙太后下诏废去景帝,才算了结了此事。孙太后在诏中把景帝说得很不堪,说他"毁奉先傍殿,建宫以居妖妓、污缉熙,便殿受戒以礼胡僧"。这些不实不尽之词,对景帝而言,真可以说是夸大之说,而对明代的后来诸帝,却又像是给他们做了个预报。

在孙太后的诏中,景帝又被废回为郕王,居处也被逐送后西内,景帝被孤零地放置在那里,既无医药,又无照应,真是任由他在那里等死。但是,这位被废的皇帝,虽在病中,却还拖得很久,在西内还拖了一些时日才死去。死时年仅三十岁,死后被谥为"戾",他预营好的寿陵也被毁了,只被命以亲王之礼葬在西山。因有这些过火的报复行动,所以有不少人以为,景帝之死,并非善终[1]。

景帝朱祁钰死后,明英宗对他的亲人也不肯放过,开始向他们报复,景帝的生母吴氏,早在景帝被废为郕王时,便被废去了太后的称号,又成为"宣庙贤妃"了。废了太后,英宗的念头又转到了

---

[1] 景帝之死,《病逸漫记》一书略有所记,它说:"景泰帝之崩,为宦者蒋安以帛勒死。"这个说法,有些人以为不足为信。但在宫廷之中,兄弟,甚至是父子相残,也都是常事,英宗兄弟争帝位成仇,此说也未见其全虚。

景泰皇后汪氏的头上。那时殉葬之事仍在盛行,明英宗便于此处着手,不但让景帝的妃、嫔大量地从殉,还想把汪后也列入其中。他的这一过举没能施行,当时的阁臣李贤阻住了他。李贤认为汪氏已经得罪被废,断无殉葬之理,况且她所生的两个女儿都还年幼,无人照料,实也可怜。景帝死后的殉葬,是明代的最后一次,到明英宗去世时,这殉葬之举便被废除了。这是明英宗在他去世时特别提出,要在他的遗诏中说到这事的。他说这是个残酷的制度,不可再行了。他既有这样的认识,而在景帝死后却偏想以汪后殉葬,可见他实在是存心报复。

景帝朱祁钰在夺门后被废,死后连帝号也被废掉了,只葬以王礼。但是他的保国御敌之功终难尽泯,多年以后,人们提起,还感到事太不平。到了明英宗去世十多年,他的儿子朱见深,为了平息众意,为父补过,才在成化十一年十二月,有旨给廷议的诸臣道:"朕叔郕王践阼,戡难保邦,奠安宗社,殆将八载。弥留之际,奸臣贪功,妄兴谗构,请削帝号。先帝旋知其枉,每用悔恨,以次抵诸奸于法,不幸上宾,未及举正。朕敦念亲亲,用成先志,可仍皇帝之号,其议谥以闻。"诸臣议定,称为"恭仁康定景皇帝"。这场兄弟之间的争位冲突,在他们的身后,这才算有了个了结。

七 夺门以后

夺门复辟以后，明英宗又得重新践祚，成了正在位的当朝天子。他虽然并不是孙太后所生，但他的为人，却又是孙太后从小便关心着、调教出来的。孙太后深知，她后半世的权势、幸福等，完全都要靠着这个将来定会成为皇帝的孩子，因此，把他调教成个什么样的人，实在是至关重要的。她凭着自己的愿望，一心要把他教成一个听话的、知恩图报的人。她干得很不错，确实把明英宗培养成了她所希望的人。她的这种做法，调教出来的充其量不过是个极平常、极庸碌的人而已；对于一个普通人来说，尚且不够好，对一个皇帝来说，就更不够了。

孙太后的教养造成明英宗最大的弱点是，他缺少独立专行、自作主张的习惯，无论干什么，总得有个人替他拿主意才行，这个人的话，他无不乐于依从。孙太后原是他自幼便依从惯了的，而且他一直都在靠着她。但是她却又把朝政交给了他，并且要他自己去办，他只好另外找个人来依靠了。

第一个被明英宗作为倚靠的人，就是内监王振。明英宗还在东宫时就完全倚靠上了王振，心悦诚服地听他的话，什么都愿意依他。就是英宗已经登上了帝位，成了诸臣环拜的皇帝，仍对王振依赖如故，常常还是称之为"先生"而不直呼其名。在土木之变后，明英宗失去了王振，代之而起的则成了袁彬。无论什么事他都要问问袁彬，袁彬说该怎么样，他便怎么样。夺门复辟后，袁彬自动让离了这个有影响的位置，他极为自知，他认为在被囚困的环境中，要他选择些趋吉避凶的道路，倒还能胜任，为一个管理江山的天子来出谋划策，那他的能力就太不够了。

对夺门这件事，明英宗认为最有功，并且也最和他接近的是徐有贞、石亨、曹吉祥这三个人。在这三人中，他实在搞不清到底该倚赖他们哪一个。徐有贞给他的印象最好，为人又足智多谋，让徐有贞随时给拿个主意，自然是最好。不过，出力最多的却是石亨，他肯让徐有贞占这么个地位吗？曹吉祥早在宫里就服侍过自己，这个人很有可能又成为王振，不离左右，无限忠心。明英宗不断衡量着这三个人，他们各有所长，难分高下，让他拿不定主意。他想，最好是分别依赖这三个人，那就各全其美了。但是，把三个人等量齐观，事实上又不可能，这三个人在夺门时倒像颇能互助互谅，但在成功后，却又争权夺势，很激烈地竞争、较量起来了。

在彼此的竞争较量中，最先占了优势的是徐有贞。自夺门以来，在日常行事中，徐有贞原就常显出不少比石、曹二人要高明得多的地方来，到了要颁发复位诏书的时候，徐有贞就越发显出，他是个最细心、最知道维护才复位的皇帝的利益的人。那复位诏书，原本是由诸臣共同议定、草出，又送呈明英宗亲自过目，以便最后决定的。明英宗看过后，觉得倒也很平妥，便又看那些依次签署着名字的人。他反复查看，署名中唯独缺少徐有贞一人，徐有贞其实是够得上领头签名的，竟然不见，是何缘故呢？明英宗很疑惑，便把徐有贞召来询问。徐有贞在被问后，不说什么，只在袖中取出他所拟的另一份复位诏书当面呈上。明英宗看完了徐有贞呈上的诏书，不觉大悦，觉得这份诏书比诸臣所拟的那一份实在强得太多，句句竟都像是从他心里挖出来的,其中"岂期监国之人,遽攘当宁之位"这两句最切实明白,把朱祁钰借监国而窃位的行径全亮开了。明英宗对这两句最欣赏,认为它不但说出了实情,而且不轻不重,比他自己在心里想着的更好,不是从心里关切着他、以他的得失为重的人,如何会想到这些?这件事,《病逸漫记》曾有所载,《明英宗实录》中,也有这两句,可见当时所颁发的复位诏书,用的便是徐有贞从袖中取出的那一份。

徐有贞既以草诏一事而深得帝心,因此他终能越曹、石而上,成为明英宗最倾心委任的人,朝中事权尽入其手,一时趾高气扬,中外不觉为之侧目。石亨和曹吉祥本来以为,夺门之举乃由他们发起,论起功来,即使不比徐有贞高,无论如何也不能在他之下,如今徐有贞倒上去了,远远超过了他们,每一念及,不觉又气又怒,常常还要见诸辞色。这些,徐有贞自然全都明白,但他自恃深得帝心,不但不肯稍行退让,反倒想着,有机会一定要给他们一点颜色看看。他与曹、石二人虽都是贪鄙之人,但其间也大有区别,徐所贪的是事功和权位,曹、石则除此而外,更贪于钱财。在满足其贪欲上,这三人却又是极相似的,他们都拼命攫取,不择手段。徐有贞只在恃功求赏方面要比曹、石二人显得聪明,既不肯过分要求酬功,也很少代人滥求爵赏。曹、石二人虽也各有所异,但在自以为夺门有大功,可以无限地向上求索恩荣,并借为人滥求爵赏以饱填欲壑方面,则是彼此相若,相去不远的。石亨向他的亲旧和部曲收取重贿,使他们借夺门有功而滥冒得官的,竟达四千多人;曹吉祥滥冒夺门功的人数赶不上石亨,但也多到一千数百人。明英宗虽然惯于放任他所宠信的人,但是经过了土木之变,又在南内被禁锢了那么一些年,到底有了些长进,也常感到这两个人的索求不免过多了，甚至也有不肯依从他们的时候。曹吉祥是个内监，和所有内监一样，惯以软磨取胜，一次不成，不妨再次、三次……总以满足自己的需求为是。石亨是个武人，又自以为夺门一事，他是第一功臣，有求未遂，常常会立即形诸辞色，这使明英宗对他的恃功不逊更加感到不悦。徐有贞目光敏锐，曹、石使英宗不满，他早已见及，并且认为抑制曹、石二人的时机已经到了。他暗向明英宗谈了些曹、石二人在外间的横暴情况。那时明英宗正信赖着徐有贞，对石亨和曹吉祥颇有戒止之意。恰好赶上御史杨瑄奏劾石、曹二人侵占民田，明英宗向徐有贞和阁臣李贤询问杨瑄所奏是否属实。徐、李二人所对都说杨瑄所劾确属实情。明英宗并没有因此而惩办石亨和曹吉祥，但却以所奏不虚，下诏把杨瑄褒奖了一番。明英宗这样做也许是想因此而使石、曹等知惧，但实际却适得其反，这激怒了二人，倒让他们加快联合起来，想和徐有贞大干一场。石亨和曹吉祥为了个人的利益，原已有些冲突，为了对付徐有贞，他们这才重新联合起来。那时明英宗时常把徐有贞召进宫去，屏退众人，相互密议。曹吉祥认为，从这上面入手，可以把徐有贞搞倒。他和石亨计议妥了，便随时派些小太监在暗中偷听，听明英宗和徐有贞之间到底说些什么。由此，曹吉祥和石亨知道了不少明英宗不愿为别人所知的事。他们佯为不知，在奏事之时却又常有所涉及。明英宗不解，追问他们这些话是从哪里来的，石、曹二人又常是异口同声地说，那是徐有贞告诉他们的，并说徐不但早就告诉了他们，而且到处去说，外面已有很多人都知道这些了。因此，明英宗渐渐觉得徐有贞并不可靠，不觉对他疏淡起来。相隔不久，石、曹二人探听到御史张鹏有疏劾奏他们二人，列举了他们的很多不法之事。二人商议了一番，约定了同到宫中哭诉，说是内阁想陷害他们，指使御史不断地论奏他们，请明英宗为他们做主。明英宗竟给他们哭得又像是回到了宠王振的时候，不但把张鹏下了诏狱，就连御史杨瑄，阁臣徐有贞、李贤等人，也都被逮入狱中。正在这时，却又碰上了变天，雷电交加，大风折木。那时的人都认为这是天怒，想是应在把徐、李下狱的事情上。明英宗为此也害怕了，忙把徐有贞和李贤放了出来，把徐谪为广东参政，李为福建参政，让他们赶快离开。但在李贤还没有离开之时，吏部尚书王翱却又奏称李贤才堪大用，因此李贤被任为吏部左侍郎，留在京中。没有多久，李贤就以户部尚书、文渊阁大学士，重又入阁预理机务了。

石亨和曹吉祥最恨的是徐有贞，李贤原不过是个陪衬，李贤又行复任，他们不管，他们只想设法把徐有贞置于死地。他们在暗中命人向宫中投了不少的匿名书，书中说的都是些英宗不愿被人知道的隐事。这些匿名书很使明英宗烦恼，他最恨的便是有人说他的隐事。石、曹二人又在内廷扇起了一股阴风，说这都是徐有贞心怀怨恨，让他的门客马士权散布出来的。明英宗不想徐有贞竟会如此，越发愤怒，立即派出一些锦衣卫校尉，连夜去追拿徐有贞等人。锦衣卫校尉们在山东德州地界追上了徐有贞等，把他和马士权都拿回来投入狱中严加拷问。但为时不久，又赶上了为了禳解承天门的火灾即将实行的特赦。徐有贞很可能也在赦中。石、曹二人害怕徐有贞遇赦，便设法增重他的罪名，散布出徐有贞早具反心的说法。他们说徐有贞曾请以武功为他的封邑，因为那里是魏武帝曹操最初的封地，可见他早藏有不臣之心。徐有贞在为他自己所撰的券辞中，有"攒禹成功"的话，更显出了他想禅代天下的野心。他们编出这些话，原想激怒明英宗，让他一怒而把徐有贞处死。但他们没能达到愿望，明英宗没想把徐有贞处死，只把他徙往辽东金齿卫为民，也就算了。

　　石、曹二人联合着搞垮了徐有贞，大敌已去，存在于他们之间的矛盾便又开始了。曹吉祥隐身在宫中，干起事来较方便，也较隐蔽些。石亨却觉得朝中再无人敢和他对抗，更加跋扈起来，大有"顺我者昌，逆我者亡"的气势。顺他的，由他保举，被用为侍郎的就有孙弘、陈汝言、萧瑺、张用瀚、郝璜、龙文、朱铨、刘本道等多人，任为侍郎以下的人，就更屈指难数了。逆着他的人，他又是睚眦必报，累兴大狱，把那些人都投入狱中。石亨几乎无日不入宫请见，而每见又必有所求，若有求未遂，他那不快之色，立刻见之于面。明英宗虽然向以宽待宠臣著名，但像石亨这样的他已很难忍受了。有一次，他屏去左右，向李贤谈起了石亨和曹吉祥，他说，如今四方奏事竟要先经过石、曹二人，这种"未入公门，先经私室"的情况，实在不是件好事。他还问李贤这种事应该如何处理才好。李贤给明英宗提出来的办法是：此事应请圣君独断。李贤这话看似滑头，其实他是算计了一番才这么说的。这话首先是因势利导，让明英宗在他的初步认识上再深思一番，然后再设法处理。其次是，这样说绝不怕有人窃听，可以免生枝节。果然，天顺年间的明英宗，多少已与正统初年的明英宗有些不同，他终于拿出来了自己的独断。另一次，在又和李贤谈到石亨常常不召自来、频频入宫之事时，英宗说："阁臣们有事，自然当来，石亨一个武臣，为何他也要入来！"说过后便当机立断，即刻宣谕，命把守左顺门的人，除非内中宣召，切不可让总兵官随意出入宫禁。这一来便阻断了石亨的无故入宫之路。

　　明英宗这一次的独断，看似是与李贤谈起石亨，偶然触动火气有关，其实不然，那是积因很多，早已积累多时，终于做出的决定。石亨最令明英宗不满的，是他自以为有了夺门功，就享有了对英宗索要一切的权利。他冒滥保荐的人已多到难以计数，京畿内外的武官几乎个个都拜在了他的门下，这些人所带的队伍已经有十万人之多。这一点引起了明英宗的戒心。另外，石亨已经把自己的住宅营建到高大逾制的程度。这种逾格，明英宗早已感到不悦。即使这样，石亨却还觉得不够，他又要求英宗命有司为自己的祖坟树碑。这也是很逾格的，明英宗也很不满。不仅是石亨自己，连他的侄儿石彪也肆行无度。石彪也是借夺门功而迅速升腾起来的人，他也早就成了个总兵官。他在先已被封为定远伯，如今则已成为定远侯了。在他们石家一门之中，同时有公、侯四人，已经很使人侧目了，但他们好像还觉得不足，还想把石彪调到大同去，让他们叔侄二人，一里一外，相互呼应，看上去更有势派。其中更使明英宗感到纳闷的是，石彪想被任为大同总兵，却让千户杨斌等人来保奏。这些千户之流竟敢逾格保奏镇将，他们是在搞些什么名堂！是想上下勾连，结成死党吗？明英宗在这点上极为不安。他又想着，大同是边防重镇，与瓦剌相距不远，莫非他们怀有什么异图？在这里，明英宗又施行了他的独断。他先把杨斌等人都逮入诏狱，严加拷问，问出了一些情由，就把石彪也囚入狱中。石亨被这个来势给吓住了，他只好奏请削去他弟、侄等人的官爵，并把他们放归乡里，以此作为试探。但就在此时，石彪强占多处民田的事又被审出，还有他的起居等也多有违制之处。有这些事，石彪已经足够被问成死罪了。明英宗于是传谕，先去抄查石彪的家，又命石亨也即行去职，回家养病。

在处理石亨一案时，明英宗和李贤又谈起了石亨，并提到了夺门一事，他觉得石亨夺门有功，对如何处置石亨感到有些为难。

李贤认为这时已经到了说明夺门之是非的时候了。他说，"迎驾则可，夺门岂可示后。天位乃陛下固有，夺即非顺。且尔时幸而成功，万一事机先露，亨等不足惜，不审置陛下何地？"这几句话使明英宗感到很后怕，不觉点头称是。李贤又说道："若郕王果不起，群臣表请陛下复位，安用扰攘为。此辈又安所得邀升赏，招权纳贿安自起。老成耆旧依然在职，何至有杀戮降黜之事，致干天象。《易》曰：'开国承家，小人勿用。'正谓此也。"这些话说得更透彻，明英宗顿觉恍然大悟，甚至感到，每日"夺门""夺门"地说着，简直是一种嘲笑。于是他下诏道："自今章奏，勿用'夺门'字"。夺门这两个字，已经让他怀羞了。石亨以夺门之功骤然而起，暴横贪婪，早已令人侧目。此诏一出，人们感到气候已经变了，不觉群起而攻，各尽所知，纷纷揭出这些夺门幸儿的劣迹。还有些因向他们行贿而得官的，为了摆脱干系，也把行贿求官之事自行揭出。这些夺门英雄的下场就更可怜了。不过石亨终于入狱，还不是因为这些，而是因为锦衣卫指挥逯杲揭露出了他有聚众谋反的事，说是石亨与他的从孙石后积年蓄养无赖，制造谣言，专门伺察朝廷的各项动静。而在审问石彪时，他也供出，石亨常与术士邹叔彝等人，在夜间暗察天象，卜论休咎，以备有变时即行出动等事。这些都是极有谋反迹象的事情了，所以石亨不但终于被捕入狱，而且被定了死刑。不过他并没有被绑赴市曹，斩首示众，而是入狱不久，便得病而死。其他诸人，类如石彪、石后等，倒都被绑上法场，处了斩刑。经此一变，那些贿通石亨而冒滥得官的人，几经审查，共革去了四千余人，朝署各处顿时为之一清。

石亨死后，夺门具有首功的三个人中，已经去了两个，只剩下曹吉祥一个人了。后来那四千余名冒滥得官的人又被革去，更使曹吉祥感到不安，总觉得不久也许就该轮到他了。为了自救，他也起了谋反之心。他把由他保荐而得官的人都集结起来，给以大量的财物，要这些人都听命于他，跟着他干。那些人也知道，如果曹吉祥垮了，他们跟着也就要倒霉，倒还是完全听他的，也许要好些。曹吉祥的嗣子曹钦，曾问过他家的门客冯益："自古有宦官子弟为天子者乎？"冯益很快就回答了他："君家魏武，其人也！"魏武便是魏武帝曹操，曹钦想到了他们曹家这个鼎鼎大名的人物，不由得很高兴，那谋反的心思也更足了。天顺五年（1461），曹钦因为拷打家人曹福来，被言官奏劾，明英宗命锦衣卫指挥逯杲查问此事，并且还降敕遍告群臣。曹钦见来势如此，不觉大惊。他暗想，上次降敕，就逮走了石将军，如今又降下敕来，大概就要轮到我们了。想到这里，他决定即行谋反。几经策划，他们决定仿照夺门的方式来举事。那时甘、凉一带有警，朝廷特命怀宁侯孙镗领军出征。曹吉祥以此为掩护，命曹钦也在此时进行整军，并且让他的党羽、钦天监太常少卿汤序替他选定了举事的日子，要在那天拂晓时引兵入宫，和他自己率领的禁军会合。计议已定，曹钦便约了他的党羽们同在朝房中聚饮。却巧，那时奉命赴甘、凉一带出征的怀宁侯孙镗、恭顺侯吴瑾等人，为了便于议事，也都住在朝房，与他们相距不远。曹钦的党羽马亮晓得了孙镗、吴瑾也在朝房，心里很怕，抽个空子，竟自悄悄溜了出去，赶到孙、吴二人那里，向他们告密。孙、吴二人得知此事，不敢怠慢，急将告急的奏报从右安门的门缝中递入，请求指示。明英宗深夜得奏，立即命人将曹吉祥在宫中擒下，又命将皇城和京城的九门全都紧闭，不许轻开。

曹钦不久便发现马亮不见了，他知道事有不妙，便决定提前举事。他领人先驰往锦衣卫指挥使逯杲的家里，把逯杲杀了，然后又驰往东朝房，砍伤了李贤，并将逯杲的人头举给他看，说他们造反乃是为逯杲所逼。他们又闯入西朝房，在那里杀了都御史寇深。他们进攻东、西长安门，想从那里攻入皇城。守门的人极力坚守，他们无法攻入，便想积薪纵火，把门烧毁，再行进去。他们设法进攻，城上尽力防堵，城内城外，喊成一片。不久，孙镗的儿子带领了两千多名西征军来攻曹钦，曹钦也合兵在一处只攻东安门，并在那里把带兵也来攻打他们的恭顺侯吴瑾打死了。曹钦奋力烧门，东安门终于被他烧毁，但在内的守军以毒攻毒，在火上又加上了很多的柴，火势转大，曹钦仍不能进入。这时天已将曙，曹钦集聚起来的人看着势将不妙，多数都已逃散，曹钦也极想逃脱，但九门紧闭，又无路可逃。万般无奈，他只好逃回自己的家中，投井而死。孙镗之子在追杀曹钦时，虽然砍伤了曹钦，但他自己却也在乱军中阵亡了。

曹吉祥是在曹钦败亡后的第三天被凌迟处死的，他的党羽汤序、张益和他的姻亲人等，也都被处以死刑。马亮则因告密有功，倒被任为都督。

曹吉祥一死，被他以夺门功荐举得官的人，也跟着被汰除一空。至此因夺门一事而得官的，可以说几乎已经全被扫荡无余了。这时已是天顺五年（1461），明英宗的年纪也将近三十五岁。他早年宠任王振，夺门之后，在内廷又宠任曹吉祥。曹吉祥谋反被杀，他不再宠信宦官了。但他那种总想有个人来靠着的习性，似已定而难移，在他人生的最后一段日子里，他又无限宠信上了锦衣卫指挥使门达。

实在说来，门达这个人也是沾上了夺门功才得到迁升的，在那种涨潮般的升赏中，门达也从镇抚司指挥佥事升到了指挥同知，后来更进一步,又升成了锦衣卫指挥使。他在镇抚司衙门中,一向专理刑狱之事。门达先后得到过两个助手,这两个人都对他有很深的影响。最先帮门达理事的人是千户谢通,门达极信任他,一切都由着他去办。谢通为人忠厚,处处以仁恕为怀,由他经手的很多重狱都办得公平妥善,无枉无纵。门达也因此得到了很好的声誉。第二个助手,便是那个被曹钦杀死了的逯杲。其实这逯杲也是以夺门功而得官的,在有诏要革去夺门功时,门达和逯杲都向明英宗投诉过,说他们二人之得官完全是出于圣恩,并不是由于石亨的引荐,他们应不在被裁汰之数。那时逯杲已经替明英宗在查探石亨的隐私,明英宗也正想以他们为自己的耳目,所以在他们来投诉时,都抚慰了他们,叫他们安心任事。逯杲为人极其阴鸷,干起事来爽利毒辣,很得明英宗的赏识,很快就压倒了门达,门达反倒要听他的指挥,看他的眼色来行事了。逯杲原本是由石亨和曹吉祥的双重保荐而得官的,因此,由他来刺探石、曹二人的隐私,也比别人更方便。石亨之死,逯杲出了不少的力,搞掉了石亨,他又着手探查起曹吉祥和曹钦的隐事,给他们造成了许多的不便,所以曹钦早就恨透了他,才举事便闯进了他的家,把他给杀了。门达是在逯杲被杀后,才又得到明英宗的倚信的,他一手包下了为明英宗刺探诸臣隐私的工作。门达因为曾被他的手下逯杲压倒过,深以为恨,如今重邀宠任,干得就更为尽力,以求无人再能超过他。为了加紧网罗,门达派出了更多的侦事校尉到各处去查访,还不断派人潜入各官邸去,煽动在那里工作的下属们,引诱他们都出来告密。这一来,真闹得到处沸沸扬扬,人心惶惶不定。这样,门达就成了明英宗最后一个可以任性胡为的宠臣,连在患难中为明英宗暖足的袁彬,碰到了门达,也感到不敌了。

从瓦剌回来后，袁彬一直是明英宗最挂念着的人，英宗复辟后更特别宠信他，凡有所请，无不依从。袁彬在景泰年间的职任不过是个锦衣卫试百户，官职极为低微，复辟后，明英宗便把他连越数级，猛升为锦衣卫指挥佥事，不久又连连上升，升为指挥同知，又升为锦衣卫指挥使。那时正好是阁臣商辂被罢之时，袁彬想着，商辂久任阁臣，他的府邸一定非常富丽，便想搬到那里去住。他向明英宗开口，要下了商辂的府邸。但他搬进去后却才发现，那里不但并不富丽，还很窄狭，不堪居住。袁彬大失所望，于是又向明英宗提出另一个要求，希望朝廷能赐建一所居处给他。这种请求已很过分，但明英宗却毫不为异，立刻就答应了他。后来袁彬娶妻，明英宗不但赐予优渥，还命孙太后的家人去为袁彬主持婚事。宫中每有宴会，明英宗也不会忘记袁彬，总是让他入宫赴宴。他们每每谈起在瓦剌时的旧事，便都又像回复到旧时情景，显得那么情切。袁彬在朝廷平下了曹钦之乱后，又按例晋升为锦衣卫都指挥佥事，论官阶早高过门达，而且自恃与皇帝有旧，实在没有把门达看在眼里。门达也感到袁彬看不起他，不由想予以报复。况且，他也真想碰碰袁彬，看看明英宗的态度到底如何。门达日夜伺机，到底给他抓到了袁彬的一些把柄，于是便向明英宗提出打算逮治袁彬。明英宗觉得自己无法拒绝门达，又怕苦了袁彬，在答应门达可以逮治袁彬时却说，"任汝往治，但以活袁彬还我"。这话充分表明了，门达在明英宗的天平上，重量已经超过了袁彬。

明英宗由于过重私情，总是过分地宠信内监和近臣，所以他两次登基都没有做出什么值得称道的事，相反，明代的自盛转衰，便是由他搞出了土木堡之败，而开始显现的。不过，在皇室事务方面，他在复辟以后却还是做出了一些好事。

明英宗最初所做的一件好事，便是在天顺元年（1457），将幽禁在中都广安宫中已有多年的建庶人，从幽禁中释出，让他和他的全家都能在凤阳自由居住。这个建庶人，乃是建文帝的次子朱文圭，他的哥哥便是在建文元年（1399）被立为皇太子的朱文奎。建文四年，燕王朱棣攻入南京，那时年幼的皇太子也与建文帝一样在大火中不知去向。那时年仅两岁的朱文圭则被称为建庶人，给关了起来，一直被关了五十多年，直到天顺元年还被关着。明英宗何以会忽然想到，要把这个已给关了一生的人释放出来，有人认为应是出于同情之心，因为他在南内居住之时，也是形同幽禁，极为痛苦，大概他在那时便想到了和他有些相似的建庶人，所以复位还不久，便发出了开释建庶人的谕旨。这是不合历代封建王朝规例的，因而有人认为万不可行，说是"或恐扰乱天下"。但明英宗的态度很坚决，他断然表示，"有天命者，任自为之"。大学士李贤很赞同此事，他说，"此尧舜之心也"。给予了很高的评价。《明史》记此事道："遂请于太后，命内臣牛玉往出之。听居凤阳，婚娶出入使自便。与阍者二十人，婢妾十余人，给使令。"《明英宗实录》所载与此略异，可以对照补充，"……敕太监雷春等曰：'朕眷念宗室至亲，虽在不原，亦令得所。今遣太监吴昱管送吴庶人及其母杨氏等共一十八名口，前去凤阳居住，每月令所司支与食米二十五石、柴三十斤、木炭三百斤，听于军民之家自择婚配……'"在这里，建庶人被称为吴庶人，他在中都广安宫中被幽囚了五十余年，被关入时，他只有两岁，到被赦出时，年纪已是五十七岁了。明英宗所做的另一件事，则是为他的父亲明宣宗补过，恢复了胡皇后的称号。胡皇后无罪被废，当时内廷外廷都有很多人为之不平，明英宗的皇后钱氏，听到人们谈说此事，也很同情，但一直碍于孙太后，没有敢说。天顺六年（1462），孙太后去世，钱皇后才提起了这事，说是胡皇后无罪被废，已很不幸，去世后又仅以嫔御之礼葬于金山，葬礼实在太薄，令人极为不安，但因碍于孙太后，无人敢说。如今太后去世，阻碍已无，似应加以补救。明英宗又以此事询问李贤，李贤听了，大为称赞，他并代为策划道："陛下此心，天地鬼神实临之。然臣以陵寝、享殿、神主俱宜如奉先殿式，庶称陛下明孝。"按李贤的规划，很多地方都要重新动工，因此等到天顺七年，一切布置才就绪，把胡皇后另行迁葬，并上尊号曰"恭让诚顺康穆静慈章皇后"。这些虽然都只是皇室的家事，但在封建时期，人们都极关心王室，认为这也是件大事，因而此举倒也很得人心。

　　明英宗在临死时，还做了一件比上述两事更为人称赏的好事，便是他在弥留之际，以遗命永远罢除了以妃、嫔殉葬的陋习。这虽然仍像是皇家的私事，其实其影响所及，却已远不止于皇家。原来以宫中的妃、嫔作为殉侍，随着才去世的皇帝同被埋入寝宫，实是由来已久，降及明代，仍保留了这一惨无人道的遗习，不但明太祖、明成祖、明仁宗、明宣宗和景泰帝，这些曾登基在位的皇帝，在他们身后都曾以宫人殉葬，就是受封在外的诸王，也都在干着这样的惨事。譬如周宪王朱有燉，他在病中曾向明英宗奏称："……身后务从俭约，以省民力。妃夫人以下不必从死，年少有父母者，遣归。"朱有燉无子，明英宗便赐书给在为朱有燉办丧事的朱有爝，告诉他，朱有燉曾奏请免去殉葬，要他遵照行事。但是朱有爝并没有听从，还是阳奉阴违地以妃巩氏和夫人施氏、欧氏、陈氏、张氏、韩氏、李氏七人为之殉葬。这也就是景帝死后虽已被废为郕王，而明英宗还想以汪后来为其殉葬之故。以汪后的身份而言，不拘是否已经被废,都没有以她来殉葬的道理,明英宗想这么做,实在有很刻毒的用心。这也说明了他对于殉葬实在有很深的感受。大概是明宣宗下葬时举行的大规模殉葬,给他的刺激很深。明宣宗死在宣德十年(1435),入葬景陵时明英宗虽然已经即位,但是年龄还小,还不足十岁,所以殉葬的各项事务,如从殉的人数应是多少,当以何人为殉等,都要由才被尊为皇太后的孙氏来规定。孙太后这人貌美而心毒,在她的主持之下,这次殉葬的规模很大,仅殉葬的妃嫔就有十名之多,另外陪从的宫女等更是不可胜数。这些人都像是被判了死刑,并且预知自己当在何日死,她们在死前的哀伤凄楚,可以想见。那时那个未及十岁的天子,大概曾目睹了这种悲惨的情状,所以竟永世而不忘,到死前而感受更深,所以才特有此命。《明史》中对殉葬事也曾有所记,其所记的范例,便是以明宣宗入葬景陵为主,想来这定是历次殉葬中规模最大、人数最多的一次,所以举出它来,以例其余。传文中还载有这次从殉的妃、嫔们的姓氏和谥号,它说:"正统元年八月,追赠皇庶母惠妃何氏为贵妃,谥端静;赵氏为贤妃,谥纯静;吴氏为惠妃,谥贞顺;焦氏为淑妃,谥庄静;曹氏为敬妃,谥庄顺;徐氏为顺妃,谥贞惠;袁氏为丽妃,谥恭定;诸氏为淑妃,谥贞静;李氏为充妃,谥恭顺;何氏为成妃,谥肃僖。册文曰:'兹委身而蹈义,随龙驭以上宾,宜荐徽称,用彰节行。'盖宣宗殉葬宫妃也。"由于人多,在细微处不免有些小错,如被赠为淑妃的就有焦氏和诸氏二人,淑妃虽是极常见的称号,重了似乎关系不大,但细论起来,总还是个欠缺。在本文前面,还有一段记郭嫔的文字,也能使人见到殉葬的另一个侧面,现在录之如下:

郭嫔,名爱,字善理,凤阳人。贤而有文,入宫二旬而卒。自知死期，书楚声以自哀。词曰："修短有数兮，不足较也。生而如梦兮，死则觉也。先吾亲而归兮，惭予之失孝也。心凄凄而不能已兮，是则可悼也。"

这个郭爱，应也是被定入这次殉葬者中的一人，所以她能够自知死期。她入宫的日子很浅，才只有二十天，便给排进了殉葬的数列里面了，可以说，她一入宫便已闯入了鬼门关，可真是够惨的。她原本应该是被召入宫的宫女，殉葬者例应升一级，所以她才成了郭嫔。她是在明宣宗已将下葬时才入宫的，以"入宫二旬而卒"而言，她入宫应是在宣德十年五月间，到了六月，就是她的死期了。这个"贤而有文"的少女，可说是才入宫便知道了自己的死期，她所作的那几句楚声，大概就是在"死期有定，求生无望"的哀怨凄伤的情状中发出的呼声。开头她还以"修短有数兮，不足较也"而强自慰解，又以"生而如梦兮"聊以自慰。但这是无可解慰的，所以终于喊出了"心凄凄而不能已兮，是则可悼也"的呼声，这也可以说是所有殉葬者所共有的呼声！明英宗也许是在幼年间就耳闻目睹了这些殉葬者的悲声惨状，而且至死难忘，所以才在死前做出了此后应永绝殉葬这个决定的。《明英宗实录》记此事称，明英宗于弥留之际，把皇太子朱见深和太监牛玉同召至榻前，对他们说："殉葬非古礼，仁者所不忍，众妃不要殉葬。"刘定之在他所著的《否泰录》里也记有此事，他说，明英宗在死前曾将皇太子朱见深唤到御榻前，对朱见深说，"用人殉葬，吾不忍也。此事宜自我止，后世勿复为。"像这样的临终遗言，其珍重尤有过于遗诏，更是必须认真执行的。因为遗诏乃是在皇帝身后，由首辅所拟定的，它所废除的都是众议以为当除的事，死去的皇帝未必真有所表示，而遗言则又不同，那是死者最后亲口说的，是他最为关心的事，所以更要从速认真执行。

明英宗这个废除殉葬的遗言,得到了不少好评,《明史》在论他的赞词中便说,"前后在位二十四年,无甚稗政。至于上恭让后谥,释建庶人之系,罢宫妃殉葬,则盛德之事,可法后世者矣"。照实说来,明英宗的稗政并不为少,以"无甚稗政"一语轻轻带过,只说他的"盛德"之事,实在非常不够。倒是后来的《明史》补本说他,"前后在位二十四年,威福下移,刑赏僭滥,失亦多矣。乃或胪举盛德,以为无甚稗政,岂为笃论哉"!这些话说得倒还差不多。说明英宗前后在位二十四年,也并不准确,满打实算,说他在位共达二十三年,也足够了。

八 明宪宗・汪直・东厂和西厂

明英宗朱祁镇死在天顺八年（1464），皇太子朱见深是在他将死时于文华殿摄事的，在他去世后便即位为帝，并于次年改元，称为成化元年。朱见深死后，庙号称为宪宗，也常被明代人称为宪庙。

明宪宗和他的父亲明英宗一样，也是由孙太后扶植培育起来的。他也是很小便被立为皇太子，那时他只有两岁，但他的父亲被立为皇太子时，却比他还小得多，距出生才只有四个月。他被立为皇太子，那是在土木之变后孙太后想出来的一种显示统绪所在的措施。土木之变后，明英宗被瓦剌俘获，朝中无主，孙太后事出无奈，只好把称为留守的郕王朱祁钰任为监国，朝政权且由他来管。但她很怕会日久生变，于是又明令将年仅两岁的朱见深立为皇太子，以见帝位的统绪。孙太后所以能这么任着性子干，打她的如意算盘，是因为在土木堡全军覆没后，国势空虚，又面临着瓦剌即将大举攻入的威胁，举朝上下，自监国以至诸臣，都在忙着应付这件大事，谁也顾不上另外的事，所以孙太后才会办得极为顺利，完全无阻，朱见深的这个皇太子，也就是这样才当上的。但是实际说来，他这个皇太子的位置，从来就不够稳，等到监国的郕王朱祁钰被群臣拥上了帝位，他这个作为太子的储君之位，就更显得摇摆不定，不可终日了。这股要另立储君的疾风，终于在景泰三年（1452）把朱见深吹倒，他被废去了皇太子之位，改封为沂王，直到景泰八年（1457）明英宗夺门复辟获得成功，他才又被重新立为皇太子。他原本名叫朱见濬，也是在重被立为皇太子时，才改名为朱见深的。

朱见深在孙太后那里所受到的庇护和培育，比他的父亲明英宗所受到的还要多，在他即位为帝以前，差不多都是生活在孙太后的左右，最得他宠爱的万贵妃，便是孙太后宫中的宫女，朱见深在即位为帝前便已经被她给迷住了。这个万贵妃乃是山东诸城人，她在宣德年间，才四岁时便被选入掖庭，侍奉那时才被册立为皇后的孙氏。她与孙氏性情极为相近，又一直侍奉了孙后多年，因而学得比孙后还要狡黠。她能够长期留在宫中，最后得以被封为贵妃，与她具有的这些特点是分不开的。她比明宪宗朱见深要大十几岁，明宪宗即位时，她已经是个快四十岁的人了①。这一个比朱见深大着那么多、足可以做他妈妈的女人，何以竟会把朱见深迷得那么深，那么久，很多人都感到难解，但她一直到死都是明宪宗最宠爱的人，却是事实。她和明宪宗都是在成化二十三年去世的，她死在明宪宗之前几个月。明宪宗死时才只是四十一岁，万贵妃可已经是六十岁左右的人了。

万贵妃之得以久宠不衰，据说是由于她为人极机敏，随时都能够预知明宪宗的心意，满足他想要得到的欢情。明宪宗时常往各处去游幸，据说也都是万贵妃倡导的。每逢出行，万贵妃常是戎装骑

---

① 《明史》说："宪宗年十六即位，妃已三十有五。"但无论是从朱见深在正统十四年（1449）两岁时被立太子时顺推，还是从他于成化二十三年（1487）死时年四十一岁逆推，他即位时都应为十八岁，而不是为《明史》所说的十六岁。

马作为前导，这使得明宪宗更能提高兴致。

　　明宪宗之宠爱万贵妃，实在是很难想象的，他即位不久，为了她，就做出了一件震动人心的大事，被册立了仅月余的皇后吴氏，由于为难了万贵妃，竟被明宪宗废立了。原来万贵妃虽然早在朱见深还是东宫太子时便已极为有宠，但由于出身微贱，在朱见深即位为帝时，她不但毫无被册立为皇后的希望，就是想做一名贵妃，也够不上格。这些事使她感到很不平，人前常显出愤激之色，对于才被册立的吴皇后更显得极傲慢愤激。吴皇后出身贵第，哪里容得下这个，随便抓了她一个错处，便向万贵妃施行了杖责。那时她还没能挣上个贵妃，以宫廷间的礼制而言，正宫娘娘当然可以打她。但她实际上又是在明宪宗心上的第一个人，皇帝把她看得比皇后还重得多，打了她可就惹出来麻烦了。明宪宗为了给万贵妃出气，随便抓了个理由，便下诏道："先帝为朕简求贤淑，已定王氏，育于别宫待期。太监牛玉辄以选退吴氏于太后前复选。册立礼成之后，朕见举动轻佻，礼度率略，德不称位，因察其实，始知非预立者。用是不得已，请命太后，废吴氏别宫。"这一废立，得罪的除了正宫吴氏以外，还带累了不少的人。吴氏的父亲，在其女被册立为后时，已被授为都督同知，如今不但丢掉了官职，还被下入狱中，最后被问了个戍边之罪。司礼监的太监牛玉，原本是天顺年间最有头面的太监，连在明英宗榻前和朱见深同受遗言，都有他一个。然而就是这样也全然无用，牛玉也为吴后吃上了挂累，被谪往孝陵，到那里种菜去了。获罪的还不止牛玉一人，连他的侄儿和他的外甥也都受到了除名的处分。甚至是怀宁侯孙镗也受到了牵连，落职闲住了。这是因为孙镗和牛玉沾着了点儿亲戚关系。

　　皇后吴氏是在天顺八年被废的，不久，又册立了皇后王氏。一下子便斗倒了一位皇后，这真使万贵妃威风大振，人们都不觉怕她，而她也越觉目中无人，更不把新册立的皇后王氏放在眼里了。新皇后王氏原是个极娴静的人，才被废的皇后吴氏又正足为前鉴，所以她对于万贵妃的气势倒很能容忍，处处都让着万贵妃。

明宪宗在位共二十余年，他是以宠用汪直、增建西厂、广收方士、纵欲求仙等败德流传于世，被人认为开始使明室更加败坏下来的一个皇帝。实在说来，他做过的好事并不多，但他即位之初便为于谦平反，后来又为景帝做了恢复帝号的工作，都还算得是些好事。

明宪宗为于谦平反，是在他即位为帝不久时做的。本来于谦保卫京畿，逐退外寇，为国立有殊勋，早已得到举国的爱重，夺门后竟至弃市，更为国人引为深恨。于谦的儿子于冕从戍区被赦归来之时，曾上书给明宪宗为父鸣冤。朱见深对这事是略有所知的，为了安抚民心，他传谕为于谦雪冤，并特予赐祭，还要翰林院为他做了一篇祭文，在祭文中说："卿以俊伟之器，经济之才，历事先朝，茂著劳绩。当国家之多难，保社稷以无虞；惟公道而自持，为权奸之所害。在先帝已知其枉，而朕心实怜其忠。故复卿子官，遣人谕祭。呜呼，哀其死而表其生，一顺乎天理；厄于前而伸于后，允惬乎人心。用昭百世之令名，式慰九泉之意。灵爽如在，尚克鉴之。"[①]这事是在成化二年（1466）举行的，其时距于谦之被杀已近十年，但是举国为此而抱恨的情绪仍不减。明宪宗郑重赐祭，一是为了顺乎人心，安慰人们的怨愤，二则也是想要改善明英宗给人

---

① 文见《明宪宗实录》。在《明史》中，仅引用了自"当国家之多难"至"而朕心实怜其忠"这几句，而且指明当时这几句已传诵于天下。

留下的一些形象。祭文中"先帝已知其枉"一句，虽说近于例有的泛词，但也有些薄弱的根据。根据之一是，当时决定要杀于谦时，明英宗曾说过"于谦实有功"的话，但被徐有贞以"不杀于谦，此举为无名"一语给打断了。其次是，继于谦而任兵部尚书的是陈汝言，他是石亨的党羽，由石亨推荐得任此职的。此人极为贪婪，在任未及一年便以赃私去官，从他家中抄得的赃证累巨万。明英宗曾把大臣们都召入内廷，让他们来看这些赃证，并且叹道："于谦被遇景泰朝，死无余赀，汝言抑何多也。"英宗在对比中，深感于谦的廉洁。第三是，后来又有边警，形势险恶，明英宗为之忧形于色，随侍在旁的恭顺侯吴瑾，不觉说到了于谦，竟说："使于谦在，当不令寇至此！"明英宗默然地听着，没有说什么，显然，他也是心有同感。于谦之子于冕的原官乃由祖荫所授，是个副千户，在朝廷为于谦申雪，并将为于冕复官时，于冕都不肯再为武官，特具疏申请。明宪宗得疏后，乃命将于冕改官为兵部员外郎。后来于冕直做到应天府府尹。

明宪宗所做的第二件很受人称道的事，是他阻止了左庶子黎淳追论景泰时他被废去了皇太子之事。这个黎淳乃是湖北华容县人，还是天顺元年（1457）丁丑科的状元。那时黎淳已累迁而晋升到左庶子之职。左庶子，原是在太子宫中，为赞助太子进德修业而设立的一个官职。在太子即位为帝后，黎淳认为他是东宫旧属，他扶摇而上的时机应该就要来了。为了加快这个进程，黎淳日夜寻思，想找出一件最能投合新天子的事，用来加深天子对他的好感。苦思之余，他想到了明宪宗在景泰间被废去了皇太子一事。他想，明宪宗自受其害，岂能无怨？他如何会不恨当时那些力主易储的人？还有那些反对复储的人，也明明都是反对今日的天子。这些人都形同大逆，新天子竟还能容忍他们，绝不会是出于宽恕，倒是没有人替他提起这件事，他又不便自行提起，所以且搁下了。如果有人替他把这件事提出来，积怨因此得释，岂不大快？那上书言事的人，深得帝心，自己的升迁岂有不加速之理。这么想着，黎淳便想做这个深得帝心的人，于是即行上疏，道及景泰间的旧事，认为在那时力主易储、后来又反对复储的人，都是些奸邪的小人，应该加以追究，予以严办，绝不能让他们仍旧立于朝堂之上。此疏一出，不觉在朝内外引起了轩然大波，人们都觉得黎淳乃东宫旧属，此举必然大有来头，从此立将兴起大狱，实在意中。一时之间，举朝为之惶惶不安，不知大祸终将落到谁的头上。但是，黎淳的盘算虽看似很有道理，但他却没能弄清楚明宪宗朱见深的为人。朱见深虽是个恣情纵欲、有过不少弊政的人，但他对景泰间事却还明白，他对于景帝常常还会有些抱歉的感觉，而且时过境迁，他又终于还是登上了帝位，所以对于那些往事早已全不放在心上了。况且黎淳此疏，把满朝搞得极为惶乱，明宪宗也觉得很不好。因而他命人把黎淳召进宫来，当众把他狠狠地斥责了一番，并说，"景泰事已往，朕不介意。且非臣下所当言"。这次当众斥责，很快传了开去，很多人不觉喜出望外，还有些人盛称明宪宗"恢复有人君之度"，把他大捧了一番。

朱见深那第三件受人称道的事，是他又恢复了景帝朱祁钰的帝号。景帝也类于于谦，他那却敌卫国之功，也是深为人们称许的。景帝在夺门之役后身死，失去帝位，又被废为郕王，而且被谥以一个很坏的"戾"字，这些事一直使人们很不平，每逢论及，无不引为深恨。明宪宗是适当其时的人，对于此事原很清楚，并且和众人一样对景帝深表同情。到了成化十一年（1475），事情虽然已经过去了快有二十年，但人们的不平之心却依然如故。因而明宪宗觉得，总得有点表示，才可抚慰人心。于是他下谕说："朕叔郕王践阼，勘难保邦，奠安宗社，殆将八载。弥留之际，奸臣贪功，妄兴谗构，请削帝号。先帝旋知其枉，每用悔恨，以次抵诸奸于法，不幸上宾，未及举正。朕敦念亲亲，用成先志，可仍皇帝之号，其议谥以闻。"制中所说的"先帝旋知其枉，每用悔恨"，与在祭于谦文中所说的"先帝已知其枉"，二语之间相差只有一字，可见这一举仍具有为其父补过的用意。"以次抵诸奸于法"，说的是徐有贞、石亨和曹吉祥三人都先后得罪。这三人之得罪虽与谗构景帝无关，但三大夺门功臣，没有一个有好下场，倒也正好凑数。

明宪宗所做的为人称道的三件好事，都是有关景泰至天顺间帝位纠纷的往事。他对这些事处理得很好，可见他这人颇有些气度，也知道顺应舆论。但他实在并不是个好皇帝，明代的很多弊政，诸如派出很多宦官到外面去，大兴采购、开采，以勒索民间的财物和税银，大肆招寻术士及番僧、道人，封为圣师、法王，几乎把内库完全搞空一类事，都是从明宪宗开的头。在他以后的诸帝中，在这些事中的某些项目，虽有些地方超过了他，但始作俑者却是他，别人都是效法他的。明宪宗所以会有如此之多的败德，主要是他太贪恋女色，既想图房中的快乐，又想获得长生，所以干出了这么些蠢事来。

成化二年（1466），明宪宗最宠爱的妃子万氏，替他生下了第一个儿子。由于这皇长子的诞生，万妃这时才得晋封为贵妃，稍稍满足了她的心愿。但是好景不长，这位皇长子没有活到一周岁就一命呜呼了。万贵妃虽想再生一个，但她年事已过，却办不到了。四十岁以外而仍能生育的女人并不为少，但万贵妃却偏又不是那一类的女人。无法再生个皇子，使万贵妃变得加倍忌恨起来，她生怕另外的宫妃有孕，会在这上面压倒了她。为此她一面尽力缠住明宪宗，让他没有机会去接近别的妃嫔，一面则派出她亲信的宦官和宫女，在宫中到处去替她侦察。如果得知某妃或是某个宫女怀有身孕，便要立即向她报告，由她设法把胎儿钩除，或是把母子都除掉。为了立威，万贵妃对于为她办事的内监极为严厉，杖责逐斥几乎是常事。内监们为了取得她的欢心，并且自己也可得利，不断地到外面去为她搜罗珍宝，采办异物，借以得到她的宠信。一时为万贵妃干这些事的内监极多，其中以梁芳、钱能、韦兴、韦眷、王敬、汪直等人最有声势，他们都是借着为万贵妃办事而升腾起来的。

在这些为万贵妃办事的内监中，以梁芳为首，其他诸人，类如钱能、韦眷、王敬等人，都是由他带领起来的，出外采办，也都是由他来派定的。梁芳经常派遣他们带领一些小内监，到苏州、杭州、广州等繁华去处，要他们以为宫中采办珠宝为名，在那里守候、骚扰，必须捞到了足够的珠宝财物，才可以回宫交差。他们到处扰民，有人予以奏报，明宪宗得奏问起来时，梁芳让那些人奏称，他们是为万贵妃办事，是万贵妃派他们出去的。明宪宗因万贵妃之故，也就放手不问了。

梁芳在明宪宗面前，也是一个极得宠信的人，他取得明宪宗的欢心，所采取的又是另一种手段。明宪宗由于贪欲好色，对于春药和房中术等极感兴趣。梁芳投其所好，在外面为他寻找到很多术士、番僧之类的人，把他们引入宫中，满足明宪宗的欲求，这些人都知道一些春药的制法，有些人还精于房中术，能使明宪宗在这类事上增添许多的欢快。梁芳还叫这些人告诉明宪宗，他们所制的药物，不仅可供人欢乐，而且还可以使人长生，既有利于寻欢，又可以因而长寿，明宪宗对这些术士、番僧的兴趣，更无尽地增添起来。梁芳向明宪宗引进的这种人极多，内中以术士李孜省、僧人继晓最得明宪宗的宠信。看到梁芳为此得到皇帝的殊宠，很多的内监也纷纷效法，他们四处搜罗，又引进了很多人，内中最得宠信的，又有邓常恩、赵玉芝、凌中、顾玒等。明宪宗对这些人真是兴趣日增，对于他们，都各授以官，给以官禄。有些人，如李孜省、邓常恩、赵玉芝、僧人继晓等，还授以高官，食以厚禄。不但如此，连那些引他们入宫的内监，也因此得到不少好处。因为这些人都是由内监传旨才得引入宫中的，所以便被呼为"传奉官"。这种"传奉官"人数日多，有时一天之内，得到官的就有上百人，总数后来竟达数千名之多。在这些人中，李孜省始终是个尖子，他最受宠爱。此人原来并不是术士，而是江西布政司衙门中的一名小吏。他进京来，是为了要求取京职的。李孜省的行为素常便极诡怪邪僻，他进京后，为了生财，便专门替人干办各种不法的勾当，借以获取财物。后来他干的不法事发，求取京职的事因而落选，回不了家，他索性倚歪就倒，去学了一些五雷正法之类的江湖骗术，并借此而骗财谋生。李孜省在求财中结识了内监梁芳，所以能够得到梁芳的引进，混入宫中，还得到了明宪宗的欢心和宠用。他在成化十五年（1479）曾被以特旨授为太常寺寺丞，过了两年，也就是成化十七年，他更被擢升为右通政。在这些传奉官里面，最受恩宠、窜得最高、升得最快的，一直都是这个李孜省。有明一代，从成化年间开始，在以后的那些年中，接连不断地，常有些方士、僧、道，以及番僧、番道之类的人，相继不断地在宫中出出进进，追论起来，李孜省可以说是个首开其端的人物。

在梁芳的党羽中，若论凶狡暴横，当以钱能为最，他曾出镇云南，在那里也干了不少专横的事，甚而曾经诱使安南入贡的贡使，要他们不依旧时的规定，道出广西，而改为取道云南。为这事，他曾惹出不少的麻烦。韦眘也是梁芳的党羽，他是掌管广东市舶司的内监，他曾利用这里是个海外各处船舶的集散处之便，搜集起了很多来自海外的珍宝。王敬也是梁芳一伙中很得力的人，他这个人很倾心于左道之术，因而所识的术士、番僧之类的人物很多。梁芳为明宪宗搜罗这些人物，很大程度得力于王敬在这一方面的交游。

在成化年间很得势的汪直，并不是梁芳的党羽，他是凭着自己的狡黠和钻营，很快就爬起来的。汪直最初被分派到万贵妃居住的昭德宫里做事，因为他警敏精灵，做事乖巧，升迁得很快，不久便已经升任为御马监的太监，并且成为明宪宗倚信的内监了。汪直是以善于探查各类隐秘事情而见知于明宪宗的，他很早就成了专为明宪宗查探各类秘事的探子，成化十二年（1476），因为发生了妖人李子龙用符术交纳内监韦舍，借便潜入大内的事件，明宪宗很想多知道些外间的秘事，便派汪直改装外出查访。汪直干这些事是个能手，从此便常带上一两名校尉，装出出游模样，到各处去察看。他的事都是直接进奏明宪宗，所以他在外间都干了些什么，只有明宪宗才清楚，别人不得而知。明代的侦事机关，在立国之初，原只有锦衣卫镇抚司衙门一处，到了永乐十八年（1420），明成祖因为建文帝的下落一直未明，生怕有人会在暗中谋反，又设立了东厂，由司礼监的提督太监加以管理。东厂初设立时，原本是说，只用来侦伺有关聚众谋反的大事，其他的各项缉捕事务，仍由镇抚司衙门办理，彼此间的干扰倒还不多。后来东厂之势日张，把很多别的案件也揽了过来，二者之间的冲突便增多了，他们之间的斗争是经常不断的，也常有起伏，不是东厂压倒了镇抚司，就是镇抚司压倒了东厂。当然，由于经管东厂的是司礼监的内监，和皇室更近，更能说得上话，镇抚司比起他们来到底要差着些，不利的时候比较多。但是也并不尽然，譬如，在门达最受宠信的时期，他手里的镇抚司衙门气势便比东厂要高得多，东厂的人见了镇抚司衙门的人，常是退避唯恐不及。东厂自成化初年就由司礼监的太监尚铭掌握，这尚铭是个很会捞钱却又做事把稳的人。他有个京畿内外各家富室的名册，每逢手里有了案子，总要捡几家富室，把他们牵连进去，借此进行敲诈，到把钱捞够了，才把他们又各自开释。他按着名册依次进行，捞钱的面很广，手段并不算过毒，所以他财源茂盛，名声倒还过得去。汪直自给明宪宗在外侦事以来，便望着东厂眼红，总想把这块肥肉抢进自己手里来。无奈尚铭的资历比他高得多，在宫里的人缘也不错，并且不时还拿些得来的珍宝进献给万贵妃和明宪宗，想抢夺尚铭手里的东西，实在可很不容易。但是汪直始终不死心，他在外办事几年，经验更多，手下办事的人也聚集了一些，因此更加露骨地向明宪宗表示，如果能把东厂交给他，他一定会办得更好。明宪宗很相信汪直，认为他说的是实情。但是，尚铭干得也还不错，明宪宗并不想把尚铭随便撤下来。他再三考虑，才答应汪直，明年让汪直再办一个和东厂一样的厂，可以和尚铭相互比一下，看看谁的本事大，看看到底谁办得好。

成化十三年（1477），汪直终于办起了一个和东厂相对的西厂。之所以命名为西厂，一是表明了彼此之间的相对，你叫东厂，我就叫西厂。二是就所在之地而言，东厂在北京的东城，所以叫东厂；西厂的地址选的是个在西城的地方，当然就该叫西厂了。这种相对的名称，也包含着彼此对立互争之意，也就是像明宪宗所说的，看看到底是谁办得更好！汪直是憋足了劲儿的，他想一鸣惊人，一出手就能把东厂压倒。他想这头一炮要打在一个很过硬的人物的身上，便选定了作为南京镇监的太监覃力朋。汪直所以要这么做，首先是想用以树威，覃力朋是没人敢惹的，可是汪直搞垮了他。另外，又可见其无私，他和覃力朋都是内监，但是汪直并不因为彼此同类而包涵他。这是汪直早就盘算好了的，他把覃力朋的罪证也早就搜罗全了。汪直揭露覃力朋罪行时说，覃力朋在进贡后转回南京时，装运了一百条船的盐，一路随时停靠，把盐以高价硬派给船停靠的地方。稍不如意，便要寻那些地方的麻烦，一路引起了许多的骚动。覃力朋在武成县殴打了那个县里的典史，还射死了另外一个人。汪直以覃力朋的这些罪状上奏，并认为其罪当斩。覃力朋也是明宪宗派出去的得力内监，因此宪宗没有听汪直的意见，惩办覃力朋，但也明谕夸奖了汪直，说他有胆量，敢办困难事。汪直虽然没能扳倒覃力朋，但明宪宗的夸奖却鼓舞了他，让他越发想在有点来头的人身上寻是非了。这时有个刑部郎中武清，才从广西勘事完毕回到京中。西厂的校尉等疑心武清带了些私货，不问青红皂白，便把武清押入西厂狱中拷问，审后并无实据，便将武清又悄悄放了。此事从收到放，都是西厂私自干的，并没有奏闻，其擅自胡行令人非常不满。不久，又有个礼部郎中乐章与行人张廷纲一同出使安南，公毕回朝时，汪直也命他的亲信韦瑛把乐、张二人抓进西厂狱里，多方刁难。还有浙江左布政使，在起复时进京听选，竟也被汪直给拿入狱中。这些人无故被捕，都是汪直为了显自己的威风，故意干出来的。这些人的官阶，都是未经奏准不得擅捕的，汪直却偏要让人看看，他就是敢向这些够份儿的人动手。他干的这些事，已经引得人言啧啧，不可终日了，不想在西厂成立了三个月左右的时候，汪直更干出了一件比这些更惊人的事。这件事出在一个名叫杨晔的人身上，此人并非别人，乃是明初赫赫有名的"三杨"中，那位被人称为"东杨"的杨荣的曾孙。这杨晔和他的父亲杨泰二人，是因为在家时被仇家控告，相偕来到京中避难的。他们躲在杨晔的姐夫董玙家里，董玙和韦瑛相识，就顺便托他把杨家父子的事代为料理一下。韦瑛把这事告诉了汪直，汪直却认为，这又是件让他张大威声的事。他把杨晔和董玙捕来，说杨晔藏有赃银，要杨晔把赃银交出。汪直使用了在当时被称为"弹琵琶"的酷刑来逼问杨晔。所谓"弹琵琶"，便是用锋利的锐物来剔人的肋骨。《明史》记此刑时说，"琶者，锦衣酷刑也。骨节皆寸解，绝而复苏"。杨晔被他们连弹了三次，因不胜其苦，只好诈称所携的赃银藏在他的叔父、兵部主事杨士伟的家里。主事的官阶虽略低于郎中和员外郎，但已属于中级的京官，要捕拿他，已应俟奏请批准后才得施行了。但汪直豪横惯了，比主事高的京官，如郎中等，他已捕拿过不少，杨士伟一个主事，更是毫不放在眼中，不但把杨士伟捕入狱中，甚至竟将他的妻儿也一并捕来，同加拷问。拷问的结果是，杨晔体不胜刑，竟死在狱中；他的父亲杨泰，则被问成斩刑；杨士伟也将被夺去官职。杨家的这一案，一因牵涉了名相杨荣，二是出了人命，震动实在太大了，已经引起了阁臣、大学士商辂、万安、刘珝、刘吉，以及尚书项忠等人的注意，他们细查后，纷纷奏论汪直无端生事，草菅人命的罪恶，并且一致声请，西厂应立即撤罢。

商辂是当时的首辅，又是明代唯一连中三元的人，他为人正直，又有文名，一向极为海内人士所重，在明英宗复位时，他已位居阁臣，应由他来撰写明英宗的复位诏书，当时石亨自以为是夺门功臣之首，认为复位诏书应该按照他的意思来写。商辂不肯依从石亨，二人争论起来，商辂竟受到了除名的处分。成化二年（1466），首辅李贤去世，内阁乏人，商辂实在是个众望所归的人物，于是明宪宗便在次年把商辂召入京中，命他以兵部左侍郎兼右春坊大学士，重又入阁理事。商辂最先曾经恳辞，但明宪宗又以先帝的名义来留他，说"先帝已知卿枉，其勿辞"。这么一来，商辂倒不能不留下来了。

商辂入阁后，对于汪直的所作所为早就很是不满，从杨晔一案上，他更感到要使朝事安和，非除去汪直，取消西厂不可。他与当时同在阁中的阁臣万安、刘珝、刘吉商议后，共同上疏，列举出汪直的十一条大罪，竭力要求严惩汪直，撤销西厂。疏文说得极为切直："陛下委听断于直，直又寄耳目于群小如韦瑛辈。皆自言承密旨，得颛刑杀，擅作威福，贼虐善良。陛下若谓擿奸禁乱，法不得已，则前此数年，何以帖然无事。且曹钦之变，由逯杲刺事激成，可为惩鉴，自直用事，士大夫不安其职，商贾不安于途，庶民不安于业，若不亟去，天下安危未可知也。"明宪宗看了此疏极为不悦，他说，"用一内竖，何遽危天下！"他立命司礼监太监怀恩到内阁去传旨诘责，并要他去问谁是这件事的主谋。怀恩到内阁去传旨，商辂回答他道："朝臣无大小，有罪皆请旨逮问，直擅抄没三品以上京官。大同、宣府，边城要害，守备俄顷不可缺，直一日械数人。南京，祖宗根本地，留守大臣，直擅收捕。诸近侍在帝左右，直辄易置。直不去，天下安得无危？"万安、刘珝、刘吉等也都慷慨陈词，刘珝说到愤激处，竟至泪下。怀恩回来，尽以实情奏上，明宪宗实也觉得理屈，只得不再坚持，另以温旨慰谕阁臣。次日，继阁臣之后，兵部尚书项忠又联合了朝中九卿，也合疏奏劾汪直,请罢西厂。阁臣与九卿乃朝中的主干,他们齐力而言,明宪宗不能再不理会了,他只好传谕,即日罢去西厂,又命怀恩将诸臣劾疏向汪直逐条宣谕,责论其罪,把汪直又调回御马监任事。那个韦瑛也被斥逐,发往边地卫所。所有调入西厂的校尉等人,也都让他们各自回往原来的处所。

西厂撤得这么快,又给明宪宗带来了不少称誉,说他真是个从谏如流的好天子。其实他这么做,是想用速了速决来保护汪直,人们满足于事情的顺利,就不会再究问对汪直的处分了。实际上,汪直被斥回御马监简直说不上是什么处分,不过是回到原处去等候起用而已,他依然是最被宠信的内臣。汪直在被重新起用之前,为了报复,一直在查找他暗中的敌人。他暗中向明宪宗奏称,阁臣们会有那么些劾疏,完全是由司礼监中的内监黄赐、陈祖生二人唆使起来的。明宪宗信以为真,立将黄、陈二人驱逐出宫,发往南京去任杂职。这件小事触动了御史戴缙的灵机,使他竟由此寻求到了升迁之路。原来这个戴缙本是个滞员,秩满当迁已经有九年了,但因他太缺门路,连迁升的影子也没有看到。他很羡慕汪直的红运,对他的事很是留心。从明宪宗对汪直的处理上,他看出了明宪宗仍有心于汪直,因而上疏大为汪直摆功,想要投上这份天机。他说西厂之设极有必要,设而又罢,实可痛惜。明宪宗渴求而未得的,正是像戴缙这样的论疏,读罢立将疏文发布,并且下诏重开西厂,仍以汪直提督厂事,并以千户吴绶出任镇抚。西厂之停,为时极短,这么快就又停而复开,汪直气势愈高,简直是不可一世。

西厂重开后,汪直又开始动手,搞起了他的报复行为。在朝臣中,汪直最恨的是兵部尚书项忠,他命人对项忠不断加以诬陷,终于使项忠受了个勒职为民的处分,才算罢了。继项忠之后,被汪直指使言官肆意诬奏而落职的还有很多,较著的则有左都御史李宾,尚书董方、薛远,侍郎滕昭、程万里等人。大学士首辅商辂,也被汪直搅扰得不安于位,最后只得恳请告退,回到他的老家去了。汪直竟赶走了这么多的大官,他的势焰真是炙手可热,因而赶着来依附他,以求升迁的人,也便越来越多了。在他的那些党羽中,最让他看得上眼的是王越和陈钺,即被人称为二钺的那两个人。汪直不断地让他的二钺得到升迁,最后王越竟被任为兵部尚书,陈钺也做到了右副都御史,巡抚辽东。

汪直一向以知兵自许,他每向明宪宗奏事,总要借机言兵,絮絮不已。为了要显出他的这种才能,他不断地向明宪宗要求,希望能让自己出外巡边。明宪宗不忍过拂其意,只好答应了他,派他以钦命巡边。汪直对这个任命极为高兴,他特意挑选精兵、良马,率领着他们尽情飞驰,一日之间常能飞越数百里,被人称为"飞骑"。汪直任意以威福自恣,所到之处,他都要巡边御史和地方有司出来迎接,并下拜在他的马前。这些礼教稍有不周,便会受到打击。河南巡抚秦纮因密奏汪直巡边扰民,兵部侍郎马文升因在抚慰辽东时对汪直的接待不周,都受到了汪直的报复,马文升甚至受到了谪戍的处分。

仅只限于巡边,汪直意犹未足。他暗暗授意陈钺,要陈钺设法挑起一处边衅,让自己可以借此出征,获得边功,驰誉内外。陈钺领命,果然挑起了和伏当加之间的冲突。明廷乃以抚宁侯朱永为总兵官,又命汪直为监军,让他们率领大军,前往征讨。汪直率军和伏当加交锋时,只得了个小胜,便立命回军,向明廷告捷。朱永因此得晋封为保国公,陈钺也为此晋升为右都御史。汪直因是内臣,不同于外官,但也因此被增加了禄米。

和伏当加交过战后，汪直与王越又诈称外族亦思马因犯边，明廷下诏，以朱永和王越率军西征。事后，王越被封为威宁伯，汪直又增加了禄米。汪直自以为这种以兵为戏的做法实在是一种能够名利双收的俏事，却没有想到，因为他的轻举妄动，竟惹起了真正的外族寇边。此后伏当加不断入侵辽东，亦思马因也不断进扰大同。这突然兴起的边衅，使明宪宗很为烦恼，他细加访察，才知道这些战乱实际上都是由汪直等故意挑起来的。想到汪直竟如此胡作非为，明宪宗开始对他极为不满，管理东厂的尚铭看准了时机，对汪直发起了最后的进攻，汪直在这东、西厂之间的最后一仗里，终于败下阵来。

以尚铭和汪直为代表的东厂和西厂之争，实在是一件历时极久的事，可以说从西厂才一设立，便已经开始了。汪直为人狡黠精敏，善知隐情，因此更能获得明宪宗的欢心；但尚铭在司礼监任事多年，根基深厚，又善于谋算。他知道，对付汪直，不能以急斗取胜，要静以处之，等待有利的机会，到了出现间隙之时，再给以致命一击，才能够真正地把他打垮。汪直好胜务得，这是他的一个弱点，自从他外出巡边，已经向尚铭显示出了弱点，东厂和西厂相争，本来是西厂常常压倒了东厂，但汪直离京而去，形势就变了，西厂又敌不住东厂了。尚铭暗自感到，斗垮汪直，此时已经可以看出一点苗头，但他还是稳住不动，只是加紧派人调查汪直外出后的所作所为，想要把一切集中起来，一举把汪直打垮。尚铭的调查很全面，他不但查明了汪直和王越、陈钺等人的勾结，又查明了他们是如何故意挑起边衅来使自己加官进禄，取得边功的。更使尚铭喜出望外的是，打探这些事情时，顺便还查出了，好多明宪宗不愿为外人所知的隐事竟是由汪直首先泄露出来的。有了这些，尚铭觉得，打垮汪直，他已经很有把握了，于是才寻个有利的机会，把汪直的所有罪恶都向明宪宗一一奏明，并想讨个处理的办法。在汪直的诸般罪行中，最使明宪宗气恼的是，汪直竟敢私行挑动边衅，这已经是罪不容诛的欺君祸国之罪了。但明宪宗虽说已极恼怒，却还能保持冷静，挥去尚铭，决定自己再派人考察一番，再做最后的决定。明宪宗是经历过正统、景泰、天顺之间的紧张、激烈斗争情况的人，他知道，做事稍欠仔细就会有很大的差别，所以养成了处事不慌的习惯。

成化十七年（1481），亦思马因又来进犯宣府，明宪宗想到这都是由汪直惹出来的麻烦，为此极为恼怒。但他还是命汪直监督军务，命王越为平"胡"将军充总兵官，让他们二人一同赶去那里抵御。汪、王二人赶到宣府时，亦思马因已经退走，因此汪直便请班师回朝。明宪宗在此时才显露出一些对汪直不满的苗头，叫他和王越且勿回朝，就留在那里。但是却把由他率领的军队全部召回京中。汪直、王越孤处在外，是极明显的失宠标志，官场中人对这些最为敏感，如何不知？这些人中，有人是憎恨汪直做事太毒，害人太多；另有些人则是想迎合帝心，以显自己。于是人们竟一哄而起，纷纷论奏汪直，并且要求速将西厂罢撤。正巧这时大同巡抚郭镗也奏称，汪直与大同总兵许宁彼此不和，长此下去，恐误边事，请求尽速予以解决。这些方面的奏报汇到一处，明宪宗于是重新做出决定，再次将西厂撤销，并把汪直调往南京御马监中任事。这次汪直虽然仍是被调往御马监，但南京御马监不过是个闲差，比起上次已大不同了。但是人们仍感到不足，依然奏论不已，明宪宗终于把汪直降为奉御，并把他的党羽王越、戴缙、吴绶等各自斥去，人言才渐平息。汪直起来得很快，他又恃势逞能，干了不少坏事，以前虽然有过几次起伏，但不久便可恢复如初。而成化十七年这一次的垮台，他却再没有能够复起。西厂在那次被撤销后，到明武宗在位的正德年间，才又被重新设立过，但为时很短，后来仍被撤销，只留下了东厂。

汪直最后被降为奉御之时已是成化十九年（1483），那时明宪宗已经三十六七岁，再过四年，到了成化二十三年（1487），他便去世了。万贵妃也死在那一年，她是在那年春天得了暴病突然而死的。明宪宗对她的死很是悲伤，曾为之大办丧事，并辍朝七日。但到了那年的八月，明宪宗竟也死了。

继明宪宗为帝的是他的第三子朱祐樘，即庙号为孝宗的那个皇帝。明孝宗的母亲纪氏，为躲避万贵妃的毒害，带着他在宫中的冷僻处安乐堂一带隐藏了好几年。朱祐樘直到六岁时，才得以和他的父亲明宪宗相见。

九 以勤政传称的明孝宗

明孝宗迟至六岁才得和他的父亲明宪宗相见，他的庙号被称为"孝"，说来都与成化间最得宠的万贵妃有关。原来万贵妃在她所生的皇长子夭折后，因为自己不能再生，性情变得极为乖戾，她生怕别的妃嫔会生下皇子，把她极为得宠的地位给压下去，便施用两种方法予以防止：一是竭尽己力，死死缠住明宪宗，让他很少有去临幸别的妃嫔的机会；二是别的妃嫔如被临幸，她要多方侦查，看是否怀上了孕，如果被临幸过的妃嫔竟怀上了身孕，她更要想方设法予以钩治，甚至加以杀害。但这是很难完全有效的，虽然她防得严，后来有个贤妃柏氏，不但怀上了孕，而且躲开了她的防治，竟给明宪宗生下了皇次子朱祐极。这个皇次子，比万贵妃夭去的那个皇长子，实在健康得多，活泼精壮，毫不像个难养的孩子。明宪宗很欢喜他的这个皇次子，因而在成化七年（1471），便把这个皇次子立为皇太子，以见皇储已有所在。但出人意料的是，皇太子被立未久，他和他的母亲柏妃，突然先后紧接着，一齐都死了。他们突然相继而死，很使人震惊，有些人还疑心这是万贵妃暗害了他们。但议论虽多，证据却无，谁也无法确指。明孝宗朱祐樘出生的时间较皇次子略后，是在成化六年，他得以漏网，能全活下来，虽说有不少的原因，但是先就有了个皇次子，引开了万贵妃的注意力，后来又有皇次子被立为皇太子，以及他们母子突然相继而亡，这些事一件紧接着一件的,闹得宫里很乱,也给明孝宗制造了掩护。明孝宗的生母姓纪,原本是广西地方土官的一个女儿。纪氏为人机敏,又粗通文墨,在宫中很能适应。她被派在宫中,管理内藏事务,也就是在宫中储藏各种杂物的地方干活儿。一天,明宪宗在她干活儿的地方碰上了她,见她应对明敏,人又极娴雅秀丽,不觉动了情思,遂和她有了男女之事,并且使她怀上了孕。万贵妃得悉此事后,心里很气,立刻派遣她的宫女去把纪氏抓来,要加以惩办。不知为何,她派出带人的宫女没有向她实言,却说纪氏并非有孕,实是害了怕人的痞病,得赶开才好。这些谎话救了纪氏母子的命,这个有孕的宫女,被赶到宫中极冷僻之处的安乐堂去居住了。明孝宗便是在安乐堂里被生下来的。明孝宗出生后,消息又传到了万贵妃那里,万贵妃命在那里守门的门监张敏,立刻把那个出生的孩子给扔掉。但是张敏并没有照办,而是帮着纪氏把孩子给藏起来了。安乐堂和废后吴氏的住处相距不远,吴氏得知这些事后,极为关心,不断加以照应,帮着纪氏把她的孩子藏好,而且经常亲自提抱抚育,让他在暗地里平安生长。明孝宗就这样像个"黑人"一样,在暗里藏着,哪里也不敢去。他活到了五六岁,竟连胎发都没敢让人剪过。

皇次子朱祐极死后,明宪宗很伤心,谥之为悼恭太子,用太子礼予以殡葬。但这仍无法减轻他的哀思,非常想再有个孩子。但事实却又相反,万贵妃由于以前有了疏失,让柏妃生下了皇次子,如今对宫廷的统治变得更严了,一连过了好几年,明宪宗却仍是子息毫无,连点儿音信都没有。成化十一年(1475),明宪宗在由内监给他栉发时,在镜中发现自己已经有了白发,不觉叹道:"老将至而无子。"那时给他栉发的,恰是在安乐堂当过门监的张敏,他为明宪宗的叹声所动，不觉伏地请罪，说万岁并非无子，其实西内藏着个皇子。明宪宗惊问其故，张敏又伏地称："奴言即死，万岁当为皇子主。"这时在旁侍立的司礼监太监怀恩，也跪下来叩头，为张敏做证，说自己也早就知道，确实有个皇子，在西内那里养着，如今已有六岁多了。明宪宗得知此事，不觉大喜，忙命摆驾西内，并派人从速去迎皇子。

迎使到时，纪氏觉得这真是个吉凶未卜的时刻，她抱住孩子，不由哭道："儿去，吾不得生。儿见黄袍有须者，即儿父也。"她给孩子穿上了小红袍，用一乘小轿把他送往明宪宗所在之处。明宪宗抱住这个孩子，凝视抚摸了很久，不觉流下泪来，他说："这是我的儿子，他像我！"于是他命司礼监太监怀恩，赶到内阁去说明得子的情由，并命内阁立刻将此事宣告内外。

明宪宗忽然意外地得了个儿子，真是欢喜不尽，他舍不得让孩子离开，常要带在身边，又传谕礼部，要尽快为皇子议名。经礼部详议，皇子应名祐樘，至此，这个藏在僻处鲜为人知的孩子，才算有了名字。孩子的生母纪氏，这时也风光起来，她被迎进永寿宫居住，比在安乐堂要好得多了。这件事哄传出去，内廷外廷都很高兴，只有万贵妃极不高兴，她受到了很大的震撼，日夜都在哀怨痛哭，说受了那些没有良心的人的欺哄，竟放过了这么个东西！人们从万贵妃的神态里感到，这件事不会就这么算了。果然，在当年的六月，已被封为妃子的纪氏忽在永寿宫中暴卒，紧跟着，内监张敏也吞金而亡。纪氏是如何死的，传说不一，有人说她是被万贵妃派人暗杀而死；也有人说，是她自己上吊死的；还有人说，她是万贵妃让给她治病的御医设法用药毒死的。纪氏死后，最初被谥为"恭恪庄僖淑妃"，到明孝宗即位后，则被尊为"孝穆慈慧恭恪庄僖崇天承圣纯皇后",人们又称她为孝穆纪太后。

朱祐樘的生母纪氏暴死后不久,他便被立为皇太子,正式地成为皇储。但是他的处境却很不好,在他的四周,似乎随处都隐伏着无限的杀机,想要夺取他的生命。明宪宗的生母周太后看到这些情况,便向明宪宗道:"把那孩子给我,让我来照管他。"从此,明孝宗便又住进周太后所住的仁寿宫里。周太后对他照管得很仔细,隔绝了外间一切的窥伺。为打破这种隔绝,万贵妃竟主动约请皇太子到她那里去玩。周太后不能让朱祐樘拒而不往,只特意嘱咐他,到了那里,什么也不要吃。朱祐樘自幼便在隐处栖身,警惕性很高,对周太后的话早已心领神会。他到了万贵妃那里,万贵妃果然摆出了很多珍奇食品,让他来吃。朱祐樘对着这些食物,只说已经吃得太饱了,吃不下了。万贵妃改为请他喝汤,并说:"太饱了,吃不下,请喝点儿汤吧!"朱祐樘想不出用什么话来推脱了,就说出了实话:"我害怕有毒!"这一手可把万贵妃气坏了。事后,她恨恨地说,"才几岁的孩子,就已经这样了,将来他还不吃了我吗?"她又惊又怕,皇太子倒真成了她的心病。

自从有了皇太子,万贵妃已无心对后宫再加控制了,因此,明宪宗的子息不觉立增,在朱祐樘之后,又增添了祐杬、祐棆、祐楎等十一个皇子。一向极受万贵妃宠信的太监梁芳、钱能等人,每逢见到皇太子朱祐樘,都不免感到害怕。他们想,将来如果是他当上了皇上,我们可就要倒霉了!为此,他们一致劝说万贵妃,请她设法让明宪宗换一个皇太子,只要把他废了,在那些皇子里,随便换上谁,都比这个朱祐樘要好。万贵妃自己也是这么想的,因而一拍即合,从此便日夜缠着明宪宗,说朱祐樘不好,请他另立个皇太子。明宪宗没有听她的,一来明宪宗朱见深自己就受过废立之苦,对这种事很敏感。二来那时忽有特异的事件，泰山那里发生了地震，据占卜此事的人说，这是将有人不利于东宫。听了这话，明宪宗更听不进易储之议了。

虽然明宪宗朱见深为了长生，聚集起了那么些高僧高道，术士番僧，不断地吞丹服药，向道求真，但这些似乎全不管用，他连个中寿都没能捞到，四十岁才过，便在成化二十三年（1487）寿终正寝了。明孝宗朱祐樘是在他父亲去世的次月才即位为帝的，那时他已有十八岁了。明孝宗初即位时，很有点儿兴利除弊的干劲儿。明宪宗遗留下来的弊政颇多，特别是纵使内监外出，到各处去以采办用物、开采矿务为名，尽量榨取民间的财物。还有，这些内监又到很多地方，为皇帝搜求僧、道、方士之类的人，留下来的弊端也就很多。内监为害之外，还有外戚的作恶。万贵妃的弟弟，万喜、万通、万达等人，倚仗万贵妃的权势，恣意胡为，为害民间，而且与内监勾结，盗取内库的宝物，多年以来，为数实在不少。明孝宗虽说是一向深居在仁寿宫里，很少外出，但他对这些多年的积弊，却是知之甚悉，并且早就想要予以根除，因此他才即位为帝，还没等到次年改元，便已经开始了他的兴革。他着手的头一件事，便是把为旁门左道之首的李孜省投入了狱中，这些僧道术士建坛修庙，骗取俸禄，闹得国库日空，捐税增多，明孝宗早已非常痛恨，所以在即位的第六天，便先拿这个已经升任为侍郎的李孜省开了刀，把他先抓了起来。但把李孜省下狱不过是个开始，明孝宗接着又清理剩下来的那些人。那时养在京中的这些僧道和江湖术士，人数已达一千余人，其中有很多人还有法王、佛子、真人等各式各样的封号，他们不但从修建佛坛庙宇中骗了很多钱，单以他们所领的俸禄而言，为数已很可观。明孝宗对他们的处理办法是，首先革去了他们那些所谓法王、佛子、国师、真人等各样封号，并驱使他们各行散去，如作恶有据者，则给以遣戍的处分。驱散了这一批人，明孝宗才又清理招致这些人的内监梁芳、韦兴等，以及和内监勾结、盗取国库财物，并在外为恶的外戚万喜、万通、万达等人，把他们也都投入狱中，再细查他们的罪恶。他这样快就驱除了那么些为众人所厌恨的人，使都下的气象为之一新，因而才即位便得到了人们的称扬。

在改元前明孝宗所做的另一件使人快意的事，便是他斥去了当时的首辅，极为贪婪无耻的大学士万安。这个万安是四川眉州人，正统十三年（1448），他得中为戊辰科的进士，中的是一甲三人之下的二甲第一名。他的科名中得虽然较高，但实际上却是个无能之辈，既无才干，也无学识，更缺品德。他一生最大的本事便是善于钻营，最会拍捧巴结。他在成化五年（1469）以礼部侍郎兼翰林院学士入预机务，成为阁臣。那时在阁任事的还有彭时、商辂、刘定之三人。刘定之在万安入阁才三个月时便去世了，所以较长时间和他一同在阁共事的，只有彭、商两人。彭、商二人都是当时颇负盛名的状元宰相，气度很大，人品很高，对于万安颇能容受，因此万安干得很是活跃，很快便结识了内廷中很多有头脸的内监，更练出了一套逢迎请托、行贿受贿的本领。那时正是万贵妃宠极一时的时候，万安通过内监，竟和万贵妃拉上了本家，自居于子侄之辈，时常借此向万贵妃献上一些贡纳。这也正投上了万贵妃的意，她正在以自己的门第太低而怀忧呢，如今忽然有了这么一个中在高第、身为阁臣的人来认本家，如何不喜出望外。她授意她的弟弟锦衣卫指挥使万通，让他和万安结识，很快地便联了宗，亲密往来起来。万通的妻在宫中是具有籍名的，因此她可以自由地在宫中出入，万安从她那里随时都可以探听到很多宫中的消息，成了个熟知内情的人，更有利于他干钻营请托一类的事情。成化十四年（1478），首辅商辂致仕回乡，万安升任首辅，另外的两位阁臣则是刘珝和刘吉。万安得为首辅，行动更无拘束，交游也更宽广，在内廷的大小内监们自不必说，就是那些术士，如李孜省、僧人继晓等人，他也和他们混得很熟了。他从探查中得知，这些法王、佛子等人之所以那么得宠，除了由于他们精通道术之外，还有一个主要原因，那就是他们又都精于房中术，会配出各色各样的房中药。明宪宗耽于女色，对这方面的需求，是极关心，也很急切的。万安认为，如果从这条路上入手，倒能使君臣之间有另一种的默契，也是个固宠的佳术。想定之后，万安便竭力搜求，常能有些极妙的贡献，得到过明宪宗很多的夸赞。明孝宗即位后，万安很想以施之于其父者，转而施诸其子。万安认为，这位新天子既年轻，而且又正在新婚之际，对于这方面的需求，只有比他父亲明宪宗更为切要，在这上面投合上了他，那得意处就更不必多说了。那时万安的门客中正有个精于此道的，名叫倪进贤，万安研究房中术，正是和倪进贤等人讨论研究的。这时他想由此造一块巧妙的敲门砖，于是便和倪进贤研究，把他们所知的一些秘术，亲手抄写成册，然后装进一只极为精致的小匣中，托一名与他极熟的内监，把那小匣带进宫去，放在一个明孝宗易于发现的地方。明孝宗是在退朝后翻阅诸臣所上奏疏时发现了那个小匣的。他觉得这小匣做得极精致，打开看时，里面装着的是一本写得极为工整的小小抄本。细看那内容时，才发现，原来从头至尾，讲的都是那些不堪入目的房中之术。明孝宗很为吃惊，不知道是什么人，竟如此大胆，敢用这些事来搅扰他。他翻至篇末，才发现，在最后署有"臣安进"三字。怎么竟是那个万安吗？这个该死的！明孝宗自始便对万安极无好感，极为讨厌他，在知道他还和万贵妃联上了宗，就更嫌恶他了。他无论如何也没想到万安作为一个首辅，竟无耻到如此地步。这时他才想起，以前倒也听人说过，说万安曾为他的父亲配过春药。原本明孝宗对这些话一点儿也不信，以为是人们不满于万安，故意这么糟蹋他。如今看来这竟是真的！明孝宗越想越气，他命人把司礼监太监怀恩召来，把那个小匣交给了他，要他拿了到内阁里去问话，要问万安："这可是一个大臣该干的事吗？"怀恩奉命来到内阁，认真地喝问万安，万安只是伏地叩头，哀告不已，但却并无丝毫愧而求去的意思。很快，此事已为外廷所知，外廷诸臣的弹章立即纷然而至，都说首辅万安无耻至此已难立于人世，绝难容他仍自留在阁中，参与机务。作为首辅，万安对于这些弹章，断无不知之理，但他装聋作哑，仍行若无事，大有"笑骂由汝，好官我自为之"的样子。明孝宗见他这样，又命怀恩把这些弹章拿到内阁，一一读给他听。这一来是当众示辱，二则也是想他愧而求去，好了此一案。但是明孝宗却忘了，万安早就有个"万棉花"的外号，那是说他像棉花一样，最不怕弹，弹章再多，他也毫不在乎。怀恩这一次可看够了万安的脸皮之厚。每逢怀恩捧来那些弹章，万安总是先伏地叩头，然后满口认错，苦苦哀求，然而却连半点求去的意思都没有。读来读去，怀恩知道，对于这样的人，只能硬下手了，因而怀恩在读过之后，走向前去，摘下了万安的牙牌，驱赶他道："你可以离开这里了！"万安被摘去了牙牌，才无可奈何地离去，并且上疏乞休。

掌管司礼监的太监怀恩倒是个很正派的人。他原是宣德年间获罪被杀的兵部侍郎戴伦的族弟，他的父亲戴希文那时是太仆寺正卿，也因戴伦而得罪，同时被杀，连家也给抄了。怀恩那时的年龄还小，被列入了籍没为奴的数中，因此竟被净了身，纳入宫中，成了个小内侍。他能由此而得生，被人看作是受到了莫大的天恩，所以替他起了个怀恩的名字，要让他不忘此恩，终生感怀。在明宪宗为帝时，怀恩已经是司礼监的提督太监，掌管着司礼监的大权。他的年资和经历样样都在梁芳、韦兴、汪直等得宠的内监之上，他为人正直，深得内监们的敬重，所以梁芳等人虽然比他得宠，却也都有点怕他，每逢想要为恶时，常常也会因为怀恩的劝阻而止。因此，在成化年间怀恩倒还保全了不少的正直人士。怀恩也不断在暗中化解万贵妃的为恶，但到了成化末年，他终因阻挠了万贵妃被赶出宫去，被赶到凤阳去守陵。最使万贵妃冒火的是，怀恩多次劝说明宪宗，劝他切不可把皇太子朱祐樘废了，另立其他的皇子。明孝宗知道，怀恩被斥往凤阳，主要是因为保护他，因此，他才一即位，便把怀恩从凤阳召回宫中，并且让他重又掌管起司礼监。

明孝宗即位时，阁臣共有三人，那便是首辅万安、次辅刘吉，还有一个入阁不久的尹直。尹直是万安的私党，一向和万安相互勾搭，做些手脚。万安被罢，尹直也相继去职。罢去了万、尹二人，紧接着便是以吏部左侍郎兼翰林学士徐溥，又以詹事刘健为礼部侍郎兼翰林学士，同时入预机务。这样，内阁中仍是三个人，刘吉升任首辅，徐溥得任次辅，刘健则位居第三。首辅刘吉和被罢去的万安原是同年，他也是中于正统十三年（1448）戊辰科的进士，是在成化十一年（1475）和刘珝同时入预机务成为阁臣的。刘吉的为人和万安也相去不远，同样是个巧于钻营、耽于私利的人。成化末年，明宪宗失德益多，弊政日增，但当时的三位阁臣万安、刘珝、刘吉，竟都熟视无睹，从来没有规谏过一次。因此时人称他们为"纸糊三阁老"，讥嘲他们之无用。在这三个人中，细加比较，刘珝还是稍觉差强人意的一个。在徐溥、刘健之前，曾入阁的还有彭华和尹直两人。彭华是彭时的族弟，虽是同族兄弟，但论人品彭华可比彭时差得很远。彭华这人城府极深，又多计巧，但是他所想的只是自己的私利，所以时誉很差。尹直是由万安引进的，他也是个一心唯私，唯利是图，且又躁于晋升的人，他的时誉，比彭华更差。在成化之末，有一个很短的时期，内阁中同时有万安、刘吉、彭华、尹直这几个人，他们各谋私利，把政务搞得极乱。万安、彭华、尹直先后都以作风不正而去官，旧阁臣就只剩下了刘吉一人。

这新入阁的徐溥和刘健，处处都与那些旧阁臣相反，他们都为人正直，不贪私利，论起事来，总是以于国有利为重。刘吉深感徐、刘二人言行举止妨碍了他，但是他们的所作所为又都堂堂正正，实也无可指摘，不但不能指摘，有时他还得跟着他们也发些正论，以免被这二人看轻。譬如弘治二年（1489）二月，明孝宗因为天气久旱，想由阁臣布置，让儒臣们撰文祈雨。刘吉便在这一点上大做文章，上疏驳论道："迩者奸徒袭李孜省、邓常恩故术，见月宿在毕，天将阴雨，遂奏请祈祷，觊一验以希进用。幸门一开，争言祈祷，要宠召祸，实基于此。祝文不敢奉诏。"他这一番话，说得很像那么回事，倒使明孝宗不得不依着他，打消了命儒臣撰文祈雨的念头。此后刘吉装得更像样了，常把"修德防微""慎终如始"这一类的话挂在嘴上，让明孝宗为此而看重他。但他这是为了赢得帝心而装出来的，等他感到形势已固，便不再那么作假，不免又将他那阴刻驭下、贪利务得的习性显出来了。不想他这些隐伏的变化也已为明孝宗看出，明孝宗觉得刘吉的好处只是在嘴上，论行为可实在差得太远。正巧弘治五年（1492），明孝宗打算把皇后张氏的弟弟封为伯爵，要刘吉给撰写一份诰券。刘吉在这里又装起正经来，他拒绝撰写，并说吴、王两宫太后家的子弟还有好多没有受封，先封张皇后家，实在不便。这是故意以两宫太后来压倒皇后，同时也是想要试试，明孝宗对这些事分不分得出来轻重。明孝宗是个自幼便历尽忧患的人，遇事极为留心，这次他又看透了刘吉是故意刁难，他不想再忍受这些，于是派出内监去到刘吉家里，告诉他，现在他最好还是请求致仕为宜。刘吉几乎可以说是被赶出了内阁。他离开后，徐溥晋位为首辅，刘健也就成了次辅。这时阁中还有一个在弘治四年入阁的阁臣丘濬，阁中又只留有三人。

明孝宗在即位之初便极为振作，雷厉风行地连续惩办了太监梁芳、术士李孜省和外戚万喜、万通、万达等许多恶人，使很多人都暗暗喝彩。但也有些人做了更进一步的猜测。他们以为扫清了这些人后，明孝宗大概就要对万贵妃正式加以报复了。万贵妃作恶多端，而其所有罪行中，与新天子关切最深的，莫过于其生母纪太后在永寿宫暴卒一事。这是为很多人所关心的事。御史曹璘最先上疏，论起了此事，他在疏中附带着还说到了万贵妃所犯下的种种别的罪行，因此还请将万贵妃的谥号立予削夺。跟在曹璘之后的是鱼台县的县丞徐顼，他的着眼处更具体，他认为应把万贵妃的全家和给纪太后治病的御医都予以拘捕追问，一定可以问出来许多的隐情。曹、徐二疏都是深合众情的，然而认真追查起来却又要牵连得很广，而且必然会涉及明宪宗许多失德之处。明孝宗仔细考虑，觉得照曹、徐二人的方法来办并不好，所以他以重违先帝之意为辞，叫人们不必再深究了。他的这个做法深合儒家"父为子隐，子为父隐"的道德，受到了一些人的称赞。在他死后，人们也是强调了他在这件事情上的做法，所以称之为"孝"，庙号为孝宗。明孝宗在明代的一十六帝中，实在是备受称誉的一个，《明史》对他的评论是:"独能恭俭有制,勤政爱民,兢兢于保泰持盈之道,用使朝序清宁,民物康阜。"这些话虽说颇有些溢美之处,但照实说来,明孝宗无论如何都可以说是瑜多于瑕的人,拿他来和获有颇多盛誉的仁、宣二宗相比,就更是如此。

明孝宗是颇以勤政著称的,但也只能是和明代诸帝相比,才可以这么说,和一些真正勤于为政的帝王来比,他又算不上什么了。明孝宗幼年,由于藏身在西内时环境太差,身体虚弱,做起事来,常有力不从心之处。关于他的日常事务,在《玉堂丛语》中曾有些记载。书中说:"孝宗临御,弘治七年以后,天下章奏,早朝后幸文华殿,司礼监奏送,御览过,大事亲批,庶事发内阁调贴,送司礼监批行。当中批行者,圣批也;旁行批行者,调贴批也。"早朝后批阅章奏,也是历代帝王所常有的事,原应不足为奇。陈槐所以要特别笔之于书者,乃是因为,自从司礼监取得了批朱权后,明代诸帝肯自阅章奏的很少,即或有,也不过偶一为之,通常都是交给司礼监的太监们去做了。明孝宗经常自批,因而显得稀奇,所以要笔之于书。

弘治十年(1497),明孝宗又做了一件受人称颂的事,那便是在那年的三月,明孝宗又开始召集阁臣到文华殿共议庶政。这种事虽然早已有之,但在明代诸帝中却很为稀见。以明宪宗为例,他在位共二十三年,在这二十多年里,通共只在文华殿里召见过彭时和商辂二人一次。明孝宗的这一次,《明孝宗实录》里有较详尽的记载,它说:"经筵毕,上遣太监韦泰至内阁,召大学士徐溥、刘健、李东阳、谢迁至文华殿御榻前,上出各衙门题奏本曰,与先生辈商量。溥等每本议定批辞,乃录于片纸以进。上览毕,亲批本面,或更定三二字,或删去一二句,皆应手疾书,略无疑滞。

有山东巡抚官本，上曰："此欲提问一副总兵，如何？"溥等对曰："此事轻，副总兵恐不必提，止提都指挥以下三人可也。"上曰："然，边情事重，小官亦不可不提耳。"又礼部本拟一'是'字。上曰："天下事亦大，还看本内事情。"因取本阅之，则曰："是，只须一是字足矣。"又一本，健奏曰："此本事多，臣等将下细看拟奏。"上曰："就此商量岂不好。"既又指余本曰："此皆常事，不过该衙门知道耳。"因命左右赐茶而退。盖自即位以来，宣召顾问实自此始云。"明孝宗宣召大学士议政非止一次，但仍很稀少，即以首辅徐溥而言，他是直到弘治十一年（1498）才致仕的，这时距首次议政已有一年多，但过了这么久，明孝宗都没有再召集过议政，所以徐溥一生只参加过一次文华殿议政。议政是到弘治十三年（1500）以后才稍稍多了一些的，那是因为明孝宗在位日久，感到在有些事情上，旧制显得不宜，他想兴利除弊，所以常和阁臣商议。那时的阁臣仍是三人，他们是首辅刘健、次辅李东阳，还有一个则是谢迁。李东阳和谢迁，都是在弘治八年二月因阁臣丘濬去世而入阁的。这二人都很有才华。李东阳早已是当时的文章名家了，后来他被认为，应算是明代有名的"前七子"和"后七子"的前驱，是对他们都极有影响的人。李东阳入仕也早，他得中进士时只有十八岁，而且中得很高，是天顺八年（1464）甲申科的二甲第一名。谢迁是成化十一年（1475）乙未科得中的，是那一科的状元。在三位阁臣中，谢迁以见事明敏、论断精确著称。大致说来，这三位阁臣，李东阳最善于策划，刘健则敏于决断，谢迁最能对外阐述，三人配合得极为协调。时谚对他们的评议是，"李公谋，刘公断，谢公尤侃侃"。这正道出了他们三人的特色。明孝宗在弘治后期极信赖刘、李、谢三人，他们凡有所请，明孝宗无不立允,平日相见,都称这三人为先生而不称名,对他们极为尊重。明孝宗还时常屏退左右和他们密谈,极为亲切,内监们常能从屏帷间听到皇帝连声称是的声音。

明代的一些笔记小说,有很多都对明孝宗极为称颂,有一些已为《明史》所用,所以《明史》对明孝宗的评价也就很高,不免常有溢美之处。实际上,明孝宗并不像所说的那样。即以勤政而言,在弘治初年,他才即帝位,倒真是兢兢业业,不敢松懈,但在弘治八年(1495)以后,便已不免时有倦勤之处,而且由于对政务已颇精熟,所以只务其大,把一些琐细庶事都交付内阁和司礼监去处理,自己不再多问了。弘治十五年以后,他就只关心一些极重要的事,别的更少管了。之所以这样,乃是那时他已耽于佛、老,并且身体也已日渐衰弱之故。那时明孝宗的年纪才只三十出头,以常情而言,应是正当壮年,精力极为充沛的时候,他之如此早衰,却也别有所因。这也是当年万贵妃严防宫廷所遗留下来的恶果。原来明孝宗的生母怀了他以后,虽然经人说是痞病把万贵妃蒙混过去,但是仍被逼着灌了一些堕胎的药物。腹中的胎儿虽尚未被打落,却已很受损伤,他自出生之时,头顶间便有一处光秃无发,乃是药物为害所致。他幼年被养在宫中冷僻之处,营养又不很足,这样先天受损,后天失养,所以身体极差。他之耽于佛、老,也是由于体弱神虚,想找养性怡神的方法才逐渐形成的。这样,竟自使他这个初即位时大肆扫除那些方士的人,后期却也走上酷信佛、老之路,于是,建坛设醮之事又开始有了重兴的样子。

不过,明孝宗后来之笃信佛、道,与他父亲明宪宗之宠信术士、番僧等人,实也很不相同,他是在幼年之时便已经受到了佛经的一些影响。他藏身于西内之时,常受到废后吴氏的照料。废后吴氏对他爱如己出,提抱抚育,常置身边。这位吴皇后,自被废后,独居西内,为了解脱烦恼,排除寂寞,开始念经礼佛,渐自笃信佛、老之术。明孝宗虽然年幼,耳濡目染,对佛经也略有接触。到他与明宪宗相会后,为了避免遭到暗害,他又被养在他的祖母周太后的居处仁寿宫里。在那里,他又遇上了一位笃信佛老的王皇后。这位王皇后,就是在吴皇后被废后,继之而被册立的那位皇后。她知道吴后是因为何故而被废的,所以处处都让着那个骄横的万贵妃一头,才得以平安无事。这位王皇后和周太后倒很合得来,常常到仁寿宫里和周太后共处,也常帮着周太后照看年幼的朱祐樘,使他免遭暗害。王皇后不仅自己很信佛、老,连她宫里的内监和宫女们,有很多人也信。明孝宗朱祐樘便是在那时读到了佛经。《明史》有一段说到了这事,说是有个叫覃吉的老太监,曾被派来侍奉皇太子(后来的明孝宗)。皇太子在九岁时,便由覃吉教他读《四书章句》和《古今政典》。皇太子在读书时,便常把佛经混在所读的那些书里,暗暗地偷读。一次,太子正读着佛经,有人报:"老伴来了!"太子忙藏起了佛经,换上了《孝经》来读。覃吉见到太子时,问他道:"太子读的是佛经吗?"太子回答说:"不是。读的是《孝经》。"覃吉说:"那就好,佛书荒诞,不可信。"从这些记述可知,九岁的皇太子读佛书已不止一次,且曾被覃吉发现过,所以他的话才有告诫的味道。年幼时已读过佛经,成年后到了体倦神乏时,又以佛书来自慰,也就是很自然的事了。明孝宗的这种意向,早被在他身边的内监李广看透,为了逢迎他,李广便把一些僧道人等引入宫中,让他们用一些符箓祷祀之类的事来迷住明孝宗,然后又矫旨授那些人以官,使成化年间传奉官的故事,又开始重演。李广更让那些由他招进宫里来的人,把他奉为教主真人,以便能使明孝宗对他格外信奉。明孝宗果然对李广大为信奉,几乎到了言听计从的地步。此时李广也更肆无忌惮,不但更大开委授传奉官之禁,肆意索取贿赂,而且还强占了畿内的许多民田,连盐利一项也由他把持起来了。李广陡然而富,于是大起府第,修建得已很壮丽逾制。他还将玉泉山水引下来,在他的墙外绕了一圈,像是护城河那样。这更是大胆违制之事了,因此给事中叶绅、御史张缙等人都连章奏论,劾李广潜奢逾制。但明孝宗因为宠信李广,对这些劾疏一概不问。李广又劝明孝宗,为了利于修炼、祈祷,最好在万寿山上建一座毓秀亭。明孝宗也依了他,就在万寿山上择地兴建。不巧的是,亭子刚建成,小公主忽然就夭折了,引起了一些人的议论。而且并不止此,紧跟着清宁宫又遭到了火灾。这一来,议论的人就更多了,都说修这亭子怕是犯了岁忌。由于清宁宫被焚,又迁回仁寿宫居住的太皇太后周氏也埋怨着,"今天说李广,明天也说李广,说来说去,竟说出祸事来了"!李广本来已被一连串的灾祸给闹到心虚神散,如今又听得太皇太后也埋怨上了,不觉更怕,竟上吊自杀了。

李广虽已自杀,明孝宗的信心却没有分毫动摇,所有关于那些方面的事情都依然如故,就是李广矫旨所授予的那些传奉官,也一如既往,按时领取俸禄。弘治十二年九月,重建清宁宫竣工,明孝宗还传谕,特命灌顶国师设立法坛以为庆典。这时他的礼佛敬道之心更切,不断派出中官,命他们在外面建醮,或是去泰山,到寺院里,去进神袍。让他们到市去散灯,那就更是常事了。对于这些事,大学士刘健等人,常想试着谏止,但明孝宗却把这些事都推到了两宫太后的身上,说是唯恐有违太后之意,所以才这么办的。刘健们是主张以孝治天下的,听了这话,也就不能再说什么了。但是他们还是阻止过几件事情。弘治十五年（1502）六月，明孝宗想命阁臣拟作释迦哑塔像赞，又于弘治十七年二月，下诏要在朝阳门外建造一座延寿塔，并且给道士杜永祺等五人以真人的封号。这几件事和两宫太后都不大容易牵扯得上，所以都由于刘健等人力谏而被阻止了。

明孝宗很怀疑李广也许得到了什么奇特的道书，在李广自杀后，便命人到李广的家里去搜检。去的人在那里果然搜着了一本怪书。书是个抄本，上面写的都是朝中文官武将等人的姓名，并在他们的名下注明，某人送来了白米若干石，或是黄米若干石。明孝宗看了很为不解，他向左右问道："李广一个人，能吃得了多少米？如何这些人偏偏都拿米送他？"左右告诉他，这是些暗记，黄米就是黄金，白米则是白银，若干石就是多少两。这是个记下贿赂的本子，记下来可以便于查对，看看所给予的照应是否与贿赂相合。明孝宗明白了这竟是一本受贿的记录册，不觉极震怒，他把那本子下交到法司，要他们按名各予以究治，谁也别放过。在册中列有姓名的人，都极其慌恐，他们研究着，认为只有去求寿宁侯张鹤龄，这件事也许还能解脱。张鹤龄乃是明孝宗的皇后张氏的弟弟，她还有另一个弟弟，名叫张延龄。由于明孝宗一向待张皇后的家里人都极厚，张鹤龄、张延龄兄弟二人，最近都已从伯爵晋升为侯爵。这兄弟二人日常在外，极为横行不法，劾奏他们的人很多，明孝宗因恐于张皇后有碍，并未予深论。这次在那册子上有名字的人，真去找到了这两兄弟，请他们来解救。果然，他们一插手，事情也就变得悄然无息了。张氏兄弟从弘治历正德而至嘉靖，时历三朝，一向都横行不法，终于在嘉靖十二年（1533）相继被捕入狱。张鹤龄只关了几年，就在嘉靖十六年死在狱中。张延龄在狱关了很久，直到嘉靖二十五年（1546），明孝宗的皇后，那时已是皇太后的张氏去世，张延龄才被绑赴市曹，给杀了。

明孝宗的孝思，最深切的表现，还是显现在对其生母纪氏的悼念上面。他自出生以至六岁时和明宪宗相认，一直都和纪氏相依为命地躲在西内的冷僻处生活着。这种整日相随、互相依慰的母子之情，绝非一般的皇子所可有，因而纪氏的突然暴卒，带给明孝宗的哀伤、思慕也就最深。他早就有找到他母亲的乡族，寻见她的亲人的想法，但他的这个愿望一直难以实现，直到他即位为帝以后，才有了可以派出许多人去切实寻访的可能。明孝宗只知道，纪氏是广西人，别的他就什么也不知道了。他先后多次派人到广西查访，但始终没能检查到纪太后的真正亲族，却惹出了不少的无赖，想要来冒认皇亲。访了多年，迄无结果，最后还是礼部尚书耿裕，劝明孝宗不妨仿照洪武初年马皇后封她久寻不得的父亲的故事，效法马皇后在宿州立庙树碑，封她的父亲为徐王那样，也把纪太后的父母封爵予谥，就在广西立庙，岁时致祭，倒还相宜。明孝宗实在无可奈何，也只得依他而行，下谕道："孝穆皇太后早弃朕躬，每一思念，怒焉如割。初谓宗亲尚可旁求，宁受百欺，冀获一是。卿等谓岁久无从物色，请加封立庙，以慰圣母之灵。皇祖既有故事，朕心虽不忍，又奚敢违。"立庙时的册文乃大学士尹直所撰，其中有两句是："睹汉家尧母之门，增宋室仁宗之恸"。明孝宗时常览读册文，每读到这两句，不觉便会流涕。

由于明孝宗是个很肯勤政的人，所以终弘治一朝，宦官们都较循谨，倚势为恶的实在不多。弘治初期掌管司礼监的太监怀恩也是个正人，他对宫里的内监也管得很严，更增强了这种形势。然而一些劣迹颇著的宦官也仍旧难免，其中最显著的便是那个以献符篆、进僧道把明孝宗引向迷惘的李广。还有个叫蒋琮的内监,他是在南京以拦造湖田扰民取利的人。为寻纪太后的亲族而派出去的一些宦官,为害的也不少,其中为害最显著的,则是那个叫郭镛的内监。不过这些为恶的内监,其恶毒尚不为甚,若和以往的王振、汪直,或是以后的刘瑾等人相比,实在就又像是小巫之与大巫了。

明孝宗共有两个儿子,都是张皇后为他生的。长子朱厚照,被立为皇太子。他也就是明孝宗去世后,继之而为帝的明武宗。次子朱厚炜,只活到三岁左右便夭折了,后来则被封为蔚王。

明孝宗朱祐樘是在弘治十八年(1505)去世的,生年只有三十六岁。他在去世前,曾把大学士刘健、李东阳、谢迁三位阁臣召入乾清宫里,在病榻上,把皇太子朱厚照托付给了他们。他说,"先生辈辅导良苦。东宫聪明,但年尚幼,好逸乐。先生辈常劝之读书,辅为贤主。"这三位顾命大臣虽然接受了临终的嘱托,但他们却没能做到。他们很快就败在新兴起来的大珰刘瑾的手里,什么都干不成了。

十 正德年间，宦官之势复起

明孝宗在他临终时,曾对刘健、李东阳、谢迁三位顾命大臣说,他的儿子明武宗朱厚照聪明而好逸乐,倒真算得是"知子莫若父"。朱厚照确实很聪明,他能骑射,且善于决事,如果能善加诱导,可能会是个很不错的皇帝。但是明孝宗只忙于自己的事,不但来不及注意他,也没有给他安排下得力的师傅,很早便让他坠入了一些小内监的包围中,由着那些人引诱着他胡闹,所以后来的明武宗竟自成了一个嬉游无度,并以国事为戏的人。

朱厚照生于弘治四年(1491),到弘治十八年(1505)登基为帝时,虽说还不满十五岁,但因很早就有那些围着他的内监引带着,却已经通晓了很多歌舞、游猎等类的事了。在这些跟在他身边的内监中,最受宠的有刘瑾、马永成、谷大用、魏彬、张永、丘聚、高凤、罗祥8个人,他们被人称为"八虎"。在这八虎中,应以刘瑾为最凶狡,也最得朱厚照的宠信,他渐渐竟成了八人之中的首领。刘瑾是兴平人,原本姓谈,是因投靠上了一个姓刘的内监才得入宫的。他自入宫后,便改姓为刘。刘瑾一向极为仰慕王振的为人,虽然相隔年久,早已不得亲见其人,但他却心焉慕之,想能加以仿效。王振是从在东宫侍奉明英宗时崛起的,刘瑾觉得,他也是先被派在东宫,这正是他能从头效法王振的一个极好的机会。王振是以歌舞游猎等项邀宠于明英宗的,刘瑾也就用这些来逗引着朱厚照，引得他乐而忘返。到明武宗即位后，刘瑾等人对这位新天子引诱得更加大胆，因为以前多少还要怕被明孝宗知道了，会惹出麻烦，如今这一层顾虑没有了，更没有什么可怕的了。他们甚至竟勾引明武宗在夜间微服出游，让他去试试外间的各种欢乐。明武宗对这些新欢乐很感兴趣，对这些为他寻取乐趣的人不断地予以擢升。对于刘瑾，最先是让他去管钟鼓司，后来又升他为内官监，总督内府团营的工作。本来，在明孝宗的遗诏中，原列有罢去中官监枪和设在各城门的监局的条款，刘瑾作为内府团营的总督，很不高兴，一直不实行。他还给明武宗出了个主意，教他让内臣监守们，各自献出一万两银子，作为免予撤销的费用。这种既可保住武力，又可取得钱财的办法，使明武宗确实感到很高兴，也更信赖刘瑾了。为了更多地弄钱，刘瑾又向明武宗说到办皇庄的事，他说置办田庄也很有利，不妨加紧来办。明武宗意在谋利，也依了他。于是刘瑾便派出多人，在京畿一带勒索民田，诈取财物，一时扰得多处地方大为纷乱。

外廷诸臣，早已风闻"八虎"之名，但因他们在东宫时，只不过是侍奉着皇太子，到各处去行乐游猎而已，为害并不为大，所以没有理会他们。到了新君即位以后，"八虎"的扰乱已经在京畿内外惹起了骚动，这样，外廷诸臣已不能像以前那样视而不见，要出来管管了。最初是由阁臣，大学士刘健、李东阳、谢迁三人轮番进谏，他们想让明武宗对"八虎"多加约束，免得他们再扰乱民生。三位阁臣累谏无效，于是尚书张昇，给事中陶谐、胡煜、杨一瑛、张桧，御史王涣、赵佑，还有南京的给事中李光翰、御史陆崑等人，也都纷纷上疏，交章论谏。后来五官监候杨源又以星变为言进谏，这才使得明武宗感到有些惊心。这时刘健、谢迁又接连上疏请诛"八虎",户部尚书韩文更率领着诸大臣以为后继。至此,明武宗感到压力太大,于是使司礼监太监陈宽、李荣、王岳等人到内阁去见刘健和谢迁,并问他们,如果把刘瑾等人都发遣到南京,此事是否即可作为结束。刘、谢二人始终存着个"除恶务尽"的念头,认为把他们发遣到南京,事情也不能算了。明武宗为此很着急,在一天之内,他竟三次派人到内阁里去,求刘、谢二人,对刘瑾等务必稍予宽恕。这样两次三番地求情,更激怒了两位辅臣,刘健推案而起,向来人历数"八虎"等人的罪恶,更联系上了明孝宗临危时的委顾,说是见恶而不能去,"臣何面目见先帝!"这一次到内阁来传命的内监王岳、范亨、徐智等人,很为刘健的语言所动,回去复命时,不仅是如实回奏,而且还说,"内阁议是"。

来传命的内监去后,刘健和谢迁也又相互约定,明天更应加紧力争,非把八虎除去不可。这时户部尚书韩文也派人来和刘、谢二人联系,说他愿意率领诸臣支援他们。韩文约集的诸臣中,吏部尚书焦芳也是其中之一。焦芳这人,与众颇有不同,他是专门靠着钻营取巧,攀缘依附,才爬到目前这个位置的。他看出了明武宗心意倾向于何方,决心在这件事情里又投一次机,再捞上一把。他设法先寻见了刘瑾等人,把明日将会出现的事情先告诉了他们,并且还建议,事已紧急,应速去向明武宗叩求。八虎此时也真着了慌,当时虽已深夜,却仍一齐拜倒在明武宗的面前,向他哭诉他们面临的危险。最后刘瑾还说,这是因为,内监王岳、范亨等人早就不想让他们侍奉着皇上到处去游幸,所以才外结阁臣,想出这些方法来害他们的。刘瑾看到明武宗面现迟疑,更进一步,想就此为自己把掌管司礼监的好处也夺下来。他说,"且鹰犬何损万几,若司礼监得人,左班官安敢如是"。他这些话很有挑拨性,明武宗这时也正为着几次派人去内阁求情不得而生着气，见八虎都来环跪哭拜，更是着急，于是立即传命，即将司礼监的太监王岳、范亨、徐智等人拿下，待到天明即将他们发往南京去充净军。司礼监的职务，即由刘瑾立行接管。刘瑾等人一阵痛哭，不但未被治罪，还出乎意料地得到了明武宗的庇护，抢到了久望而不能得的司礼监的大权。这些，饮水思源，不能不感谢焦芳的及时报信，八虎从此和焦芳更结下了不解之缘。

第二天，当刘健、谢迁、李东阳、韩文等人正想着要率领诸臣一同入朝伏阙力争，要求朝廷定要严惩八虎时，却又得到了消息，说是昨天夜里，情势已然大变，王岳等人已全被发往南京去充净军，刘瑾等已接管了司礼监，除掉八虎的事，看来已办不成了。刘健、李东阳和谢迁，这时只好拿出了他们的最后一招，依照旧例，阁臣所请未蒙允准，便一致上疏请辞。这是要以去就来力争了，照说是很厉害的一手。但是这一手对于明武宗却又无用，他立即允准了刘健、谢迁疏请致仕的请求，却不准李东阳致仕，并温谕慰留。他这样做，是由刘瑾等人帮他策划的。因为八虎诸人都很清楚，最先坚决要除去他们八人的，只是刘健和谢迁，李东阳虽也附和，但并没有像刘、谢二人那样，狠命地要干，因为态度上有所不同，所以在准否致仕上，也就有所不同。

在刘健、谢迁二人致仕后，被温谕慰留下来的李东阳，事后还得到了不小的升迁，他被升任为少师兼太子太师、吏部尚书、华盖殿大学士，并继刘健而晋任首辅。同时入阁预机务的还有那个给刘瑾等透露消息的焦芳。他是以吏部尚书兼文渊阁大学士而入阁的。他不但得以入阁，并且仍然兼管吏部的事务。和焦芳同时入阁的还有吏部左侍郎王鏊，他是由焦芳带入阁中的一名助手。

刘、谢二人去后，八虎等也各得其所，刘瑾最是得意，他掌管了司礼监；丘聚也成了司礼监的太监，他得了提督东厂的职位；那时西厂又重新设立了，谷大用被任为提督西厂的太监；张永被任为提督十二团营，并兼管神机营的太监；魏彬则成了提督三千营的太监。经过这样的分配，宫中所有的紧要之处，差不多都已落入了八虎的手中。但是刘瑾还觉得不足，他又设立了一个内行厂，由他自己来管理、指挥。这样，在正德初年，侦事的机关竟多到共有四处：锦衣卫镇抚司衙门、东厂、西厂、内行厂。在这四个侦事机关中，内行厂又是最凶、最可怕的一个，它什么人都敢抓，而且一被抓进那里去，能活着出来的人，实在是少之又少。

最为刘瑾痛恨的人自然是大学士刘健和谢迁，他想向他们动手，首先便是要除去支持他们的一些人，由于刘、谢二人疏请致仕时，上疏请求慰留他们的人很多，刘瑾便把这些人作为首先要打击的对象，他指使东厂和西厂，先把这些人抓入狱中，然后再以廷杖或是荷校等酷刑来折磨他们。首批被廷杖的，有给事中刘郤、吕翀和南京给事中戴铣、御史薄彦徽等二十一人。其中戴铣竟因杖责过重，因而致死。在戴铣将被廷杖时，又有些人上疏论救，刘瑾又把这些论救的人也投入狱中，予以折磨。在这一批人中，受到了廷杖的又有南京副都御史陈寿、御史陈琳、王良臣、主事王守仁等人。被刘瑾予以枷号的人就更多，其中的给事中吉时，御史王时中，郎中刘绎、张玮、尚宝卿、顾璿等人，都是被枷号到将近气绝时才放下来的。刘瑾以这样残酷的打击除去了那么多敢言的人，余下来的人，敢言的已经很少，这时，他才将大学士刘健、谢迁、尚书韩文、杨守随、张敷华、林瀚，郎中李梦阳，主事王守仁、王纶、孙磐、黄昭，检讨刘瑞，言官汤礼敬、陈霆、徐昂、陶谐、刘郤、艾洪、吕翀、任惠等五十三人都定为奸党,并命他们一律跪在金水桥南,听候宣读谕旨。刘瑾在他当权之时,就以种种手段,陷害或驱逐了尚书以下的官员达数百人,并把那些遗留下来的空缺,陆续都改授给了他的党羽。有些为刘瑾怀恨的人,就是已经躲离得很远,也逃不过他的毒手。马文升和刘大夏,都是已经致仕家居的人了,但仍遭到了除名的处分,并且还被抄了家,直到刘瑾被诛以后,他们才又得复官,并发还了被抄没的家产。

刘瑾除了把焦芳、王鏊引进了内阁以外,还把刘宇和曹元也引进了内阁。刘、曹二人在内阁中的时间并不长,都只有半年左右的样子,便都致仕而去了。刘宇入阁后,所遗下来的吏部尚书一职,是由张綵继任的。张綵这人极有才干,逐渐竟成了刘瑾的谋主,刘瑾越来越觉得张綵的话实在很有识见。刘瑾为人,原来极贪财,无论什么事,他都想伸手要钱,京官们出使回京,必须先贿赂刘瑾,才能顺利复命,这几乎已成为无人不知的惯例。给事中周钥,出京勘事归来,由于无金可献,竟被刘瑾逼得自杀身亡。像这样的事情,在刘瑾的党羽们看来,不仅视为当然,而且还要尽力助威,加深酷虐。只有张綵对这种情况很不以为然,他觉得这么干实在危险。他曾乘间向刘瑾谈起这事,他说:"公亦知贿入所自乎?非盗官帑,即剥小民。彼借公名自厚,入公者未十一,而怨悉归公,何以谢天下?"刘瑾倒也被他说动了,后来颇能自制,还做过几次却贿的事。但是他的恶迹实在已太多了,稍稍自行敛迹,也不能救得了他。

最后把刘瑾搞掉的,是他的同伙、也在八虎数内的太监张永。自从八虎大为得势以后,他们都各有所务。张永自来以习武知兵著称,所以他被任以提督团营,兼领神机营的事务。在八虎中,张永是握有极大武力的人。张永与刘瑾原本相交颇厚，但因性格不同，处事有异，却又不断有些矛盾，渐渐变得相去日远。刘瑾早也感到了这些，曾向明武宗说起过张永已不合用，不如把他黜废到南京去。这件事又为张永得知，便也向明武宗诉说，点明那是刘瑾想要害他。明武宗不愿他们相互不和，便命谷大用作为调人，设宴请刘瑾和张永，尽力劝他们和好。在酒宴上，刘、张二人虽像和好如初，实际上，彼此间的距离却更甚了。安化王寘鐇谋反，杀了宁夏巡抚都御史安惟学和总兵官姜汉，并以讨刘瑾为名，兴兵举事。朝廷为此起复了右都御史杨一清，让他总制军务，并以张永为监军，命他们同往讨伐寘鐇。但当他们赶到宁夏时，那里的游击将军仇钺已经平息了叛乱，并把寘鐇也生擒了。杨、张二人既已无仗可打，只有到处去宣扬朝廷的德意，做些安抚地方的事情。在共事中，杨一清与张永谈得极为投契，在说到刘瑾时，杨一清因知张永与刘瑾不和，便试着劝他设法除去刘瑾。张永却说这种事可不好办，因为刘瑾总是日夜不离明武宗的左右，他的耳目又多，很难有从容奏对的机会。杨一清却觉得，虽如此也不难。此次回去还要献俘，在那时总能有个和皇帝独对的机会，可以趁机奏明刘瑾的罪状。张永为杨一清的计划所动，于是加快行程，想快些赶回京中，尽速陈奏。那时正遇上刘瑾的哥哥、都督同知刘景祥死了。定在八月十五日那一天下葬。这时外间忽然盛传，刘瑾已定在下葬的那一天，趁着内外百官都将前往送葬的机会，困住各官，乘机谋叛。由于张永在他们的捷疏中也说明，他将在八月十五日献俘，刘瑾觉得，两桩事碰在一起，会很不便，因此谕令张永，要他把献俘的日期向后推延。张永假意答应着刘瑾，一面却更加紧地赶路，竟赶在八月十五日以前，进行了献俘的仪式。献俘后，明武宗设宴慰劳张永，刘瑾也一直都活动在宴会上，直到夜间，他才因事离去。张永看到刘瑾已去，才把早已藏在袖中的奏章取出，并开始向明武宗启奏。奏章中共列有刘瑾的大罪十七条，每条都确实有据，同时在场的马永成等人，也都一一予以证明。那时明武宗已有酒意，听到这些，不觉沉吟，"刘瑾太辜负朕"！张永、马永成等都说办事要快，于是立将刘瑾拿下，先关在宫中的药厂里，然后又派出校尉，把刘瑾在宫内宫外的私第都先封了，以待彻查。

次日早朝，明武宗先将张永的奏章交付内阁，把刘瑾先且降为奉御，谪往凤阳，让他去照管皇陵的香火。然后，明武宗又亲自领了多人，去到刘瑾的家里查抄。在那里，他们搜出了一枚玉玺，五百面穿宫牌，另外还有衣甲、弓弩、衮衣、玉带等违禁物品。在一把刘瑾常拿在手中的扇子里，也发现了机关，原来那里面还暗藏有一柄极为锋利的匕首。明武宗至此不觉暗自吃惊，他想到这把暗藏匕首的扇子，竟有几年，一直在他的身前身后挥动过。本来，明武宗对张永所奏虽觉不容不信，但也不愿全信，他要亲自去抄刘瑾的家，就有一种要由自己看看真假虚实的意思。发现了这把扇子里的机关，他想到，这把匕首也许就是想要拿来对付他的，不由大为震怒，而且还不免有些后怕。他初时对于应该如何惩办刘瑾还拿不定主意，至此，才命立将刘瑾投入狱中，严加审讯。罪状审明，明武宗又特下诏，命将刘瑾押赴市曹，在那里凌迟处死，并且枭首示众。关于刘瑾的罪由也要写成榜文，和他被处死的图像，都一并榜示于外。所有刘瑾的党羽，在刘瑾被投入狱时，也已全被逮入狱中，随后也各予以审结判处。张綵是一个为刘瑾出谋划策，为恶最多的人，他虽在审结前已经死在狱里，但仍不应算完，仍被将尸身拖出，在市曹枭首示众。经刘瑾引进的阁臣焦芳、刘宁、曹元，以及尚书毕亨、朱恩等六十余人，尽以党逆论罪，各自受到了谪降。事后廷臣们又奏，刘瑾擅改祖宗法令，总计，吏部共有二十四事，户部则有三十余事，兵部十八事，工部十三事，这些也应予以纠正。明武宗为此也就下诏，命将所有擅改各事仍按旧制，尽予厘正。

明武宗朱厚照与他的父亲明孝宗朱祐樘很不相同，明孝宗体弱多病，不惯骑射，明武宗却是好勇斗狠，颇精骑射，而且常想与虎豹等猛兽相搏，以示自己武技和体力。正德九年（1514），他就曾因狎虎负伤，以至多日不能视朝。编修王思便以此事为谏，劝他应以天下为重，不可轻于试验。明武宗看了谏疏很不高兴，立即将王思贬为饶平县驿丞，叫他到那里去做个最微末的、管驿马的小官去了。明武宗在他还是东宫太子时，便养成了个很爱私自外出游乐的习惯，那时侍奉着他去外面玩的，便是刘瑾、谷大用、魏彬、张永等，被人称为八虎的那些内监。在他登基以后，刘瑾掌管了司礼监，别的人也都各自忙着他们自己的事，抽不出工夫来再侍奉着他到外面去玩了，刘瑾便荐举了钱宁，由他来侍奉明武宗外出游乐。这个钱宁，他原本是姓什么，不但已无人知，就是连他自己也不知道了。他是自幼便被卖到太监钱能的家里为奴，因而也跟着姓了钱的。到钱能去世之后，朝廷推恩给他的家人，钱宁竟也沾了这个光，被授职为锦衣卫百户，并且还因钱能的关系，照常能到宫里各处行走。他和刘瑾早已相识，所以才由刘瑾推荐，干上了这个差事。钱宁精于骑射，还能左右开弓，所以很快便受到了明武宗的赏识。他与明武宗的年纪本来不相上下，但是明武宗却要把钱宁收为义子，并赐以国姓，让他也姓了朱，改名为朱宁。钱宁早看出了，这可是个飞黄腾达的好机会，所以很高兴地认了这个和他年岁相当的爸爸。果然他马上便升了官，成了锦衣卫千户。钱宁除了以自己的勇武赢得明武宗的欢心外，还替明武宗引进了不少来自西域的番僧，让这些人教了明武宗很多御女术，也就是房中术和玩女人的花样。钱宁另一个向明武宗讨好的方法，便是侍奉着他到处去勾引或是去抢掠女人。为了便于寻欢作乐，钱宁劝明武宗，不妨在禁内建起一座离宫，把诸般非法得来的声伎都藏到那里面。明武宗很欣赏钱宁的这种想法，马上动手兴建起来，到了正德二年（1507），这座离宫已经建成，并取名为"豹房"。这就是正德年间一直臭名远扬的，他们君臣等人恣为淫乐的一处地方。在刘瑾正当权时，钱宁怕刘瑾生忌，还不敢过多地引诱明武宗外出寻乐，到刘瑾被诛后，钱宁的胆子逐渐加大起来，他先设法摆脱了他是由于刘瑾的推荐才跟上明武宗的这一层关系，然后才更疯狂地引诱明武宗到各处出游。明武宗已经被钱宁迷得昏了头，对他不绝口地夸奖，把他的官也不断地晋升，自千户而指挥使，自指挥使而执掌南镇抚司，进而升到了左都督掌锦衣卫事，锦衣卫狱中的事务，几乎已经全由钱宁来管了。由于他已被明武宗收为义子，并赐以国姓，钱宁在这上面便大做文章。他在自己的名帖上，竟自称为"皇庶子"。他的儿子钱永安，才只有六岁，竟已经当上了都督。他的养子钱杰、钱靖等人，跟着他，也都假冒而改为姓朱，并且都在锦衣卫里做上官了。钱宁为了扩张自己的声势，他还到处去结交外藩。宁王宸濠，本来由于获罪而被削减了护卫，钱宁结识了他，竟为他在朝中多方活动，最终竟使他的护卫人数复旧如初。由于明武宗一直无子，钱宁又自异想天开，打算以宁王的世子入继大统，作为明武宗的嗣子。他曾多次想把宁王的世子召入京中，到太庙里去，做个司香，用来作为入嗣的初步。钱宁和宁王宸濠不断地暗中往来，都是借伶人臧贤家里作为中站，宸濠派进京来行贿的人，都是先在那里住下，然后再由钱宁把行贿的东西转上去的。宸濠后来兴兵造反，得助于钱宁之处实有很多。后来宸濠失败了，钱宁虽然用出卖了宸濠的来使和伶人臧贤而暂时混过，但他的罪行终于还是被和他相互争宠的江彬给揭穿了，到底没能逃脱被处死的惩罚。

江彬是得到明武宗宠信的最后一人。他生在宣府，是武官出身，曾做过蔚州卫指挥佥事。正德六年（1511），那是个多事之年，从成化年间便已不断入侵的蒙古小王子，在那年又侵入了河套、直隶、河南、山东等地；同时由于捐税增多，生活不宁，各地又不断有小型的农民起义，闹到后来，连淮安、山西等处也跟着闹起来了。到那年七月间，有些饥民竟结成一股，向京畿而进，他们的声势很大，京军已经难以阻挡，朝廷于是急调边兵入卫。那时的江彬已经做到大同游击的职位，他跟随着总兵官张俊，一同被调入京中。江彬生性极为贪暴蛮野，专好抢掠杀掳。他在进京的路上，有一家人冒犯了他，江彬便把这家二十余人，全都杀了。他还诬称这家人是贼，割下了他们的首级，并携了去请赏。江彬在作战时也很剽悍，有一次临阵，他身中三箭，还有一箭中在脸上，箭镞直贯耳后，并在那里突出。江彬拔了箭后，继续作战。这件事哄传在外，连明武宗也听说了。

平定了闹事的饥民，宣府的边军便被留在京师，作为京师的卫军，江彬也留在了那批久驻京师的队伍中，并很快便结识了钱宁，并由他带领着，去见了明武宗。明武宗在得知钱宁带来见他的竟是久闻其名的江彬，看到了留在他脸上的那深深的矢痕时，不禁高声大呼："啊，江彬，真是个好样儿的！"就这样，江彬立即受到了明武宗的宠爱。江彬身材魁梧，弓马娴熟，对于行军作战更是极为精通。明武宗在和他谈到各样武事时，江彬都说得头头是道，对答如流，使明武宗更为高兴，当即把江彬擢升为都指挥佥事，允许他自由出入豹房，成了能和自己一同到处寻欢的玩伴。江彬陪着明武宗到处去玩，并且还兴出了不少的花样。他开始勾引明武宗在夜间微服外出，到各处的妓院里，以普通人的身份去嫖妓女。这使明武宗感到很有趣。江彬还命人为明武宗造了一百六十二间铺花的毡帐，可以像行军那样，带上它出游，架设起来时，可在那里面尽情取乐。他把这些毡帐，称为能携带的离宫。这些都正投合了明武宗爱好新奇的性情。明武宗对于江彬的宠爱，不觉日增一日，竟然后来居上，大大超过了引他来见的钱宁。

钱宁最初把江彬带进豹房去见明武宗，原是像引见一个自己属下的武官那样，把江彬亮给明武宗看看，既让他欣赏江彬的好处，同时更想明武宗欣赏自己能带领出这样的一个人，却不料江彬一下子就上去了，明武宗也忘记了自己这个引见的人。钱宁正在既妒且悔之时，不想又发生了一件事，使得钱宁更显出远不及江彬。明武宗是个好勇而不顾命的人，他养了一些虎，分别关在各自的虎栏里。一次，他忽然想自己到虎栏去，捉一只虎出来，于是叫钱宁跟着他去。钱宁对这事非常畏缩，躲在后面，不敢有什么动作。那只要被捉的虎，低吼着向明武宗逼了过来，显然很危险。钱宁却还一直干看着，不敢动，幸亏江彬赶了来，向那虎扑上去，才没有出什么事。事后明武宗强为自己撑持面子，对江彬说："其实你不用来，我自己也办得了！"话虽如此，他在心里真是感激江彬，却对钱宁很不满。钱宁也感觉出了明武宗的意向，更忌恨着江彬了。他就设法把江彬压下去，不断搜寻着江彬的短处，一有机会便要向明武宗告密。可是明武宗对于这些说辞却毫不在意，无论钱宁说些什么，他都好像没有听着一样。钱宁更加感到，他和江彬在明武宗的眼里，已经无法相比了。江彬也是个历经磨炼的人，对于钱宁的这些动作，岂有不知之理。但是，他却不敢轻动，因为钱宁人多势大，动起来必然吃亏。为了能够敌住钱宁，江彬很想多调一些边兵到京里来。他常向明武宗说，边兵骁勇剽悍，比京军要强得多，如果能让京军和边军相互调换着操练，则强悍的边兵，便会把较弱的京军也带动强悍起来。明武宗觉得江彬说得很对，于是表示，想调来一些边兵，在京中与京军互练。言官们认为这很不妥，纷纷上疏谏止，大学士李东阳也论及此事，说是这么做有十大不便。但是明武宗哪里肯听，结果还是把辽东、宣府、大同、延绥这四镇的兵都调进京来，称之为"外四家"，让他进入大内团练。操练时，明武宗身着戎装，和江彬联骑而去，同在阵前检阅。他们二人紧近相从，衣甲相联，远远望去，几乎难以辨认清楚。

这"外四家"被调入后，江彬便被任命为统率这四军的将领，到正德八年（1513），明武宗把禁军中的神武营也交给了江彬，让他兼领此营。禁军勇敢营，则由都督同知许泰统率。江彬为了更为增强自己的势力，先后又举荐了万全都指挥李琮、陕西都指挥神周二人，说他们有勇略，把他们也都招入京中，做了豹房的侍从。这时江彬、许泰都已被明武宗收为义子，赐了国姓，改名为朱彬、朱泰。不久，李琮、神周也都被赐姓朱，并成了明武宗的义子。在这些人统率的军队以外，明武宗又把内监中能骑射的人挑选出来，编成了另外的一营，称为中军，由他本人亲自率领。这些人聚集在大内一带，他们不时操练，那喊声惊天动地，北京的九门，到处都可以听到。明武宗时时要把他的这些军队集合起来检阅，检阅时，全场盔甲鲜明，刀枪耀日，极为悦目，因而被人起了个漂亮的名称，称之为"过锦"。江彬此时越发显赫,钱宁更比不上他了,因此越发恨他。二人彼此紧盯着对方,想看看对方还要干点儿什么。

江彬不但以练兵、习武来讨好明武宗,同时也以陪他出京去玩,取得明武宗的欢心。他不断向明武宗夸说宣府的乐工,并且盛称,在那里面,可真有很多极为绝色的美人。还有,到了那里,也许还能碰上外族,两军相对,真打真杀,那可比那些检阅刺激多了!那里的地方辽阔,一望无际,尽可放马奔驰,比在大内也痛快多了。在大内,不但地方太窄,不时要被那些廷臣约束着,什么也干不痛快。

江彬的这一套话,又对上了明武宗的心思,他很想闯到外边去试试。于是,就在正德十二年(1517)八月间,明武宗带着他的那一帮人,悄悄溜出了皇宫,直奔宣府而去。次日,首辅梁储,阁臣蒋冕、毛纪等人入宫,这才发现,原来皇帝已经不在宫中,微服到宣府去了。梁储等人急忙尽力去追,直追到沙河镇,才把明武宗这一行人马赶上。梁储等人赶到了以后,当即尽力叩请御驾回京。明武宗向梁储等表示,他决不能随他们回去。梁储等表现得也很坚决,拦不回御驾,他们也绝不放松。他们争吵着,不觉来到了居庸关。驻守居庸关的巡关御史叫张钦,他早已得知一切,便把关门紧闭,拒不遵旨开关。关门不开,明武宗只好转回北京了。但明武宗回京后所办的第一件事,便是把张钦调离了居庸关,改由八虎之一的内监谷大用,到那里去镇守。此后,没过几天,明武宗又在夜里悄悄地离开了皇宫,出了德胜门,顺利地来到了居庸关。谷大用那时早已在关前迎候,明武宗吩咐他,要他把好关口,廷臣们如又赶来,一个也别放他们过去。

到了宣府,江彬在那里早已给明武宗布置好了行宫,豹房中的珍玩，还有那些供御的妇女，也都运到行宫里来了。在这个行宫里，既没有烦人的朝务，也没有廷臣们的啰唆、约束，明武宗觉得，这真方便多了。江彬每夜都陪着明武宗到各处去玩，他们随便闯入别人的家里，深入各家的闺门，如果遇到美貌合意的妇女，便动手抢走，带进行宫里去，尽兴作乐。能这么为所欲为，明武宗高兴极了，他把行宫竟称为"家里"。恰好那时又正赶上在北方的蒙古人前来扰乱，和边军发生了冲突，双方打起来了。明武宗竟真遇上了这么一场战事，他真高兴极了，立刻就决定要率领一支部队前往阳和，并且就在那里督战。明武宗所遇到的不过是一场小战，蒙古人只入侵到应州，便退回去了。这一仗，边军死伤了数百人，但斩获到的敌人的首级却只有一十六枚。然而明武宗却不管这些，他谕令，就以大胜敌军，向京中报捷。在这里，他改称自己为朱寿，并给了自己一个大将军的职称，全衔是：镇国公总督军务威武大将军总兵官。他要人们就把这套衔名写入告捷的奏报中，发回京里。顺便他还谕令京中，尽快解送纹银一百万两到宣府来，以供他在那里使用。从此，他每领军外出，便以镇国公威武大将军自称，不时还以朱寿的名义向皇帝进奏。廷臣们为此纷纷进谏，认为他是冠履不分，上下颠倒。以一个天子之尊，如何自甘下降而为一名大将军呢！但是谏阻无用，明武宗就欢喜这样，他做得更像是那么一回事了。他还下令铸了一颗"威武大将军"印，由他自己颁给自己佩带。自己给自己封官铸印，在明武宗，这并非初次，早在正德五年（1510），他就给自己加过一个"大庆法王"的封号，并且也铸了印。如今他把自己封为镇国公，因而他在宣府的驻处也就成了"镇国府"。从此，他时常往来于宣府、北京两地，而且是在京之日少，在外之时多。明武宗还常以大将军朱寿的名义，为自己所立的

"边功"入奏，然后却又自己下敕，为"朱寿"加封。他干得很认真，好像另外真有个朱寿一样。如他初封自己为镇国公时，敕便是这样写的："总督军务威武大将军总兵官朱寿，亲统六师，肃清边境，特加封镇国公，岁支禄米五千石，吏部如敕奉行。"既规定了岁支禄米的数量，又要吏部如敕奉行，做得真是一丝不苟。正德十四年（1519），"朱寿"又被加封为太师，明武宗朱厚照谕礼部道："总督军务威武大将军总兵官太师镇国公朱寿，将巡两畿、山东，祀神祈福，其具仪以闻。"他虽是自拉自唱，分明是以国事为戏，但是做得却很认真。

明武宗由于经常外出，行动又那么荒诞，廷臣们的谏疏，就像流水一样，总是源源不绝。这些谏疏很使明武宗头痛，对于那些上了年纪的重臣，他无可奈何，不能把他们怎么样，但他有个杀鸡给猴看的办法，把那些差一些的上疏人予以严惩，让那些重臣看看。他把这些人，或是投入狱中，予以折磨；或是施用重枷，把他们枷号在午门之外，用以示众。正德十四年三月，明武宗又将外出巡幸，一时上疏谏阻的人很多，明武宗先将为首的兵部郎中黄巩等六人投入了诏狱，又把其次的，以新科状元、修撰舒芬为首的一百零七人，都罚跪在午门之外。舒芬等人，一连五天，都被罚跪在那里，最后还分别各自受到了廷杖。金吾卫指挥佥事张英，想以死谏，曾拔刀自刺。但他的刀被卫士们夺下了，没能成事，结果却是在审讯时受了廷杖，竟被打死。在这以后，被投入诏狱的人，还有寺正周钦、行人司副余廷瓒等多人，这些人，先后也都被责以廷杖，并有多人死于杖下。在以舒芬为首的那一百零七人里面，被杖死的就有很多；后来在黄巩等三十九个被杖的人里，被打死的竟共有十一个人，超过了总人数的四分之一。明武宗这样做，是想以严刑来镇住人们的谏阻，但那时以死谏为荣的风气还浓，他始终不能把这种谏风止住，直到那一年的六月，宁王宸濠兴兵造反的信息传来，这股谏阻出幸之风才改变了方向。

宁王宸濠乃是宁献王朱权的后人，这宁献王朱权，乃是明太祖朱元璋的第十七子，原本被封在喜峰口外的大宁。燕王朱棣起兵靖难时，宁献王的卫卒都为燕王朱棣并入靖难军中。永乐初，燕王称帝，宁献王则被改封在南昌。宸濠得嗣位为王时，在他幕中的术士李自然、李日芳等都称他生有异表，将来的富贵，无可限量。他们又说，南昌东南出现了天子气，也许就要应在宸濠的身上。他们的这些话，使宸濠很动心，渐渐真起了谋反的异志。宸濠不断派人进京去打探京中的消息，并且还在京中结纳下了兵部尚书陆完，以及钱宁、臧贤等人，作为他起事时的内应。在江西，宸濠也凑集起了一些同谋，其中有家住南昌的已致仕家居的都御史李士实、举人刘养正等，他们经常聚在一起筹划谋反的事情。到了正德十四年，由于宸濠谋反的形势日显，御史萧淮上疏，把他见到的，宸濠的种种异状都一一奏明。得疏后，大学士杨廷和以为，这事不妨效法明宣宗应付赵王朱高燧的办法，派人去到那里，加以晓谕，使宸濠及时知过。当下派出了驸马都尉崔元、都御史颜颐寿、太监赖义等赍谕前往，并命他们顺便还要收取宸濠的护卫，并且还要宸濠把以往陆续夺到的官田和民田等，一并退出。宸濠在得知崔元等人将要到他那里的信息后，颇为不安，他犹豫不决，不知道是起事好，还是推搪一下的好。直到崔元等人已经快要达到之时，宸濠才拿定了主意，决定兴兵举事。他把自己所能调动的人马都拼凑起来，号称共有雄兵十万。他举事的行动是，先用蓄养已久的队伍，袭破了九江、南康等地，然后他自己再引兵开出江西，去攻打安庆。那时在江西任汀赣巡抚的，正是明代有名的理学家、阳明学派的创始人、佥都御史王守仁，这人博学多才，能文能武，办起事来极为迅敏，在他听到宸濠兴兵举事的信息后，便先与吉安知府伍文定商妥，先檄调分驻在各地的人马，把他们集中起来，然后又命奉新县的知县到坟厂一带去，破了宸濠安排在那个地方的伏兵，最后挥军直攻南昌。宸濠没有想到，在他起事后还会有人去攻他的老巢——南昌，所以他几乎是倾巢而出的，在南昌并没有留下什么人马。王守仁抵达南昌后，只用了三两天工夫，便把城池拿下来了，而那时的宁王宸濠却正屯军安广城下，没能把它给攻下来。

宸濠引军在外，忽然得到南昌被王守仁一举攻下的消息，不觉大惊。他忙撤军回来，想再夺回南昌，借以安定他的军心。但是，他哪里是王守仁的对手，加以失了老家，全军都已惶惑不安，所以回军以后，连战连败，不但南昌不能收回，就是最先取下来的九江、南康等地，也都很快丢了。宸濠兵力大折，退守到一处名为樵舍的地方，想在那里与王守仁做最后的决战。决战之时，王守仁施用火攻，宸濠又被杀得大败，他的所部，被焚溺而死的达三万余人，随从在军中的妃、嫔等人，也都赴水而死。宸濠和他的世子，以及谋士李士实、刘养正、王伦等，则全部被王守仁擒获。

宁王宸濠起兵造反的消息传到北京，明武宗很是高兴，他希望能由自己带领军马去打上一仗的心愿，已经积存很久了，现在有了这个机会，可真是天从人愿。于是他又以威武大将军镇国公朱寿的名义，点起大军，立刻出征。明武宗把江彬留在自己的身边，以便随时能和他共议全军的事务。又命朱泰，也就是以前的许泰，作为威武副将军，做了行军的前锋。明武宗在宸濠将要造反时，对钱宁已有些疑心，对他有所戒备。钱宁也看出了这种情况，为了自救，他在宸濠的反迹已明之后，挺身而出，把宸濠早安排下的坐探伶人臧贤，和藏在臧贤那里的暗探卢孔章，一并捉获，交了出来，借以洗脱自己。但他虽能如此，还不能完全解除明武宗对他的疑心。本来，明武宗原想把钱宁就留在自己的身边，可以随时都把他看住。但是江彬为了要彻底揭发钱宁，便劝明武宗让钱宁远远离开，去管理皇店的工作。

钱宁走后，江彬彻底揭发了他，把他为宸濠恢复护卫，和臧贤等平时作为坐探，起事后将为内应的各项情况，一一向明武宗奏明。明武宗听着，不由骂道："刁滑的奴才，我早就疑心着他了！"于是先把钱宁暂时囚禁在临清，又把他的妻子和家属人等一并迅即捕来归案。但是，一时之间，明武宗还顾不到这些，钱宁的结案还是等到明武宗从江西回来才办了的。明武宗命人先把钱宁赤膊绑了，带着他去抄他的家。在那里，他们抄出了玉带二千五百条，黄金十几万两，白银三十箱，连胡椒都抄到了好几千担。明武宗没有来得及把钱宁处死，他自己就已经先死了。钱宁和他的养子钱杰等人，一共有十一名，都是在明世宗朱厚熜登基后才被处死的。

明武宗领着随他出征的大军，才走到了涿州，就得到了王守仁已将宸濠完全击溃，并已擒获宸濠的奏报。这个消息让明武宗大为扫兴，他急命张永赶快前去阻止要来献俘的王守仁，并要张永告诉王守仁，叫他把宸濠先在鄱阳湖里放了，等候皇帝到来，再由皇帝自己来擒拿他。王守仁是把宸濠装入槛车，取道浙江，经由运河而北上的。张永迅速地在杭州阻住了他，并说明了来意。王守仁认为要把宸濠放走很不妥，于是亲自来到杭州，要见张永。他才到张永那里时，张永拒而不见，王守仁斥退了来阻拦他的人，硬闯进去大呼道："我王守仁也，来与公议国家事，何拒我！"张永被王守仁的气势所夺，只好出来和他共议。王守仁向张永说，江西经过了猛烈的战事，人们受到的荼毒很深，若再受到行为恣肆的王师的蹂躏，恐怕会酿成大乱，放了宸濠再行擒捉，实在不宜。张永很以王守仁的意见为然，但又指着放在船上装着宸濠的槛车道，"这东西最好给我。"王守仁道，"但能于事有利，我要这个干什么呢！"立刻把槛车交给了张永，并和他一同回到了江西。那时太监张忠等，已经带着人从江上来到了南昌，他们正想以搜捕逆党为名，在这里大发一笔横财。但是幸亏张永和王守仁及时赶到，才阻拦下了他们的劫掠。

虽然已经知道了宸濠被擒的事，但是明武宗所带领的征讨大军却并不班师，仍然浩浩荡荡在征途上前进。这一支庞大的军队，也可以称为一支寻欢作乐的队伍，军中带有很多的乐工和妇女。原来，明武宗自从经常出幸大同、宣府等地以来，江彬已替他搜罗着了很多美丽的女人，有些竟成了经常带在身边的女宠。在这些受宠的女人里，有绥德总兵官戴钦的女儿，有延绥总兵官马昂的妹妹，还有晋府乐工之妻刘氏。刘氏在这些人中，是长得最美，也最受宠的一个，江彬等人都称她为"刘娘娘"，自居于子、侄之辈，奉之如母。

这支军队，一切都由江彬指挥，由他带领着，到各处去游荡。江彬倚势胡为，到处都矫旨勒索，要地方有司尽力献纳，稍有不遂便要受到殴打、辱骂，有些地方官竟被逼得自杀。他们走得很慢，到了正德十四年（1519）十二月，他们才走到了扬州。江彬说，扬州自来便是出美人的地方，于是就尽力搜索，又搜罗了不少妇女，供明武宗和他们玩乐。到了南京，他们玩得更欢，更加倍地疯狂了。江彬本来还想到苏、杭一带去玩上一阵，只因明武宗已经玩得乏了，加以诸臣又多次切谏，所以才没有去。那时江彬随身所带的边兵很多，总数已有好几万人，他倚势欺人，对随行的其他军队也极力欺压，各军常常一夜数惊，都说江彬反了，或者说是江彬忽然带队来攻。正德十五年闰八月里，明武宗从南京北归，路过清江浦时，顺便就在池上渔猎。明武宗所乘的船，忽然翻了，虽然随从很快便将落水的明武宗救了上来，但他还是着了凉，病了。这病竟渐渐加深，使明武宗实在已无心再玩，只想快些赶回北京。明武宗这时才又想到，他原是要亲讨宸濠才出京的。如今宸濠仍在槛车中关着，锁在一条船里，还没有发落。他此时才又传谕，把宸濠先自解进京去，等他回京以后，再行正法。那年十月，明武宗行抵通州，江彬还想再劝他到宣府玩玩，但是明武宗体力已经不支，只想在通州暂息，然后再赶回北京。那时宸濠也已解抵通州，江彬急于就在那里显显威风，于是他又矫旨，把一些勋戚大臣都召到通州，就在那里共议宸濠之罪。他又上疏颂扬镇国公朱寿，说，"赖镇国公朱寿指授方略，擒宸濠逆党申宗远等十五人，乞明正其罪"。事情已被江彬安排完了，明武宗也只好就先留在那里，坐观其成。他又下诏，把镇国公属下人等各自褒奖了一番。在随行诸人中，受赏最厚的，要推江彬，他被加了禄米百石，并又荫其一子为锦衣千户。到了那年的十一月，交通宸濠的吏部尚书陆完等人都已被押抵通州，也就在那里明正其罪，都处决了。宸濠却是等到十二月，才在通州处决的。宸濠谋反一事已了，明武宗才又赶回京去，告捷于郊庙社稷，并在南郊大祀天地。这时明武宗的病势愈重，在初献时已觉不支，后来竟以不能成礼而罢。

从南郊回来，明武宗便住在豹房里养病，他在那里直拖到次年，也就是正德十六年（1521）终于不治去世。他死时年仅31岁。他在死前，曾下谕给司礼监道："朕疾不可为矣。其以朕意达皇太后，天下事重，与阁臣审处之。前事皆由朕误，非汝曹所能预也。"遗言自知其过，倒很合乎"人之将死，其言也善"之道。不过也有人认为这不过是司礼监的太监们，按照一些老套子所代拟的，最后"非汝曹所能预也"一语，尤为显见。

明武宗死后，因为他既无子息，又无兄弟，继承大位的人，只好从藩王中，选择一个宗支最近的人，来承担了。那时的首辅是杨廷和，经他仔细推算，认为最合适的要算新近才嗣位为兴献王的朱厚熜，因而便在所拟的遗诏中写明"召兴献王长子嗣位"的话。原来这位兴献王名叫朱祐杬，是明宪宗的第四子，他是在成化二十三年（1487），明宪宗将去世时，才被封为兴王，建邸于湖北德安的（后来德安又改名为安陆）。兴王朱祐杬已于正德十四年去世，谥曰献，所以后来便被称为兴献王。兴王死后，便由他的长子朱厚熜以世子的身份暂理国事。到了正德十四年，朱厚熜才得袭封为兴王，但紧跟着便又是明武宗去世，所以朱厚熜方才奉到袭封之命，紧跟着便又奉到遗诏，召他进京入嗣帝位。

杨廷和在他所草的遗诏里，除了提到嗣位之事外，还涉及了很多的事情。他在遗诏里罢去了明武宗所置的威武团营，遣去了召进京来的所有边兵，革除了在京城内外所设的皇店，发放了豹房中的番僧和教坊司的一些乐人……没有载入遗诏的一些弊政，他也办了不少：他释放了大量的系囚，遣还了四方进献来的所有妇女，停止了所有不急的工役，还把运往宣府行宫的一些金宝诸物都收了回来，重又纳入内库。杨廷和干得很快，他几乎把明武宗所遗下来的诸般弊政，都消除了。最后，他还把在正德末年最跋扈的江彬也除去了。原来，江彬在杨廷和以遗诏罢去了威武团营时，便很不自安，他让许泰设法先到内阁里去，看看动静，探些消息。杨廷和很和善地接待了许泰，还很抚慰了他一番。经此一探，江彬的心下稍安，但他仍极戒备，每逢外出，总是身穿内甲，并带着很多亲信，以备非常。杨廷和在暗中和司礼监的太监魏彬商定，派了内监温祥到坤宁宫里去禀明太后，说明打算借着为坤宁宫安装兽吻为名，在那里拿下江彬。所谓兽吻，便是宫殿的屋脊末端装置的那个有些像是龙头的东西。那时坤宁宫的兽吻恰巧坏了，需要修理。按例，修理宫殿乃是一件大事，要由工部尚书和一位武官在施工之前先去祭奠行礼，然后才能施工。这一次，由于早已议定，所以祭奠一事便派定了工部尚书李鐩和江彬。进入坤宁宫并非细事，江彬穿了专为祭祀之用的礼服，自然可以进入，他的亲信人等，没有能进入的服装，便被挡在外边，进不去了。江彬在内只有孤身一人，自然不难就擒。江彬和李鐩，在宫内祭祀已毕，正要出宫，内监张永却来约请他们一同在宫内用饭，就在用饭之时，太后便已把收捕江彬的诏命发出，就要来拿他了。江彬很是机警，就在将要拿他之时，已经察觉，便想设法逃出。他先逃到西安门，那里的门已经关了。他又逃到北安门，守门人向他宣称，"有旨留提督！"江彬道："如今如何还会有旨？"仍想推开众人，尽快逃走。但他一人力孤，终于被擒。这时神周和李琮也被捆到此处，他们一见江彬，便恨骂道："死奴才，早听我们的话，如何会有今日！"原来神周和李琮，早在遗诏初出，威武团营被罢时，便想兴兵为乱，只因江彬不肯，才停了下来，所以在被捕后，才这么骂他。

江彬是在明世宗即位后才被押赴法场问斩的，和他同时被斩的，还有他的几个儿子：江勋、江杰、江鳌、江熙，另外还有神周和李琮二人。把他们这些人问斩后,皇帝还命人张挂出了处决图,用来榜示天下。江彬的幼子江然和他的妻、女等,并未被处死,但却被发往勋臣之家为奴,江彬的家也被抄了,据说共抄出了黄金七十柜,白银两千两百柜,另外还有其他珍宝不计其数。

十一 嘉靖初年的议礼

正德十六年，在安陆已经嗣位为兴王的朱厚熜，被迎进京来，又将继明武宗之后，嗣位为帝。朱厚熜初抵京师，即在京郊暂驻。这时首辅杨廷和忙将礼部早已拟具的嗣位仪节命人送往驻地，请朱厚熜先行过目，然后再依序次第而行。这时的朱厚熜，虽然才只有十五岁左右，但他在安陆处理国事已经两年有余，倒也颇有历练，很懂些公事了。他看过了仪节，见那上面所开的，竟先要把他立为皇太子，然后再依父死子继的方式，即位为帝。他认为这全是按照"为之后者为之子"的那一套定出来的，很不以为然。他把手上的仪节，交给了跟着他入京的兴王府长史袁宗皋，说道："遗诏以我嗣皇帝位，并没有先要我来当皇子，这个仪节，很不合用！"他命袁宗皋把仪节退了回去，并告诉他们，仪节应改过另拟。

朱厚熜的首次抗议，并没有引起大学士杨廷和的重视，他只略改了些词句，就又重行递上，主要的仪节，还是让朱厚熜从东安门入居文华殿，然后再择日登基。还是那先被立为皇太子，然后再择吉即位的老仪式。杨廷和这样做，是他误以为，朱厚熜对于这些仪节大概不很懂，所以才会有请另拟之意，现在照旧给他送回去，大概也就可以知道，这种仪节是定而不可再改的了。但是，朱厚熜并没有因杨廷和的重申前议而改变想法，他再次重申，此来是奉有遗诏，叫他继位为帝，并没有要他先来当皇太子，礼部所拟的这一份议节，他决不能照办。最后，朱厚熜还拿出了最坚决的一手，说是如果非此不可，那么，不如把他送回安陆，这么办，他决不依从。朱厚熜的第二次拒绝，才惊住了杨廷和，他这才看出，这位来嗣位的人，年纪虽并不大，实在却很难缠，他这最后一招，宁可不干，也不曲从，更没有回旋的余地。杨廷和及众廷臣，都是习于旧礼，认定了"为之后者为之子"的那老一套的，他们认为，这是有如天经地义的事，历代入承大统的帝王，都是这么做的，怎么能够改呢？可是不改又不行，嗣位的人已经说了，不改就不干！能不能另选一个呢？时间很紧，已经来不及了。而且他是千里迢迢地被接进京来的，来了又退回去，也真是个笑话。廷臣们正在为难之际，却巧皇太后张氏也听到了这个消息，她派人来问首辅和廷臣，由群臣劝进，不知道可行吗？杨廷和与诸臣都觉得，这个办法倒好，于是发动朝臣，让他们纷纷上笺劝进。朱厚熜在他的驻地接到了这些劝进笺，也认为这样倒可行，于是加以认可，并且定出了程序，日中时从大明门入宫，并派员往告宗庙社稷，他自己则先去拜谒大行皇帝的几筵，然后再去朝见皇太后，最后才出御奉天殿，即皇帝位。朱厚熜自己所定的这一套仪节，完全是按一个已被立定为皇太子的人，履行即位的一些程式，略去了先被立为皇太子的那一套仪节，在这一点上，他总算战胜了那些守旧的廷臣。朱厚熜在即位后，便得颁发即位的诏书，在诏书中，他看到了"奉皇兄遗诏入奉宗祧"一语，觉得这还是"为之后者为之子"的意思在那里作祟，心里很不高兴。他沉吟了很久，最后才点头认可，答应把诏书发了出去。他觉得，此时不宜做得太急，有不少的事，都得在他已经登上帝位之后，再慢慢争持、改变了。

朱厚熜所想要争持的，不仅与他自己的帝位有关，而且还与他的父母有关。他总想着,既然他已被拥上了帝位,那么,他的父母便也要与他的帝位相应,在称号上也该有点儿变化。他的父亲不应该再被人称为兴献王了,他的母亲,也不能还只是个王妃,见了太后张氏,还要矮她一头,向她叩拜。正因为如此,所以他才对那种"为之后者为之子"的想法最反感,才不肯依着那一套仪节来进行登基。他一直在想,他的父亲朱祐杬,也该有个帝号,他的母亲,也应该被人尊为太后。他不知道,应该怎么做才能把这些弄到手,但他却相信,只要他坚持着想要这么办,总会有法子办好的。他的这些想法,与皇太后张氏和在朝的诸臣都有冲突,此后,他一直与他们争持着,虽然也不断出现了一些人来支持他,帮助他和反对者相争,但他所面对的那股反对的力量实在太大了,他们联合着争持了好几年,才渐次成功。因为这种争持,主要偏重在礼法方面,所以被人称为"议礼之争",或简称为"议礼",有时又被称为"大礼议"。

在履行了嗣位的仪式以后,朱厚熜便已经是在位的皇帝了,他已经宣布了,到明年将改之为嘉靖,所以第二年他又被人称为嘉靖皇帝,成为一个继位已定的新天子。这位新天子,初即位时倒还很有干劲儿,办起事来干净利落,虽然一上来就被议礼占去了一些时间,但接下来还是干得不错。因为他原是个远离帝都的藩王,对朝中的各项是非,其看法颇与民间的舆论相近,至于朝中的重大弊端,他也更有"旁观者清"的好处。对于钱宁和江彬两人,朱厚熜真是闻名久矣,所以他才一即位,便明令把他们都予以斩决,以快民心。对于朝中宦官的为害,他也很清楚,特别是到处派去一些宦官,让他们到那里出镇,或是开矿采矿,或是采办方物,或是竟在那里开办皇店等,都是必须速予除去的害民之事。所有这些,早在他还是外藩之时，便已深知其害，觉得应该除了才好，所以也是他才即位不久，便命司礼监的太监们，速将正德年间派往各地的太监都召回来，并且还要加以声明，以后绝不再派。嘉靖对在内廷的大小太监，也都管得极严，有罪常是立予杖责，有的还常被打死，甚至在杖死后还要被陈尸示警。列入八虎之数的谷大用和魏彬，都曾前往安陆，办理过迎立的事，当时朱厚熜先后都曾赐给他们一些金币，作为奖赏。在他即位以后，给事中阎闳上疏奏论谷大用，把他在西厂时所作的种种罪恶，都揭露无遗。朱厚熜据奏，立命将谷大用降为奉御，发往南京去司香火。但后来论奏谷大用的仍连续不已，他便又被发往康陵，为明武宗守坟墓。然而奏论谷大用的仍不肯停，皇帝最后终于抄了谷大用的家。魏彬是接替刘瑾出来掌管司礼监的，在嘉靖即位后，司礼监的工作已经改由他从兴邸带来的太监张佐予以接管了。但是给事中杨秉义、徐景嵩、吴严等人还是要追论旧事，他们揭发了很多魏彬和刘瑾以前相互勾结所干下的坏事。这些事，嘉靖在改元后本想略而不问，但因论者不已，最后终于把魏彬赶出宫去，勒令闲住。八虎中的其他人，如丘聚、高风等人，各自也都以党奸为恶的罪名，受到了处分。张永虽然在诛除刘瑾一事上有功，但最终还是没能躲得过，御史萧淮奏劾他蛊惑先帝，党恶为奸，也受到了勒令闲住的处分。后来萧淮又奏称张永曾在江西干了很多不法之事，于是他又被降为奉御。直到嘉靖八年（1529），大学士杨一清等奏陈张永实在功高，又查清了他在江西时并无过恶，因而张永才得无罪，并又成为掌管御用监的太监，还又让他提督团营。

嘉靖从兴邸至京，随身带出来的太监，重要的有张佐、鲍忠、麦福、黄锦等人。在他即位为帝后，这些兴邸旧人，都各自得任为二十四衙门中的一些要职。但这些人在兴邸时都受到过极严的管理，所以在任职时都是兢兢业业，谨慎从事，并以这种做法管理和教导他们的下属。正因如此，所以在嘉靖临朝的45年里，在外为恶，或是权倾人主的大珰之类的人，还不多见。

新君即位，照例要大赦天下。嘉靖特别注意于在正德年间以言事而得罪的诸臣，凡是被囚被黜的，都予以复官，有些业已身故，则予以赐祭致恤。这些事，都使嘉靖得到通朝的称颂，如果没有议礼上的冲突，他们君臣之间一定会很和睦。

嘉靖和群臣之间的冲突，是在他的父母应有什么称号上开始的。最初，杨廷和在决定应以兴王嗣位时，全没想到，在这种事情上还会有什么麻烦，待到在嗣位的仪节上出了问题，几乎闹得下不了台，他才知道这位新君虽然年轻，却不是可以全由他来安排的人。有了这点儿认识，他办事特别加了小心，在派人往安陆去迎兴献王妃，还有兴献王的神主应该加上什么称号等事上，他还特别查了史书，把载有汉定陶王、宋濮安王等人故事的地方，拿给礼部尚书毛澄看，他觉得就可依此为据，新天子应以孝宗朱祐樘为父，称为皇考；对于他自己的生父朱祐杬，则改称叔父，称为皇叔考，兴国大王；他的生母，则应称为皇叔母，兴国太妃。新天子对兴国太妃，应自称为侄皇帝。由于兴献王并无别子，可另立益王的次子崇仁王为兴王，以奉兴献王之祀。杨廷和自觉他的这些决定，有凭有据，不能另有别议，所以在决定时还说："有异议者即奸邪，当斩！"毛澄在廷议时，把杨廷和的意见交付众议，在廷诸臣也都认为确应如此，于是作为廷议，奏了上去。嘉靖对这个奏本很不满意，但因是廷臣公议，要想改变很不容易。他知道，最主要的还在首辅杨廷和一个人身上，打通了他那一关，要改便非难事，过不了他那一关，要改便很费手脚。嘉靖考虑再三，决定在杨廷和身上下点儿工夫。他多次把杨廷和召入内廷，在偏殿赐茶详谈，反复地向杨廷和说明自己的想法，希望杨廷和能体会他的意见。嘉靖认为他这样做，实在已经是做到了极处，杨廷和总该有点儿活动了。然而杨廷和却认为古今的至理都在他的手里，为了维护至理，他也极为固执。他们几次交锋，并无结果，最后嘉靖只好把那奏本又发还廷臣重议。虽经重议，实际依然如故，杨廷和还领了蒋冕、毛纪两位阁臣，同向新君面奏，他们说，所有前代入继即位之君，凡是追崇所生的，于典礼都有违碍，只有宋儒程颐对濮王之事所作的议论，才最得义理之正，足为天下万世法。他们又说，目前兴献王虽由崇仁王主祀，但他日如皇嗣繁衍，仍可由皇次子为兴献王之后，而改崇仁王为亲王，则天理人情就都尽善尽美了。杨廷和、蒋冕、毛纪等人的话，只在为兴献王主祀那一点上略有些改进，其他仍是原样，这如何能使嘉靖满意，于是他又把奏本发回，要他们再加详议。就这样，三上三下，双方仍是各自坚持，最后嘉靖只得暂将奏本留中，以待再议。

　　嘉靖和廷臣们各自坚持己见，久议不决，出现僵局的事情，早已哄传内外，几乎成为人所共知的事了。有些人，虽够不上议论朝事，却也自议论不绝。他们的意见，大都和廷臣们一致，因为那乃人们熟知的道理，而且又打出了先贤程颐的旗号，更有根底了。当然，也有些人觉得皇帝也还有他的道理，不过大都不敢说，一来是那些道理还不太成熟，说也说不全；二来是这样的人太少，想说时，向四周看看，早就胆寒了；三是怕背上"离经叛道""逢君之恶"等类的坏名声。但话虽如此，到底还是有人站了出来，为明世宗朱厚熜添上了一些舆论的力量。最先站出来的那个人，乃是正在礼部观政的进士张璁。这个张璁，他原是个七试不中的举子，他在乡试得中后，便于弘治十二年（1499）入京会试，以备得中进士可以入仕。但是他的文运极差，每科都不能得中，一直考到正德十六年（1521）的辛巳科，他才得中为二甲第77名的进士，历时已有二十余年，年纪已有47岁了。本来，张璁在正德十二年丁丑科落第时，已经很是灰心，打算不再应考，就以举人赴部应选，弄个小官做做，也就算了。但在那时他却结识了一位长于星相术的御史萧鸣凤，张璁在将停考之前，特请萧鸣凤为他推算了一番。萧鸣凤劝他万不可灰心，说是下一科他便可以得中，而且中了以后便可骤然而贵，再有几年，便会有入阁的福分。张璁对于入阁之说，只当它是神话，但他已苦试多年，对于再试一科，倒也不算什么。谁想他这一科果真中了，不禁令他忽又想起萧鸣凤的很快就会入阁之言。他在礼部观礼之时，也正是嘉靖与廷臣间的争持之日，这事忽然触动了张璁的灵机，他想嘉靖一人孤身而战，很为困难，如果有人挺身而出，予以相助，定会被看中，那么萧鸣凤的话，也许就真会应上了。张璁原来就并不以廷臣们的那老一套为然，至此更觉只有驳倒他们，才会有自己的出路，于是他加紧检阅群书，想给嘉靖找出一些依据。

张璁头一次上给嘉靖的疏文，是从"孝子之至，莫大乎尊亲"说起来的，首先他说嘉靖要尊崇他的生父、生母并不为过，不仅绝不为过，且很合乎孝道。然后他又说，汉成帝与宋仁宗，他们的情况与目前不同，他们都是早就被立为嗣，并且养在宫中直到嗣位的，所以"为之后者为之子"这个说法正好适用于他们。而今日的情况和那时却大不相同，新君既未被预立为嗣，又未被养育在宫中，所以遗诏才直称，以兴献王长子嗣立为帝，并没有说要先来入继为子的意思。张璁在疏文中又说了称生母为皇叔母并不可行，如果称皇叔母，则相见时当行君臣之礼，以子而臣其母，于礼实有未合。最后，他又说，继统和继嗣大不相同，不一定是父死子继。他举例，汉文帝承惠帝之后，是以弟继兄；汉宣帝承昭帝之后，则是以兄孙为继，若必夺此父子之亲，建彼父子之号，则古有高伯祖、皇伯考为称者，难道都不得称之为统吗？张璁的疏文洋洋洒洒，说的都是嘉靖闷在心里，想说又说不周全的话，这一下子，嘉靖不觉长出了一口气，觉得这个张璁可在理论上替他找到根了。嘉靖大喜过望，不由便说："此论出，吾父子获全矣！"即刻便把疏文交付廷议，让他们从速议定回报。

在廷议上，张璁的疏文并未得到丝毫的重视，诸臣们都只认为那是一篇意在逢君之思的邪僻怪文。首辅杨廷和不屑地说："秀才安知国家事体！"径直便把这件批下来交付廷议的奏本又给驳了回去。嘉靖遭到了首辅的封驳，马上也拿出了他的办法，他把杨廷和、蒋冕、毛纪三人都召入文华殿，在那里他把自己的一道手敕交给了他们，让他们出去行文，把他的父母尊为皇帝和皇后。杨廷和等看了手敕，又回奏道："《礼》谓为所后者为父母，而以其所生者为伯叔父母，盖不惟降其服，而又异其名也。臣不敢阿谀顺旨。"手敕随奏又给封了回去。

正当君臣相斗正酣的时候，凑巧从安陆被奉迎来京的兴献王妃也到了。这位王妃的行径和她的儿子嘉靖很相似，她行抵京郊，一听说她的名号还没能定妥，立刻命车马暂停，先驻在郊外，并且声称，名号未经议定，她就决不进京。这一来，杨廷和等人更觉忙乱，不知如何是好。正在他们派人到兴献王妃那里去不断劝说都得不到结果之时，不想嘉靖又给他们加上了很大的压力。原来嘉靖听说她的母亲不肯入城，很是伤心，不觉泫然泪下。愤激之余，他又想到了薄天子而不为的那个念头了。他向阁臣们说，事竟如此，他真不想再干了，还是放他归藩，到安陆去母子相聚吧！连皇帝都不想干了，这真使首辅和诸臣都束手无策，不知如何是好了。偏偏正在此时，那张璁又递上了一篇名为《大礼或问》的文章，里面又说了许多和诸臣相悖的意见。杨廷和等对于这个被他们认为是逢君干进的张璁，真是既鄙视又头疼，只想让他早点走开，于是赶忙给他安排了一个南京刑部主事的官儿，催着他到南京上任去了。赶走了张璁，杨廷和等才得安下心来，不断地和嘉靖在兴献王妃进京的仪节上进行磋商。

　　杨廷和等人和嘉靖进行了多次磋商，最后彼此的意见才逐渐接近。嘉靖认为，他的父母只被称为兴献帝和兴献后，意有未足，觉得在帝、后之上还得加上"皇"字，称为兴献皇帝和兴献皇后，那才见得完美。至于兴献妃入宫的仪节，他认为，从中门而入和谒太庙这两点是必不可缺的。所有这些，杨廷和等都认为太过逾礼了，但是因为嘉靖抱了个如不依他宁愿退位的主意，为了避重就轻，他们不得不予以曲从。只是在要加"皇"字的这一点上，他们认为，无论如何也得顶住。于是杨廷和与蒋冕同向嘉靖奏道："汉宣帝继孝昭后，谥史皇孙、王夫人曰悼考、悼后；光武帝上继元帝，钜鹿、南顿君以上立庙章陵，皆未尝追尊。今若加皇字，与孝庙、慈寿并，是忘所后而重本生，任私恩而弃大义，臣等不得辞其责。"在这里，杨廷和与蒋冕使出了他们最厉害的也是最后的一招：自请罢斥。自请罢斥，原是久已有之的做法，但因历时已久，它的作用不断发生变化，到了明代，它已可表示很多的意义，有多种运用的方法。譬如，偶一不慎，把某件事办坏了，来个自请罢斥，可以既见自己知罪，却还表现出可以知而不论的意思。如果为人奏劾而自请罢斥，则是用以见出气愤，所想得到的却是加以安抚，或是温旨慰留。君臣之间如发生了深刻的分歧而自请罢斥，则是表示激烈的坚持，不依所请，当真就要摘纱帽了。杨、蒋二人这一次的自请罢斥，就是显出来有"不合则去"的那一种。这一招引起了很大的震动，一时上疏请留的人竟多达一百多人，疏中还都说到了称皇非是，杨、蒋必当慰留。在这样的形势下，嘉靖只好暂且妥协，下诏慰留杨、蒋，并且申明以孝宗为皇考，慈寿皇太后为圣母，问题暂时得以解决。

事情实在是决而未决，首先是因嘉靖很不甘心，他最恨杨廷和，觉得竟有那么多人上疏来和他作对，完全是由杨廷和扇动起来的。这口气嘉靖并不想忍下，他一定要设法把那些人拆散，这种什么都得由杨廷和做主的局面，再不能让它总是不变了。使事情决而未决的，另外还有个原因是来自张璁，他被迫出京也很不情愿。他觉得他的论疏已经得到了嘉靖的欢心，以前萧鸣凤预言的他能骤然而贵的话，好像已经有了一点苗头，这条路，他应照直走下去才是。他在南京刑部里还结识了一个也是身为主事的桂萼，他们不但很谈得来，而且桂萼也是在议礼这件事上留了心的，他也认为，从这条路上，可以尽力闯一下。桂萼是江西安仁县人，正德六年（1511）辛未科的进士，因为名列三甲，已经没有被选为庶吉士的可能，只做了个榜下即用的江苏省丹徒县的知县。桂萼这人志大才疏，生性又颇刚傲，惯于使气，因而和上官的关系总是搞不好，他到南京为官，便是几经波折，最后给挤到这个冷板凳上来的。桂萼比张璁更狡谲，他也早看上了"议礼"是一条捷径，又听说张璁已经上过疏文了，并得到了赏识，劲头儿就更大了，于是他便开始和张璁合作，一面共同研究历代入继为君的诸般史实，一面加意留心，看京中有些什么关于这一方面的情况。

张璁和桂萼，共同在南京研究了两年，在有关入继为君的种种问题上阅读了很多的史籍，他们觉得不论谈到这一方面的什么问题，都能从容应付了。关于京中的情况，经多方探索、联系，他们觉得情况也和以前大不相同。如今他们已经不是很孤立的了，在议礼方面，现在又有了霍韬、席书和方献夫等几个人，也是站在嘉靖这一方的。当然，他们也是一开始就受到了冲击，被当成了逢君干进的小人。这些人虽然都著有论疏，但敢于把疏文递进去的，却只有霍韬一人，而他的疏文一经递上，也就被逼得只好谢病回籍了。方献夫和席书，他们的论疏虽已写就，但都没敢上递，倒是因与桂萼素有书信往来，把疏文都寄给了他。他们又告诉桂萼，近来皇帝好像又有些动心，似已有了想把谢病回家的霍韬重新召回的意思。还有件更重要的事，便是阻力最大的大学士杨廷和，已经由于议论未合，致仕而去，朝中也有些松动了。张、桂二人仔细研究了这些信息，一致认为时机确实已到，于是决定先由桂萼上疏，再论继统与承嗣有别，同时还把席书和方献夫的两疏也都附上，并说愿将他们的疏文都交付礼官，如有必要，他们还可以入京与礼官面质。

嘉靖在这两年里，也读了些有关这一方面的书，他越来越觉得，自己并不像廷臣们所说的那样，尊崇生身父母乃是偏重私恩，有违古训。他的自信日增，所以在看了桂萼的疏文后，很想把张璁、桂萼、霍韬等都召进京来，加强自己的力量。恰在这时，嘉靖又收到了桂萼的第二疏，还有张璁的另一疏。张、桂二人在疏文中，所说之意极相近，他们都认为嘉靖入承大统，乃是本诸"兄终弟及"的古礼，高皇帝法前王，在他的《祖训》里也说过此事，这根本与那种为子为后之说毫不相干。现在主要的争持之点应是以生父为皇考，而不是在名号上做什么文章，由王而帝，又由帝而皇帝，其实都是些末节，最要紧的倒是这本生父之称，首先要去掉，不然则是，"父子之名既更，推崇之义安在"，实在没有什么意义了。"本生父"这个称呼，嘉靖早就感到不快了。因为他自嗣位以来，要以明孝宗为父，并称之为皇考，所以他的生父，便被定称为"本生父"，用来作为区别。他很不愿意这样，但又无法可想，只好强自忍着。如今看到了张、桂二人的疏文，才觉得，这些都是多余的麻烦，若按他们所说的来办，便什么事都没有了。他迫不及待，马上便下诏，命张、桂二人从速入见。

在这期间，嘉靖还有一件烦恼的事，便是他想为他的父亲兴献王建庙的事又受到了阻拦。反对建庙最激烈的一个人，就是大学士蒋冕，他不但以天变为戒，而且最后还力请致仕，表现出自己的坚决。嘉靖原来就认为，蒋冕是和杨廷和一个鼻孔里出气的人，他惯于以求去为武器，使嘉靖不得不暂时放弃自己的意见，并予以温谕慰留。如今在建庙上他又用这一手来要挟，嘉靖觉得，实在不能够再忍，便不再予以慰留，任其致仕而去了。另一个激烈反对立庙的人，是编修邹守益，他不但反对为兴献王立庙，并且还认为称他为皇考也不该。嘉靖认为邹守益人微言轻，对之不屑一顾，径直把他投入诏狱究治。另外还有修撰吕楠，御史段续、陈相，吏部员外郎薛蕙等人，也都因上疏攻击张璁和桂萼，被嘉靖投入了诏狱。

那时蒋冕已经离开内阁，阁中只留有费宏和毛纪二人了，费宏早在正德六年（1511）便曾入阁，但是到了正德九年，却为钱宁所陷，因而致仕家居。他重新入阁，是在正德十六年，明武宗已经去世，明世宗即将入京嗣位时，又被召回的。他重入阁时因资历略浅于杨廷和，所以只任次辅，杨廷和致仕后，费宏便继之而为首辅。费宏为人平易，对于议礼，他既不像杨廷和那样，处处以自己的见解为是，但又并不随声附和。毛纪是跟在杨廷和后面，依据旧说坚持过一番的，如今也正在亟亟求去，对于诸事已全无心过问。所以这时的内阁虽说尚有两人，但实际上在理事的，却只有费宏一人。由于费宏办事随和，他和嘉靖很快便达成了协议，称兴献帝为本生皇考恭穆献皇帝，又将已被称为兴国太后的兴献妃，也加上了尊号，称为本生圣母章圣皇太后。那时张璁、桂萼虽然都已被召，但是尚在途中，费宏认为既然尊号已定，再召张、桂入京已无必要，嘉靖认为实际确也如此，于是便命张、桂二人仍回南京。张、桂二人是在入京的路上接到命他们回南京的钦命的，但是他们却不想听命，因为他们都认为，此番进京，应是他们的飞腾之始，如何肯就此罢休？他二人计议了一番，便飞速回奏道："礼官惧臣等面质，故先为此术，求遂其私。若不亟去本生之称，天下后世终以陛下为孝宗之子，堕礼官欺蔽中矣。"他们这样一说，嘉靖的心又活动起来，不但重又让他们进京，而且还派了人去迎候他们，以便可以尽速赶来。

就在张璁、桂萼将次入京之时，又有石珤和贾咏二人先后入阁。石珤是在嘉靖三年（1524）五月入阁的，贾咏则略后于石珤，入阁是在那年的八月。石珤是个刚直敢言的人，在入阁前已经很是有名，嘉靖原以为石珤入阁对他可以有点好处，可以帮他说上两句，但他却不知道，石珤也是个守旧的读书人，在看法上与杨廷和、蒋冕等人无异，入阁后，在议礼上又给嘉靖带来了不少的麻烦。石珤在内阁一共干了三年左右，是到嘉靖六年，张璁将入阁时，被挤出内阁的。在他告归时，一切应有的恩礼嘉靖完全不予。石珤致仕出都，竟只有一辆装衣被的车子，他是一个人孤零零地上路回乡的。当时看到石珤这种情况的人，无不兴叹，认为历来宰臣去国，没有一个是凄凉至此的。贾咏是个庸才，无毁无誉，入阁时不过是凑个数，去阁时也是个凑数的，他也是和石珤一样，同时被挤开，让位给张璁的。

当杨廷和、蒋冕、毛纪三位大学士都致仕离朝后，在朝大臣对议礼的抵制显然已经减弱，但那气势像是转向了另一层，在卿士给谏之类的诸臣中，对抗的气势却大大增重了，尤其是那些年轻的官僚和词臣，就更是如此。在这些年轻的词臣中，杨廷和的儿子杨慎，无疑便是他们的带头人。杨慎是正德六年（1511）辛未科的状元，那时他年纪虽说只有24岁，却已经是当时极为知名的学者了。他得中时，正是他父亲杨廷和身为首辅之日。一般说来，当国的阁臣的儿子如果在甲科高中，都要引起很多议论，更不必说是中了一甲一名的状元。但杨慎得中状元，却是平静无波，甚至有人还说，他早就该中状元了，状元本来就是他已经捏在手里的了。正因为如此，所以杨慎很早便成了词臣中的领袖人物。在正德年间，杨慎便以敢作敢为而驰名于外，正德十二年（1517），明武宗微行出关，杨慎因为敢于抗颜切谏，被迫移疾家居，这倒使他的名声大振，使很多人都知道，他不但学问渊博，而且是个敢于正言的人。嘉靖初年，他以翰林学士而为经筵讲官，在为嘉靖讲书时，便常借机涉及时事，如他在讲《舜典》时，在讲到"罚赎"一项上，就大大发挥了一遍议论。他说，圣人设罚赎刑，乃是施于小过，使之能得自新；若是元恶大奸，则并无可赎之理。他的这一番话，乃是暗指太监张锐、于经二人的事来说的。这两名太监有罪当死,但他们各自贡纳了大量的金银,结果竟得免罪。杨慎认为这有违圣人之道,所以才这么说的。

由杨慎聚集和领导着的,这些反对议礼的词臣,以权势而言,自然远不及他们的父辈,如杨廷和、蒋冕、毛纪等人,但在气势、人数和行动上,却又比那些老臣要激烈迅捷得多,对于所谓的"议礼诸人",尤其是对于张璁和桂萼,他们对之都鄙视至极,认为那都是些无文无才,逢君干进,妄求富贵的无耻小人。对待他们,无论用什么手段都不为过。在他们得知张、桂二人已经奉召入京时便已商定,要等他们入宫前,在左顺门那里,施以群殴,把他们打成烂泥!之所以要选在左顺门,是因为那里是正统末年,众臣将王振的党羽马顺等群殴致死的地方,那里是在朝的正臣殴毙乱臣贼子之处,闹到法司,也有前例可援,应该无罪。这件事说来容易,做着却难。因群殴必须聚众,把分居多处的人要立即聚集起来,实在并非易事,而且时间难定,只能临时集聚才行,不能埋伏在左顺门附近,这样就更难凑巧了,所以欲得张、桂而甘心的人虽多,说得虽热闹,但张、桂二人还都逃过了他们的毒手。原来张、桂二人并不是同时抵京的,张璁先到,但他还在路上便已知人们要在哪里来暗算他了,因此他悄悄进京,暗自先躲了几天,然后才伺机入宫陛见,在左顺门并没有遇到什么。桂萼到得稍晚,他倒几乎入了重围,幸亏临时有人加以指点,让他逃入武定侯郭勋的府中,躲藏了几天,终于也得以平安地陛见了嘉靖。

杨慎等人策划着的围殴竟都落了空,又得知张、桂二人在陛见后又都被任为翰林学士,不由气愤难当。他们觉得翰林院乃清贵之府,如何能容得这两个卑鄙无耻的小人!于是他们联合起36人,共同上言道："臣等与萼辈学术不同，议论亦异。臣等所执者，程颐、朱熹之说也。萼等所执者，冷褒、段犹之余也。今陛下既超擢萼辈，不以臣等言为是，臣等不能与同列，愿赐罢斥。"紧跟着御史李学曾、吉棠等也疏论张、桂道："璁、萼曲学阿世，圣世所必诛，以传奉为学士，累圣德不少。"杨慎等36人，还只是说耻与璁、萼等同列，而李、吉等则更以为璁、萼乃圣世所必诛，连他们之得为学士，也竟是嘉靖的以传奉而任官的惭德了。

这次的斗争，以发展到集众跪伏于左顺门而达到了高潮。这是由于连日来的很多论疏都被嘉靖留中不发而引起的。在某天的朝罢以后，人们在退朝的路上谈起了论疏留中的事，当时的吏部右侍郎何孟春，因为他也有一疏被留，便谈到了前朝的故事，说是在成化年间，由于争持慈懿皇太后的葬仪，百官们跪伏于文华门痛哭，后来终于尽如所请的事。听到这故事的人都很激动，杨慎还趁机大呼："国家养士百五十年，仗节死义，正在今日！"编修王元正和给事中张翀同声响应，并将退朝诸臣拦在金水桥南，要求大家同去力争，并说，"今日有不力争者，必共击之！"一路同行的大臣，何孟春、金献民、徐文华等人也响应号召，于是众官纷纷又转回宫中，都跪伏在左顺门外，要求对他们所上的论疏，有个明白的答复。在这些跪伏的人中，尚书有金献民、秦金、赵鉴、赵璜、俞琳等人，侍郎则有何孟春、朱希周、刘玉，都御史则有王时中、张润二人。寺卿一列的人则已稍多，像汪举、潘希曾、张九叙、吴祺、通政张瓒、陈沾等，这些份属九卿之列的，共有23人。翰林院方面，则有詹事府侍郎贾咏，学士丰熙，侍讲张璧，修撰舒芬、杨慎等，共22人。此外还有各路御史、给事中，各部郎中、员外郎等人，合计共达二百余人。

这二百多人在左顺门外跪成一片，语声嘈杂，喧声直达于内。嘉靖最初对这情状颇为吃惊，他曾几度派出司礼监的太监们出去宣谕，劝大家赶快回去，不必等在这里。并说，事情总归要办，办法如何，自有后命。但众官集齐，并非易事，因此都想早点有个确实的信息，因而虽经多次出谕，却仍无人肯动，仍旧跪伏如故。有人还喊出话来：必得俞旨，乃敢退！双方各自坚持，往返多次，不觉日已过午。嘉靖此时终于失去了耐性，竟派出了锦衣卫校尉多人，到众人跪伏之处，抓去了翰林学士丰熙、给事中张翀、御史余翱、吏部郎中余宽、户部郎中黄待显、兵部郎中相世芳、寺正母德纯等人，说是这次的事情是这几个人扰起来的，所以要把他们先自投入诏狱。在锦衣卫校尉们收捕丰熙等人时，杨慎和王元正等为了表示抗议，率领别一些人，一齐撼门大哭，哭声直达内廷，更激怒了嘉靖，他又传谕，命将在那里的人，凡属五品以下的，一律先都逮入狱中。他还告谕金献民、何孟春等大臣，且各自外出候罪。这时已是第二次的收捕之后，余下来的，已经不足百人，而且多是官级高年纪大的人，像杨慎、王元正那些年轻气盛的人，也早在第二次收捕时被抓走了，因此余下来的人，已再无余力，只好随着金献民等退出宫去。

次日嘉靖怒犹未息，命将昨日所捕诸人，各自予杖。这次的廷杖，其人数之多，杖死者之众，都有过于以往的各次廷杖，受杖者共达一百四十余人，受创过重，因而死去的，也有16人之多。杨慎、王元正、刘济、安磐、张汉卿、张原、王时柯这7人，在初次予杖时，原已在数，但因事后又有人向嘉靖进谗，说是那次伏门呼问，撼门痛哭，领头的都是杨慎等7人。嘉靖认为首恶难贷，距初杖才只有10天，便又命将这7人再行予杖。这次的杖刑，又有张原死在了杖下。杨慎、王元正、刘济这3个人，不但再次予杖，而且还要流戍。王元正的戍地是茂州，他在那里一直未被赦归，后来就死在了那里。刘济的戍地是辽东，他和王元正一样，也是一去无回，竟死在戍所。杨慎的戍所是云南永昌卫，他的杖创很重，但又要即时上路，只是略经治疗，就被装在驼轿里，走上了戍途。他上路时，还得到了有人想在半路来劫杀他的信息。原来在杨廷和当国时，曾为减除耗费，斥退了不少冒滥得官的人，这些人为了报复，竟集结起来，想在杨慎去戍所的路上把他杀掉，以雪旧恨。但是杨慎伤势虽重，心智仍清，他得知此讯后，躺在驼轿里加意指挥，在路上或走或停，或快或慢，全依来势而定。这样双方斗智，杨慎终于甩开了对方，平安无事地到达了戍所。杨慎到戍所后，比王元正和刘济的情况都好，他在那里不但可以到附近地方随便游赏，不时还可以回到他的老家新都去看看。杨廷和去世时，杨慎也得以赶回到新都，参加了他父亲的葬礼。他虽不时可以回家，但却不能久居，住到一定的时候，便会有人来催他回到戍所。在他年纪已有70岁的时候，一次家居过久，戍地巡抚竟派了四名指挥来到新都，把杨慎押了回去。杨慎也是在戍地去世的，那时已是嘉靖三十八年（1559），他已经72岁。

经过了那么大的一次廷杖，敢于出面反对议礼的人，或死或逐，去得已差不多了，朝廷上也宁静了一些，不像以前那样，老是争论不休了。但是表面上虽则如此，其实那些议礼诸臣的日子，并没有好过了多少。他们还是随时承受着鄙视的目光，被人们认为是一伙寡廉鲜耻、逢君干进的小人。在这种鄙薄的目光下，张璁和桂萼只有并力进取，尽力拉拢起一些他们的同道，结成个小圈子。作为翰林学士，张、桂二人编成了两部书，一部是《大礼集议》，另一部是《明伦大典》。《大礼集议》是集议礼诸臣写过的文章于一处的一本汇编或总集一样的东西。《明伦大典》则包罗得更广，倒真有些议礼全书的样子了。这两书修成后，张、桂二人先后又都入了阁，集聚在他们周围的人也更多了一些，但张、桂二人的日子并不好过。这该说是"物以类聚，人以群分"所造成的结果，集结在他们周围的，也和他们一样，是以趋利为务，想动动脑筋，想一些点子，在议礼上捞它一票的人。他们渐渐看清了，皇帝为了尊崇其所生，让他拿出什么来都不会吝惜，所以他们便不断地想些怪主意，要给嘉靖的父母加上各式各样的尊号。后来，嘉靖的父亲，兴献王朱祐杬已被尊为恭睿渊仁宽穆纯至献皇帝，他的母亲也被尊为章圣慈仁皇太后，真是已经尊而又尊，重而又重，只差着让他们称宗祔庙了。

说到称宗祔庙，这种事在他们那一伙人里，并不是没有人提过，而且提出来的人还不少。不过都是才一提出来，便被张、桂二人拦下了。张璁和桂萼虽都以议礼起家，但他们所说的却都是于礼有据的，还没有为了想要邀宠而乱来过。他们知道，称宗祔庙，必须是生前曾在位为帝的人，才具有那样的资格，以一个生前只是个藩王的人，硬想安到太庙里去，可真是离谱太远了！他们从开始至今日，所作所为都是于礼有据的，还要受到众人的歧视和唾骂，若再做些这样的事，更不知人们会要怎么来对待他们了。但压下这些混乱的想法，实在很费力，因为贪图富贵的人们的邪念，是此起彼伏，无止无尽的。

到后来，这"称宗祔庙"的事还是有人提出来了，而且历经挫折，还是得到了成功。不过提出这件事的人，却并不是围在张、桂左右的那些人，倒竟是参加过跪门伏哭，后来还受过廷杖的丰坊。

说起来丰坊此人非他,乃是翰林学士丰熙的儿子,而这丰熙就是在那次跪哭事件中最先被捕的一人。那次事件时,丰坊只是个才被分入部中为主事的新科进士,在那次被杖后,他的父亲丰熙被遣戍到福建镇海卫,他则只受到个落职家居的处分。丰坊这人,博学工文,兼通书法,这些地方都和他的父亲相似,但他的生性和为人,却与他的父亲相差得很远。丰熙是个坚定正直,可以舍生取义而无悔的人,他去伏哭全出乎卫道之心。丰坊可并不是那样,他去伏哭,不过是随波逐流,被卷进里面去了而已。他受到了挫折,实在沮丧又后悔,他甚至觉得,能像张璁和桂萼那样,以片言而致通显,其实是件很可羡的事,他也很想学学他们。但是,在他父亲丰熙还活着的时候,他不过只敢暗自想想,真做他却不敢。因为他知道,如果他真那么干,头一个饶不过他的,就一定是他的父亲。嘉靖十六年(1537),丰坊的父亲在戍所去世了,他家居贫困,这使丰坊更常常胡思乱想。那时桂萼已经去世,张璁也致仕回家了。在内阁中,首辅已由李时换为夏言。那夏言也是一个以片言而致通显的人,这就更鼓舞起丰坊的心气来了。于是他在嘉靖十七年诣阙上书,说到了兴建明堂的事,又说献皇帝宜加庙号,称宗入庙,与上帝为配。嘉靖得到丰坊的奏本很高兴,因为丰坊所说的,正是这些年来他所常想的。不过,他虽然常想,却因无人提到,所以总干不成,如今有了这个丰坊,他开了个头,文章便好做了。其实文章并不好做,因为生前未曾即位为帝,而竟得称宗入庙的,从来便没有过,实无前例可循。而且,若真入庙,也很难办,给神主安置个地方都难。如果以入庙的先后为序,把它安放在明武宗之下,那便成了侄上叔下。长幼颠倒了,这于礼似乎未合。如果把它安放在明武宗之上,辈分上倒合了,追论起来,却又很为不妥。因为兴献王一直到死，都是明武宗之臣，每逢朝见还要拜见他的侄儿，如今忽然让他居于上位，想来便觉得很不合适。况且，如果死者有知，他们一旦相见，兴献王何以为容呢？所有这些问题，丰坊在上书时，连想都没有想过，不过是发了一番空论，只是硬说献皇帝该有个庙号，加上庙号后，便可以直配上帝而已。他以为，张璁和桂萼以议礼而通显，就是像他那样，想到什么，随便一说就行了。他却不知，张、桂他们每说一事都有充分的准备，既有可供廷议的疏文，又有密疏说到疏文的来龙去脉，还有预驳异说的要点，以备嘉靖在突然遇到驳议时，自己可以应付一阵，然后再由他们把驳议完全推倒。丰坊这次上书，完全没有像这样的准备，所以嘉靖在初次遭到驳论时，几乎给问得张口结舌，很觉狼狈。嘉靖还从来没给弄到这么窘困过，所以很气恼丰坊的疏忽，后来又得知，丰坊原来竟是那个领头闹事的丰熙的儿子，更疑心丰坊也许是故意来这一手，惹点儿麻烦的。这么一来，嘉靖就更厌恶丰坊，决定不再找他，而是亲自带头来和反对者们应战了。经过多年的议礼，嘉靖也历练得很有一套，甚至自己觉得，他已经到了可以制礼作乐的地步了，而且，张璁、桂萼虽说都已离朝，但由他们网罗下的议礼诸臣，在朝的还很不少，有了他们，不拘遇到什么，总还可以应付。这么决定了，嘉靖便发动那些议礼之臣，让他们先起来造成了声势，而他自己则退居幕后，在暗中指挥。这样，他对于这事，倒成了个仲裁者，他认为是的，便加以肯定；他以为非的，便予以阻挠，事情倒办得很是顺利。

"称宗祔庙"一事，经嘉靖自己在幕后操办，果然很不费力，献皇帝居然竟有了称为"睿宗"的庙号，神主不但祔入太庙，而且跻居于明武宗之上。过了几天，嘉靖又大享上帝于玄极宝殿，配享上帝的,竟是才具庙号的睿宗。嘉靖的各项愿望,至此可以说全部都达到了。但是,首先提出"称宗祔庙"之说的丰坊,他的希望却落了空,他的处境,一点儿也没有改变。

十二 朝臣门户之渐兴

嘉靖一朝，为时共历四十五年，在这段时间里，最为人习知的事情有二：一是嘉靖初年的议礼；其次则是因议礼而形成的拉帮结派的习气，终至形成了朝臣之间的门户之争。这种门户之争，此后一直纠缠着，就是到了明代已亡，苟延残喘，在江南辗转立国的南明时期，这种门户之争，还是愈演愈烈。在明代建国之初，大臣们之间，或是由于乡谊，或是由于志趣，彼此往来亲密，相互为助，好像有个派系似的，那样的情况，并不是没有，但那种情况都为时极暂，而且他们彼此之间，也并没有形成一个不问是非，只论同异的显然的派系。形成了那种只讲异同，不问是非的派系，则是以张璁、桂萼拉拢议礼诸人而首开其端，此后拉帮结派已经成了必要的手段而愈演愈烈，到了严嵩和夏言之间延续多年的明争暗斗，人们各自相结，自成门户，便牢牢地成为了一直持续到明末的习见之事。

张璁在他最初向嘉靖进上"继统非嗣后"之说时，对于历代入继之君的各样情况，并没有什么较深的研究，他之写成此说，不过是仅就自己所知，为嘉靖提出一点可为依据的理由而已。在他把疏文递上去之后，好的和坏的两方面的情况，都超出了他的意料。好的方面，他本来就希望，嘉靖会因而见喜，使他的前途稍见顺利，但嘉靖对他的疏文竟如此看重，很快便交付廷议，还是很让他喜出望外。坏的方面，廷臣会不以他所说的为然，这也是他曾想过的，但是这些人一下子竟把他看成了洪水猛兽，觉得不可与同群，却还是让他很意外。为了应付这种意外，他又尽力筹思，写成了那篇《大礼或问》递了上去。在那篇文章里，他把自己所想到的，廷臣们在议礼问题上，或许会有的进攻，都拟出了一些应有的驳复，让嘉靖可以用来对付他们。他原想着，此文一上，他的现状会有好转，说不定皇帝还会赐以召见。但更出乎他意料的是，他却被匆忙调离北京，给赶到南京刑部里去了。从京里外调南京，这是无形的降调，张璁深为沮丧。他这才认识到，他所面对的是一股多么强大的势力，要顶住他们，只有更进一步，赢得皇帝的倚信才成。他是个好胜而热衷的人，在离京南下时，便已下定了决心，偏要在议礼这条路上，闯出一点名堂来给他们看看不可。他原想，到了南京，自己要潜心读书，专把有关议礼这一方面的问题好好来研究一下。不想，在南京刑部，他竟又碰上了桂萼这么个同道，也想在这上面闯出一条路来。他们志同道合，相互研究，既不寂寞，进度也快，相互研究了两年，他们自己觉得，实在已能问世，在入继为君的礼仪方面，无论什么问题，他们已经很有一套，都可以应付自如了。

桂萼入仕要比张璁早着十年，他是正德六年（1511）辛未科的进士，由于中在三甲，名次太低了，能够留在两京的机会已经不多，中式后只好走上了在宦途上说来是最艰辛，升迁最慢的，出任地方官的道路。但是这也并非全无好处，作为外官，不但丰富了他的经历，也磨炼了他的应变能力。最初，桂萼是被任为丹徒县的知县。丹徒是靠近南京的一个大县，事务很繁，上官又多，应付着很不容易。桂萼这人又很傲狠，常常就会无意地得罪了上峰，因而他的仕途也就越发艰难。然而桂萼有一股韧劲儿，他左冲右突，不断营求，到底还是找到了一条被调往南京刑部的道路。同是调往南京，在已是京官的张璁看来，那是一种降调，感到很是沮丧；在为外官的桂萼看来，却已经是跨上去了一步，很可庆幸了。处境不同，感觉各异，自来便是如此。张璁和桂萼二人，在南京刑部会面以后，由于官位相同，又都是蹭蹬半生，满腹牢骚的人，所以很谈得来。在谈到议礼的问题时，他们才又发现，彼此的看法也竟相同，都已暗自觉得，这或许是迅速飞升的一条捷径。于是他们携起手来，相约着要在这一方面闯出一条道路。他们一面读书，一面也留心看在议礼方面所发生的各种情况。不久，他们便已探知，在张璁之后，继之而起的，又有了霍韬、席书、方献夫等人。不过他们也都是被压得声气毫无。这使张、桂二人感到，要想争胜，这么零散地干绝无可能，非得把这些心意相同的人都联成一气才成。这样，他们在南京时，一面日夜加紧研究，一面还在广结同道，以备日后有了机遇，可以联结起来和压在头上的势力相争。

张、桂二人自从被召入京，被任为翰林学士后，就更感到，把自己的力量尽量集结起来实在非常必要。他们初入京时，都是冒了会被群殴致死的危险才得到陛见的，而在陛见之后，他们身上的压力就更大了，到处都受到冷眼，到处都遭到鄙夷，大有不以他们为人的样子。他们只有忍气吞声，埋头苦干，依靠着皇帝的支持，才能把日子强混下去。到他们修成了《大礼集议》，和他们声气相通的人，才渐渐多了起来。这时，嘉靖和那些围在他们周围的人，都很想张璁和桂萼能够由会推入阁，张、桂二人也很有这样的想法。但他们又都明白，这不过是空想而已，事实上是不可能的。因为以传奉为学士则易，以内旨任阁臣却难。以传奉为学士，不过是予人以口实，认为那不只是受任者的终身之耻，而且也有累于君德，但可以得官，却是靠得住的。任阁臣而不经会推，则会被认为非法，必须首辅予以认可，不予封驳才能成事。一经封驳，便算完了，弄不好还要受到言官们的疏论。用中旨径任这个方法，就连嘉靖也不敢轻试，因为以那时的首辅而言，任用张、桂是必然会被封驳的，而一经封驳，给人的印象更坏，以后就更难办了。嘉靖别无他法，只有尽力宣扬己意。每逢将要会推阁臣，他一定要向会推的诸人多予示意，表明他想要得到的是什么人，或是直接加以探问，问问他们，张、桂二人可会被推出吗？嘉靖还多次用过他那最后批定的特权，常将会推出来的名单全部退还，说是一个也不合意，谕令廷臣再推。但是，尽管如此，张璁和桂萼还是难于被推出，因为他们的名声太差，没有人肯提他们，如何能推出呢？那时的阁臣共有费宏、石珤、贾咏三人，首辅费宏是在杨廷和致仕后入阁的，他极为聪明，办事很从容。虽然他与杨廷和并无两样，也是反对议礼，非常鄙视张、桂的人，但他做起事来，却不像杨廷和那样的剑拔弩张。他不争小节，在大端上却又分毫不让。表面上他倒像是允执厥中，调和着双方，暗地里，他却又不断地裁抑着张、桂，让他们行事不便，有口难言。张、桂二人原以为费宏要比杨廷和容易对付，不想实际上他倒更难办。他们筹算再三，觉得只有去掉费宏，他们入阁才可有望。又因为只有首辅才有封驳权，这继任费宏为首辅的人，又至关重要，必得是个对他们有好感的人才行。这个人，他们选中了杨一清。之所以会选到他，首先是杨一清在正德十年（1515）时已经入过阁，再行入阁就不用再经过会推，只要皇帝召用就行了，不像初入阁的人，要很费力。其次是，杨一清初入阁的时间虽然晚于费宏，但比石珤和贾咏却早得多，依照惯例，他被召回之后，在阁中的名次只在费宏之后，而在石、贾二人之前，费宏去后，接任而为首辅的，便只能是他。还有，也是极重要的一点，便是杨一清从不反对议礼，并且还赞扬过议礼的文章，他曾不止一次地向别人称道过张璁和桂萼的文章，说他们的议论很称得上是周密精到。

张璁和桂萼计算已定，便不断向嘉靖称道起杨一清，希望嘉靖能把他召回重用。嘉靖也知道，杨一清和杨廷和、蒋冕、毛纪那些人不同，召回他来，或者竟真会有些好处。于是明世宗便在嘉靖四年（1525）十一月下诏，把杨一清重又召回内阁任职。以入仕的先后而言，杨一清比费宏要早十五年，他是成化八年（1472）壬辰科的进士，而费宏则是成化二十三年（1487）丁未科的。杨一清入仕虽早，但因为是中在三甲，没有希望能入馆选，只得辗转于部僚和外官之间，在仕途上走的是较为迂缓的道路。而费宏却与他不同，他是丁未那一科的状元，升腾得快，所以入仕虽迟，入阁却早，杨一清在入阁的先后上，又比不上费宏了。杨一清重行入阁，也只能在石珤、贾咏之先，做个次辅，如想让他做个当国的首辅，还得设法把费宏挤走才行。却巧，那时又正碰着了机会，费宏的儿子那时正因有罪在乡中入狱，消息传来，张璁和桂萼便指使在他们一方的人攻击费宏。那时张、桂二人集聚起来的人数已经略有可观，初步具有可以建立门户的规模了，所以攻势一起，有不少人上疏奏论费宏。费宏被劾，首先便是依从惯例，不断上章求去，用以测探情势。嘉靖对费宏求去的反应是不冷不热的，他只照例下诏慰留，而对于上疏劾奏的人，却只静以待之，毫不责怪。这种态度，对求去者并非好事，所以论奏者更是蜂拥而来，言官王邦奇，甚至把费宏和杨廷和牵扯起来一并攻击，说他们一向便是以党同伐异，排除异己著称的。在这样一种浪潮下，费宏没能够顶住，最后只好致仕而去。

赶走了费宏，杨一清便依次而得任首辅，张、桂二人入阁的道路便畅通了。嘉靖知道，若想他们能由廷推入阁，还是分毫无望，还是得走以中旨任命的那一条并不怎么光彩的道路。他先解决了张璁入阁的事，嘉靖六年十月，嘉靖以中旨命张璁为礼部尚书兼文渊阁大学士入预机务。此后又过了一年多，在嘉靖八年二月，他又以中旨，命桂萼为吏部尚书兼武英殿大学士入预机务。这两次中旨，都是在杨一清为首辅时下的，杨一清不以为异，没有封驳，所以张、桂二人才终于得遂大愿，成了阁臣。

张璁和桂萼都是半生坎坷、久被抑压的人，因而养成了一种偏激之性，议礼以来，又受到了种种打击，这使他们的这种性情更自加深。到了他们终于得遂大愿，入阁为相之时，最先忙着的不是别的，首先便是寻求旧怨，加意报复。张璁初入阁时，虽桂萼还在阁外，但他已经迫不及待地要动手雪怨了。最先受到他报复的便是杨廷和，他给杨廷和立下的罪状是："谬主《濮议》，自诡门生天子、定策国老，法当僇市，姑削职为民"。当时与杨廷和同为阁臣的蒋冕和毛纪二人，当然他也绝难放过，结果蒋冕受到了"落职闲住"的处分，毛纪也以胁从论罪，受到了"夺官"的处分。

桂萼是在《明伦大典》已修成的次年才得入阁的，那时他们已红极一时，围聚在他们周围的人已有很多，声势也极大，可以说是门户已成，干一些打击报复，构陷排挤的事，早已成为极习见的事了。那时石珤、贾咏都已去职，留在阁内的阁臣共有首辅杨一清，次辅翟銮、张璁、桂萼四人。次辅翟銮，人极软弱，是个扶不起来的人。而且他早就知道，他之得以入阁，乃是由于人们要用他来挤掉张璁，才把他胡乱推出来的。他自认是个可以由人摆布的人，所以不论自己的地位如何，总是愿意唯唯诺诺，听别人的。对于张、桂二人，他早知道他们都是有大来头的人，自然更不敢多说什么，而且事事唯命是从。首辅杨一清，虽说他原很赞赏张、桂二人，而且又还知道，他之重新入阁，乃是由于他们二人的推荐。为此，杨一清倒也时常让着他们一点，不和他们过于计较。但是杨一清可不是像翟銮那样的人，他有自己的主见，不能事事都依着他们。但张、桂二人却是容不得有人和他们有异的，所以两下里终于不能和平相处，不断总要有些摩擦。像锦衣卫指挥疏劾张璁，引起了他们之间的冲突一事，就是极常见的例子。原来，当时有个名叫聂能迁的锦衣卫，因不满于张璁的专横跋扈，曾具疏劾他。嘉靖命内阁拟旨，予以发落。张璁想为自己立威，使别人再不敢随便碰他，主张拟一严旨，把聂能迁置于死地。杨一清却以为，聂能迁罪不至死，主张从宽。内阁拟旨，最后的决定权一向掌握在首辅的手里，终于聂能迁是被从轻发落了。张璁虽不能越俎代庖，改从重处，但为此却大出恶声，骂杨一清是"奸人""鄙夫"等。从此，张璁便起下了驱除杨一清的念头。那时张、桂二人的门户已渐形成，张璁想赶走杨一清，不仅自己先行具疏论奏，还发动了他的党羽黄绾等人，也纷纷论劾。杨一清在被论奏后，虽然也一如惯例，上疏求去，但他却不只是求去而已，在疏中，也揭露了张、桂二人的许多劣迹。最后他还说："今持论者尚纷更，臣独主安静；尚刻核，臣独主宽平。用是多龃龉，愿避贤者路。"嘉靖对于杨一清是很早便已颇有好感的，早在他还是兴邸的世子之时，他的父亲兴王便常对他说，在朝中为官的刘大夏、李东阳、杨一清这三个人，真可称得上是"人中三杰"。在他入朝为君，终于见到了杨一清以后，他觉得，杨一清果然正直通达，胸怀宽广，足证他父亲品评得不差。有这种先入的好印象，所以每逢杨一清与张璁、桂萼等意见不合而上疏求去时，嘉靖总要以温谕加以慰留。如今见到杨一清又以避位让贤为请，不觉又以手敕予以慰留，其中还说到张璁过于逞能，恃宠不让，良为可叹云云。被天子以手敕予以慰留，并不是常见的事，这很能给杨一清增荣、增势，在那手敕中还论到了张璁的短处，并说出了可叹的话，很像是对张璁的宠信已临近了尽头。朝中以观风为能的人很多，不觉便已经有一些言官开始奏论张、桂二人，说他们一向便"擅作威福，报复恩怨"。嘉靖对人们所论的这两点，也已早有所觉，看到切至之处，不觉性起，竟将张、桂二人都罢了官，让他们即行致仕回家。

张、桂二人正当志得意满之时，忽然受到这么严厉的一种处分，真有如突遭雷打，不知何以自处。他们心想，自己在人们的意念中，形象太坏，留在京中实很不便，因而自奉命后，二人果然都不再多留，立即收拾上路，以免再惹不便。他们这么仓促而去，给人们一种逃祸的印象，那时前来依附他们的人已有不少，但为时不久，心绪未宁，见到他们如此而去，不觉也都极为惊慌，不知如何是好。当时，在他们那一伙中，权位最高的首推翟銮，他那时还是次辅，照说原该有所作为，可以做点安定人心的事。但是他这个人实在是软弱无用之至，连他自己都慌了，更别说安定抚慰别人了。倒是一直总没能入成阁的霍韬，反倒挺身而出，一面安抚众人，一面又连上两疏，为张璁和桂萼辩白，竭力说明，那些劾疏都是由杨一清指使安排的，望祈明察。嘉靖一时斥罢了张、桂，原是暴怒忽发干出来的，他们走后，特别是张璁走后，嘉靖却又很感不便，看过霍韬的救疏，怒意早消，而且正也可以借此把张、桂再召回来。

他并不稍缓，即刻派人先去追赶张璁，务要尽快把他赶上，要他回来。张璁是走到天津的时候就被人赶上的，他回乡时是在八月，回到京里才只是九月，罢而复回，仅一月的时间，这种特异的举动，倒使张璁的气势为此增长了不少。召回桂萼，要比张璁稍晚，他回到京中，已经在十一月间了。张、桂的罢而复召，让人们明显地看到，皇帝的心意又转了方向，论奏他们的人早静下来了，杨一清终于也致仕而去。

张璁对于他的突然被罢，产生了很深的感触。他原本以为，自己是最得君心的，几乎每事都可以任性而为，这次被罢，才使他想到"君心无常，祸福难测"这句话真是前人们历久探索之所得，不可不信，此后他还要时刻多加小心，才可无虞。还有，他这次之被迅速召回，全亏霍韬和下属诸人纷纷疏救。这情形更让他感到，建立起个门户来，真是极有用，今后应该把门户更加以扩张才是。他还感到，他与桂萼的关系，此后也要改善和加强，才可以站得更稳。他与桂萼，原本是志同道合，相互砥砺的好友，但在入阁以后，彼此各有所务，不但往来日疏，而且有时还不免有些摩擦，这个苗头可不能再发展下去，也得马上改过来。他的改正之举，便是以促请嘉靖从速把桂萼召回来为始。嘉靖原不想很快便召回桂萼，是由于张璁的不时恳请，他才把桂萼也在年内召回来的。

为了赢得君心，张璁做了不少安排，但他总还觉得，这些都还不够，总得有点什么特别的举动才行。他苦苦思索，本来还想再在兴献帝身上做点儿文章，但是这个题目早已做到尽处，再也挖不出什么来了。苦思之余，张璁灵机一动，在他自己的名字上倒想起了个妙招，觉得那倒是个固宠的好办法。他马上上疏，说是他的名字，与圣讳中的一字，字异而音同，每一念及，总觉得五内难安，因此早想改个名了，以免久渎圣讳。如果圣上肯赐以嘉名，则更恩同再造了。他名叫张璁，嘉靖名为朱厚熜，"璁"与"熜"，形义各异，原不在避讳之列，就是拿到避讳盛行的唐代去，也不会被人认可。如像晚唐的诗人李贺，他的父亲名叫李晋肃，考官要卡李贺，硬说"晋"与"进"同音，不许他应进士试。这事在当时便引起了不小的风波，人们都说这种讳法，真正是无理取闹。"晋"与"进"不必讳，这与"璁"和"熜"不必讳，二者极相似，张璁竟想到这条路上来，真可以说是挖空心思了。这种用心，立身以正的人，会感到不齿，但是嘉靖可没有想到这些，他本是个极喜有人崇敬奉承，而且不会多思、深思的人，张璁能够这么做，倒让他特别的高兴，马上便以手敕予以嘉许，并特赐名为孚敬，字茂恭，还把这"孚敬""茂恭"四字，特以御笔大书，赐给了张璁。

经过了更名一事，张璁和嘉靖之间的关系果然大有改观，原来已经日渐疏淡的状况，重又密切起来。嘉靖无论大事小事，又开始总要先和张璁谈谈，听听他的意见。张璁自改名孚敬后，也极想重新做人，言谈举止都力求正重，想要借此改变朝中诸人对他的不良看法。那年的八月间，桂萼忽又去世，张孚敬感到自己缺了个很大的依靠，想要改变人们对他的看法的心，更加急切了。为了收拾人心，他做了一些能见好于时人，却与自己并非有利的事。在维护张鹤龄、张延龄兄弟的事件上，他竟甘冒着与嘉靖直接冲突的危险。这二张兄弟，乃是明孝宗的皇后张氏的兄弟，张氏在嘉靖嗣位后，因议礼的关系，与嘉靖的情谊一直并不够好，在嘉靖的生母入宫后，张氏和她相处得也不很和美。最后，她虽被加称为昭圣康惠慈寿皇太后，但已改称为皇伯母，她更感到不安。嘉靖对张太后也是尊而又恨。嘉靖十二年（1533），嘉靖为了给他的生母蒋太后雪恨，把张鹤龄、张延龄逮入诏狱，要以谋反论罪，把他们杀了。张氏兄弟在外作恶多端，惩办他们原极应该，但想以谋反罪处决他们却是故加以罪，而且人们也都知道，这是为了蒋太后而做给张太后看的，也都觉得不平。这事，很多人都曾为之恳请，但又全都无效。最后张孚敬又再三力请，才使狱事稍缓下来，张鹤龄竟得死在狱中，张延龄也是等到张太后去世以后，才被处决的。不畏艰险，终保下了二张，使张孚敬受到了很多人的喝彩，就是那些在议礼时受过挫折的朝臣，为此事也称赞了他。张孚敬自己也感到很得意，他越发小心，更多做些这一类的事，渐渐竟至以为自己已经得众，在人们眼中，已不是以前的那副形象了。但是到了他和夏言起了冲突之时，他才知道，要想改变形象，只靠着他的那点儿作法差得实在还远，在人们的心目中，他还是那个被人轻贱的、逢君之恶的佞臣，夏言才一和他相斗，人们便都趋向夏言，把夏言当成了他们的英雄。

夏言比张璁年轻，但若以入仕的先后而论，夏言却还要早些。他是正德十二年（1517）丁丑科的进士，比张璁要早一科。他这人机敏多智，很早便以能文著称，因此也很自负。但他虽能文，在科场上却并不顺利，他考在三甲三名。考在三甲，能被选为庶吉士，入为翰林院之臣的机会已经没有了，就是想被留在六部任职，可能机会也已不多。夏言中试后，是以行人司的行人而入仕的。行人一职，只有八品，品秩虽低，但它是个专为天子跑腿的小官，总还勉强可以算个官职，多少也还是个能够稍近天颜的角色，所以夏言倒还感到满意。夏言是个极有见地，又颇能言敢言的人，每次出行归来，在奏述出行情况时，常在奏中说些一路的所见所闻，还讲些自己的看法。这些事他做得很出色，因而不久便被擢升为兵科给事中，终于正式成为朝中的言官了。成了正式的言官，夏言进言更加方便，说得也越多了。在嘉靖即位之初，夏言便因上章言事受到嘉纳。后来他又多次奉诏出去办理各项事务，都以办事精敏、议论深至而见称于时。很早，嘉靖就在心里留下了夏言的名字。但是，他的骤然而起，还是由于他上书主张天地分祀，正好与嘉靖的想法暗合，才一下子对上了劲儿。

由于议礼，嘉靖也不断地读了一些有关的书，大礼议定，嘉靖觉得自己已经学而有成，很想有些兴作了。他曾有过这么一个设想，打算分建南北二郊，分祀天地，与东日西月综而为四，以时分祀。他很为这种想法得意，便先将这个想法说给了大学士张璁，想让他先与诸臣共议，看看是否可行。张璁是在杨一清致仕后，继之而为首辅的，此事，《明史》曾特别提明："一清遂罢去，璁为首辅。"史有明文，当然应有此事。但事却与明代阁臣升进的惯例有违。杨一清去后，阁中留下来的，计有翟銮、张璁、桂萼三人，以他们入阁的时间而言，翟銮是嘉靖六年三月，张璁是六年十月，桂萼则是八年二月。以入阁的先后而论，无疑是翟銮最早，张璁居次，依照内阁的惯例，接替杨一清为首辅的，应该是翟銮，而不能是张璁。这种不依历来惯例的做法，纵观有明一代，是仅有的一次。这可能是《明史》有误。然而实际就是如此，却也可以找出不少的原因。首先，翟銮能在那年三月入阁，顶的原是张璁的位置，嘉靖原来便想让张璁入阁的，但是会推诸臣有意抵制，偏偏不推张璁，却硬把翟銮推了出来。嘉靖一向便把翟銮看成是张璁的替身，在升任首辅时，硬把替身拉开，让正式的上去，也不是没有可能的。再就实际而言，翟銮这个人也真太无能，太软弱，太不够个首辅的材料。不但是张璁他不敢不让，就是比张璁更后入阁的桂萼、李时、方献夫等人,他也甘拜下风①。

　　张璁自为首辅以来,做事比以前更是小心在意,不敢与时有异,他想在这上面取悦于众人,希望能够改变自己的形象。如今忽见嘉靖想出了这么个天地分祀的办法,要他在这上面研究实行,不觉深感为难。一则是,他对于这些实在是毫无研究;二则是,他在朝多年,已经有了经验,他知道,朝中诸事总以"率由旧章"为好,不拘什么,只要稍微想要有点变动,便会遭到反对,甚至是群起而攻。议礼一事,便是活生生的例子。他自己的形象给搞成这么坏,便是由议礼造成的,如今又出新意,岂不更糟?然而这却又是皇帝自己想出来的新招,总不免要敷衍一番。于是他只略说了几句此事自古似未尝有的话,便又说,不妨让他拿出去,和几个议礼的人物先行密议一番,看他们以为如何。议礼诸人,像霍韬、席书、方献夫等,他们对于此事也都颇无所知,说不出个什么来。最后倒都附和了张璁的意见,让他代表大家,就向嘉靖回奏,此事于古无据,似可不必再行深求。嘉靖一向最佩服张璁,见他与各位重臣都这样说,也就悄悄作罢,不想再提它了。不想就在这时,竟突然得到了夏言所上的请分祀天地的一疏。夏言的这一疏来得可真是巧,竟好像约定了一样,正在需要它时,它就来了。夏言会不会是知道了他的想法,特意来讨好、凑趣呢?想来绝不会。这并不像议礼,吵嚷得到处都知道了。这不过是他偶然想过一下,只告诉了张璁,只让他和很少的几个人议过一次。夏言的官小,和张璁等人见面都难,如何能够知道呢?一定是他也正想到了这回事!嘉靖想到,夏

---

① 《明史》:"璁初入阁,一清、谢迁辅政,既而孚敬与桂萼入,璁皆谨事之。……其后李时、方献夫入位,皆居璁上,璁亦无所怫。"

言竟然和他一样，一时都想到了天地分祀的事，非常之高兴。他觉得，人们称两个心意互通的人，说他们是"心有灵犀一点通"，他和夏言，真也有点像心气相通的样子。嘉靖越发高兴，于是把夏言的疏文交给张璁，让他拿到廷议上去，和廷臣们详议。

张璁拿到嘉靖交下来的疏文，心里极其不快。自议礼以来，他们这些议礼之臣，很自然地都成了嘉靖的近臣，事无大小，几乎所有的事都是由他们这些人来承办，尤其是有关礼制的事，更是只有他们，不许落在别家。如今，忽然从半路里杀出个夏言来，一个小小的给事中，在这些事情上竟敢也来说三道四，可太不知道天高地厚了，非得好好地教训他一番，让他以后再想起这件事都会害怕才行。张璁和他的那些人，在集议之时便都是这么想着的。其中尤以霍韬的火气最大，他怒不可遏，说了很多气话，因而诸人就公推他来驳斥这篇疏文，让夏言尝尝他们的厉害！霍韬欣然执笔，很快便已拟就。他的文笔犀利，在这篇驳议里，据理而言，以理服人的地方并不多，而放言斥责，嬉笑怒骂，以势凌人的嘲骂却触目皆是。集议诸人看过霍韬的这篇妙文，无不拍手称快，认为对付像夏言这样的人，只能是如此。但他们在得意之余，却忘了一件很要紧的事，便是在不久前，嘉靖皇帝就有过这样的想法，还让张璁和他们议过一下，如今他们攻击夏言，也就有如攻击嘉靖，嘲骂夏言，连带着也就骂了嘉靖。嘉靖一向是个最爱面子的人，在这些方面极为敏感，看了霍韬的辱骂式的驳文，不觉大怒，立将霍韬投入狱中，稍释己怒。但他觉得仅如此还不能完全解怒，也不能把他的意向表示出来，他更用褒奖夏言，来让他们看看。他不但以温谕夸赞了夏言，还特别给他以四品的服、俸，以示殊宠。

从此以后，张璁等人和夏言便开始了恶战，在他们看来，夏言想和他们争夺帝恩,乃是一件绝难容忍的事,必须把他打退才行,否则他们便不能完全赢得帝心了。他们以全力盯住了夏言,不拘他干什么,说什么,一定要予以围攻,一定要把他压到销声匿迹才罢。偏巧夏言却是个极敢斗的人,他独自一个,面对着许多比他官高势重的人的围攻,却无丝毫惧色,无论来者如何凶险刁恶,他都能以更高的气势予以回击,并最后打败他们。胜利似乎也看上了他,他虽然单枪匹马,却无往而不利,所有的对手,都败在他的手下。夏言自始便自认能文,至此更觉志得意满,认为自己的笔锋猛锐,竟是无坚不摧,无人可挡的。当然,他的文笔敏锐,自是战而能胜的原因之一,但更重要的是环境有利,助成了他。自从他开始和张璁等人论战以来,从上至下都充满了称赏和鼓励,这对他的胜利,更起到了很大的作用。在上面,嘉靖很快便对夏言的学识、才华和仪表,产生了很大的兴趣,对他很欣赏,不但支持他的言论,在官阶上,也使他得到了迅速的晋升。依照朝中的惯例,夏言想入翰林院,实在是什么条件都没有,但嘉靖为了让他把郊礼制定成书,破格把夏言任命为翰林院的侍读学士,兼理编修的事宜。侍读学士应有的任务之一,是要担任为天子进讲的工作,和皇帝常有单独相对的机会。这又使夏言在嘉靖的心目中增添了不少的好感。夏言仪表非凡,《明史》上说是:"眉目疏朗,美须髯,音吐弘畅,不操乡音。每进讲,帝必目属,欲大用之。"这些都是夏言从上面得来的优势,而且来得如此自然顺利,简直毫不费力。在下面,从四面八方向夏言投来的赞助,也是丝毫不用费力,一时便向他涌了过来,顿时便把他当成了英雄,跟着他一齐来唱和。这是因为,张璁等人在议礼之时实在伤人太过,一直总难为人所谅。议礼的得成,是由嘉靖以斥退、罢官、囚禁、廷杖等残暴手段,才支撑住了的。凡和议礼诸人相争的，都不免于得祸，很多人都是为了免祸才强忍了下来，其实在心里却仍很鄙视他们，并且认为，这帮贪鄙的小人，早晚要遭报应。他们自己虽然已不敢出面相争，但却总盼着，早晚会有一位英雄出来，一举而扫平了这帮逢君干禄的小人。这原是以幻想来自欺自慰而已，因他们实在想象不出，如何会闯出那么一个人来。如今竟忽然钻出来一个夏言，他的行动简直就是他们想象中的那个英雄，他独自一人和那些人相争，却一个一个都打败了他们，真是威风凛凛，不可一世。这种有如天外飞来的快事，如何不使那些受压已久的人引颈称快，纷纷向这位英雄来靠拢呢！这种靠拢也给夏言增添了不少声势，他独自为战时，虽也连连得胜，但胜得都有些吃力，而且声势也并不大。有了这些忽然而来，群聚在他周围摇旗呐喊的人，形势顿然改观，使他获胜越来越觉容易，而声势也越来越大，张璁等人，败得越来越快，已难于支持。最后，张璁认为他已无法与夏言相争，终于在嘉靖十四年（1535）自请致仕而去。

夏言是在张璁致仕的次年，即嘉靖十五年，得以礼部尚书、武英殿大学士入预机务的。那时留在内阁中的阁臣，只有翟銮和李时二人。那时的翟銮，讲名次倒是居于首辅的地位上，但是这个软弱得可怜的人，对于被夏言战败了的张璁，都一直退缩着，什么都不敢说，如今又碰上了把张璁都打败了的夏言，他自然更不敢再多说什么了。史称翟銮对于夏言是："恂恂若属吏然，不敢少龃龉。"这样，夏言在初入阁时，虽然并非首辅，实际上却又似与首辅无异。加之嘉靖又赐给了他一方镌文为"学博才优"的银章，可以用它来密封言事，以便他可以径直入奏，实际上，夏言更无异于首辅了。

虽然张璁已去，翟銮又不敢明争，但他们双方之间的暗斗，却一直没有停息。张璁和桂萼，他们以多年的经营接纳，已经立起门户，他们虽已都去，但门户尚存，仍留在门户中的人，为了自己的利益，不得不尽力而为，和夏言相争。在夏言那一方面，人们是自己蜂拥而来，自然也结成了门户，在组成上，夏言虽然并没有用过什么力量，但他却很会指挥和调动这些人，使门户的形成更见具体。这样，双方各自为谋，门户斗争之势实已形成。但这时毕竟还在门户之争的初期，门户之中，组织还很松散，不够坚密。它发展到更深的程度，还是到严嵩开始组织他的门户时，才达到的。

严嵩比夏言年长，入仕也要早得多，他是弘治十八年（1505）乙丑科的进士，比夏言中式要早四科。若论科名，严嵩也比夏言要高得多，夏言是中在三甲第三名的进士，考在他前面的，共有一甲三人，二甲一百一十五人，加上三甲的两人，共计一百二十人，很多优越的机会，他都得不到了。严嵩却是二甲的第二名，通榜来算，只有状元、榜眼、探花、传胪四个人中在他前面，因此他什么机会都不会丢掉。所有这些，都是严嵩比夏言占先的地方，依理他应该在夏言之前入阁，但是，严嵩却缺少夏言那样的机遇，才华和干练也远不及夏言，所以他之入阁在夏言之后很多，他入阁的机遇还是夏言替他安排下的。夏言想引进严嵩，因为他们乃同乡。夏言是贵溪人，严嵩是分宜人，两地都在江西省内，而且相距不远。在门户逐渐形成的时候，同乡、同窗、同门、同年等，都是拉拢接纳的优越条件。夏言有意拉拢严嵩，除了同乡这一层外，严嵩最会做小服低，吹捧奉承，也是个他被看中的原因之一。夏言自视极高，偏于喜爱柔顺的人，所以看上了严嵩。但是夏言最先并没有把严嵩引入阁内，只是把他先安排在部里，给他帮帮忙，做点下手活而已。严嵩的实际职务，只是个不管部务的礼部尚书，以修《宋史》为名，帮着做些内阁的杂事。严嵩受到夏言这样的援引，表面上总装出一副感恩戴德、诚惶诚恐的样子，具启或是进言时，甚至出之以跪读的方式，比一般的门下之士还要显得诚敬。夏言是很欢喜这一套的，竟误认为，严嵩真是那么感激涕零地感戴他。但夏言虽然欢喜这些，却又鄙视这些，他觉得这样的人真没出息！但是，他却没有看出，严嵩是忍下心性才这么做的，他时刻在想着报复，并且随时在寻找报复的机会和方法。

严嵩是用以柔克刚的方法，逐渐把夏言战胜了的。他在嘉靖面前特别做出恭敬小心，唯唯诺诺的样子，和夏言的那种豁达不拘，太过随便的样子作为对比使嘉靖更欢喜他。另外嘉靖的好道，也让严嵩得到了不少的帮助。

嘉靖的好道，也可以说是由来已久了。早在他还是兴国的世子时，他对道书、方术等类便已很有兴趣，进京即位以后，由于成化、弘治间的积遗，内侍中学过些道术的人，还留有不少。嘉靖受了这些内侍的引诱，学道的兴趣更浓，那时宫中便常常有斋醮等类的事。当时的首辅杨廷和为此曾几次向嘉靖切谏，并请他应以梁武帝和宋徽宗为戒。那时嘉靖才即位不久，心里虽然不满，却仍以优诏嘉纳，并且也把在宫中所做的那些斋醮等事，干得更为慎秘了一些。后来议礼得成，杨廷和被削职为民，嘉靖的好道之心才又公然显现出来。他先命人到江西龙虎山去，把上清宫里的道士邵元节请进宫来，特封他为"清微妙济守静修真凝玄衍范志默秉诚致一真人"。在真人之上竟加有十八个字的美徽，其诚敬之心可见。后来，邵元节又荐了个方士陶仲文入宫，此人以符水和除妖等类的法术使嘉靖更为入迷，把陶仲文也封为"神霄保国弘烈宣教振法通真忠孝秉一真人"。这时嘉靖已经从潜心修炼,进而至于服食丹药,渴望成仙了。这种事,当然会有人不断进谏,但是进谏者常会受到重责。太仆寺卿杨最,便是因为谏止服食丹药而被廷杖,竟死在杖下的。这位皇帝,在嘉靖十八年(1539)时,已经是向道心切,倦于再问国事了。到了嘉靖二十一年,发生了宫婢杨金英谋弑未遂一事:杨金英想把已经入睡的嘉靖缢死,用绳带扣住了嘉靖的颈部,因为误结了死结,没能得手。在这件事后,嘉靖的向道之心更切,他索性退居西内,更少过问朝政,除去征伐诛杀等事以外,一切都由阁臣拟办,只要他们随时奏知就行了。嘉靖虔心向道,切望能与神仙心意互通,他认为最能和神意相通的,莫过于焚化"青词"。所谓青词,乃是用一种近乎赋体的骈文,把嘉靖心中的一些想法写出,再敬谨焚化,使得通向上天。这种青词的要求很高,既要能传达嘉靖一时所具的心意,还要辞藻华丽,声调铿锵,对仗工稳,韵律和谐。这些青词,最初大多都是出于阁臣之手,后来则又有人以能写青词而得入阁,被人称为"青词宰相"。因为嘉靖不管什么时候,只要他忽然心有所思,或是神有所会,便要有人代他写成青词,而且刻不容缓,因此,很多的青词作手,都在西内的近处赐有直庐,使之可以随时传呼而至。最早以青词极受嘉靖称赏的人是夏言,他文思敏快,词句华美,传意细腻生动,每次都使嘉靖满意。不过,那时一切的朝政都要夏言来处理,他实在太忙,不能时常去找他。而且夏言对于此事还颇有微词,认为做这种事实在无益,不愿亲自动手,常把这事推给别人,颇使嘉靖为之不快。顾鼎臣是代替夏言撰写青词的诸人中,比较能让嘉靖满意的一个,他是弘治十八年(1505)乙丑科的状元,他写的青词,辞藻华丽有余,但在表达嘉靖向道的诚心,以及向神倾吐的各样复杂心情上,却远远赶不上夏言。严嵩在入阁前，也在西内被赐有直庐，他很想在这方面也能露上一手，但他的文才实在过于平庸，尽管他绞尽脑汁，耗足心力，写出来的青词也无法让嘉靖满意。严嵩毫无办法，只有在勤谨侍奉，尽力办好嘉靖交给他的各种杂事上尽心尽力，以救补他在文才上的欠缺。嘉靖自从避居在西苑的万春殿以来，为了表现自己的虔修，曾谕令诸臣，凡有事来谒，只许骑马，不得坐轿。诸臣自然都遵从，只有夏言却偏不肯，他认为，身为首辅而要骑马入见，实在有失体统，自始便不肯奉行，往来奏事，仍要坐他的腰舆。对这件事，嘉靖当然并不高兴，但因朝政主要靠他来办，也就不想深究。嘉靖还想让他的大臣们也带有一点道家的打扮，为此还特制了五顶沉水香冠，分别赐给夏言、严嵩等五个重臣，同时还配有一种香叶束发巾，让他们一并使用。严嵩对此自然奉命唯谨，每次入见，不仅冠带齐全，并且还在那冠上笼以轻纱，以示虔敬。夏言对此却很不屑，他认为这些并非法服，大臣如何可以随便用，因此受赐以后，从来没有用过。夏言和严嵩，在行为上不同若此，嘉靖越来越喜爱严嵩，对于夏言，则已有些将要达到难于忍耐的程度了。这些严嵩看得分明，觉得可以更进一步向夏言下手了。严嵩首先在暗中勾结上了方士陶仲文，要他得空便向嘉靖进言，尽量来诋毁夏言；他自己也在嘉靖面前常常故意要惹夏言发怒，由着他任意斥责自己，让嘉靖看到，他是如何在受夏言的气。一次正值夏言未在，嘉靖忽然说到他与夏言之间的关系，严嵩认为时机已至，便伏地叩头，放声痛哭，把他日常积聚的，夏言的诸般罪状，都一一向嘉靖倾诉。严嵩还说，夏言待人极为凶狠，便是要人怕他，不敢说到他的一些什么。严嵩的话，正好对了嘉靖的心事，因为嘉靖早也感到夏言太跋扈了。此后不久，正赶上了日食，嘉靖便以日食为由，下了一道手诏说:"日食过分,正坐下慢上之咎,其落言职闲住。"以一个当国的首辅,忽然被落职闲住,什么职衔都没有了,这处分实在很重,而且令人脸上无光。

严嵩是在夏言落职后才入阁的,那时的阁中只有翟銮一人,这翟銮入阁已有多年,然而很多时候,他都是名为首辅,实若下僚,什么也不敢说,什么也不敢定,总是跟在人们的后面。但是像他这样的一个人,连张璁、夏言那样的人都能容得下他,轮到严嵩与他同在的时候,却容不下他了。没过多久,严嵩终于在嘉靖二十三年(1544),把翟銮赶出了内阁,还使他受到了削籍的处分。

严嵩一向以善于行贿受贿而知名于时,在他入阁以前,御史们参劾贪污的大臣,他就常常名列首位,入阁以后,就更加肆无忌惮了。他连翟銮这么个人都要赶走,便是因为,即使像翟銮那样,也还是碍事。那时的嘉靖,问道之心更切,对朝政也更少过问,几乎把朝中的事都交给了严嵩。嘉靖所居住的西内的万春殿,除了几个专为他做青词的"青词宰相"以外,只有严嵩可以经常入见。这样,严嵩更可以任性而为,恣意夺取。翟銮去后不久,虽然又有吏部尚书许赞、礼部尚书张璧二人相继入阁,但是他们也被严嵩压得抬不起头来,什么都干不了。但即便如此,到了嘉靖二十四年(1545),张璧因在那时去世,才告无事,许赞却又被严嵩构陷,得了个革职闲住的处分。

这一向,嘉靖虽说更不问事,但他对于严嵩的专横贪渎,还是有些察觉,他感到,严嵩的专横已远有过于夏言,而其办事的才能却又不及夏言远甚。并且他已经觉出,自己对夏言的处分,实在也太重了。为了调整,嘉靖在张璧去世,内阁乏人之际,把夏言召回,朝政仍由他来主理。于是嘉靖恢复了夏言的少师宫衔,并恢复了他的所有官阶，派人去到贵溪，把夏言重又召回京中。那时严嵩还没能得到少师那样的宫衔，嘉靖为了让他能与夏言取平，便也以少师之衔加之。他所以要这样做，一是严嵩忽从首辅而退居次辅，加以宫衔，也是对他的一种抚慰。另外则是做给夏言看的，让他知道，此番又要让他当国，并不是严嵩的帝眷已失，实际上，他的帝眷仍在，不可加以欺压。

夏言前番遭了严嵩的暗算，受到了落职闲住的处分，早把严嵩恨之入骨，只想能有个报仇的机会才好。如今重被召回，正是痛雪前仇的时候，他如何肯轻易放过。依照内阁惯例，夏言重入内阁，依然应位居首辅，严嵩又得退为次辅，一切都要听候他的吩咐。夏言一贯是盛气凌人，此番意在报复，自然更要变本加厉。他在阁中，简直把严嵩视如无物，什么事都不容他稍赞一词。每当严嵩受命拟稿，拿来请夏言过目时，常被当众羞辱，把他拟就的稿子涂改得一塌糊涂。有时还要把稿子掷还给他，说是不通，要他重做。夏言更重大的报复，是用在严嵩所安置的那些私人身上，严嵩在夏言去后，在各处都安置下了一些心腹，夏言对这些人毫不容情，很快就把他们驱除干净。有些人不只是被驱除、罢官，甚至还要被投进狱中，予以严办。严嵩原就极怕夏言，如今虽然受辱至此，仍然只是赔笑承受，不敢稍有异议。但他是笑在脸上，恨在心里，暗中却又在不断盘算，要怎么样才能把夏言重又搞垮，而且一定要把他置之死地，免得他以后又会卷土重来。严嵩低眉顺目地在内阁中忍耐着，并且日夜不停地在寻求机会。终于他的苦心没有白费，在复套这件事上，他算是找到了机会。

原来河套一带由于土地肥沃，水源充足，是个产粮的地方，漠南一带的人，一向便自认为，那里就是他们的粮仓。早在明初，散居在塞外的一些蒙古部落,每到秋收之际,便常集众攻入,掠夺粮物。这种事一向便被称为"套患",对攻入者,则被称为"套寇"。那时正在任职为陕西总督的是曾铣,此人极富谋略,曾多次打败套寇,受到褒奖。为了根除套患,曾铣后来拟有复套之议,认为如能给他增些兵、饷,操练三年,便可收复河套,永除套患。曾铣递上此议,正值夏言重又入阁,很想做出些惊人之事的时候,曾铣的复套之议,正好对上了他的心思,于是欣然保荐,并极赞曾铣,说是疆臣谋国之忠,更无人可与曾铣为比。嘉靖很为夏言的褒词所动,也不断命夏言拟旨,倍加夸赞曾铣。但是,从表面上看来,嘉靖似乎深为复套之议所动,其实却并不然,最初不过是挑起了他的一些好大喜功的念头,所以连连传旨奖誉。但在他的心里,却总怀有一些怕意。他一怕挑起边衅,战事蔓延,徒劳无功,会惹起人们的非笑;还更怕战争如果失败,祸国殃民,会成为嘉靖年代不可磨灭的耻辱。他很后悔,真不该多次命夏言拟旨褒奖曾铣,如今竟是授人以柄,想退也退不成了。嘉靖最是个死要面子的人,不知不觉间,竟被夏言和曾铣给弄到了进退两难的地步,不觉对这两个人憎恨起来。嘉靖的这份有苦难言的烦恼,被严嵩在旁看得很清,他暗加盘算,觉得这正是个空子,完全可以利用嘉靖的惯于护短、怕羞的弱点,把他引到用杀人灭口来保全自己面子的这条路上来。严嵩谋算已定,于是每逢独对的时候,便做出谋国忧民的样子,苦劝嘉靖千万不可轻启边衅,昔年也先入侵攻入,土木堡之事,正可用为殷鉴。那时严嵩早已经营起了自己的门户,所以除了他自己常这么说以外,还在外发动了属下的言官,在内又唆使相熟的内监,一齐向嘉靖展开了攻势,他们纷纷以兵力不足,财源不畅为言,劝嘉靖务要三思。这些人把嘉靖扰得又恨又怕,不知道应该如何是好。他下诏要辅臣们就此事详议时，心有所思，竟写出了这么几句："今逐套贼，师果有名否？兵食果有余，成功可必否？一铣何足言，如生民荼毒何。"他这个手诏，连连兴问，意存诘责，最后"一铣何足言"一句，更透露出无限的杀机。这一道严厉的手诏，使廷臣们都面面相觑，谁都不敢再说什么，连支持曾铣的夏言，也给吓得不敢多说，只有叩请嘉靖出以圣断了。嘉靖此时也拿不出什么主张，他沉思有顷，竟叫人把他的手诏刊出，要让群臣尽阅，然后再予公议。以这种做法，再加上那手诏的口气，意思已经极为明显，至此，与议诸臣中，就是以前曾经竭力赞成复套的人，也都改过口来，说是"衅不可开，套不必复"了。嘉靖有了众议作为依据，这才命人去将曾铣逮进京中问罪，同时也夺去了夏言的一些官阶，命他只以尚书致仕。

套事经过这样一办，嘉靖觉得已是了无痕迹，可以悄悄算了。但是严嵩的感觉却大为不同。他总觉得，夏言虽去，却未根除，实在令人不安，他很怕，不知何时，夏言又会东山再起。严嵩分别发动他的党羽，让他们再向夏言和曾铣发起猛攻，并且予以诬陷。他们说，曾铣是通过夏言的继妻苏氏之父苏纲，和夏言勾搭上的，夏言曾多次为曾铣虚报战功，隐败为胜，骗取到无数的粮饷，都入了他们的私囊。嘉靖在初知套事时，原本就觉得，在这件事里，总有些不够妥帖的去处。事后细想，在这件事上，他也许会有什么把柄落在夏、曾二人的手上。为此他很担心，生怕夏言把什么流露出去，那可就不好了。严嵩所发动的奏论夏、曾二人的猛攻，使嘉靖很高兴，他觉得夏、曾二人有了这么多的罪状，已经是坐死而有余，把他们处死，不会有人多说什么了。这样，嘉靖便先将曾铣处死，然后又把夏言追回，把他也给杀了。

严嵩终于斗倒了夏言，把他送上了西市，这件事使通朝极为震动，而严嵩的声威也为之大增，很多人纷纷争着向他投效，他的门户又扩张了不少。那时嘉靖更是加意焚修，朝中诸事都由严嵩来办，使他更能大作威福，真已经有"顺之者昌，逆之者亡"的气势。然而，即使已经到了这种境地，严嵩仍然很感不安，常常觉得，在他的周围危机四伏，不知何时，便会变生祸发。因为他看得清楚，投来趋奉他的人，虽然日多一日，但这都是些贪鄙自私的人，他们要来投靠他，无非是想趋炎附势，为自己捞些好处，到了紧要关头，这些人是不会有什么用的。而那些挺立人间屹立有为之士，却不肯投入他的门下，并且还以受知于他为耻。在这些人里，还有不少人是不怕祸事，随时随地都敢和他及他的门下人等，以死相拼的人。严嵩对这些人，最恨也最怕，他运用势力，设法诬陷，除掉了不少。但是这些人的来势却不间断，他们蜂拥而来，即使尽力予以打击，也阻不住他们的来势，反倒使这些人为了互相救护和抵抗，竟至团结一致，结成了门户。当时，这两个门户分别称为清流和浊流，彼此斗争不已，被后人称为清浊之争。

严嵩继夏言之后，身为首辅，一共竟达15年之久。在这15年里，严嵩网罗起了许多和他一样贪婪好货的党羽，其中最著名的有赵文华、鄢懋卿等人。他们都已身踞高位，不但帮严嵩干了不少贪赃枉法的坏事，还尽心作为严嵩的打手，替他谋害了很多敢于以他们的罪行入奏，或是想要揭发他们的诸般罪行的人。然而他们的人虽然有那么多，防范得又那么严，却仍不能阻断那股想要奏论他们的汹涌浪潮，最终是入仕未久的御史邹应龙奏倒了他们。邹应龙是劾论严嵩的儿子严世蕃贪淫不孝，在母丧中恣为淫乐，使严世蕃锒铛入狱，劾倒了严世蕃，去掉了严嵩的一个得力的助手，揭开了严嵩垮台的序幕。

严嵩的彻底垮台，是在他遇到了为人精巧，深知严嵩何以能历劫不倒之缘故的徐阶以后才开始的。虽然严嵩终被徐阶劾倒，但是由他而加甚的那种各立门户、彼此相互攻讦的风气，却是已经形成，一时无法抑止了。

十三 冯保和张居正

最后斗倒了严嵩的徐阶,在明代的阁臣之中,是个数得上的人物,他结束了严嵩当国时的那种贪渎的时风,却无法止住朝臣们各立门户,彼此之间更加钩心斗角、争扰不休的局面。

徐阶是华亭人,嘉靖二年(1523)癸未科的探花,得中时,他才只有21岁。探花是一甲第三名进士的习称,得中后例授编修,在翰林院里工作。以徐阶这样的少年高第,很有一直留在翰林院,依次晋升入阁的前景。这是明代仕途中,升迁最方便,最快的一条路。徐阶本来是已经开始走上这一条路了,不过却因为他人太年轻,书生之气未除,在议事时不知深浅,顶撞了张璁,受了张璁的排斥,竟被左降离京,给安排到延平府去,在那里做了一名小小的推官。张璁的这一手实在狠毒,他简直是想把徐阶的一生都推入困阻的道路。以明代的仕途情况而言,最顺捷的是中式以后能入翰林院,并被选为庶吉士。由此而进,十年左右的时间里,能够入阁的,很不乏人。快的,只有几年便入了阁的,却也不只是一个、两个。出任而为外官,在升迁上,比起上述的那条路来,就要慢得多了。出任外官,而又并非正职,如像知县、知州、知府之类,在升迁上就要更慢。在这条路上爬上滚下,混上一生也混不出什么名堂来的人,可以说是比比皆是。徐阶本来中在一甲,入翰林院并得为馆选是定而不移的,走上那条最轻快的路子,几乎也是定而不可易的，但因得罪了张璁，一下子却又给推上了最艰苦的道路。然而宦途艰辛，这却也给了徐阶不少的磨炼，不久便把一个未经世事的书生，磨炼成了一个洞悉世情，熟知各路波涛，忍得住、算得准的宦海中的弄潮儿了。徐阶之所以能从艰辛的杂职重又转回翰林院，还在于他是个探花出身，这给了他不少的方便。由于是探花，徐阶虽已是身任杂职的外官，却也常得兼任学政，这便和翰林院有了一种扯不断的关系，虽然经历过不少的周转，终于又得被任为翰林院的侍讲，重又回到了升迁顺捷的仕途上来。

作为京官，徐阶很为夏言所重，有了夏言的援引，徐阶的升迁更为顺利，从翰林院侍讲而为国子监祭酒，而礼部右侍郎、吏部右侍郎，更进而一转，做到了礼部尚书。同时也正因为受到了夏言的援引，徐阶和严嵩的关系一直不能协调，始终处于对立情势。严嵩很早便开始在暗中排陷他，但因徐阶敏于知机，又善回旋，并且又有夏言的掩护，严嵩的无数排陷都没能成功。等到夏言被害，徐阶失去了他的保护，但却又得着了更过硬的靠山，严嵩想排陷他，更为不易了。这时的徐阶已经到了试做几回青词便可进而入阁的程度，他的青词丰腴明丽，很让嘉靖欢喜，很快便成了嘉靖极欣赏的一个青词作手，严嵩要想搞他更难着手了。但是严嵩却是个阴柔多变的人，势盛时他可以大胆凌人，一旦势弱，他又会风随势转，马上胁肩谄笑，哭拜求情。当他看出嘉靖已经越来越倚靠徐阶，用徐阶来代他，已经是迟早的事，于是便又大施柔术，尽情向徐阶献媚。他在家里大摆筵席，把徐阶请来赴宴，聚集起他的家人来，命他们齐向徐阶叩拜，就此便以后事相托，指着众人向徐阶道："嵩旦夕且死，此曹惟公乳哺之。"话是说得真够可怜的，但徐阶不难看出，他的言甘而心苦，因此漫自应着，没有表示什么。那时反对严嵩的人也越积越多，早已结为一体，他们为了更好地立为门户，很想奉徐阶为首，让他来率领他们。但徐阶却不肯那么干，他不愿明显地加入，只在暗中时常略予指点。御史邹应龙出人意外地劾倒了严世蕃，给反对严嵩的人增加了希望，他们想就此一举便把严嵩扳倒，共同搜集起所有由严嵩造成的冤案，想要一石二鸟，既揭露出严嵩的罪恶，也使这些冤案都得到平雪。他们把将要递上去的疏文让徐阶先给看看，并请他把不妥处加以削改，务要一举成功，为天下除此大害。徐阶看过那疏文，不禁笑了，他问众人，列位是想劾倒严嵩呢，还是想替他救出狱中的严世蕃？众人不解其意，徐阶又解释道，凡是严嵩所杀害的人，都是设法激怒了嘉靖，由发怒的皇帝自己定下来的，用这些冤案来论究严嵩，无异于用来论究皇帝。对于这些案子，皇帝即便已知其冤，却也决不肯认，倒会奖誉严嵩，甚至连已被关入狱中的严世蕃也会被放出了。以往多次论劾严嵩都难以成功，总是论者获罪，而严嵩反而根基越稳，都是因为论者不知此中的窍妙，犯了忌讳之故。徐阶说出了他多年的观察所得，这使众人不觉顿悟，一致请他把疏文全部改过，徐阶也不客气，把疏中列举的那些冤案全部勾去，只说严世蕃早就蓄意谋反，因见南昌有王气，便在那里修建了府第，并且纠集亡命徒，蓄积武力，还勾结日本，希望他们能在起事之时作为外援……

徐阶的这些改动，确实有效，众人照他所说的奏了上去，果然产生了很大的效果，严世蕃的罪行由此增重，很快便被判了斩刑，被押赴市曹，终于身首异处了。严嵩没有被处死，却也被罢归，失去了他据有多年的相位，回到他的分宜老家去为民了。严嵩父子虽然作恶多端，害人极众，但据实而言，却并无谋反之心，更没有勾结日本为援的事，这些都是徐阶为了要置他们父子于死地，特别编造出来的。诬人以谋反而置之于速死，倒并不是徐阶所创造，倒是历代都常见的，到了明代，就更习见，徐阶历官内外，经见得多，所以能够使出这样的手段。不过这种办法绝不可轻用，使用时必须掌握两个要点，才不会失败。要点之一是，所治的人必须是人人皆曰可杀的恶人，才不会有人出来为他讼冤。第二点是，必须确知其人的帝恩已衰，皇帝早就已很厌倦他了，才会一奏便准。倘若其人的帝恩尚隆，皇帝定会加以彻查，那就搞不成了。当时嘉靖对于严嵩实在已极厌倦，别人虽还不知，徐阶却已看得明白，所以他才敢用这样的一手。

徐阶搞倒了严嵩，是嘉靖四十一年（1562）五月间的事，那时距离夏言被害，已经快有15年了。因为徐阶是由夏言扶植起来的，所以有些人便说，徐阶搞倒了严嵩，是给夏言出了一口怨气。徐阶是在嘉靖三十一年以礼部尚书兼东阁大学士入预机务的，他入阁时，阁臣只有严嵩和李本两个人。多年以来，阁中的阁臣一直都是严嵩、李本、徐阶三人，徐阶长期居于末位，到了嘉靖四十年，才又有袁炜以礼部尚书改为户部尚书兼武英殿大学士入预机务，阁中的人数变为四人，但很快严嵩便被罢归，李本也丁忧回籍，阁中又只有徐阶和袁炜二人了。袁炜这人是以善为青词而入阁的，正是当时所称的"青词宰相"，他入阁不过是作为久撰青词的酬报而已，他并管不成什么事。

徐阶自继严嵩而得为首辅，很有他自己的一些想法，他很想清除积弊，使治道重归于正。在嘉靖把曾赐给严嵩的在西苑的直庐又赐给了他时，徐阶便在那里写了一些话来悬出，借以明志。悬出的话共有三条，就是："以威福还主上，以政务还诸司，以用舍刑赏还公论。"在严嵩当国之时，贪暴横行，百弊丛生，如今稍有改善之象，已经使人耳目一新，出现了一番生气。在朝堂上，气象也焕然改观，一时朝士侃侃，各职其事。这种大有改观的气象鼓舞了徐阶，让他竟想把当时已渐形成的竞立门户之风渐行消除，使之不再有门户之争。徐阶所想的消除门户的办法是很可笑的，他是想由他自己来建一个极大的门户，把异日会有当国之望的人都网罗在他的门下，使人们无法再另立门户，这样，竞立门户之风，自然便会煞住了。这只是一种"想当然耳"的想法，搞不成是很自然的。嘉靖四十四年（1565），袁炜致仕，增进阁臣时，由徐阶主持廷推，共推出了吏部尚书严讷和礼部尚书李春芳两人。严、李二人也都是以善为青词而著名于时的，他们与已致仕而去的袁炜，和后来也由廷推入阁的郭朴，都是撰写青词的好手，他们的宦途通顺，扶摇而上，甚至他们的入阁几乎也全是多年撰写青词的缘故。当时被人们称为"青词宰相"的人，指的主要便是袁、严、李、郭这四个人。但在这四个人中，只以李春芳为"青词宰相"却有些不够，他比袁、严、郭三人，身份、作用等都还有些不同。徐阶这次主持廷推，所以要推出严讷和李春芳，便是看上了李春芳，而且另有所谋。要推严讷入阁，不过是作为多年撰写青词的酬报而已，另外也是让他给李春芳当个陪衬。他要推出李春芳的想法，比对严讷可要复杂得多。首先李和严一样，都是专以撰写青词为务，并未想要自立门户，这在徐阶看来是至关重要的一点。其次则因李春芳是状元出身，声誉很高，又较为年轻，将来徐阶自己致仕时，由李春芳接任首辅的可能最大。李春芳为人平和宽厚，由他接任首辅，可以让人放心。徐阶的算盘打得实在很精，在把二人推入内阁时，严讷虽然名列在前，却就在当年便已因病致仕，李春芳在严讷去后已成为次辅，徐阶如果致仕，继任首辅的人，已经是非李春芳莫属了。

严讷去了，又要廷推阁臣，在徐阶的主持下，又推出了郭朴和高拱两个人。这次的廷推也与上一次一样，被推出的人，前者不过是个陪衬，后者才是着重的人物。郭朴也是个专写青词的人，入阁也只是例行的慰劳而已。高拱则又是徐阶想要把他收入门下以为我用的人。原来，高拱在裕邸作为裕王的讲官已有多年，他是最为裕王倚信的首席讲官。裕王乃嘉靖的第三子，他上面的两个哥哥，都曾被立为皇太子，但又都很不幸，被立后没有多久，就都死了。裕王依次当立，但却未被册立，只被封为裕王。但裕邸的扈从人员及讲官等，却与东宫太子并无多异，因而他虽未经册立，但他将来必将继立为帝，则早已是举朝共认的事了。在那个时候，已经形成了这么个惯例，便是皇太子一经继位为帝，东宫的讲官，特别是首席讲官，一定要被任为阁臣。裕王将会继位为帝是必然的，所以作为裕邸首席讲官的高拱，他将成为阁臣，也已是可以预知的。徐阶之推出高拱，就是为了要抢先一步，让高拱知道，对他有一番感戴之情，便于把他收在自己的门下。他的这种做法，对于一般人都是行之有效的，但对高拱却适得其反，高拱不但没有投入他的门下，后来和他倒反成了对头，给他带来了不少的麻烦。高拱是河南新郑人，嘉靖二十年（1541）辛丑科的进士，他为人干练，颇以有经世之才自负，在先，严嵩和徐阶都推荐过他，使他被任为太常寺卿、国子监祭酒、詹事府詹事等职，还曾被任为礼部尚书。高拱也经历过入职西苑，撰写青词的工作，但他并不看重这份工作，不过是勉强为之而已。因为在那时，入职西苑，做做撰写青词的事，好像已经是想要入阁，必须经过的一个过程。高拱对于仕途的事已很通达，徐阶抢先把他推选入阁，乃是向他表示好感，他岂有不知之理，但他却偏不肯领徐阶的这个人情，因为早晚他必将入阁，这个他自己也是早就明白的，觉得徐阶此举，简直有些多事。至于徐阶有心把他延入门下，他也感觉到了，而且很为愤怒。他是个不肯居人之下的人，将来他自会自立门户，岂能寄人篱下，依傍别人！高拱的这种情绪，徐阶不久便已发觉，他觉得先自引用高拱，是自己所走的一步劣着。

徐阶为人极其机敏，他在发现引用错了高拱以后，便想再找出个人来，能对高拱起到牵制的作用。很快他便发现，张居正就正是他想要找的那个人。张居正和李春芳是同年，他们都是嘉靖二十六年（1547）丁未科的进士。李春芳是那一科的状元，张居正则中在二甲第九名，名次也不算低。张居正自被选为庶吉士后，一直都与高拱在一处共事，都是作为高拱的副手。在裕邸中是这样，在裕邸外也是这样，譬如，在高拱为国子监祭酒时，张居正便是国子监司业。高拱一向很自负，气量又狭，人们和他很难相处。张居正处处都肯让着他，所以和高拱倒还能合得来。在国子监共事时，高拱甚至还与张居正彼此以相业相期。不过话虽如此，高拱却从来也没有看重过张居正，只不过把他当成个才华不高，科分又晚，什么都远不及自己的一个副手而已。张居正常常受高拱的压抑，心中非常不快，并且这不快已令人越来越感到难耐，不过他为人深沉，遇事总能以从容处之，所以他的不快高拱一点儿也没能看出。但是，这一点却被徐阶给看透了，并且他还发现，论才干、见识和气度，张居正样样都优于高拱。徐阶决心要结纳下张居正，认为将来一定可以由他控制住高拱。但是为了免于再出意外，徐阶拉拢张居正时就更加当心。他做得像是忽然发现了张居正的才干一样，对他表现出特别的欣赏和赞美，常常特意去看望他。张居正忽然得到首辅这样的厚爱，心中不觉也充满了感激，他们便在这样的情况下，彼此日亲日近，情感加深起来。高拱是在嘉靖四十五年（1566）三月，和郭朴同时入阁的，后明世宗朱厚熜便因病去世，裕王朱载垕继位为帝，也就是被称为明穆宗的那位皇帝。

到明世宗去世时，高拱入阁已经有几个月，照说已经很有资格协助首辅一同拟具遗诏了。但是首辅徐阶，在这件事上，又别出心裁，玩了个小小的花招，没有约他，却约请了还未入阁的张居正和他一道来拟遗诏。依例每当一位皇帝去世总要由阁臣拟出一道遗诏，既略叙大行皇帝的功过，也要将应革未革的弊政予以革除或纠正。按照惯例，拟具这份遗诏，乃是首辅的事，首辅如果照顾不及，要人帮忙，也总是约上一两位阁僚，共同拟具，很少有邀约还未入阁的人来参与此事的。以徐阶的才能而言，不用找人相帮，他也能应付自如，但是徐阶却偏要找人共拟，而且找的偏偏又是还没有入阁的张居正。这个做法很使人惊异。那时的阁臣还有三个人，便是次辅李春芳和另外的郭朴和高拱。李春芳原本是最有资格来帮着徐阶拟遗诏的，但徐阶不找他，他也淡然处之，并不在意。郭朴和高拱却和李春芳不同，他们都很气，尤其是高拱，他真是气到了极点，竟然连张居正也被他恼恨上了。其实他会迁怒于张居正，早在徐阶的盘算中，徐阶之所以要这么干，就是要把张居正和高拱搞成了对头。在这些地方，高拱和徐阶相比，相差实在不少。共草遗诏，又给张居正增加了不少的身价，高拱更恨张居正了。

借着写遗诏又使手段，这是徐阶从容对付高拱的最后一着，跟着裕王朱载垕便已即位为帝，高拱挟有裕邸旧人、首席讲官的优势，早已不甘寂寞，和徐阶对干起来，多次给徐阶的安排以种种阻挠，有时竟出以恶声。徐阶此时并不和高拱多做计较，却只为他的退路尽心做好安排。

徐阶为自己的退路所做的安排，主要用在阁臣的安插上。由于那时李春芳已经身为次辅，如果徐阶致仕，接替徐而为首辅的，必然是李，这是使徐阶既放心又不放心的一件事。李春芳仁厚和平，不欺凌人，这是徐阶觉得可以放心的，但也正由于此，徐阶明白，他绝不是高拱的对手，无法挡住高拱的那种咄咄逼人的势头，还得安置下个别的人来牵扯住高拱。幸好改元是一个利于引进新阁臣的机会，徐阶便在隆庆元年二月，将陈以勤和张居正二人引入内阁，安设下了最后的一着。一切布置就绪，本来已经可以安然离去了，但徐阶是个心思细密的人，他觉得，如果就这么悄然而去，也许会让高拱误以为他是软弱怕事，与其在他去后，看着高拱兴风作浪，惹些是非，不如露一手让他看看，也叫他明白，徐某可不是什么好惹的人。盘算已定，于是徐阶不再像以前那样，遇有争议每肯相让，而是迎风而上，遇事必争，还在暗中发起了已经被他网罗在门下的言官们，让他们一致向高拱猛攻。高拱在这样猛烈的攻击下，采用的是以退为进的办法，他不断上章自辩，还连连求去，希望隆庆能为他做主，顶住徐阶所发起的进攻。隆庆虽然是心向着高拱，但因徐阶是前朝的重臣，他才登基不久，不能轻易便触动他，权衡再三，倒是依从了高拱的求退之请，让高拱且自回乡养病，把这两个酣斗正烈的人，暂且拆开了。这是隆庆登基之初的事，徐阶和高拱的激烈交锋才只进行了两三个月，高拱便败阵而去，徐阶表面上得到了胜利。打退了高拱，徐阶又在内阁中安排和布置了一年多，才于隆庆二年七月，自己也致仕而归。

徐阶走后，留在内阁里的，还有李春芳、陈以勤、张居正三个人，李春芳继徐阶而升任首辅，陈以勤则成了次辅，张居正的资历最浅，居于末位。李春芳虽是状元出身，青词写得也很不错，但作为首辅,他却拿不出什么章法来,身居末位的张居正很看不上他。一次他们在阁中闲谈,说到了徐阶的致仕和在内阁里办事之难。李春芳触及心事,不觉叹道:"徐公尚尔,我安能久,容旦夕乞身耳。"张居正在心里也正在这么想着,不由便接口道:"如此,庶保令名。"这虽然是实话,但实在太轻率了,竟惹得像李春芳那样的好好先生,也显出了不悦之色。

高拱被迫回乡养病,在家里住了约有两年半的样子,到了隆庆三年(1569)的冬天,才又被任以大学士兼掌吏部事召回京中。那时徐阶致仕也已有一年多了。事隔已久,人已分开,而且徐阶还显示出了他的力量,一般说来,人们大概总会不再又寻前衅了。但是高拱却不是那样的人,他强直负气,睚眦必报,是个不会改变的人。徐阶那最后的一手,更增强了他报复的念头,所以才一回京,便开始了行动。他尽反徐阶的一切,凡是徐阶曾以为是的,高拱无不尽以为非;而所有徐阶曾以为非的,高拱则尽以为是。在朝政上是如此,在私人方面,自然更不肯放过。他一面访查徐阶一家在家乡的劣迹,又找到一个名叫蔡国熙的人,蔡曾做过松江府知府,和徐阶家很有些芥蒂。高拱把蔡国熙任为松江府的监司,要他到那里去彻底清查徐阶一家在松江府一带所干的坏事。蔡国熙很肯尽心,他到了那里,查出了徐阶的儿子徐琨、徐瑛在松江府一带横行霸道,侵夺了民田的劣迹。蔡国熙查得很彻底,并尽行夺回民田,还把徐阶的两个儿子判处了戍刑。这些事还是得到张居正在内中尽力维护,才这样了结的,否则连徐阶怕也躲不开麻烦。

高拱是在隆庆五年五月,李春芳致仕后才得为首辅的,可以说他得为首辅的日子并不多,但话虽如此,高拱实在从来都没有把首辅李春芳当一回事,他横行专断,简直视李春芳如无物。高拱的干劲儿很大,不但内阁的事他要独断专行,甚至有关内监的事情,他也常要插手。

宦官在嘉靖这一朝间,是比较老实的,没有干过什么耸人听闻的事情,这是因为嘉靖习知宦官在外惯于为恶,对他们管得很严之故。隆庆对于宦官,没有他父亲那么认真,管得松了一些,紧而忽松,倒使内廷的宦官们增添了纷扰,出了一些纠纷,特别是二十四衙门中的主管太监的递补方面,出现了不少的争夺。高拱是隆庆最信赖的师傅,在他当国时,又恰值宦官长久管压、显得最弱的时候,所以高拱很想把内监二十四衙门也经管起来,并将司礼监的批朱权也予以免除,把它全交给内阁。就在这时,恰好赶上司礼监的提督太监出了缺,依例应由那时正在提督东厂事务的太监冯保递升。但是高拱素常便厌恶冯保太爱争夺权利,特别向隆庆说了,把司礼监的提督太监的这个缺,且不给冯保,却把它给了掌管着御用监的老太监陈洪。陈洪接管了司礼监,没过多久便死了,但是高拱仍不想由冯保递补,把这个缺又给了尚膳监的太监孟冲。冯保知道,他一连两次都应补而未补,全是受了高拱的暗算,因此他把高拱也恨得入了骨,很想找个人合伙,也治治高拱。他寻来选去,竟也看上了张居正,暗自和张居正悄悄结成了一伙。那时候,离着隆庆去世已经不远了。

隆庆只做了不到六年的皇帝,他在30岁登基,在皇帝的宝座上只坐了五年多,到了隆庆六年(1572)便去世了。他去世后,庙号称为穆宗,是明代的第十二位皇帝。

在明穆宗临近去世之时,宫中很是混乱,冯保便借此机会,大大活动起来。冯保这人很是精灵,他早就看出已被立为皇太子的朱翊钧的生母李贵妃,将来会是个很重要的人物,应该先行予以结纳。李贵妃也是个很有野心的人,实现她的愿望,也得有一个像冯保这样的人,来替她办事。原来李贵妃早就想着,她的儿子登基之后,她便是皇太后了,但是依照惯例,她这个皇太后,与曾是正宫娘娘的陈皇后的皇太后要有所不同。陈皇后被尊为皇太后时,在太皇之上还可以加上徽号,而她却不能,不过只是个秃头的皇太后而已。李贵妃想要打破这个旧例,想着也要和陈皇后一样,便暗自和冯保商议。冯保认为,正好就此搞掉高拱,拉拢住张居正。他便告诉李贵妃,说这件事的关键,完全在首辅身上,如果还是高拱做首辅,他一定不肯干,但若能赶走高拱,张居正就会当上首辅,由他来干,便毫无问题了。他又替张居正说了不少的好话,也把高拱大大攻击了一番。他说高拱这人的野心太大,他什么都想管,连内廷的事他都想插上一手。譬如他前后两次都该升任为司礼监的提督太监,但是高拱硬拦在头里,就是不让他升。第二次,他让尚膳监的孟冲来管司礼监,就更不合法,依旧例,尚膳监是不能调入司礼监的,高拱这么做,显然是目无祖宗的法度。李贵妃觉得冯保说得很合理,又正想着要依靠他,于是便和陈皇后商量着,斥退了不合法的孟冲,让冯保管理了司礼监。这样,冯保便既是司礼监的提督太监,掌管了司礼监,又提督着东厂,兼总内外,他的势力一下便增加了不少。

冯保得以掌管司礼监,他活动得更紧了,他不但在李贵妃和陈皇后面前,着重散布高拱窥伺内廷,有不臣之心的舆论,还想在新君即位的时候,给高拱狠狠的一击!在高拱那一方面,也是这样做的,他不但首先由自己奏称,司礼监一向权侵内阁,殊属非是,想把司礼监的批朱权拿过来。一面他又发动门下,让给事中雒遵、程文等人都来奏论内监冯保擅权作恶,要求把冯保先驱逐出宫,然后再加议罪。高拱认为自己的安排已是万无一失，因而到处扬言，颇不自秘，他还派人告诉了张居正，说他已经安排好了程序，只待劾疏依时交付内阁，他便立刻拟旨驱除冯保。他要张居正和他合作，一定要除掉冯保，永绝司礼监的侵权。张居正得到高拱告知的消息，马上告诉了冯保，冯保得知后，马上又向两宫倾诉，他趁着才即位的朱翊钧也在一处时，把高拱在哭先帝时所说的"十岁太子，如何治天下"的话，改成了"十岁孩子，如何作人主"。这一改，不但两宫为之失色，连那位只有十岁的新君也给激怒了。两宫在惊怒之际，立刻和冯保商定，待到明天，便要驱除高拱。

到得次日，高拱还什么也不知道，他坐在内阁，只等待着诸事就绪。忽然，他听到说是两宫有命，要把众臣召入内廷，将要宣布两宫的一份诏书。高拱认为，这必是宣布要驱除冯保的诏书，于是得意扬扬，欣然而入。等到宣诏时，高拱才知道，被驱逐的竟然是他！这突然的一击，有如雷轰电打，高拱顿时魂飞魄散，伏在地上竟不能起，还亏了张居正，搀起他来，扶掖着，才得下殿而去。

驱逐了高拱，张居正便成了首辅，一切都要由他来办了。李太后的徽号问题，是早在商议如何除去高拱时就谈定了的。张居正要做首辅的心切，不得不用尽心思，费尽力气，把陈皇后尊为仁圣皇太后，而李贵妃则是慈圣皇太后。"仁圣""慈圣"，所上的徽号旗鼓相当。这些既复杂又紧张的事都是经冯保从中串联，由他和李贵妃、张居正三个人联合着干成的。他们这种联合，是显违祖训的不法之事，明太祖朱元璋认为立国之大忌便是内外交通和后妃干政，不但在口头上常常提到，而且还写在他的《洪武宝训》里，留给后人。冯保与张居正勾结，是内臣结交外臣，这正是典型的内外交通。张居正和李太后彼此互援，是明显的交通宫闱，而李贵妃和陈皇后驱除了高拱，则又是不折不扣的后妃干政了。这些都是不合法的，有一些甚至会被处以死刑。不过，在封建王朝时，有"法不加于尊"这么一句话，最高的执法者犯了法，谁也管不了他。况且《洪武宝训》已经历时太久，不是特别要用着它的时候，人们早已把它忘了。

继明穆宗朱载垕而即位为帝的，是他的第三个儿子朱翊钧，他就是在明代一十六帝中，在位时间最久的明神宗——万历皇帝。朱翊钧生于嘉靖四十二年（1563），他虽然在排行上是老三，但在他之前的两个哥哥都是很早便已去世，所以他在隆庆二年（1568），才只有6岁时，便成了皇位的继承人，被正式立为皇太子。他在东宫的时间并不多，到了隆庆六年，他的父亲明穆宗忽于那年去世，不久皇太子朱翊钧便已即位为君，并定出，明年要改元为"万历"了。

万历即位时才只有10岁，真是像高拱所说的那样："十岁的孩子，如何治天下？"所以李太后、张居正、冯保他们三个人，还要继续联合把扶助新君的工作干下去。李太后是万历的生母，身为太后，在施教上有其天然的优势，所以是主持奖惩的人物。张居正是三人之中最博学，又最习于政务的人，所以他要在从政之余，担负起指导万历读书，并教他以为君之道。当然，在实际任教方面，自有侍读、侍讲等人来做，但读什么，怎么读，却要由张居正来照料和决定。最初，张居正先把自古而来的治乱大事，编成了一套画册，作为万历在正课之余的辅助读物。后来，他又从《洪武宝训》和明代诸帝的《实录》中，择其精要，编成了像《创业艰难》《励精图治》《勤学》《敬天》等类名目的书，共40本，让万历也是在课余阅读。冯保对万历的工作，主要在监护方面，他既要注意小皇帝的行动，让他不能有出乎一个作为天子的举措，另外还要教导他作为人君所应有的气度。

万历对他的这三个主要教导人的反应各有不同，所相同的，只有一点，那就是，他都很怕他们。

李太后是万历最怕的一个人，她由于想要把小皇帝尽快教养成材，对他管得最严，查看得也最仔细。在万历即位为帝以后，李太后便从她所住的慈宁宫里迁出，搬到乾清宫中，去和万历同住。每逢临朝之日，李太后总是赶在五更之前起身，然后到万历的寝处，把他叫醒，以免误了临朝。关于万历的日课，她抓得更紧，万历每日课毕归来，李太后总要把当日所讲的书，要万历一一予以背诵和复讲，背不出或讲不成，便要罚他长跪朗读，直到能背、能讲为止。此外，李太后对万历的诸般行为也很注意，若发现了什么不良行为，轻则斥责、罚跪，被认为犯过较重时，还要予以笞责。如果过错犯得更重时，不但要把这个小皇帝管教到痛哭认罪，还要把作为师傅的张居正召来，要他一面向万历上疏切谏，把道理在疏文中讲足；一面替万历写出一道《罪己诏》，由万历亲手抄好，颁布内外。举例而言，万历有一次由一些小内监服侍着吃酒，酒后兴发，要一名小内监唱一支新曲来为他助兴。小内监推说不会，万历便拔出剑来，声言要把他杀了，经左右多方劝解，把那小内监的头发割了才罢。万历还说，这就叫"割发代首"。这事传到李太后那里时，李太后是先叫万历长跪示惩。跪过以后，她才逐次深究他为什么要那样干，直问到万历痛哭不已，叩头认罪，才叫他起来，并且赶快抄写那份早已预备在那里的《罪己诏》。万历虽然最怕李太后，但因他们是亲母子，所以虽畏而不恨，他们的关系，一直处得都很好。

从监护小皇帝万历这一点上来说，冯保是李太后的助手，也是她和外廷之间的一个联系人。冯保也是个在内书堂读过书的内监，他的书，读得还很好。他还善于鼓琴，颇娴书法，是个多才多艺，又极工心计的人。从嘉靖到隆庆期间，皇帝对内监都管得较严，也很少让他们到外面去，所以在这差不多有50年的时间里，像王振、汪直、刘瑾、魏彬等那样的权倾人主，任意横行的宦官，可以说是已经绝迹多年，没有人能步他们的后尘了。但是在冯保兴起以后，才又显现出了那种大珰的苗头。万历初年，冯保的权势，和王振、刘瑾等相比，已经是有点旗鼓相当的样子了。但是冯保的做法却和王振、汪直、刘瑾等人不同，他不像那些人那样，总要设法来引诱着皇帝胡为，借以扩展自己的恩宠和权势，他是要让万历怕他，来显示自己的声威，所以越是在别人面前，他越要摆出一副皇帝是由他来经管的样子。万历初登基时，群臣都来向他朝贺，冯保装出一副保护者的样子，紧随着受朝贺的万历。他站得紧挨御座，惹得举朝为之大哗，群臣们说，他们是来朝贺天子的，冯保是个什么东西！以一个宦竖，也敢想让群臣拜他吗？冯保除了以监护者的身份使万历对他怀有敬畏之感外，还有两手更让万历怕他。最使万历怕的是，冯保像个影子一样，总在暗地里察看他，每逢有点什么出格的行动，冯保便要去向李太后告密，让他受到情况不等的惩罚。他所受到的惩罚，多半都是由冯保向李太后告发了的。另外一点则是，冯保常夺去他的心腹和玩伴。万历身边围绕着一些小内监，这些都是能想出各种花样，带领他到各处去玩耍的人，有一些又是他舞刀弄剑的小伙伴。他们做各种活动时，都要避开冯保的眼睛，不然便会有把他的那些玩伴给赶走的危险。他们在玩各种把戏时，戒备得很严，常要派出人去放哨，远远望见了冯保的影子，便立即传呼:"大伴来了!"于是正玩着的项目立停,万历还要装出正在读书的样子,以便瞒过冯保。万历虽然如此小心,但为他所爱的小太监还是被赶出去了不少,有很多人,万历连他们被赶往哪里去了都不知道。万历对冯保的感受很复杂,对他还是有些爱敬和倚赖,但也含有不少的讨厌和怀恨。在他开始临朝时,冯保总在近处照顾他,使他可以壮起胆子来,这些,万历是感激,并且觉得很需要的。对他总是跟踪窥伺,却又觉得很讨厌。对于向李太后告密,让他每每要受罚,则又很恨他。万历在他年事稍长以后,还效法他的祖辈,赐给冯保很多刻有褒奖词句的银章,以示对他的厚谊。银章上所刻的文句有"光明正大""尔惟盐梅""汝作舟楫""鱼水相逢""风云际会"等。这些词句,有些也许确是出自真心,怎么想着,就怎么刻上了。有些则不过是些现成的套语,随便说说而已。又有一些,则竟有点嘲笑的味道了,譬如,万历最恨的,便是冯保总向李太后那里暗告他,这不是什么光明的举动,印文却说他是"光明正大",这种嘲讽,意味却也深长。

张居正一上来便是以师保的身份出现在万历面前的,所以万历自始便有些怕他,再加上李太后因为将教子成材、治理国事等至关重要的事,都托付给了张居正,对于他,除了满怀敬重而外,不免也带出了一些怯惧的神色,这就使万历更感到张居正的可怕了。事实也常加重了这一点,每当万历读书不够用心时,李太后便常常拿张先生来吓唬他,问他,"这叫张先生知道了可怎么办?"有时也说,"这事,张先生会怎么说呢!"这种时候,李太后显得更怕张先生,万历也就更加敬畏了。张居正每当晤对之余,还总要为万历讲些为君的立身之则、治国之道,他一板一拍地讲着,连李太后在一旁,也敬谨地听着,并连连点头,这就越发增强了万历对张居正的敬畏，觉得这位张先生真是了不起，朝政只有依靠着他了！

张居正在管理朝政上，确实也很有成就。他以尊主权、课吏职、信赏罚、一号令为主导定出了一套办法，用它来铲除官场上的许多积弊。另外，他还设立了许多文簿、册件，作为验证、考查之用。他办事认真，不容欺骗，一时间，倒真做到了言出法随，令行禁止的地步。张居正不但在内政上做出了一些成就，对外他也做出了一些受人称道的事。他刚柔并用，因势利导，利用敌方的内部矛盾，使之能为我用，安定了边塞的很多地方。在边塞之处，他放手任用李成梁、戚继光等人，他们都是治军多年，能征惯战的将领，张居正命他们监视着塞外诸部，平时厉兵秣马，有事则领兵出讨，使塞外诸部各自相安，不敢轻动。在张居正当国的那一段时间里，可以说，已经基本上清除了北方的边患。张居正的这种种成就，其见效很快，影响自然也大，一时令人都在赞叹称奇，就是那些受过他的惩戒，被斥退了的人，看到这些有利于国的事，也不免意折心服。但是这些成就给张居正带来的，却并非都是好事。他原来便很自负，这些无往而不利的情况，更让他沾沾自喜，越发把自己看成了个非凡的人物，使他更养成了威福自恣，对人或对事，常是以自己的喜怒为转移的习惯，并且成了个严于责人，拙于律己的人。张居正对于他的僚属，要求很严，要他们都要极为廉洁，一丝不苟。但他对于自己，却一点也不严格。他那时已经成了明代首辅中最有权威的一个，他能说能行，已经与前朝的那些宰相很为相似，他每到一处人们都是百般设法来趋奉逢迎，以大量的奉献来求情的人更是数不胜数。张居正对于这些常常是毫无愧色地照单全收。不但如此，就是那些被抄没入官的土地，或是金珠货宝等物，他也常常侵吞入己，不以为意。由于他自奉若此，所以虽然他已很有成就，劳苦功高，但来亲近他的人，"正人日以少，佞人日以多"。

万历对于张居正，从感情上来说，要更复杂一些。他对张居正的倚信和敬畏是与日俱增的，但在其中也夹杂着一些不快和不满。最使他感到不满的是，张居正在用钱上对他的限制太严，总不能让他够用，只要多用了一点儿，就会招来他的一大套唠叨，有时甚至是一本长篇大论的谏疏。他由小内监们帮着，也想了不少的生财之道，但常常又都是一开头就让张居正给死死堵住了，而且还要告诫他，以后可不能再这么办。最使他不快的是，张居正每次替他写《罪己诏》都太认真，想得那么周到，把罪情说得那么深，叫人抄着都脸红，对一个皇帝，怎么能这样呢？不过这都是些小事，算不了什么，主要的还是他对张居正的倚靠和敬重，似乎朝中的事，如果没有张居正，就什么也办不成。这种情况，在张居正父丧后，和他自己病重时，表现得最为突出。

张居正的父亲，是在万历五年，在他的家乡江陵去世的。丧情报到京里，举朝都为之轰动。封建王朝，为了便于统治，自西汉以来，都重视以孝治天下，对于父母之丧更是注重。一般说来，无论官居何职，如有父母之丧，都要立行离职，奔丧到家，然后在家守孝。这种守孝，依制定为三年，称为"丁忧"。丁忧期满，才可回朝复任。到了明代，丁忧期已定为九个月便算一年，丁忧期已缩短到只有两年稍多一点了。而召回的时期也不一致，大多数虽然都是及期而召，但是，及期未召，或是先期召回的，也不少。张居正既已接到丧报，照说他便应该拜疏即行，连夜赶回家乡，去奔临父丧。"奔丧"的这个"奔"字，便含有即行奔回，不及他顾的取义。但是张居正却没有那么做，因为他有不少事要作好安排，他还怕，丁忧时相权易手，会给他招来许多不便，因而更是游移。和张居正一样，李太后、万历、冯保等也都怕张居正会丁忧而去。李太后和万历，怕张居正一走，朝中诸事无人料理，不知如何是好。冯保之怕，却别有所在。自从张居正当国以来，冯保便和他内外接应，相互为利，合作得正好，如今张居正将要丁忧而去，朝中大权将会落入别人之手，一时联合不上还在其次，最怕的是，他和张居正都有些手脚不够干净的事，一旦被人发现实在很为不便。在他们正为这些事而焦急时，张居正也在忙着为自己安排如何可以早日起复的事情。按照朝中所有的先例，以前的阁臣杨溥、金幼孜、李贤等人，他们都是在丁忧后很快便以朝中多故，主政乏人，匆匆忙忙被召回来的。张居正觉得，目前他的情况正和杨溥等人相似，他可以加以暗示，做成一条伏线。他是把自己的丧父之事让次辅吕调阳和阁臣张四维代为奏上的，在奏中，张居正便要他们把这些情况都夹叙在内，以便引起李太后和万历的注意。但是李太后和万历虽然都怕张居正离去，却没能注意到这些暗示，他们只能用温旨和手札以示相慰，两宫太后和万历并各赐以加厚的赙金，以见系念的深情而已。张居正觉得，李太后和万历都没有看出他在奏中所加入的那些暗示，心中极为焦灼，但又实在毫无办法，只好耐心等着，以待转机。这时，内阁里又发生了一件不快的事，让张居正大动肝火。原来，按照惯例，每当首辅去位已有三日之时，次辅便可以坐上首辅的座位，而僚属们也要身着绯衣，一致向次辅称贺。张居正在已经奏陈父丧之后，照例便该算是已经离位了，次辅吕调阳在上奏后的第三天就坐到了首辅的位子上，是合理合法，一点也不错的，僚属们都换上了绯衣向吕调阳祝贺，也是合理合法，一点也不错的。不对头的是，张居正原该是片刻不留地去奔丧，他如果已经离开了那里，就一点也不会感到难堪了，偏偏他却还没有离开，眼睁睁地看到了这一幕,可就感到难于忍受了。他想,我还没离开,还留在这里,他们就这么迫不及待地干起来,竟连一刻都等不得了吗?人情这么薄,使他很伤心,他向着自己说:"我如果离开了春明门,再想回来怕就很难了!"为此,张居正决心硬拼上一下,使了个以退为进的招数,一面自己上疏请求回乡守制,一面要冯保想办法来留住他。冯保当然愿意留下他,但是丁忧这件事太大,他实在想不出什么主意来。冯保只有到处去张扬,说是张居正丁忧,多少事都没人顶得住,这可是个难办的事情。

随着张居正的拖延,冯保的叫嚷,通朝上下,很多人都看得很明白,张居正死了父亲,但他自己却不想丁忧回家,还有李太后、皇帝和冯保,他们也不想让张居正回去,但是他们却想不出一个可以把张居正留下来的法子。如果有谁能想出那么个法子,他可就对了缘,要得到不少好处了。很多人都这么苦苦地想着,终于让不久前投在张居正门下的、户部侍郎李幼孜,想出了"夺情"这么个招儿来。所谓"夺情",是施用于军前的将帅偶逢父母之丧的一种变通的办法。因为出征之际的将帅,若忙着奔丧回家,必会贻误军情,为患不小。为了免于此患,皇帝可以命他移孝作忠,仍在军中墨绖理事。这么做,便被称为"夺情",之所以叫"夺情",乃是以国事为重,而夺去其亲子之情的意思。这是唯一的可以免于丁忧的一个规例。但它的限制很严,只限于征战之时的军前将帅,如果官居将、帅之职,但并无征战之事,仍然不能用它。至于文官,则可以说,对他是永不会有夺情之举的。因为这夺情一举和张居正是万难有所干连,所以虽然有那么多人都想替他想免去丁忧的办法,但是竟没有人能想到这条路上来。然而,终究还是让李幼孜给想出来了。李幼孜竟想出了这么一招,真使他狂喜不已,马上便上疏论及此事，说是将帅临阵而有父母之丧，其所以要夺情，乃是由于军务紧切，不可临阵易帅。如今国脉系于首辅，较之将帅临阵更为重要，若听其丁忧而去，实比临阵易帅更要险恶万分，望亦以夺情举措而留之于朝，实为至幸……在先，冯保和万历倒也想到了这一招，后来因为这么做实在大有碍于观听，他们不敢出头倡导，如今有人替他们开了个头，当然要即行抓住，开始宣扬起来。那些和李幼孜一样，也想在这件事上显点什么的人，早已自恨落后了一步，想要加紧赶上，加以补救，哪里还要等人宣扬，早已一哄而起，纷纷都以夺情为请，几乎成了狂潮。张居正在这狂潮般的夺情声中，才开始暗暗称幸，觉得他的愿望终于得遂，看来免于丁忧一事，已是势在必成了。但是，争请夺情的人虽然很多，可是出面反对的人却也不少。而且这些反对夺情的人，几乎都是系天下之人望的人。这些主持舆情的人，在看到张居正得知父丧之后并不火速奔丧，对他已经极端不以为然，如今忽然又出来了什么"夺情"之说，更觉得是件奇谈，他们觉得，这种离经叛道的举动，对于世道人心，实在所关非浅。他们不能视而不见，立即纷纷上言，力陈夺情之说不合正道，败坏人心，实在万不可行。有些人更把笔锋直接指向了张居正，说他这是恋位、不孝。有些论者还列举出了自张居正当国以来他所干的很多坏事。在这些论疏中，编修吴中行所上的一本，是最先递上去的一本，也是说得最切直的一本。在吴疏中，下面所引的一段，是流行于众口，最为人称赏的一段。原文是——

居正父子异地分睽，音容不接者十有九年。一旦长弃数千里外，陛下不使匍匐星奔，凭棺一恸，必欲其违心抑情，衔哀茹痛于庙堂之上，而责以訏谟远猷，调元熙载，岂情也哉！居正每自言谨守圣贤义理，祖宗法度。宰我欲短丧，子曰："予有三年之爱于其父母乎？"王子请数月之丧，孟子曰："虽加一日愈于已。"圣贤之训何如也？在律，虽编氓小吏，匿丧有禁，惟武人得墨衰从事，非所以处辅弼也。即云起复有故事，亦未有一日不出国门而遽起视事者。祖宗之制何如也？事系万古纲常，四方视听，惟今日无过举，然后后世无遗议。……

吴中行是隆庆五年（1571）辛未科的进士，而张居正则是那一科的主考，以当时的关系而论，张居正便是吴中行的座师，而吴则是张的门生，说吴中行是张的门下士，是一点勉强之处也没有的。在那种门户盛行的时候，吴中行能够有像张居正那样的一位老师，他在宦途上必然会得意，一般很少有人会去主动得罪这么一位老师的。但是吴中行却不管这些，他不但奏论了张居正，而且还拿了疏文的副本去，当面让张居正先看看。张居正看了，很不自在，他问吴中行："递上去了吗？"吴中行道："递上去了。没有递，我也不能拿到这里来。"张居正看看吴中行，越想越气。不想最先攻击他的，竟还是他的门生，这真让他太难堪了！更让他气的是，吴中行的这一疏，影响竟然很大，流传得很广，一下便掀起了论夺情的浪潮，有很多人紧随着吴中行，也大论夺情的非是，败坏了纲常伦礼。这一股斥论风很猛烈，使张居正等人坐卧不安。冯保和张居正在暗中议定，决意要由万历出面，用廷杖来煞住这股论风，要把其中持论最激烈的几个人先行予杖，让他们看看。此话一经传出，又引起了一场论救的风波，并且有很多人，便借着论救，更深论夺情之非是。翰林学士王锡爵更率领着几十名词臣赶到张居正的府中，一致向他求情。张居正推托说，此事与他无干，乃因触怒了主上所致,他实在也无能为力。首批予杖的共有吴中行、赵用贤、沈思孝、艾穆四人。他们的杖伤都非常重。吴中行在杖后已几乎气绝,他的友人特别找来了专门的医生施以急救,他才得死里回生。治疗时刮去了很多腐肉,有些竟大至盈掌,厚有寸余。赵用贤很胖,受杖后,股肉溃脱,有很多块也是大如巴掌。他的妻把那些溃肉收集起来,腊而藏之,用以留示后代的儿孙。这四人正在被杖,有个正在刑部观政的进士邹元标,他又赶上来,把人数凑成了五个,成了被后人所称颂的"五直臣"之一。邹元标是赶着来递上他的论疏而被杖的,他的疏文很激烈,最后更是笔锋直指张居正。他说,"今有人于此,亲生而不顾,亲死而不奔,犹自号于世曰,我非常人也,世不以为丧心,则以为禽彘,可谓之非常人哉"?这几句话激怒了张居正,所以定要迅速予杖。邹元标被廷杖八十,创伤也很重,终其一生,行动都因而不便。

使用了很多非常的手段,张居正的夺情终于被办妥了,他只在回乡葬父时到家乡去了一趟,很快就又赶了回来。在他离京的期间,万历传谕给次辅吕调阳和别的阁臣,让他们只办些细微的小事,较重大的事,则要由驿马加急赶送到江陵,仍要由张居正亲自来核办。这样把重任全寄于一人之身,在明代的历任首辅中实在是空前绝后的。

十四 万历一朝政务的败坏

在夺情以后，张居正的声威有了极微妙的变化。从表面上来看，他的声威倒像是增高了，但寻其实际，他的威望在人们的心目中，正在逐日地下降。在先前，那些不肯趋奉他的骨鲠之士，虽然有很多事并不以他为然，但因他在整顿吏治、兴利除弊这些方面，办得确实很有成效，对他还是很有些佩服和赞赏的；但经过夺情一事，他们已经把他鄙视为不如禽兽，不能算人了。这些人都是尊奉儒术，认定忠孝乃为人之本的人，他们觉得，一个人在孝道上有亏，别的便什么也提不上了。那些趋附他的人，以前总很难摸透他，应该如何去做才能对上他的心思，常常觉得很费揣摩，还常带有一些敬畏。有了夺情一事，他们像也擦亮了眼睛，看透了他的内外两副形象。他们看穿了，张居正表面上的那些庄重威严，其实全是假的，里面其实也还是个贪恋禄位，紧抓住了不放，连摆在外面的孝道都顾不上的一个人，甚至比他们都还差着点儿，实在没有什么可怕的。对付这样的人，他们的门道可就多了，使用着也方便得多了。张居正本人也已经觉出了这种微妙的变化，他也变得不再矜持，不再为维护自己的声誉而稍存宽厚，他打击起反对他的人来，已经到了无所不用其极的地步，他想让那些人，虽不敬他，却要怕他。对于围在他身旁的那些趋奉者，张居正却变得更雍容了，他抱定"但来朝香，定当降福"的主意，总要给点儿好处。这样一来，他的府第更是门庭若市，格外热闹。他的仆人游七，竟也能入赀为官，不但和许多勋戚文武都常有往来，而且还和有些人家结成了姻亲。

万历六年（1578），万历已是近16岁。就在那一年的二月里，册立了皇后王氏，举行了大婚。李太后为了恪守旧制，在那时便又从乾清宫里迁出，仍回到她以前住过的慈宁宫里去了。临行时，她把教导万历的工作，重又重托于张居正，并有敕给他道："吾不能视皇帝朝夕，先生亲受先帝付托，其朝夕纳诲，终先帝凭几之谊。"敕中珍重托嘱，称之为先生，并一再以先帝凭几顾命为言，对于张居正的尊重可以说是已达到了很高的程度。

万历以大婚为开始，过了不久便已六宫齐备，后妃齐全了。他每日在内宫欢宴，把朝中之事全部都推给了张居正。那时在他看来，这位张先生可真是一根擎天之柱，实在是无人可以与之为比。他对张居正的倚赖日益加甚，对他的敬重和亲近也日益加深，即以称谓一项而言，也是不断变化，越来越见郑重。到了后来，万历即在和别人谈到张居正时，也常常称之为张先生而不称名，在称呼其本人时，当然要更郑重一些了。在张居正还只有"少师"这个官衔时，万历常称他为"少师张先生"，或是"元辅张少师先生"。到了张居正已经得到了"太师"这个最高的官衔时，万历对他的称呼也就一改而为"太师张先生"，有时甚至竟称他为"太师张太岳先生"。张居正字叔大，号太岳。天子而称其臣以号，在历代都很少有，在明代更是仅有的一例。从这些称呼上的日益不同，我们也可以见到万历对张居正的倚任日增，所以到了张居正卧病不起时，更看出了他在国务中所占的比重。

张居正积劳成疾，精神已大不如前，勉强支持到万历十年（1582）

初，终于自觉不支，开始告病。他忽然告病，顿使万历和满朝文武都大吃一惊。万历除了不断派出中使，一日数次地赍敕问病以外，还赐给他大量的金帛，让张居正安心养病，又不断地派来御医，赐以珍药，想能使他早日病愈。这次又和张居正回乡葬父时一样，万历又告诉内阁，细事可以自办，一应重事则都要送往张府，由张居正在病榻上审办。天子都如此关心，臣子们自然更不必提，满朝文武，几乎每日都有不知数的人，群趋张府，不断问安、请示。张府门外，日夜车马不断，比平时热闹得多。张居正病的日子越久，惦念着他的人越多，后来竟有人想到，要集资设坛，延请僧道念经，为首辅张太师禳灾祈福。这件事也是一倡百和，在京中首先便这里、那里的，出现了不知多少为张居正祈福的醮坛。很快，这股风又传向了外地，在南京、在湖北、在河南、在山西……到处都立起了醮坛，为首辅禳灾祈福。万历对设坛祈福这件事倒没有参与，也没有在宫中设坛。但他对于在外间闹得这么火炽的事视而不见，听而不闻，也就表明了他默许的态度。

为张居正的病而焦急的人虽然显得很多，但真正很焦急的人，其实并没有多少，而冯保则该被算是这真正焦急的人们之中的一个。冯保自从和张居正联合着搞倒了高拱，他们便联手。长期以来，他们二人，一内一外，合作得非常之好。他们都是很贪权，很嗜利的，彼此之间，不免也常有点小小的冲突，并且，还不断总有些人，在他们之间进行挑拨，但是张、冯二人却都明白，他们二人是合则两利，分即两伤，所以每逢斗到某一程度，双方便各自收兵，免得把事情闹僵。张居正卧病之初，冯保并不在意，他以为张居正年纪还不满六十，无须格外担心。但是，过了不久，冯保却已看出，张居正的病仿佛已是势将不起，他这才着起急来，忙着想预备后事。冯保想要预备的是，在内阁中，要再安上一个有如张居正那样的人，能和他合得上手，让他们能把以前干着的事仍继续下去。那时候，原来的次辅吕调阳已经因病致仕，内阁里只剩下张四维和申时行两个人了。张四维是万历三年（1575）入阁的，他对于张居正的大权独揽，心里早就极为不满，如今张居正病了，看看已经有些势将不起的样子，他不由野心勃勃，很有些跃跃欲试的样子。冯保认为，张四维并不是个可与共事的人，将来很难和他打交道，必须另外设法才好。另一位阁臣申时行，是张居正回乡葬父时把他引入阁中的，他乃嘉靖四十一年（1562）壬戌科的状元，为人非常精敏，张居正对于他原来倒很想加以笼络，把他收入门下，以便将来有事，可以倚他为用。但是冯保对申时行却不大放心，他觉得这个人太精灵了，紧急时不见得可靠。冯保多次深思，觉得还是在内阁里另外安上个人才行。他还想到了，安进内阁的那个人应该是潘晟。潘晟是个早已致仕的老官僚了，他是浙江新昌人，乃嘉靖二十年（1541）辛丑科的榜眼。他在嘉靖二十六年（1547），做过丁未科的同考官，张居正就是那一科的进士，并中在他的门下，还应该算是他的门生。潘晟在内书堂也教过书，冯保就是由他教出来的。张居正和冯保，都可以说是潘晟的门生，所以潘晟和他们二人都很熟。冯保想到了潘晟，觉得这人才是他所需要的，如果张居正能以遗疏的方式推荐潘晟，说他才堪大用，请求予以召复，然后他再从中做些手脚，那么，事情就能成了。他盘算已定，就去找了张居正，一力要他就依此而行。那时张居正已经病在垂危，时在昏迷之中了，他便依了冯保，上疏推荐潘晟，同时还推荐了尚书梁梦龙、侍郎余有丁、许国、陈经邦等人，说他们都是可堪大用之才，不妨选入内阁。这种不经廷推、径由首辅推荐而任为阁臣，原本很不合法，但是由于张居正已经惯于这么做了，所以他所推荐的潘晟和余有丁二人，虽然他们的名字见诸诏令之时，张居正已经去世，但已经有效，余有丁因为人就在京中，行动又极迅捷，所以诏命才出，他便已经入阁了。潘晟却因还在路上，不能及时赶到，又受到了攻击，没能够入阁。潘晟所以受到了猛烈的攻击，给人作为借口虽是以首辅的疏荐而入阁，乃属非法之举，此例不应常有，但实际上却还是因为，冯保与潘晟的关系实已人尽皆知，冯保要他来，是想干什么，也是无人不晓的。

潘晟早在诏命到达之前，便已从冯保那里得到了信息，要他飞速进京，以便入阁。所以他才一接到诏命，便上路了。但他并不急于赶路，只是赏玩路景一样地走着。他还拜疏进京，力辞入阁之命。潘晟出入宦海数十年，一切都有所本。他这样做，一则是依照惯例，召复之际必有辞让；二则借以从批复的快慢和语句上看出朝廷用他之意是否殷切。他的辞疏递到时，阁臣已有三人，张四维、申时行，和才入阁的新人余有丁。他们议论应如何对待潘晟的辞疏时，余有丁并未发言，只由张、申二人商议。这是因为余有丁入阁的日子极暂，不便发言；另外，他之入阁，与潘晟的来由正复相同，也不便多说什么。张四维虽然也是由张居正的引进才得入阁的，但他一向与高拱相交颇厚，在张居正的手下却很受欺压。再则，他很清楚冯保和潘晟的关系，对冯保这种操纵内阁的做法很是不满，所以在商议此事之时，主张顺水推舟，就批准潘晟的辞疏，可以免去不少的麻烦。申时行对于这件事的各种情况，了解得并不比张四维差，况且这一切都由张四维出面来办，与他并无干碍，他自然乐于同意。所以潘晟的辞疏立即被批复，潘晟才走到半路便已得到准辞的批复，只好调转船头，回家去了。

潘晟的辞疏到京之时，正好赶上冯保在生病，他在病后得知，潘晟疏辞阁命已经获准，无法再挽回了，不由气急交加，发狠地说："我才病了几天，这些人的眼睛里就没有我了吗？"他不觉已预感到自己的处境中有了点儿不妙的地方。而实际上，他的处境已经有些不妙了，原因是，他为了树威，杖逐了很多万历宠爱的内监，还驱逐了一些不大肯依附于他的太监，如司礼监的秉笔太监孙德秀、温太，兵仗局的太监周海等。这些人中，还有个张诚，乃万历最宠信的一名内监，他也因冒犯了冯保，被发往南京去了。张诚被发遣时，在万历大婚之后，万历已经有些感到，冯保和张居正也许有什么隐秘的勾结，因此在张诚叩辞之时，便要他在外边留心访查冯、张二人有什么勾结。冯、张二人的勾结几乎是公开的，要搜罗证据实在并不费力，但张诚知道，如果沉不住气，倒是给自己找麻烦，所以他在外面只是等候时机。等到张居正一死，冯保一个人孤掌难鸣，大家都认为有了转机，被逐去的内监，都悄悄地溜回来了，张诚也是在那时溜回来的。张诚已经回到宫中，冯保心神难定，但那时他已无力再将张诚赶走，只可暗自留心，先硬挺着再说。那时张诚和另一个名叫张鲸的太监，已经成了最贴近万历的人了。这张鲸也极恨冯保，他们不断在万历的耳边数说冯保的恶行，要万历办他。那时万历虽然已经年满二十，并且早已六宫齐备，却仍然很怕冯保，对于张诚、张鲸的话，虽说听了也气，却只是应着，不敢行动。张诚、张鲸都知道万历最是贪财，便在这上面来打动他，常向万历说冯保如何如何富有，如果查明了他的罪状，抄了他的家，那可真是发了财，得到的财宝也许比宫里内库中的还多。万历被他们说得心痒，但还是怕，他说："这种事只不过是说说而已，干着却难，大伴如果冲上殿来，我可怎么办啊！"二张这才明白,老办不成,原来是还怕他。于是便解释说:"已经处分了他,他如何还能冲上殿来呢!"万历想想,果然如此,这才下定决心,先把冯保发往南京安置,随后又宣布了他的种种罪状,把他的家给抄了。

抄了冯保的家,抄到的财宝确实不少,但是却没有张诚和张鲸所说的那么多,和万历所想象着的,就差得更远了。老实说来,这一次抄家,万历很感觉着美中不足。为了补偿万历的这个美中不足,张诚和张鲸,又把他们的矛头指向了张居正。张居正也是让他们受到了折磨的一个人,他们也要报复他。他们又向万历夸说张居正的富有,说张居正积下的财物要比冯保多好几倍。张居正吞没了辽简王朱植的承嗣人的全部家产,一个积聚了二百多年的王府,所存的金宝何止万计,只是这一项,就比冯保的家产要多得多。

万历对于张居正原本是极敬畏又极钦佩的,在张居正卧病时,他怕张居正会死,真像是怕天会塌下来一样,他不断赐金、赐药,确实都出自一片真心。然而在张居正死后,天并没有塌下来,继任而为首辅的张四维,人虽然很平常,一切事情还是照样办。张四维很快也丁忧而去,继他而为首辅的是申时行。申时行这个人可真能干,他干得比谁都好,不但让全朝松快,也给他这个身居帝位的人想出了不少省事的法子,省去了他不少的麻烦。申时行彻底打破了"张居正无人可代"的神话。万历对张居正敬意日消,怨心日起,甚至连他所代拟的《罪己诏》里的那些刻毒的词句,万历都想起来了。这时,恰好有人论奏张居正在遗表中力荐过的曾省吾、王篆等人,内中还牵扯张居正的一些过失。敢说张居正的过失,这可不是一件小事,以往如果有人这么做,他一定会获罪。但这一次却变了，这些人说到张居正的过失，万历却没有怪罪。官场里有很多人会看风向，他们从这一点上，已看出来张居正的气候就要尽了。为了趁着这一个转机，很多人开始奏论张居正，他们一面要求，把一切由张居正引进的人都予以斥退，一面又要求把因张居正而得罪的人都赠官、赐恤或是复官。这像突然卷起来的一股风，很给万历添了些麻烦。但想到这与要抄张居正的家正是个好应和，万历又高兴起来了。万历开始追论张居正的旧事，他先把由于劾奏张居正，被他倾害至死的刘台，予以赠官和赐恤；又把因论夺情而被逐的吴中行、赵用贤、艾穆、沈思孝、邹元标等人都召回来复官；最后则在吞没庶人家产这一点上大做文章，先下诏夺去了张居正的上柱国封号，跟着又免去了他的太师等衔称，连他的谥号也都被废了。这些过场做足，最后才下诏，命以司礼监太监张诚和刑部侍郎丘橓为首，由他们率领着锦衣卫指挥和给事中等多人，到湖北江陵去查抄张居正的家产。

　　这次查抄张居正的家产，可比上次查抄冯保的家产安排得要周密严紧得多。为了免于事先走漏风声，在正式抄家的人，如张诚、丘橓等，还没有赶到时，早已派人去告谕了荆州的守令，命他们先行去到张家，点清所在的人口，把他们驱入空室，锁了起来，然后又将各门封闭，派人看守，以待来查。到张诚等人到来之时，由于多日缺乏饮食，被锁在空房里的人，已有十多个因为饥饿而死。这一次抄家，共抄到了约有一万两黄金，白银则有十多万两，再加上衣服首饰及各种细软之物，虽然已不算少，但是却和预期的数目相差太远，简直无法回奏。张诚等没有办法，只有将张居正的长子张敬修拿来拷问，问他把应有的金、银都藏到哪里去了。张家虽然并没有在外面寄藏过什么，但张敬修熬不过拷问，只得诬称，还有三十万两银子，分藏在曾省吾、王篆、傅作舟等人的家里。他是为了逃刑，才这么说的，自知只能蒙混一时，事发更不得了，于是他寻个空子，自缢而死。张敬修被逼自杀的消息传到了京中，首辅申时行和六部尚书等都觉得事情做得太过火了，于是合疏请求不妨稍缓。其中尤以刑部尚书潘季驯在疏中说得最为激切。他说，这次抄家，在张居正的家里，已经有数十人死去，张居正的老母尚在，如今已是衣食无着，"旦暮莫必其命，乞降特恩宥释"。因诸臣的执言，万历终于下了诏令，命以空宅一所、田十顷留给张家，以养张母之命。潘季驯这个人，也是因有张居正的推荐才得位至九卿的。他看到张居正一朝势败，顿若山崩，深为感叹，所以说了几句关切的话。但是，他这么做，却给自己惹上了麻烦，有些人竟为此而对他大加攻击，他们摘出他那疏中的一些激切的语言，说他为张居正开脱，是张居正的党羽。"张居正的党羽"在那时已经是个罪名，潘季驯终于得了个落职为民的处分，离京而去。

万历接连查抄了冯保和张居正的家，抄获的财物虽没能满足他的贪欲，但合计所得也已不少，已经超过了每年岁入的十分之一，够他挥霍一阵了。吃了这两块肥肉，万历胃口大开，他觉得抄家倒是件妙事，一下子很多珍宝便来了，这比向国库伸手还要便当。这样，万历便把抄家当成了他的生财之道，此后只要有人获罪，不问罪情如何，也不问罪人是内侍或是外官，一经论罪，便要抄家。当然，像张、冯那样的人家，一时很难碰上，但是万历以多取胜，多少总要捞上一点儿。这种多寡不拘，只要有钱便好的做法，使得深悉此情的内侍们竟看出了一条路子，每逢出外办事，便要任意而为，大捞而特捞。一旦为外官论奏，便且顶着，到了难以顶住的时候，并不等到定罪抄家，便将一部分赃银献给万历，结果不仅罪行可以免究，还能得到另外的一些美差。历代的帝王，贪婪到向臣下索献的并非没有，但像万历这样，做得有如行贿、受贿，却实在并不多见。

张居正死后，万历自己的手上，可以说宽松了很多。首先，他向太仓银库伸手已经不那么难了；其次，他又兴起了抄家之风；另外，内侍们的奉献也络绎不绝。他的财源，真可以说是不止倍增。然而，来得多，去得也快，万历仍然觉得满足不了他的欲望，总想寻出个另外的生财之道来。万历和他所宠信的内侍们，想来想去，终于还是想到了兴办矿税这一条道路上面来了。说到矿税，早在万历十二年（1584），就有人提出来过，而且还做了一些勘查的工作，只因勘查有误，廷臣们又群起反对，所以没能办成。如今万历又想寻一条财路，矿税之政便又被提出来了。照实说来，开矿原是件好事，开矿取税，也并非不该。但万历年间的所谓矿税，实行的却并非正道，不过是借矿税之名，行剥民之实而已。所以万历时的矿税，终于成了万历后半期的最大弊害，人们痛心疾首多年。万历时的矿税之害，主要是不务实际，名目繁多，尽力压榨，肆意掠夺。

万历重新兴起矿税之风，是从万历二十四年（1596）开始的，在那一年里，宫中不断发生火灾，先是乾清宫和坤宁宫先后毁于火灾。次年，皇极、建极、中极三殿又都被火烧了。恰好那时又在向朝鲜和播州两地用兵，军费所需也很紧急。万历既想尽快修复那些被焚的宫殿，又要拨出大量的军费，所以就又想在矿税上动动脑筋。他派出了很多的内监，让他们到全国各地去查看。只要那些内监报称，哪里有什么什么矿，或是哪里盛产什么，可以征税，万历便又派出人去，盘踞了那些地方，不管有矿无矿，总要榨出一定的税银。派出去的那些大大小小的内监,他们想的只是银子,既要上交,又要中饱,对地方上,真是敲骨吸髓,尽情搜刮,把地方上闹得十室九空,民穷财尽。在这些人中,为害最大的,首推陈增和陈奉这两个内监。

陈增是在万历二十四年被派到山东去征矿税的一个为首的内监。他到了山东,才发现那里并没有什么像样的矿,搞不出什么名堂来,他脑筋一转,把矿税改成了店税,向万历报称,山东地方的店铺很多,逐店取税,为数定不在少。万历当然认可了陈增的所奏。但征店税,是要和地方有司起冲突的,陈增便依仗着他的皇室之威,压倒地方官,并且树立起他自己的威风,完成他所要征的店税。他一入山东,便参劾了福山县的知县韦国贤、益都县的知县吴宗尧。韦国贤被逮往北京,受到了削职为民的处分;吴宗尧则被关进了诏狱,几乎在那里丧了性命。山东巡抚尹应元觉得陈增的行为太恶劣,上疏列举了陈增在山东的20条大罪,请求把他换掉。但是对万历来说,陈增有尽情供奉之功,尹应元如何告得倒他,他所举的陈增的罪状,虽然全有实据可查,但他还是落了一个妄奏的罪名,受到了罚俸的处分。陈增觉得在山东搜刮意犹未足,又和他的同伙内阁中书程守训等人共同设法,把势力向南伸张,一直伸到了浙江一带。陈增诈称他奉有密旨,是来查从大内流入民间的各样金宝的,他仗着这个借口,便深入各个民家,向他们肆行勒索。他还募人到他那里去告密,专告那些有名的大商巨贾,说他们的家里藏有禁品,以便去搜查抢劫。因此而被搞得家破人亡的人家竟有上百户之多。地方官震于陈增的威势,只有任凭他横行,什么都不敢过问。御史刘曰梧倒曾把陈增的这些罪行详细入奏,盐务少监也奏称程守训阻塞了他的盐课。这些奏文都很扎实,但是万历因满意陈增的供奉，对于这些奏文一概不予理会。最后凤阳巡抚李三才又切实地奏了一本，把程守训的各项奸谋与赃证都查得一清二楚，和盘托出地奏了上去。这时陈增害怕了，他命人把在程守训那里搜到的违禁珍宝，还有赃银四十多万两，上献朝廷。这样，程守训被械送到京中，并被问成了死罪，陈增却因献出了程守训，倒逃脱掉了惩罚。陈增在山东为恶达十年之久，他是在万历三十三年（1605）死在山东的。一直到死，他都没有因为作恶而被惩。

陈奉原本是御马监里的一名奉御，职司并不高。他是在万历二十七年（1599）被派到荆州去收店税的。他在罗掘奉献上很尽力，先后又兼管了不少的事情，如在兴国州开矿采取丹砂，和设在那一带地方的钱厂铸钱的事务。他自以为身为内使，便目空一切，所到之处，极为酷虐。他常以巡查为名，到处鞭笞地方官吏，剽劫行旅。那一带的人经常为其扰害，都恨透了他。某次，他从武昌前往荆州，一路扰害地方，激起了民愤，一时竟有好几千人集聚起来，纷纷用砖石向陈奉和他的下属投掷。陈奉逃出了这一场截击，心有未甘，竟诬奏襄阳知府李商畊、黄州知府赵文炜、荆州推官华钰、荆门知州高则巽、黄州经历车任重等人，说他们煽动暴民、邀击为乱。万历据奏，并不详察，立将李商畊等人尽都拿问，分别给以罢官为民、去职闲住等处分。陈奉有了万历的支持，气势更高，越发耀武扬威。凑巧那时兴国州有个叫漆有光的人，他忽来向陈奉报告，说是州民徐鼎等人挖掘到了唐朝宰相李林甫之妻杨氏的墓，在那里得到了很多的殉葬品，还有大量的黄金。驻守在兴国州的腾骧卫百户仇世亨得报后便如述上奏。万历得奏后，命令陈奉，要他把人们从墓中得到的东西尽数追出，一并送入内库。陈奉领了朝命，不但把有关诸人全部捕到，向他们逼缴墓中所得的物品，还另外派出多人，要他们把境内的古墓全都挖开，以便得到更多的葬物。但是事与愿违，被捕来的人，即使在严刑之下也拿不出什么像样的殉葬品来，金宝之类更几近于无。后来开掘的那些古墓，几乎也全是空的，实在没有什么金宝之类的东西。那里的巡按御史王立贤对这件事作了一番调查，这才知道，徐鼎等人所掘的墓，并不是唐相李林甫妻之墓，而是元朝人吕文德之妻的坟墓，并没有得到什么。挖出了大量黄金之说，不过是奸人有意造谣而已。这种澄清事实的奏报虽已递入宫中，巡按御史还奏请不必再追究此事，并且请求停止到处挖掘。但是万历却仍置若罔闻，仍旧由着陈奉在那一带乱搞。

陈奉在外面乱搞，虽然不断被人奏劾，但因他所进的供奉为数不少，所有的劾疏简直丝毫无用，反而使陈奉的胆子越来越大，更加任意胡为，到了万历二十八年（1600），他终于在武昌激起了民变。关于此事，南京吏部主事吴中明曾予以详奏，他说，"奉吓诈官民，僭称千岁，其党至直入民家，奸淫妇女，或掠入税监署中。王生之女，沈生之妻，皆被逼辱，以致士民公愤，万余人甘与奉同死。抚按三司护之数日，仅而得全。而巡抚支可大曲为蒙蔽，天下祸乱，将何所底"！那时的阁臣，大学士沈一贯也奏称，"陈奉入楚，始而武昌一变，继之汉口、黄州、襄阳、武昌、宝庆、德安、湘潭等处，变经十起，几成大乱。立乞撤回，以收楚民之心"。但这些奏报都没能把陈奉撼动。陈奉还命人在谷城开矿，扰攘了一些时日，结果并无所得。陈奉为诈报矿情，便想把县中的库金解上去抵数。县民得悉此情，立刻大哗，并聚众驱赶，结果竟把陈奉赶离了谷城。陈奉又想在枣阳开矿，知县王之翰用地近显陵作为借口，不许他开。陈奉便以阻扰矿税奏劾了枣阳知县王之翰、襄阳通判邸宅、推官何栋如等人。于是，京中派来了缇骑，把王之翰等人都锁拿了，押入京中问罪。这些缇骑还顺手把武昌兵备金事冯应京也给拿了。冯应京深得民心，他以前便奏劾过陈奉，说他有十大罪状。这次冯应京被逮，武昌人民依依不舍，哭而送之，陈奉对此却觉得很开心，他命人把冯应京的罪状写成了揭帖，张贴在大街上，任人围观。这件事激起了众怒，聚观揭帖的人包围了税署，大呼着要杀陈奉。陈奉是在乱中逃进了楚王府，在那里躲藏着，才留得了性命的。攻进税署的人民，捉获了陈奉的很多余党，把这些人中最可恶的耿文登等十六个人，痛殴后投入江中，把他们都淹死了。由于湖北巡抚支可大一向偏护陈奉，人们又拥入抚署，烧了抚署的辕门。这件事闹得实在太大了，阁臣沈一贯、给事中姚文蔚等人又疏请把陈奉赶紧撤回京中。和沈一贯、姚文蔚等人同时论奏的，还有在外督理湖口船税的御马监监丞李道方，他说陈奉横行霸道，"水沮商舟，陆截贩贾，征三解一，病国剥民"。疏中"征三解一"一语，使万历很冒火，终于把陈奉召了回来，随后又因沈一贯之请，把湖北巡抚支可大也革了职，事情才平息下来。陈奉在湖广一带征税，前后只有两年，但他的手段却是惨毒备至，搜刮了很多的赃私。他的行李很多，巡抚支可大怕他会在路上被劫，派出了不少军兵沿途予以保护，陈奉才得以平安地离开了那里。

在陈增、陈奉以外，作为税监而扰民极甚的，还有天津税监马堂、辽东税监高淮、陕西税监梁永、云南税监杨荣、湖口税监李道、山西税监孙朝、广东税监李凤、珠池税监李敬、山西矿监张忠、江西矿监潘相、横岭矿监王虎、福建税监高采等人。这些税监、矿监，名目虽然略有不同，而所作所为却毫无二致，都是被派出来以搜刮为务，既用来作为献纳，又借此而得以自肥。这些被派到外面的宦官，都以天子派来的特使自居，对于地方有司，无不颐指气使，尽力欺压，以便可以任意横行。各地的官民对他们无不恨之入骨。云南的税监杨荣，便是因枷杖官民，激成民变，被人投入火中活活烧死的。当然，在地方官里，也有些人竟和这些宦官勾结起来，和他们一起鱼肉人民，借以谋利。武昌巡抚支可大、福建布政使陈性学便是这类人中最突出的。由于向外派出的宦官过多，很难分配得适当，有些人相距很近，甚或是一城二虎的事都很常见。这些离得很近的人，为了自身的利益互打互杀的事，也很常见。譬如广东税监李凤和珠池税监李敬，他们便同在一城，不断地互相攻击。

矿税为害之巨，在当时几乎已是人尽皆知的事，也是最为时人所恨，极想把它除去的事情。那时，不论是庙堂上的重臣，还是地方有司，吁请撤除矿税的疏文，几乎是无日无之，就是内廷的宦官，经常说到矿税为害的人，也很不少。其实就是万历本人，对于矿税的为害，也很清楚，他自己就曾让首辅沈一贯替他拟具遗诏，废除矿税，便是遗诏中的一件大事。这事发生在万历三十年（1602），万历忽然觉得自己即将去世，忙派人把首辅沈一贯和诸臣召入宫中，在他口述遗诏内容时，便有要废除矿税的事。《明史》于此事记载得很详，说万历忽然有病，急召诸大臣到仁德门候旨，俄而独召首辅沈一贯到他正在卧病的启祥宫西暖阁。在那里，万历竟是一派病人将近垂危的样子，王皇后和郑贵妃因有病都不在那里，但是太后、太子还有诸王却都静静地等在近处。万历见到沈一贯后，所说的也都是一些命在旦夕的话，他说："……朕病日笃矣，享国已久，何憾。佳儿佳妇付与先生，惟辅之为贤君。矿税事，朕因殿工未竣，权宜采取。今可与江南织造、江西陶器,俱止勿行。所遣内监皆令还京。法司释久系罪囚,建言得罪诸臣,咸复其官。给事中、御史,即如所请补用,朕见先生只此矣。"这些话,说的尽是些遗诏中应有的内容,所以沈一贯在西暖阁叩辞了万历后,便在朝房拟旨,送了进去。那一夜,众阁臣和列在九卿的诸臣,因为事出非常,也都在朝房值宿。三更时,内侍捧来了谕旨,一切尽可如所拟宣示。诸臣虽因皇帝病危不免悲戚,但因得知矿税即将尽除,又都暗自称幸。

然而这件事的更神奇处却在它的突然有变,万历的病来势之快固然出人意料,去得却更快,非诸臣所可料及。三更时已经认可了遗诏,但天色还没亮透,万历却又派来了中使,说是皇帝病已好了,想要收回那道已经拟就的遗诏。为什么要取回呢?因为所说各事,别的还都可行,唯独免除矿税一事万不可行,所以想要收回去另行改发。沈一贯先是顶住了来使,他说这是皇帝亲口所述,他照拟的,岂可索回另改!但万历催索得实在很急,一时之间,陆续来催索的内侍竟达二十余人,他们不断叩头请求,要沈一贯把那遗诏交给他们,以便复命。内侍都这样苦求,不断以头触地,有些人甚至叩头出血。这样,沈一贯顶不住了,只好交出了遗诏。万历的病情何以瞬息之间自危而安,变化莫测,一时传说不一,令人费解,但他极为重视矿税、深知矿税之害,却由此而深为人知。

据说,万历突然病愈,后悔要废除矿税,打算派人收回遗诏时,在他身边侍立的司礼监太监田义曾经尽力劝阻,恼得万历竟至抽出刀来,想要砍他。田义深知矿税是件祸国病民的事,极愿能得废除,沈一贯不能一力顶住而交回了遗诏,田义深觉是件憾事。后来他见到了这位首辅,不觉怨道:"相公稍持之,矿税撤矣。何怯也！"沈一贯确实该受埋怨，由于他的软弱，竟让当时的人又多吃了十八年的矿税之苦，这一弊政竟拖延到万历四十八年（1620），明神宗朱翊钧去世，在那时位居首辅的方从哲所拟的遗诏里，才撤除了它。

十五 从万历到天启

在万历这一朝里,有一件宫廷中的争端,后来竟影响了外廷,那就是因储位问题而引起来的议储、立储、废储等事的明争暗斗。这些事情还导出了明末有名的三案:梃击案、红丸案、移宫案。这三案后来竟被人用到门户之争中去,作为加罪于人的法宝,直争到明代灭亡还没有停止,到了南明,偏安于江南一隅时,还有人在争着拿它来作为争权夺利的工具。

万历的皇后姓王,她是在万历六年(1578)被册立为皇后的。王皇后为人端谨,但却不为万历所爱。她正位中宫达四十余年,却一直无出,没有生过子女。万历的长子朱常洛生于万历十年(1582),《明史》对其出生月份说法不一。皇长子的生母也姓王,原本是在李太后所住的慈宁宫里服役的一名宫女。万历在去慈宁宫向李太后问安时,和这位宫女偶然发生了关系,并使她怀了孕的。万历事后并没有挂心,到后来竟全忘了,更不知道那个宫女已经怀上了孩子。但是李太后对这件事却极关心,在看到这个宫女像是已经有孕,便非常高兴。她把万历召来,并问他将如何安置。但她没想到,万历对他干过的那件事却不肯认账,想把它推掉。李太后无奈,才叫人到敬事房把《起居注》取来,翻出那上面的记载,拿给万历看。原来这敬事房中的《起居注》,是专门用来记载皇帝御女之事的专册,不拘是何人,凡经承幸,都要一一照书无误。万历看到了这《起居注》上的记载，只好承认了。李太后这才告诉万历，她早就为着他久婚不育而心焦了，如今王姓宫女有了孩子，是件极大的好事，如果能生下个男孩，不但使她有了早已盼望着的孙子，而且继承皇位也就有人了。她见万历一直默默无语，似乎面有难色，便又说："你不要以为她是个宫女就轻视她，如今母以子贵，她比什么人都不差，往后你可以封她。如果生下了皇子，除了皇后，就得属她了。"万历被逼无奈，只好先将王姓宫女封为才人，后来她生下了皇子，才又把她晋封为恭妃。

皇长子朱常洛出生后，在万历的心目中倒很平常，而在李太后和朝臣们的心目中，这位皇长子可太不同寻常了，他们早就把他看成了皇位的继承人。原来依照封建的礼法来说，最看重的便是嫡子和长子，在一般人家，凡是正室夫人所生，便是嫡子。在皇室则是皇后所生的才得称为嫡子。嫡子是皇位的法定继承者，不论他排行第几，皇位都应归他继承。但如皇后无子，则应由皇长子来继承皇位，这叫"有嫡立嫡，无嫡立长"。朱常洛出生时，王皇后已被册立多年，却一直无所出，正合了"无嫡立长"的条件，所以李太后和群臣，早就把他当成皇位的继承人来看待了。

最初，皇长子朱常洛的这种被当成皇位继承人的特殊地位，一直都很稳定，一点儿受威胁的情势都没有。在他之后虽然又生过一个早夭了的皇次子朱常溆，但对他也并没有丝毫的影响。可是到了万历十四年（1586），皇三子朱常洵降生，却给皇长子朱常洛带来了很大的危机。皇三子朱常洵的生母是最为万历宠爱的郑贵妃，这位郑贵妃是所有妃嫔中生得最美，又最能言善道的一个，所以入宫见宠，很早就被封为贵妃，地位已居于生下了皇长子的王恭妃之上，在她生下了皇三子之后，万历又把她晋封为皇贵妃，地位仅次于皇后，比王恭妃高得更多了。这种情况使诸臣很不平，因为他们认为，皇长子乃是元子，是皇位的继承人，母以子贵，晋封皇贵妃的应该是皇长子的生母才对。皇三子不过是个一般的皇子，没有什么可称道的，郑贵妃生下了他，怎么能晋封为皇贵妃呢，这件事太不合乎礼法了。正在大家纷纷议论、极为王恭妃不平之时，忽又传出了一个消息，说万历已经答应了郑贵妃，将来要把她的儿子朱常洵立为皇太子，并说，万历还为此赐给了郑贵妃一枚金合，把这件事称为他们的"金合密约"。人们还说，郑贵妃之所以被晋封为皇贵妃，就是因为有这个密约，因为，既然母可以子贵，子，也就可以母贵。皇贵妃的地位已接近了皇后，她的儿子也就差不多可以算是嫡子了。这些消息引起了很多人的担心，他们一直以来便为皇长子没有被确立为东宫太子而担心，如今又听到了万历有废长立爱之说，就更为不安。他们都想，一定要把这件事弄个明白才行。

为此事发出最初一击的是户科给事中姜应麟。他的疏文是以郑贵妃的晋封不切当而立说的，他在疏中说，王恭妃生下了应继位为帝的元子，其地位应仅次于皇后，被晋封为皇贵妃的应该是她，而不该是别人。郑贵妃虽说才生了皇三子，但这是平常的小事，她忽然得晋封为皇贵妃，则叫人觉得费解，这件事"揆之伦理则不顺，质之人心则不安，传之天下万世则不正"。他在把事情论定了以后，才笔锋一转，归入了正题。他说，这些事，所关者还小，而立储却是天下之本，储位一定，则一切都将依礼而解了。万历因为姜应麟看重王恭妃，而轻视郑贵妃，很为愤怒，并没有细想姜应麟主要的用意何在，他怀着怒气，便在原疏后面批道："贵妃敬奉勤劳，特加殊封。立储自有长幼，姜应麟疑君卖直，可降极边杂职。"根据御批，姜应麟马上就被降为大同广昌典史了。这一降，可以说是降得很重，但是姜应麟却显得非常高兴，马上便兴冲冲地离京上任去了。他之所以如此，乃是因为，万历每逢涉及立储一事，说话总是含含糊糊，从来没有露出一点可以让人抓住的话头，正是因为如此，所以朝臣们才老是猜疑不定。不料，这次万历由于激动，却在姜应麟的疏末批上了"立储自有长幼"一语，很明白地确定了皇长子的地位，这可是重逾泰山的一笔，太难得了！姜应麟便是为此而高兴，其余诸臣也紧紧抓住了这一点而不肯放，他们为此而上疏，都重复着"立储自有长幼"一语，并且还要求万历尽快地把这个话兑现。万历在不断地看到群臣们在疏文里都引用他的那一句话时，才感到他那句"立储自有长幼"实在是授人以柄，于他想要立爱的事太不利了。然而话已写出，笔迹具在，后悔也无法了。不过万历也并不想就如诸臣所请，马上依实照办。他设法拖着，郑贵妃的一家人和一些逢君希宠的人也都帮着万历，想抹掉他的这句话，从此就开始了长达十余年、被人称为立储之争的僵持不下的斗争。

在立储之争上相互对立的两派，其实是很不相当的两派，无论从人数上说，还是从气势上说，都是如此。从人数上来说，主张皇长子应被立为储君的，几乎是举朝尽是，而站在郑贵妃那一边，主张立皇三子的人却少得可怜。从气势上来说，两相比较，就差得更远了。在拥立皇长子的这一边，不但人多势众，而且人人都想大喊大叫，让别人知道他是站在哪一边的。想以拥立皇三子捞点好处的人，他们生怕站出来，说明他们想怎么干，他们只会在背后捣鬼，耍点儿见不得人的花招。如此强弱悬殊，他们又如何能斗得起来呢？那是因为在弱的那一边，也有个强处，在他们里面，有一位在位的皇帝，有了他，两边便旗鼓相当了。

由于拥立皇长子的人数太多，声势太大，万历在这方面采取了拖的办法，且不谈该立哪一个，却说皇长子还太年幼，此时便谈立储，实在并非所宜。他的这个说法，才一提出便被群臣给驳倒了。他们是用本朝的故事来驳他的。他们以明英宗为例，说明英宗才四个月时便被立为皇太子了，岂不是比如今的皇长子小很多吗？群臣中还有人即以万历为例来反驳他。他们说万历本人便是才只六岁便被立为皇太子的，如今的皇长子已是六岁有余，比万历被立为皇太子时，已经是有过之而无不及了，如何能说他的年龄还太小呢！这些例子都举得扎实，让万历无话可说。但是，万历还有最后一手，便是假作痴呆地予以硬拖，让人们对他无可奈何。

在这个硬加拖延的时期里，双方也都不闲着，各自想尽方法，要有所表现。拥立皇长子的诸臣，总要想方设法地表明皇长子不同于诸子，要把那不同处突出地显出来。相反的一方则又要拼命设法把对方所突出的各点都尽力抹去，要让皇长子与众皇子并没有什么两样。即以称呼而论，双方便各不相同，各有心意。拥立派的人称皇长子为"元子"，甚至还称之为"元嗣"，把视之为皇位继承人的意念很明显地显示出来了。但在对立的一方，则只称之为"皇长子"，与皇三子、皇四子并没有什么区别。到了皇长子已属读书之年，双方的斗争就更加激烈。为皇长子的身份而争的人，认为这是个很好的机会，一定要在这上面显出元子与众子的不同之处。他们多方宣说，这次皇长子的预教，一定要办成与东宫太子的出阁无异。站在郑贵妃那一边的人，则一力认为，既然没被立为太子，就不能办成像太子出阁那样。双方相持不下，时间不断地拖了下去。然而预教不能久延，而且管理和安排这件事情的人又都是拥护皇长子的，他们一面争持，一面赶办，结果把皇长子的预教办得竟与皇太子的出阁无异。这些朝臣为胜势所鼓舞，心气更高，他们马上又催着那时的首辅王锡爵，让他加紧催问立储之事。

王锡爵是继申时行而为首辅的，他与申时行都是嘉靖四十一年（1562）壬戌科的进士，而且两人的名次相连，申时行是一甲一名的状元，王锡爵则是一甲二名的榜眼。二人的名次虽然紧密相连，但作为阁臣却很不相若，申时行干事精敏，对于繁难的事总能找出巧妙避开的办法；王锡爵可就不行，他粗枝大叶，常会碰到麻烦。这次王锡爵入宫去探询立储之事，见到了常在万历身边的内监，那人给了他一道万历亲手所书的手诏。诏中是说，立储事且不谈，等皇后生了嫡子，自然就可解决。如今宜先将皇长子、皇三子、皇五子各自封王。手诏的最后则命王锡爵即就此事拟出谕旨，以便周知。这待嫡之说与三王并封的办法，都是郑贵妃一方的人想出来的暗计，由万历出面推行。待嫡之说作用有二：一是说明众子皆非嫡子，储位全都无份；二是可以把立储推迟，甚至推至无期。三王并封是进一步的做法，一时并封为王，自是完全无异，将来待嫡落空，再从三王中随便选出一个立为太子，人们便不能再说什么了。王锡爵平素倒也是站在众臣一边，倾心于拥护皇长子的人，但他做事不耐深思，奉到万历的手诏，并没有看出内中的机关，下来便将谕旨拟就，递了进去。万历也就将此旨发往礼部，命部里从速将诸事应具的仪式，详细拟就报来。

事情到了礼部，当然诸臣尽已得知，有很多人完全看透了内中暗藏的机关，于是辗转相告，通朝立即大哗。还有很多人认为王锡爵拟出这道谕旨，定然知道一些内情，问他是否可有什么办法补救。先后便有给事中史孟麟、礼部尚书罗万化等多人来到王锡爵家，向他探问。与此同时，各处的谏疏也不断飞向朝中，都认为待嫡之说荒唐、愚蠢，而且并不可靠，而三王并封是出于某些人的奸计，万万不可施行。那时内阁中共有三位阁臣：王锡爵、赵志皋、张位。王锡爵在拟旨时并没有会同赵、张二人，如今便以此为由，与赵、张二人合疏，力请发还前诏，再行拟具。万历知道，如果发还前诏，事情便算完了，只有且自拖着，或许还能成功。然而拖却难以拖过，外面群情鼎沸，不断有人闯进朝房，逼着王锡爵，要他快些想个办法。王锡爵无奈，只得要求请万历将此事付诸廷议。万历知道，交付廷议也不会有什么好事，还是拖着为妙，所以仍是不予理会。这样只顾拖着，把王锡爵逼上了绝路，只好用出了最后的一手，自劾办事多误，请求予以罢斥。这是作为首辅的最后一招了，万历已到了不能再拖的地步，而且外间的压力也实在太大，因此他只好作出让步，取消了前命。不过他的取消前命是附有条件的，那便是立储一事实在烦人，必须暂且不谈，让他安静一些时候再说。归根到底，他用的还是"拖"的办法。

立储一事，就这样拖着，不觉已经拖到皇长子15岁的时候了。15岁已到了冠婚之年，是应该为皇长子办理婚事了。在这件事情上，相对的双方又开始了一场争斗。因为冠婚与预教不同，皇太子与一般皇子的冠婚，在仪节等方面相去很远，一个没有被立为太子的皇子，是无法套用属于皇太子的仪节的，想到这一点，站在郑贵妃那一边的人，便想从冠婚上让皇长子把弱点全显出来，他们叫嚷着，皇长子已经到了冠婚的年龄了，且把储位的争议放一放，先给他把婚事办了再说！维护皇长子的人们知道这一手的厉害。皇长子的冠婚是无法用东宫太子的仪节的，只要依照一般皇子的仪节一办，他在储位之争上的优势就全丧失了。为了抵住这要命的一着，朝臣们纷纷立论，说一切当以储位为先，储位未决，不能先行冠婚。这个问题由于朝臣们的主张几乎是一致的，所以就耽搁下来了。万历本来原是以耽搁为能的，但这一次的耽搁，对他似乎并不有利。因为依照惯例，皇子们的婚事都要依序而行，排行在先的未娶，在他以后的也不能完婚。皇长子的冠婚长久拖下去，最先受累的，便是万历所最钟爱的皇三子，他也得跟着苦熬。这样，熬到了万历二十九年（1601），皇长子的年龄已有约20岁，而皇三子也约16岁，再熬下去，可太不像话了。万历也看出了，只有先立定了太子，皇子冠婚的事才能解决，他出于无奈，只好就在当年，先把皇长子朱常洛册立为皇太子，然后才于次年二月，为他举行了婚礼。至此立储之争才终于结束。万历和郑贵妃，为了想册立皇三子朱常洵为皇太子，和群臣们钩心斗角地暗斗了十多年，终于以失败告终了。

皇长子朱常洛，最后虽然终于被立为皇太子，立储之争总算是告一段落了，但他的储位并不坚牢，总现出一种摇摆不定的样子。这时从内廷到外廷，忽然又吹起了一股废立风，说皇长子之被立乃是万历被逼无奈才生出的结果，就是皇帝本人都不甘心，早晚还是得把朱常洛废了，另立他早就想立的皇三子。这些话都是想要废立的人打着万历的旗号来说的，其实万历却已不像以前争立储时那样有干劲儿了。他一向便是个懒散惯了的人，在争立储时，他被郑贵妃缠着，出面使计和群臣斗了那么长时间，早已筋疲力尽，不想再多管了。在想要废立皇太子这件事上，干得最出力的就是郑贵妃一家和他们带领着的那一伙。他们觉得，和皇长子朱常洛相争，已经干了这么多年，彼此早已成仇，如果就这么退了下去，将来朱常洛一旦登基，还能有他们的好日子过吗？为了避免以后会碰到那种倒霉的日子，他们只有尽心竭力，大家一致地拼命干了。他们开始是到处去煽风点火，造谣惑众，后来终于造成了"妖书"一案。

所谓"妖书"，说来倒还有点曲折，它在立储之争以前便有了端倪了。那时宫中派出了一个名叫陈矩的太监，叫他到各处去搜寻图书，在他收集回来的书籍中，有一本名叫《闺范图说》的小书，是刑部左侍郎吕坤在山西做按察使时所写的，是一本图文兼具的小册子，书中所讲的，全都是历代的一些贤德的女人。万历见它是本讲妇德的书，便把它赐给了郑贵妃，让她去看看。郑贵妃读完了那书，另外又添上了12个人的图说，还为那书作了篇序，交给了她的伯父郑承恩，让他拿去刻印成书，流传到外间。那时有个名叫戴士衡的给事中，因与吕坤有仇，便疏劾吕坤，说他进书入宫掖，包藏着祸心。这时又有人为《闺范图说》写了一篇名为《忧危竑议》的跋。之所以有这么个跋名，乃是因为吕坤曾进过一篇名为《忧危》的奏疏。跋文便是因疏文而发，用以攻击吕坤。跋文说，《闺范图说》一书以汉明德马皇后为开端，是因为马皇后是宫女出身，以次递升，渐渐升成皇后的。这分明是暗示郑贵妃还要往上升，终会升到皇后的地位。郑贵妃所以要刻出这本书，是由于深深领会了书中的用意，要让它为她的儿子、皇三子朱常洵被立为皇太子，做一个很好的先例。跋中笔锋一转，又转到吕坤身上，说他的《忧危》一疏，无事不谈，唯独不谈建储之事，他的用心，更为显见。这跋文和戴士衡一疏，虽然都指向吕坤，却也带上了郑贵妃，原不合于作为宣扬废立之用的东西，但有些热衷于废立的人，却异想天开，用借尸还魂的办法，写出了一篇名为《续忧危竑议》的文章，大谈其废立之事。这是一篇答客问式的文章，文中借用一个名叫郑福成的人之口，说出了所要说的话。那时皇三子朱常洵已被封为福王，所以本文主人公的名字表现得极为显然，不过是郑贵妃和福王，必定成功而已。在这篇文章里还提到了当时的阁臣朱赓，说万历忽然以朱赓入阁，也不是偶然的。赓者更也，也暗藏着要更换太子的用意。大学士朱赓因为文中指名提到了他，为了避嫌，便将那篇续议进呈，请由圣断。万历看了这些，极为愤怒，立即严饬锦衣卫，务要查明主犯，予以严办。这一来，锦衣卫和东厂都立即出动，抓捕了不少的人，闹得市上很乱，还有些人，乘机挟嫌诬告，更添了不少麻烦。甚而至于，连当时的首辅大学士沈一贯，也想在这上面插上一手，借此打击他所忌恨的次辅沈鲤、东宫讲官郭正域等人。由于妄告和滥捕，这事竟闹得京城内外人心惶惶，乱成一团，甚至连本案也无法审结了。搞到最后，由于上面又催得紧，只好采用快刀斩乱麻的办法，把一切罪名都算在已捕到的一名无赖皦生光的头上，把他凌迟处死，草草作了了结。

和外面相应，郑贵妃和她那一家人，在宫里也不断安排着许多策划。他们想着，最痛快的事情，应该是万历皇帝自己能挺身而出，学他的祖上宣宗皇帝，干脆废了王皇后，改立郑贵妃为后，那么福王就成了嫡子，一了百了，什么都解决了。但是，这只是想着痛快，真的干起来就难了。万历对于王皇后虽然很平常，没有什么不肯废后的，但是慈圣李太后却极喜爱王皇后，说她端庄恭谨，持身有节，是个很好的皇后。想把她废了，李太后头一个就不能答应，皇帝也绝不敢向太后提这件事。废立皇后行不通，他们就盼着王皇后早点儿死，只要她一死，郑贵妃马上就会被册立为皇后，事情也就解决了。王皇后的身子看上去并不好，给她的供奉一向又差，希望她快点儿死，也并非无望。但是这一宗更使他们失望，王皇后身子虽弱，供奉虽差，但是却很能静以自处，怡然自适，连生病的时候都少。实际上，王皇后和万历是在同一年里去世的，他们都死在万历四十八年（1620），王皇后倒是先死的，可是她死后才几个月，万历便也死了。当然，这些巴望着郑贵妃的人，也想过要加害王皇后或是皇长子，但是，他们还是害怕李太后，总没敢动手。万历对于皇长子，一向都极平常，但是李太后却与他大不相同，她自始便极看重他，认为他是皇位的继承人。一次，李太后和万历谈起了才被立为皇太子的皇长子，太后问万历，为什么他总不大喜欢皇长子。万历没有细想，脱口便说道："彼都人子也！"李太后闻言大怒，厉声斥责道："尔亦都人子！"万历这才惶恐不安，伏地请罪。所谓"都人"，是宫中对宫女的称呼。李太后也是宫女出身的，所以她不禁要发怒，万历自觉惶恐，也是因为竟忘了太后也是宫女出身这一点。

废立的事，断断续续地，一直闹到李太后去世以后，才有了新的变化。李太后是在万历四十二年（1614）的二月里去世的，到了次年，万历四十三年的五月里，便发生了梃击一案。

这梃击一案原本是这样的：在万历四十三年五月初四的晚间，有个手持枣木棍的人，悄悄地闯到了皇太子居住的慈庆宫前，用棍将守门的内监李鉴击伤，又闯到前殿的屋檐下，由于那里守护的人多，这个人被内监韩本用等捉住了。这件事显然是郑贵妃那一伙所干的，但他们竟干得如此荒唐粗陋，有如儿戏，却又很出乎人们的想象。

梃击一案的凶手被捉获后，郑贵妃和她那一伙人都慌了手脚，他们急忙从各个方面设法掩护，希望能把这件事压下或者是化解。在这些方面，他们倒很有一手，从初审的巡皇城御史刘廷元，到在刑部会审的郎中胡士相和员外郎赵会桢、劳永嘉等人，他们都打过了招呼，审下来，一点也没有连累上他们。审理的结果前后都很一致，那犯人名叫张差，是蓟州人，其实是个疯子，他是因为所贩卖的柴草被别人烧了，蚀光了本钱而急疯的。他要进京告状，却没有人为他写状子。有人骗他说如果没有状子，手上拿根枣木棍就能代替。他信了那骗他的话，所以就手持枣木棍进京告状，不幸误闯进宫，又打伤了人。按律，手持凶器，潜入宫门，就是一桩死罪，该犯擅敢伤人，尤应重处，实应坐以斩立决之律为宜。这是一种用心编造、用来杀人灭口的办法，这几位问官搞得倒也干净利落。但是他们急于求成，搞得也太简单了，以致判词还没有送呈刑部，经过堂官的审阅，便已经闹得群情大哗，说该另行详审。谈起此案的人都认为，张差入宫行凶，定有人在幕后指使，必须认真审问，务应审出幕后的真凶才是。这幕后的人物，人们早已想到，必然是郑贵妃的那一伙人。郑贵妃那些人，真也慌了手脚，只好打点刑部，要他们把张差严密监管，不得让外间有人和他接触，以免另生变故。

郑贵妃的人在防范上虽然已经布置得很周密了，但却还是敌不过他们的对手。张差的真实情况还是被查问出来了。这种侦讯的工作是由刑部主事王之采设法办成的。王之采也是个主张储位应由皇长子来任的人，因此他对刘廷元、胡士相等人所搞的那一套很不相信。他利用自己身在刑部的方便，决意要把梃击一案的真相搞出来。为此，他特意讨了个管牢饭的差事，送饭时，他故意延挨着，把狱中的犯人一个一个地都送过了，最后才来到张差那里。张差早已饿慌了，但王之采却把饭菜且放在一边，不许张差吃，却要他先供出实情，然后再吃饭。在这样的诱压之下，张差初步透露了实情。他其实一点儿也不疯，他说，他这次闯入宫中，是由一位不知姓名的老公（宦官）所指引的。他来到北京，住在一条不知街名的大宅子里，在那里也有个老公来照管他的吃和住，还教他到宫里去闯一下。他所拿的那根枣木棍，也是那个老公交给他的。那个老公还把他从后宰门带进宫里，并且指出了让他去闯的那个宫门。他遵命去闯时，那老公还告诉他："碰着什么人，都可以打死。出了人命，我救你。"

王之采在张差供述时，命人录下了他的口供。他知道，这口供里有许多不实不尽之处，但无论如何，总算打开了个缺口，不但证明了张差并不是疯子，而且情况已极显然，这件事在幕后是有人安排指挥的。王之采根据口供写了份揭帖，送交到署理刑部事务的侍郎张问达那里，请求代为入奏。在揭帖之末，王之采还加有说明，说由他看来，张差绝不是个疯子，非但不疯，而且还很有胆量。他认为，如果能把张差带到文华殿前，举行朝审，或者是由九卿、科、道会同三法司举行大审，案情一定能水落石出，那些躲在幕后的人，都将无处可逃。

事情经过王之采这么一闹，群情更为激动愤怒，奏论此事的人越来越多，纷纷要求要把此案审清，揭露出躲在幕后的人来。万历也知道这事不能与郑家无关，所以把张问达转奏上来的王之采的揭帖，还有那些论奏此事的疏文，一律都留中不问，想用拖的办法，把这件事又拖过去。但是，这件事是人们认为实据在握的事，硬拖如何能拖得过？每天要求追查真凶的疏文竟像雪片一样纷纷而来，扰得万历六神不安，坐卧不宁。恰巧这时又有人说，有很多的迹象表明张差也许真是个疯子。万历被奏疏弄得难于忍耐，最后终于答应了，把张差交付会审。

万历四十三年五月二十一日，刑部会集了十三司的司官，并和胡士相、陆梦龙、赵会桢、劳永嘉、王之采等人，开始会审张差。在这次会审中，张差的供词又引起了更大的震动。这一次他供出了不知姓名的老公，就是那个到蓟州去修铁瓦厂的内监庞保。住过的那个大宅子，原来就是内监刘成所有的，坐落在朝阳门外的住宅。张差还明白指出，就是庞保和刘成叫他闯入宫里去打小爷的。他们还向他说："你打了小爷，就不愁吃和穿了！"所谓"小爷"，就是皇太子，在宫里，内侍们常都是这么叫的。张差也供出了他的同伙，他们一共有5个人。这一审差不多已算水落石出，什么事都能对得上号了。刑部于是即刻行文到蓟州，要他们把犯人都捕拿进京，同时刑部又即疏请，把庞保、刘成等内监，也都交由刑部管押，以便审质。

内侍庞保和刘成都是郑贵妃宫里的执事太监，审出了这两个人，谁是幕后的指使者，便已不问可知了，因此群情越发愤怒，都一致要求，尽速把庞、刘二人交审，进一步追查真凶。那时的首辅是方从哲，他一向都与郑贵妃家颇有往来，但到了此际，他也不得不站出来做个样子，竟也上疏主张立审庞、刘，追查真凶了。

情势到了这等地步，真如马踏危崖，再也转动不得了。郑贵妃惊恐无计，多次向万历哭诉，求万历救她。但是，万历也觉得事很难办，他叹息着说："事情闹到这种地步，太难办了。如果皇太子能出来说话，也许还有转机。不过，这个事不便由朕来说，你自己去求他，倒更好些。"要郑贵妃自己去求她的老对头皇太子朱常洛，她真觉得为难，但除此以外，更没有别的办法，她也只有硬着头皮去找他了。郑贵妃悄悄来到慈庆宫里，找到了皇太子朱常洛，才相见便向他下拜，慌得皇太子也连忙回拜。郑贵妃开始说起了她的冤枉和为难，希望皇太子能设法救她。这件事弄得皇太子也很害怕，不知道像这样闹下去，将来会闹出个什么样的结果。他认为郑贵妃来求他，倒正是个收场的好时机，于是欣然应命，让他的伴读内侍王安，代他拟就了一道令旨，向廷臣们宣说，梃击的元凶既已拿获，不必过多纠缠，应该迅速将其正法为是。事情原应如此解决，人们才能安心。太过纠缠，反而令人不安。照说，争议的诸臣，都是站在皇太子一方的，有了皇太子的令旨，诸臣自应照办，无奈那时这件案子的案情，实在已极明显，只要略一深入，便可捉获元凶了，人们正在摩拳擦掌，准备最后一击，纵然有了皇太子的令旨，要求罢手，也已无人肯听，置若不闻了。

万历原以为，皇太子如肯出面，是可以平息此事的，不想皇太子虽然出了一道极恳切的令旨，却竟无人肯听。看来，若想解决此事，只有他自己亲自出面了。那时万历退居深宫已久，政务都交由司礼监和内阁共同办理。20年来，不但群臣很难得见"天颜"，就是首辅，终年不得一见也是常事。如今为了郑贵妃，他只好强打精神，特意把首辅方从哲、阁臣吴道南，以及许多文武重臣，一齐召入他正住着的慈宁宫里，和他们在那里相见。和万历一同在慈宁宫接见群臣的，还有皇太子朱常洛和三个皇孙。皇太子就站在御座的右侧，和万历很挨近；三个皇孙则在左阶下，立成了一排。万历初见到群臣，便责备他们不该离间他们父子之间的关系，把朝中搞得那样乱。话头转到了皇太子的身上，万历便夸说皇太子的孝顺，并说皇太子是他在心里最爱着的一个人。他挽住皇太子的手，一面还在他的身上比量着，郑重地向诸臣说："他已经从这么小，长到这么大了，我如果想换他，为何不早换？还等到现在吗？况且福王已经离京回封地了，没有宣召，他如何能回来？你们如何要怕这些呢？"万历又把三个皇孙都叫到面前来，各自抚慰了一番，让诸臣都看到，他们父子和祖孙之间，情谊是多么笃厚与和乐。最后，万历才又命皇太子和诸臣谈谈，并一再嘱咐他，想说什么就说什么，想怎么说就怎么说，一点儿也别顾虑。皇太子的话，和他早先所出的令旨差不多。他认为，张差不过是个疯子，诸臣切不可因此而小题大做，离间他们父子。

万历和皇太子朱常洛联合着演了这么一出戏，果然止住了朝中的那股"务要严究元凶"的狂潮，外廷平静下来了。为了免得夜长梦多，张差在次日就被押赴市曹，斩首示众。庞保、刘成原以为张差已死，没了对证，他们可以留得性命了，但他们只比张差多活了十多天，由于外廷仍不安宁，万历怕有人再生事端，暗暗谕令司礼监，就在内廷，把庞、刘二人也处决了。

经过了梃击案这一场轩然大波，内廷中起了不小的变化，其中变得最显著的，莫过于皇太子朱常洛和专擅后宫的郑贵妃。多少年来，朱常洛总在过着一种极不安定的生活，他觉得自己就像是住在一座高耸的危楼里，狂风暴雨又日夜不停地震摇着，不知何时便会有楼倒人亡的事故。他的生活又非常贫困，虽然他是个皇子，后来又是皇太子，然而从来都非常困窘，他有过不少的愿望，都并不过奢，但却因手中空乏，只能够空想。但是他的处境经过这一番波折，却由逆而转顺。首先便是他的父亲待他有了变化。万历原来并不怎么理会他，在向群臣表白了一番之后，万历对他倒也真显出了些慈爱，还亲口肯定了他应有的势位，这使他那身在危楼的感觉消失了。不但在地位上由危而安，在财用上，他也宽松了不少，一切的供应也由俭转丰。特别是，那位平素很看不上他的郑贵妃，为了表示对他的尊敬和感激，不断以一些金宝之物作酬赠，使他的手头更宽裕起来。

变化在郑贵妃身上，没有像在皇太子身上显出来的那么大，但也极深刻。以前，在她的心目中，只有那个宠爱着她的皇帝，她以为只要能得到皇帝的宠爱，就什么都不在乎了。她连正宫娘娘王皇后都没有看在眼里，别的就更不必说了！但是发生了梃击案，在这个过程里，她渐渐感到，就在她眼前，忽然崛起了一个新的，她以前没能认清的人物，那便是万历让她去拜求过的皇太子。皇太子在这场风波中突然显出了他的力量和分量，就连她一向认为是什么都能办得到的皇帝，也要把皇太子拉在一处，才能把事情平复下来了。她又想到，这个皇太子，将来就会成为在位的皇帝，这就更让她觉得胆寒。她是和他作过对的，将来他报复起来，那可怎么办呢？这可得及早想个办法，安排条退路。郑贵妃是个很能见机行事的人，她先以感谢皇太子相助为名，不断到慈庆宫里去看望他，而且每去必要带着极多的礼物。那时皇太子朱常洛最感到短缺的，便是郑贵妃馈赠的那些金宝之类，因此对她不觉也亲近了许多。郑贵妃到皇太子那里往来过几次，慢慢也品透了朱常洛的为人。她觉得，皇太子朱常洛不愧是万历的儿子，他们那贪财好色的天性竟毫无二致。而且朱常洛因为在困境中处久了，比他的父亲更显得贪婪和急切。郑贵妃捉摸透了皇太子朱常洛，为了讨好他，一面更多地送了他一些丰厚的财物，一面又从自己的宫里选出了八名和自己贴心的宫女，送到皇太子宫里，让她们去服侍他。她的这一手果然厉害，不但完全征服了皇太子，而且也摧毁了他，后来朱常洛登基为帝时，已经成了个痨病鬼，只做了一个月的皇帝就死了，人们都认为，郑贵妃所献的那八名美女，应该是他得病致死的根由。

朱常洛是和他的父亲——明神宗朱翊钧同在万历四十八年

（1620）里去世的。明神宗在明代的一十六帝中，是在位最久的皇帝，他的寿算虽不为高，只活到58岁，但实际在位的时间，却竟足足有48年还多一点儿。与他成为鲜明对比的则是他的儿子朱常洛，这位皇长子，在明代一十六帝中，又是在位的时间最短的一个，他从即位到晏驾，一共才30天左右，连改元都没能等到，便死去了。朱常洛去世后被谥为贞皇帝，庙号光宗。廷臣们议定，把万历四十八年一分为二，八月以前仍称万历四十八年，八月以后直至年底，则改称为泰昌元年。

这位明光宗，是在万历四十八年八月初一日即位为帝的，他即位以前早已病了，而且病得不轻。他是强自挣扎着，才行礼如仪，登上帝位的。他力疾临朝，只做到八月十二日，就在那一天，由宫中一名知医的内监崔文升给他看了病，因错用了一副泄剂，竟使明光宗在一夜之间腹泻了三四十次，身体极为虚弱，难以动履，只能卧床理事，不能再临朝了。在他卧床期间，曾在他睡卧的东暖阁召见过几次首辅方从哲和别的廷臣们，所谈的几乎都是些他的身后之事。那时有人传说，鸿胪寺寺丞李可灼制有一种仙丹，据说可治百病。明光宗听说后很动心，便向首辅方从哲问起此事。方从哲承认李可灼确实有药，但他又说，药没有试过，不知是否可靠。明光宗却想即刻把李可灼宣进宫来，拿他的药试试。李可灼所进的药是一种红色的丸药，服下了一丸，光宗觉得很好，连连夸赞李可灼为忠臣，并命他赶紧再进一丸。所进的第二丸药才服下去不久，刚即位不久的明光宗朱常洛便去世了。因为他是服了李可灼所进的红色药丸后便去世的，后来追究此事，人们便称之为"红丸案"。

朱常洛是在万历四十八年八月登上帝位的，他去世时则是九月，从头算起，他在位的时间只有30天左右。这么短的时间，当然不会有什么事情可纪,但因明末的"梃击""红丸""移宫"三案都与他有关,他便也以这三案为人所知。

继明光宗为帝的,是他的长子朱由校,次年则改元为天启元年(1621)。

十六 天启间的魏忠贤

万历四十八年（1620）是个很新奇的年头。在那一年里，先后在位的便有祖、父、孙三个皇帝。那便是明神宗、明光宗和到次年改元为天启的新君朱由校。朱由校生于万历三十三年（1605）十一月，是明光宗的长子，明神宗的长孙。在他降生之时，他的祖父万历皇帝还曾以元孙诞生昭告于天下。在他出生之时，他的父亲朱常洛被立为皇太子已经有好几年了，他被立为元孙，显然预示着他有继承皇位的意味，所以后来他便被李选侍紧紧地抓住，把他当成了可以循之而上的阶梯。明光宗朱常洛原有的太子妃郭氏已去世，此后他就再没有立过太子妃，因此，在他即位为帝，入居乾清宫时，带到那里去住的，便是当时最受他宠爱的李选侍。当时共有两个李选侍，分别住在太子宫里的东方和西方，人们便也以她们的居住方向分别呼之，一个叫东李，另一个叫西李。最得宠、被带进乾清宫里去的，便是那个西李。西李是哪里人，她何时进宫等情况，都已难于查考。给事中惠世扬在劾疏中说她是"郑邸私人"，这从她与郑贵妃一向便不断勾结，相互抬捧等情况来看，似乎并非无据，也许她就是郑贵妃先前向朱常洛进献的八名美人之一。她跟随着带病的明光宗住进了乾清宫以后，已经算到这位刚刚即位的新天子将不久于人世。为了保牢自己的利益，她利用朱常洛曾要她照料朱由校的根由，把这个将会继位为帝的孩子紧紧抓在自己的手里，想从这上面捞到点儿好处。明光宗自误服泻药后，便已卧床不起，但他仍不断地把首辅、次辅和另一些重臣召进他的病榻所在的暖阁里议事。每逢这种时候，李选侍便藏身在暖阁外窃听。她把朱由校紧拉在身边，又不时把他推进暖阁去，让他去为她提一些要求，譬如她希望把她册立为皇后等。

朱常洛在服下了第一枚红丸后很好，守候在那里的大臣们便都散了。他在服下了第二枚红丸后，很快便死了。那时他的身边并没有什么人守候，朱常洛也没能留下什么遗言。李选侍在得知明光宗去世后，便拿定主意，一面把朱由校紧留在身边，一面又命一些内监持梃守卫住宫门，禁止有人进入。她想卡紧了要害，索取一些好处。

明光宗的晏驾还是很快就传到了外面，吏部尚书周嘉谟、左都御史张问达，还有李汝华、杨涟、左光斗等人都赶着奔向乾清宫去哭临（告别遗体）。一路上，他们一致谈到新君嗣位之事。因为朱由校还没有被立为皇太子，并且他既无生母，也无嫡母，不知道该由谁来予以扶持。有人认为，可以把未来的嗣君交给李选侍来照管。杨涟对于此说大为反对，首先，杨涟认为新天子不宜托于妇人之手；其次，他提到在明光宗的病榻前议事时，多次见到李选侍行为粗暴，把朱由校推出来又拉进去，让他不断地为她来传话。行动放肆至此，如何能把将嗣位的新君托交给她呢！杨涟觉得，目前最要紧的是，先要把储君找着了，然后便群呼万岁，把他暂且先拥入慈庆宫，摆脱开李选侍那一帮人，然后再详议登基的进程和仪节。他们一路上商议着，又汇集起了一些人，其中有首辅方从哲，阁臣刘一燝、韩爌等。

众人到达乾清宫时，首先便受到了手持棍棒的内侍们的阻拦。

众人中的兵科给事中杨涟,为人最是忠勇刚烈,他因忠直进言而为卧病的明光宗所知,从此,每逢在病榻前召对群臣,明光宗总要特别指明要带上他。他以一个不能有顾命之重的微臣,竟然得到了顾命之荣。正是由于如此,他深感知遇之恩,早存了个誓以死报之念。如今哭临被阻,叫他如何忍得,于是大喝一声,把那些阻拦的内侍推开,首先闯门而入。在他后面的诸人,随着他的势头,也一拥而入。

诸臣哭临已毕,这才发现,皇储并不在灵前,四下也无踪迹。次辅刘一燝以此询问近傍的内侍,他们却都支支吾吾,答非所问。只有曾为明光宗伴读的内侍王安,凑上来悄悄告诉他们,皇储早被李选侍藏起了。刘一燝不觉大喊:"何人如此大胆,竟敢藏了新天子?"王安劝诸臣且自安心,待他先去看看。

王安去找到李选侍,向她解说,把皇储藏了并无作用,皇储必须受到群臣的拥拜,才得登基,所以让他出去受群臣的拜贺是非常必要、无可避免的一步。李选侍被王安说动了,才把被她扣住的朱由校交给了王安,让他带了去见群臣。很快她便觉得不妥,忙令人追出来,想把皇储又追回去。但是,她已经晚了,朱由校来到灵前,已在群臣高呼万岁的声中,左有刘一燝,右有英国公张惟贤,双双把他扶上了早已等在宫外的御辇。御辇已被拖动,宫内追出来的内监们,还不断地高喊:"哥儿回来,哥儿回来!"他们想把皇储抢回去,但却没能成功,靠近御辇保卫着朱由校的刘一燝,把这些追来的内监,一个个地都赶开了。刘一燝扶辇疾行,把皇储送到了文华殿,等候在那里的群臣又罗拜欢呼,把朱由校立即拥立为皇太子,然后才又详议登基的日期和其他细节。

李选侍很后悔放走了朱由校,她觉得,这一来,她手里的筹码损失了不少。她决意坚守住乾清宫,要凭这座乾清宫做一笔好交易。她深知,这内廷的乾清宫,有如外廷的皇极殿,是一个"惟天子御天得居之,惟皇后配天得共居之"的重要地方。明神宗去世后,郑贵妃曾赖在乾清宫里不肯迁出,非要新天子以尊她为皇太后来交换不可。后来还是周嘉谟、杨涟、左光斗等人威吓住了郑皇亲一家,由他们逼劝着,郑贵妃才迁出来的。李选侍很欣赏郑贵妃的这种做法,而且还为郑贵妃没能坚持住而感到遗憾。她觉得,自己孤身一人,并没有家人的拖累,威吓家人的那一招,对她可用不上。她还可以试试,看那些人把她又能怎么样!李选侍还把她的心腹之人都集中起来,和他们商量着对策,在这些人里,就有那个后来改名为魏忠贤的李进忠。李进忠深深觉得,能把皇储挟持在手里,是一个极有利的要着,上次去追夺朱由校时,他便是其中最肯出力的一个。此时李进忠认为,皇太子没能在他们手中,想掌握住他当然要难些,不过也并不要紧,乾清宫是帝权的根本,李选侍可以从这里传谕出去,让下面把所有的奏章一律要先送到乾清宫,然后再从这里转到慈庆宫去。这样就抓住了根本,皇太子就是已经即了位,也得由这里来摆布他。李选侍也认为这办法很好,于是即行传谕慈庆宫,要那里照办。然而慈庆宫方面并不理她,却传来了皇太子已定于九月初六日即位为帝的消息,还通知李选侍,要她在登基之前即行迁出乾清宫,以免招致不便。李进忠还打听到了,主张移宫最有力的便是杨涟和左光斗,杨、左二人还说,李选侍是想当那个狐媚惑主的武则天。李选侍对这些人恨透了,尤其恨左光斗,真想把他杀了才甘心。李进忠就此献计道,不妨把左光斗请到这里来议事。他一来,就把他杀了,这是杀一儆百,这样就能把别人镇住。李选侍依计去召左光斗,但左光斗根本不听她的。他对来使说：“我天子法官也，非天子召不赴，若辈何为者！"李进忠还想把朱由校骗到他们那里去，他认为，只要把皇储骗入手中，便可以"挟天子以令诸侯"，能够那样，就是想垂帘听政也很容易。李进忠接连不断地想出了许多主意，但没有一个是干得成的。与此同时，催逼李选侍从速迁出乾清宫的申谕，却来得更频繁了，越来越紧地逼迫着他们。

对于要她迁出乾清宫的催逼，李选侍是用拖的办法来应付的，她不说迁，也不说不迁，只是延挨着不动，还要不时地放出些口风，说总得缓些时候才能搬得成。她认为拖到离登基的日子越近，就越能够捞到更多的好处。首辅方从哲原本和郑贵妃关联紧密，他和李选侍也有过些交往，因此李选侍很希望方从哲能站在她的这一边。然而在这种群情激愤的情势中，方从哲如何敢显出袒护她的意图来？他也与众人一样，力主应移宫，不过却说，不能够逼得太急，就是拖过了登基的日期，也没有什么。他举例说，明光宗就是先登基，然后才搬入乾清宫居住的。这就是个很好的先例。他的话受到了众人的驳斥，人们都认为，李选侍赖着不迁，就是学着郑贵妃的样子来干的。这种无赖的作风，非除掉不可！

拖到了九月初五那一天，已经到了登基的前夕了，李选侍在这时又让人传出话来，她说，在明光宗去世时，她也是在其侧的人之一，也该算个负有顾命之托的人，把新天子就交给她来照管，又有何不可呢！这乃是她想利用时间紧迫，希望把朱由校骗回她手中的一个办法。但双方相持已久，警惕性都已很高，这种办法如何骗得过人呢？不但骗不过，还激起了众怒，大家齐声怒喊，一举冲入了宫门，杨涟便是冲在最前面的一个，他率众高呼，要李选侍快快离宫。就连一些重臣，如刘一燝、周嘉谟等人，也和众人一齐大呼，

"快快离宫，快快离宫！今日不离，我们死也不去！"这时真是人心激动，呼声震天，躲在深宫之内的李选侍，原以为自己什么都不会怕的，在这时她也被这喊声吓住了，她忙应承了离宫的要求，匆匆地迁往仁寿殿去居住了。在这仓促之间临时决定的搬迁行动中，出现了很多的枝节，后来也被人视为重要的一案，与以前的"梃击""红丸"两案合起来，被称为"三案"。

由于移宫太过匆忙，情势显得很乱，许多内侍便趁乱盗窃殿中的珍宝，借以自肥。有不少人因为藏在怀里的金宝过多，行动不便，匆忙之际跌倒在地，怀中的金宝撒了一地，被守卫的人捉获了。这样被捉的人很不少，最显著者有刘朝、田诏、王永福、姚进忠、姜昇、郑稳山、刘尚理等人。他们又都是李选侍的近侍。这些盗窃者都被送入刑部，要依律严办。但他们一向便都是些财雄势大的人，与外廷也颇有往来，到了刑部，并没有吃着什么苦头。他们上下打点，很快便被放出来了。他们以无罪得释，便到处散放一些怨言，说新君太不晓事，待先朝的妃嫔太薄，连李选侍都被逼得几乎想投缳自尽，皇八妹也跳了井，想要自杀。他们这些人不过是一些可怜的内侍，被这么打整，自然更是无怪其然了。这些话再经别的内侍和宫女到处去传，更是纷纷扬扬，闹得无人不知了。这时有个一向迎合首辅方从哲的御史贾继春，更把这些说辞搜罗到一处，用来上书内阁，以见新君违忤先帝、逼逐庶母的不当。那时正是门户对立，壁垒已深的时候，凡是为郑贵妃、李选侍等人说话的，都被人们视为奸党，总要受到以正党自居且在人数上也占优势的人们的攻击。贾继春因为一向便趋附方从哲，已经被人目为奸党了，如今竟又发出了这样的论调，这如何可以容得，于是由给事中周朝瑞领头，纠合起人手，夹枪带棒地又对贾继春一阵围攻，再次指明他是个奸党。贾继春也不肯退让,他又上书内阁,列出了一些事实,以见他所说的并非虚构,他在所上的书中,有这么一联,说"伶仃之皇八妹,入井谁怜;嫠寡之未亡人,雉经莫诉"。这过分浮夸的一联,一时倒成了哄传众口的名句,惹得当时的刑部尚书黄克缵也向宫中探问,实际到底如何。这样,新君朱由校也不得不传谕内阁,说明情况。在谕中,朱由校举出了李选侍很多的罪行,说到她曾殴辱他的生母王选侍,使王选侍竟因而致死。还说了李选侍曾如何要挟先帝,妄想把她册立为后的一些情况。最后,他在谕中说,"大小臣工,惟私李党,责备朕躬"。这就明白指责了贾继春那一类的人。朱由校把此谕先降至内阁,并让他们即行拟旨,昭告中外。首辅方从哲很不愿把李选侍的败德昭告于天下,便利用他作为首辅所具有的封驳权,封还了朱由校的上谕,理由是"迹或涉于彰父之过"。方从哲的封驳使贾继春很为得意,这让他前后所上的两次书影响更加深远。杨涟认为,必须向外间说明实况,澄清流言,于是他也递上了《敬述移宫始末疏》一文,历述了移宫的经过。他在最后还说:"选侍自裁,皇八妹入井,蜚语何自,臣安敢无言。臣宁使今日忤选侍,无宁使移宫不速,不幸而成女后独览文书,称制垂帘之事。"杨涟这疏文一上,新天子便又有上谕支持他,在谕中重述了李选侍如何殴毙圣母,妄想垂帘等情况。此谕一出,大大地支持了杨涟,贾继春一见势头不好,便借着出巡,躲到外地去了。

　　天启即位之初曾两次传谕揭出李选侍的罪行,支持了在当时被人称为忠党的人们。他的这些作为得到了一些人的赞誉,认为他是一个很有定见、认识很清的人。其实这种说法,不过是皮相之谈。天启在有明的一十六帝中,其实是最差的一个。照说,他一出生便是在朝皇帝的皇长孙，已被立定的皇太子的长子，条件是极佳的，应该受到很好的培养才是。但是实际上却又不是那样。他的父亲朱常洛虽然已经被立为皇太子，但是一直在风雨飘摇之中，环境艰险得很，哪里还有心思来照管他。他倒也自幼便有被分配来教导他的师傅，但因他的父亲自身不稳之故，这些配来的人也心思不定，常想求去。这就使得朱由校的书，实在读得很差。他的生母王选侍为人很平常，又去世得早，对他没有什么影响，他一直是由他的乳母客氏抚养大的。他对于乳母客氏很依恋，很爱，几乎一刻也离不开。他依恋着客氏，有过于婴儿之恋生母。在他即位之时，朝中极乱，但他却什么都先不管，首先便是把客氏封为奉圣夫人，还把她的儿子侯国兴、弟弟客光先也都封了官。由此可见，客氏实在是他最为关心的人。

天启是个除了自己的性之所好，对于一切是非都无定见，几乎完全受着别人摆布的人。他在即位之初表现得似乎还很不错，那是由于当时为他主谋的人乃是太监王安，所有他的诏书、谕旨等，都是出于王安之手，王安一向便是明光宗朱常洛的伴读内侍，为人颇有定见，他代天启所拿的主意，自然还很不错。后来魏忠贤以阴谋搞掉了王安，替天启办事的又成了魏忠贤，因此，天启帝也便成了明代诸帝中最不堪的人了。

内监王安在他的一生中，以作为朱常洛的伴读太监和为他主稿所占的时间最长，后来他做了司礼监的秉笔太监，主要的任务还是为那时已是皇太子的朱常洛代笔。他为人正直，常为朱常洛担心，怕他被郑贵妃一伙人的阴谋所害。对于李选侍殴辱王选侍，他更是极为不平，所以在由他代笔的两次诏谕中，都曾说到李选侍的这一罪行。他更大的功绩是说动了李选侍，竟能把朱由校从她的手里夺出，由诸臣予以拥立。刘一燝、周嘉谟、杨涟、左光斗等竭力把天启拥上皇位的人，都为此而更看重王安。在天启登基之际，司礼监的事务已经全由王安掌握着了，只是那主管全监事务的提督太监的位置却还空着，到了实际安排这个职位时，王安可以说是个众望所归的人，在天启的心目中也是如此，所以在论及由谁来任此职时，天启很自然地便任命了王安。依照历朝的惯例，每到有这种事关重大的任命时，被任者总要再三推让而后可，而且让的次数越多，也越受人敬重。王安是个惯依旧例的人，他没有看到暗中已有很多窥伺的目光，仍旧依例，一再地恳辞。这一来可给了窥伺者们以机会。原来，司礼监里的另一个秉笔太监叫王体乾，他早就想着要谋夺这个位置了，天启任命王安时，他措手不及，也就息了心，但王安循例这一辞，却让他又感到还有机会。从天启一登基，王体乾便看出了，乳母客氏是个最能使天启言听计从的人，因此他便走了客氏的门路，把司礼监提督太监这个位置从王安的手里夺了过来。

客氏答应给王体乾谋取司礼监提督太监的位置，是有个先决条件的。她的条件还很苛刻，那便是，一旦王体乾当上了司礼监的提督太监，一定得让魏忠贤提督东厂，而且要打破旧规，不是魏忠贤该听王体乾的指挥，而是王体乾要听魏忠贤的。这样的条件已经苛刻到颠倒上下了，但王体乾没有别的办法，也只有答应下来了。客氏对魏忠贤这么关心，是因为他们之间有一种对食的关系。所谓"对食"，乃是当时宫中的一个隐语，凡是宫里的大太监，和宫女或者是一个别样的女人，共同组成一个像家庭一样的形式，过着像是夫妻一样的生活，便称为有了对食的关系。在对食的关系中，女的一方也被称为"菜户"，譬如客氏，人们也可以说她是"魏忠贤的菜户"。客氏原来乃是和太监魏朝（魏忠贤曾拜在他的门下）就有对食关系的。魏忠贤既然师事魏朝,客氏便成了他的师母,两个人混得很熟。后来魏忠贤和客氏感到更投缘,竟挤走了魏朝,结成了对食关系。客氏在内廷中,原本很不起眼,一向是碌碌无闻的,但是自从天启即位为帝,因为他像婴儿爱母一样爱着客氏,她也忽然身价大增,顿时成了很有影响的人物。客氏骤经此变,立时变得欲望极高,胃口极大,什么都想抓入手里,什么都想弄来试试。她最先碰上的一个障碍却是王安,王安那时正管着宫里的事情,不能由着客氏想干什么便干什么。客氏很快便把王安恨上了,正设法治他,却巧碰上了王安虚辞司礼监的事,这可正对上了客氏的心意,也促成了她和王体乾所做的那一笔交易。魏忠贤并不是自幼净身,被送进宫里,从做个小太监而慢慢升上来的人,他之作为内监,走的却是"自宫求职"的那条路。他所以要自宫,是因为赌输了钱,欠下了赌债,不得已,才自宫了想逃进宫躲赌债。由于他以前曾寄身赌场,社会经历很丰富,加上他的记性又好,所以虽然识字不多,却比那些自幼进宫的太监多一些见识,有很多事,魏忠贤干起来,比别的那些太监显得漂亮,所以他在宫里升迁得倒也不慢。由于见事颇明,魏忠贤早就觉得王安是他的一个障碍,因此和客氏商量着,寻个由头,把王安降为南海子的一名净军,又趁着王安上路时,派人在路上把他给杀了。

除掉了王安,魏忠贤借助于客氏,竟成了最为天启信赖的一个人,渐渐地,天启把什么事都交给魏忠贤去办,从此就开始了有明一代最荒唐、最腐朽、最混乱的"天启的乱政"。对明史有些研究的人都说,明代的灭亡开始于张居正身故后的那几十年,由于万历的横征暴敛,朝纲败坏,已经种下了因,开了个头,后来又由天启纵容魏忠贤扰乱天下,更酿成了个不治之症。天启去世,在位没有几年,所以没能使国家及身而亡,却把那个烂摊子交给了末一个皇帝崇祯,让他背上了个"亡国之君"的名声。这不过是些大略的说法,但似乎还有点道理。

魏忠贤自成为天启皇帝的贴身人以后,很快便看清了这位新天子的一切。他觉得,这位皇帝其实还是个孩子,既不懂世事,也没有读什么书,但又和其父亲与祖父一样,是个极贪财又极好色的人。魏忠贤对于宦官惑主的那些招数也是很精的,他在财、色这两条路上,尽力来引逗这个年轻的皇帝,让皇帝一心扑在这上面,再顾不上别的。为了让天启增添精神,魏忠贤命人献上了一种名为"灵露饮"的春药,请天启服用。天启服了这种药后,果然感到精力大增,非常尽兴,于是爱之不舍,大量服用,后来竟出现了全身浮肿,行动无力等不良后果。明代诸帝的寿数都不高,以活到三四十岁的为多。而天启在诸帝中又是寿命最短的人。他在位只有7年,才活到23岁便去世了。他的早亡,虽说还有些别的原因,但贪恋女色,大量服用春药,实在是很主要的原因。

天启还有个特别的癖好,便是喜欢独自营造一些房屋模型一类的小屋子。这是他在幼年时,孤单无伴,独自躲在一角里自寻其乐,渐渐养成了的习惯。他乐此不疲,倒练出了一手很好的手艺,每日里劈削刨锯,油漆彩画,做出了一些十分精巧的亭台楼阁。在他即位为帝以后,无论是工具或材料,比以前都要精美、方便得多,天启干得就更带劲儿了。每当他干到兴趣极浓之时,投入在他的工作之中,别的什么都顾不上,也不愿想。魏忠贤很快就发现了天启的这个特点,每逢碰到什么颇有关碍的事,便专在这个时候来向他启奏。天启哪有心思理这些,总是他才一来奏,便厌烦地不断地要把他赶开,挥着手向他大嚷:"你快去吧,怎么办都好。别再来麻烦我！"这样，魏忠贤就算已经领了圣旨，什么都可以由着自己的意思去办了。

魏忠贤虽然识字不多，但在社会上混过，办起事来很懂得先后缓急。即以他扩张自己的势力而言，他就是由内而外，从上至下，一步一步顺势而来的，所以事情发展得很快，在很短的时间里，他竟把自己打造成了一个地位上仅次于天启，声威却比天启还大得多的人物。他已经成了明代第一个人称九千岁，生祠遍天下，出警入跸，与帝王无异，无人可与为比的流毒于天下的大珰了。

魏忠贤自从把王安从内里除掉了，便一力干起了肃清内外的工作。在内廷，他最注意的是曾和王安亲密共事的人，凡是属于这一类的人，不拘大小，他都要把他们赶出宫去。还有些不肯归顺、依附他的人，他也要除掉。在这些人里，最招他忌恨的人，大都还要暗暗地加以杀害。其他的，有些是发往南京，有些则是被安插到各个陵墓上去做净军之类的工作。在外廷，魏忠贤首先想抓住的便是内阁，他想方设法把依附于他的人塞进内阁里去，用来加深自己的影响。先后经他塞入内阁的阁臣，便有顾秉谦、魏广微、黄立极、冯铨、施凤来、张瑞图六人。在着手安插阁臣的同时，魏忠贤在内外各官中也大量安插了向他输诚效忠的人。他施展的范围很广，内而九卿科道，外至抚按州县，都有很多他的人。在这些党羽中，最为他看重的乃是崔呈秀，魏忠贤把他看成了自己的左膀右臂，最贴心的人。崔呈秀是蓟州人，万历四十一年（1613）癸丑科的进士，他入仕之初被授以行人之职，在天启初年，他已升任巡按御史，在淮扬一带巡察。那时候，顾宪成家居讲学，在他周围聚集起来的一些人，已经形成了声势浩大的东林党。他们议论朝政，抨击权臣，已经成了一个具有进退阁臣力量的集团了。崔呈秀暗想，自己如果能够加入东林党,借着它现有的威势,倒是条可以飞速前进的道路。这么想着,他便多方钻营,想要加入东林党。但是东林党却一向是以正直清廉为号召的集团,而崔呈秀又是个声名狼藉、贪污卑鄙早就出了名的人,东林党如何会容纳像他这样的人呢?崔呈秀多方钻营都没能达到他的目的,不由羞恨成仇,暗自发誓,将来他若得法,决不与东林党善罢甘休。崔呈秀在淮扬一带察看时,由于那一带是富庶的地方,他受贿更多,不想却被都御史高攀龙察觉了,高攀龙便与吏部尚书赵南星商定,二人联合把崔呈秀的贪污行为予以参奏。奏后有诏,着将崔呈秀革职候勘。当时有很多人都认为,像崔呈秀这样证据确凿,最少也要判个戍罪。崔呈秀面对着这场大难,又急又怕,苦苦地思索怎么才能够逃脱。他想到高攀龙和赵南星都是东林党人,又都是反对魏忠贤的,便决定去投靠魏忠贤,劝魏忠贤打击声势日大的东林党,借此来解救自己。他设法见到了魏忠贤,先是跪在他面前,拜魏忠贤为父,然后才说到东林党的声势日大,不动手打击他们,将来会吃他们的大亏。魏忠贤正在因东林党多次阻碍了自己而想要做一点儿什么,听了崔呈秀的话觉得很投机。在和崔呈秀进一步商议从哪里下手才最得力时,魏忠贤又发现崔呈秀因想投入东林党,对那里的一些情况比别人都熟悉得多。魏忠贤得到了崔呈秀这么个人,很高兴,首先便命给事中李恒茂上疏为崔呈秀讼冤,然后又以中旨替他复了官。从此,崔呈秀不但烦恼俱除,而且成了魏忠贤的干儿,官运倒特别亨通起来。

魏忠贤一直都是以招降纳叛的办法来扩张他的势力,他所用的办法,大致都和他收纳崔呈秀差不多。常常是先拉他们一把,把他们从所处的困境中救出来,然后再把他们放到各处去,让他们仗势去咬人。那时"梃击""红丸""移宫"三案都才结束,多少被目为奸党的人纷纷败下阵来，弄得很狼狈。魏忠贤把这些人也看成了他招降纳叛的对象，他帮助他们翻案，把那些得胜的人重新打败，赶下官位，把那些投靠了他的失败者安置到空出来的位置上面去。这些"三案"中的失败者，为了能翻案，又能够复官，都争先恐后地投到了魏忠贤的门下，他门下的人一时便增加了许多。然而这并不能使魏忠贤满足，因为那些在"三案"中的得意者，把他们赶开倒容易，想要更深地治治他们，让他们尝到点儿家破人亡的苦味，那就很不容易了，必得把他们牵连到一些与边事和受贿相关的案子里，才能够用追赃的办法来折磨他们。当时正有这样一个巨案落到了魏忠贤一党的手中，于是他们便把看不顺眼的人，尽数扯进了这件案子。这个案子不是别的，乃是熊廷弼、王化贞失陷辽阳，彼此互讦，这成了一个波澜起伏，无人敢沾的案子。

熊廷弼一案，也被人称为辽案。在明初，居住于辽东一带的，乃是一些原属金人之后的满人，当时称为"建州女真"。他们原本是世世代代都尊奉明廷的建制，听从明廷的约束的。到了万历末年，建州女真传至以努尔哈赤为首时，开始强盛，并且建国，号为满洲，年号天命。天命元年，正当万历四十四年（1616），努尔哈赤便是后来被清廷奉为始祖，称之为清太祖的人。努尔哈赤立国之后，便不再受明廷的约束，并且开始向辽东一带扩张。万历四十六年，满洲人攻了抚顺一带，明廷便以曾做过辽东巡抚的杨镐为兵部左侍郎兼右佥都御史，命他出关去经营辽东。杨镐虽颇习兵事，对辽东一带的形势又熟，但仍敌不住新兴起来的努尔哈赤，在战事中颇多失利。万历四十七年，开原又被努尔哈赤夺去，杨镐遂被逮入京中问罪。他在狱中被关押了10年之久，直到崇祯二年（1629）

才被问了死罪。杨镐初被逮时，廷议以为，大理寺丞熊廷弼极为知兵，可以当此重任，于是把他升为兵部右侍郎兼右佥都御史，经略辽东。熊廷弼确是知兵善战，但他的做法却不合那些主持朝政的人的胃口，彼此很难相通。熊廷弼是不肯贸然出战的，他总得作好准备，才肯出兵。但那些主政者却只想尽快出兵，收复失地，明催暗催，总在不断地催他。熊廷弼被催得冒了火，愤而以辞职表示抗议。他的辞职，正合了那些人的心意，所以很快便被准其去职，而改以袁应泰代之为辽东经略。天启元年（1621），满洲人又出兵攻入，攻下了沈阳、辽阳两处重镇，袁应泰也在这一战中阵亡。这时朝中议及可派何人前往阻住满洲人的攻势时，人们却又想起了熊廷弼，就在那年六月，又命熊廷弼以兵部尚书兼右副都御史，前往经略辽东，同时以原在那里为官的王化贞为右佥都御史，巡抚广宁，命熊、王二人协力在那里御敌。王化贞是个愚而好自用的人，他也读过些兵书，但食而不化。不过他在守广宁时，倒打过几次小小的胜仗，这更使他自以为是个兵家，有点不可一世起来。当他听到熊廷弼又做了辽东经略，将到山海关一带驻守时，很怕熊会夺去他的兵权，竭力想要顶住。他一面紧紧抓住自己属下的兵不放，一面又安排了一些只顾一面而不计其他的部署。熊廷弼的目光比王化贞要尖锐得多，他指出了王化贞的那些布置中不够全面的地方，要他加以修改。王化贞正在志得意满，哪里肯听熊廷弼的，因此二人闹得极为不和。很快，这种经、抚不合的消息便已传入京中，朝廷为了免于误事，还曾派人到那里去为他们二人做过和解。但这只是一件表面的工作而已，实际并未生效。天启二年，王化贞贸然出兵，结果大败，所部六万余人，伤亡几尽。王化贞的惨败，连累得熊廷弼也站不住脚了，他们先后退入关中，跟着又被逮入京里，问成了死罪。熊廷弼也被问成死罪是冤枉的,他找到了内阁中书汪文言,请求汪文言为他辩冤。汪文言是那时的一个怪人,他读书极多,能谋善断,只因不习举业,不能从甲科出身,而是从宦途中最低微的进身之路,从县里的佐杂职务起始进入仕途的。万历末年,刑部郎中于玉立告病还乡,他需要有个能替他探问京中的各项消息的人,便找到了汪文言,为了便于从事,还替汪文言捐了个监生,让他到太学里去读书,作为掩护。汪文言颇善交游,他在太学里读书,结识了很多朋友,其中什么人都有,甚至为东宫伴读的内监王安,也和汪文言相交甚厚。万历死后,一时之间王安成了极为重要的人物,有很多事都要他来办。那时王安便找到了汪文言替自己出主意或是做决定。因为这种关系,汪文言也结识上了刘一燝、韩爌、杨涟、左光斗等人,并且也极为这些人所称赏。那时重新入阁的首辅叶向高也极看重汪文言,他之得为内阁中书,便是叶向高所举荐的。

汪文言接受了熊廷弼求他辩冤的请托,立即多方代为谋求,他甚至把门路走到了魏忠贤那里。魏忠贤是把出入于死当成生意来做的,他听说了熊廷弼的冤屈,便开出了四万两纹银的价码,说只要把银子交来,便什么事也没有了。但是熊廷弼无法拿出这么多的银子来,这事不但卡住了,而且更惹了麻烦。魏忠贤索贿落空,觉得是受了人的愚弄,很不开心,后来又知道了主办这件案子的竟是那个汪文言,更觉愤怒了。原来魏忠贤早就认识汪文言,而且认为他和自己是个对头,因为汪文言和王安是一伙的,帮着王安做了不少于魏忠贤有碍的事。魏忠贤觉得,这一次既然又碰上了汪文言,可不能再将其放过了,而且这熊廷弼一案又叫他想出了不少的点子。魏忠贤首先命人把汪文言送进了锦衣卫狱里,还告诉将审此案的许显纯，让他刑逼汪文言，把杨涟、左光斗等人都攀扯到熊廷弼的案子里去，让汪文言承认这些全都受了熊廷弼的贿，所以才帮着他说话，替他讳败为胜，欺瞒朝廷。许显纯和田尔耕都是魏忠贤的死党，他们专门在审问案子上做手脚，以无为有，认假作真，他受了魏忠贤的指示，便一心把汪文言向他想要的路子上领。但是汪文言却不是个可以由着人来摆布的人，许显纯用尽了酷刑，却逼不出汪文言的一点儿口供，什么都不能按着他所想要的说。但是，汪文言也错了，他这么硬挺，对付刑部倒还是个好办法，对付许显纯、田尔耕这一伙无赖，却毫无效用。许显纯用尽了办法也不能使汪文言依着他的话照供，索性不问了，他把文书召进了密室，让文书帮着他，私造了一份汪文言的口供，把所有他们想要加害的人一个不漏地全都网了进去。魏忠贤最恨的人，便是那个曾劾过他有二十四款大罪的杨涟，所以许显纯便把杨涟列为首名，说他受了熊廷弼两万两银子的贿赂。左光斗也是他们一伙最恨的，所以列在其次，所受的贿金也是两万两。以次还有不少被牵扯进去的人，所定的赃银也各有不同，重要的大概有这些人：周朝瑞受贿一万两；袁化中受贿六千两；顾大章受贿四万两，是所有被扯进去的人里面，受贿的款目最大的；而魏大中，也许因为他姓魏，只被定为受贿三千两，又是这些人中数目最少的。还有王之采和赵南星，他们也被牵扯进来了。王之采被说是受贿八千两，而赵南星却要被追赃一万五千两。所有这些被诬定了赃数的人，都要按期交赃，交不出则要杖责，这个办法被称为"杖比"，又称为"追比"，那便是每次杖责之后，便又定出下一次交赃的日期，交不出就又要受到杖责。当时通行的是五日一比，这五日的期限，被称为"比期"。只要交不出赃来，便要无限期地受到杖责，一直到人死去。魏忠贤所以要把这些人扯入这么个案子，便是明知这些人拿不出钱来，可以用杖比的办法，把他们活活折磨死。在这些人中，只有赵南星，因为他的亲友协力替他凑足了银子，被判了戍刑，戍所是代州，他算逃脱了苦难，别的人有不少都是被连连追比，死在杖下，也有些是死在狱中的。

魏忠贤所以要大兴冤狱，首先是为自己树威，要使人感到他那"顺我者生，逆我者亡"的气派。其次是为他自己和他的门下人雪恨，对曾使他们不快的人都予以报复。三是可以空出一些官位来，安置他的党羽。最后则是，这样可以压榨出一些财物。投到他门下的人，以三案中的被击败者和被东林人所抨击的人为多，魏忠贤也就以这两方面为重点，利用这些人的报复心，把事情进行下去。为了打击三案中的得意者，魏忠贤命已经被他塞入内阁，成了阁臣的顾秉谦为总裁，修了一部名为《三朝要典》的书，把从争储以来所有与三案有关的人都一一载入，以便依次把他们完全除尽，把三案彻底给翻过来。但是他们没能做到这个地步，《三朝要典》才修成不久，魏忠贤便已垮台，这部书倒成了他们的罪证了。东林党人与三案诸人不同，他们分布得很广，在朝的、在野的都有，不能很快便修成一部总的册子，只好派人到四处去编一些各类的小册子，如《东林点将录》《东林同志录》《缙绅便览》等样的书，成为他们可以按图索骥，捕拿东林人的黑名单。这类的小册子正在编集时，魏忠贤便倒台了。

魏忠贤为害的时间并不算长，从他兴起到垮台，不过只有短短的几年。但他发展得非常快。他的党羽很快便遍及天下，其人数之多，影响之大，为害之烈，早已超过了在他以前曾称雄过的那些大珰，如王振、汪直、刘瑾、冯保等人。他的党羽遍布于各行各业，为害之大可以说是前所未有。其中最令人痛恨的一些人，被人们归了类，称为"五虎""五彪""十狗""十孩儿""四十孙"等。所谓五虎，为首的便是崔呈秀，以下则是田吉、吴淳夫、李夔龙、倪文焕。他们都是文官，是魏忠贤的智囊团，主要替他出谋划策，想各种坏点子。被人称为五彪的，是田尔耕、许显纯、孙云鹤、杨寰、崔应元五人。他们都是武官，又都在锦衣卫镇抚司或是东厂等处任职，所以他们是魏忠贤的打手，专门替他干那些用刑逼供，设计敛财，或是设阱陷人，暗杀对头等事。十狗中文官、武官都有，其中最为人瞩目的是吏部尚书周应秋、太仆寺少卿曹钦程，还有那个向天启献上了春药灵露饮的霍维华，他也是十狗中出了名的人物。十狗的作用和地位都比五虎或五彪要差些，和魏忠贤的接触也比他们少一点儿。十孩儿中，最出名的是李蕃和李鲁生这两个人，他们比起十狗来，又要差一些了，不过，他们终究还是属于称魏忠贤为父的那一级，认为自己是魏忠贤的干儿、义子，并以此自诩，比四十孙总稍高些。称为四十孙的那些人，则已经够不上称魏忠贤为父，只好叫他爷爷，自居为孙子辈了。这些都是些在朝为官的人，他们还是围绕着魏忠贤，为他效力。

在外官中，魏忠贤也有不少的党羽，称他为父的和称他为爷爷的都有。他们是魏忠贤在各地的耳目，哪里有油水可捞，他们都一一详细地报告给魏忠贤。每逢京里派出了缇骑到地方上去捕人，作为眼线加以协助的，也都是这一帮人。

魏忠贤的野心其实比他的前人们都大，他在朝内朝外都安置了许多党羽，还感到不足，还想把军权和军队也都抓进手里。但是在这方面他可干得很不成功。原来明代的军制很复杂，军队的调动、统率、指挥等都是分散的，彼此不但相互牵制，还会常常扯皮，要想把军权一下子全都抓过来，可不是一件容易的事，需要用很多时间，还不一定可以办好。魏忠贤等不得这些了，他很快便在宫里选出了三千名小太监，让他们就在禁中操练、习武，以备缓急之用。

魏忠贤既已在朝内朝外都布满了自己的党羽，所以他无日不处在党羽们的吹捧之中，每逢有什么工程修建成功，或是用兵告捷，他的党羽们首先便要归功于他，这使他的爵位不断地上升。不久，他已被封为尚公，被人称为九千岁，离着被人称为万岁的天子，相差已经不远了。那时不少人已经不敢提名道姓地称他了，在人前人后提到他时，只称之为"厂臣"，因为他在宫廷内外，都是以提督东厂而闻名的。厂臣这个称呼，流通得竟越来越远，越来越重，在文书里，竟已与天子并列，俨然成为对等了。譬如，当时的阁臣，大学士黄立极、施凤来、张瑞图等人所拟的票、旨中，"朕与厂臣"竟成为其中常见的习语。一次，山东巡抚李精白奏称，在山东境内发现了祥兽麒麟，在奏文中还附有麒麟的图像。黄立极在谕旨中，竟写出了"厂臣修德，故仁兽至"之语，把麒麟之至完全归功于魏忠贤，把天子却丢开了。这种无耻的颂扬，那时可以说是无时不有，无地不有。有人甚至把魏忠贤和孔子相比，竟说，孔子作《春秋》，厂臣作《要典》，孔子诛少正卯，厂臣诛东林。在这种阿谀奉承纷然竟至之时，有人要争新立异，忽然又兴起了一股为魏忠贤建生祠的风。这股风是从浙江巡抚潘汝桢那里刮起来的，这个潘汝桢也是挖空了心思想从魏忠贤那里得到点儿好处的人，他很想别开生面地做一件为魏忠贤歌功颂德的事，让魏忠贤能特别记住他。最后他想到，如果给魏忠贤盖一个报恩的祠堂，魏忠贤一定会很高兴，并且特别会记住自己。潘汝桢是打着织造机工的旗号来干这事的，他说织造机工感戴厂臣的鸿恩，特意集资要盖一座生祠，以志不忘。天启六年（1626）六月，潘汝桢等将生祠工竣疏闻于朝,并且还请赐以嘉名。很快,潘汝桢便奉到奖誉的特诏,并将生祠赐名为"普德"。潘汝桢开了建生祠的例,马上便有无数人风起而从,一时各地,纷纷建起魏忠贤的生祠,霎时间,生祠之多,几遍天下。造祠之费,大概祠大者,多达几十万,就是小些的,也要用上十几万。各地纷纷兴工,闹得到处苦于兴建,人民越加难以为生。就在这一派建祠声中,不觉已是天启七年(1627),这时那位酒色过度的天启皇帝突然驾崩,这让魏忠贤失去了躲在皇帝荫庇之下为所欲为的好处。魏忠贤开始感到,他的日子,要不好过了。

十七 崇祯铲除魏忠贤

继明熹宗朱由校而即位为帝的，是明代的最后一个皇帝，排在一十六帝的末位、年号是崇祯的那个皇帝——明思宗。

作为一个亡国君主，这位明思宗的命运在他登基时几乎就已经是注定了：他接下来的是一个腐烂到极点了的、难于收拾的烂摊子，而且又是内忧外患一时俱至，他又并不是什么可以挽狂澜于既倒的英才。他登上帝位后，不过是东推西挡地过着日子，等待着灭亡的来临而已。

明代的灭亡，可以说是从张居正死后不久便开始了。张居正当国时，由于他本人是个干才，又遇到了万历的生母李太后的信托，他在首辅的位置上所能做的事几乎比在他以前的首辅们都要顺利，差不多做到了令出必行的地步，在政治、经济、军事、外交等方面都取得了颇为可观的成就。后来有些人认为，张居正死得太早了一点儿，如果他能多活上几年，万历一朝也许不会搞得像后来那么糟，明代的灭亡也许可以推迟些年。在张居正未死时，朝中诸事都进行得很好，但他死后不久，一切便都变了。其中变化最多的，首先要推那时在位的万历皇帝。张居正对万历的影响实在很大，万历在即位之初，便由李太后教导着，对张居正敬之如师，而且把他看得越来越神，看成了在处理朝政上几乎是无人可代的一根擎天之柱。张居正的临危之际，也正是万历最焦心的时候，他想象不出朝廷上没有了这个人,事情还能办得成吗!但是朝政真的易手后,万历并没有感到与以前有什么不同,天并没有要塌下来的样子。万历这时忽然想到,朝政大概像流水那样,缓缓而来,又缓缓而去,根本用不着操什么心,以前之所以把它看得那么严重,那是由于张居正太会装模作样,太会骗人的缘故。他觉得自己竟被张居正欺骗了那么久。他这么想着,更记起了张居正对他的种种限制,还有对他的不敬和一些指责。这些不满,再加上贪欲,终于使他追夺了张居正的一切官阶和谥号,最后还抄了张居正的家,甚至兴起了一股一切尽反张居正的作为的想法。因为有了那种朝政在朝中诸人的经办下,可以自然进行下去的想法,万历开始懒于理事,并且把他最头疼的,出临明堂,听取例有的讲授也设法躲过了。他开始过着避居深宫、少赴外廷临朝的生活,变着方法伸手向国库要钱,纵情酒色,还经常拷打随侍的内监。当时的大理寺评事雒于仁是个敢言的人,他为此上疏诤谏,把万历的毛病归结为酒、色、财、气四个字。雒于仁说万历:"八珍在御,觞酌是耽,卜昼不足,继以长夜",病在嗜酒;"宠十俊以启幸门,溺郑妃,靡言不听。忠谋摈斥,储位久虚",病在急色;"传索帑金,括取弊帛,甚且掠问宦官,有献则已,无则遣怒",这是病在贪财;"今日榜宫女,明日扶中官,罪状未明,立毙杖下",还有"藏怒于直臣……皆一诎不申",这是病在尚气。在疏文之末,雒于仁还附有《酒箴》《色箴》《财箴》《气箴》四段箴文,说得更为尖刻。万历被雒于仁的疏和箴深深刺痛了,在和首辅申时行独对时,把那些拿给他看,并说一定要严办这个敢来触犯他的人。申时行深知,万历虽然恨透了雒于仁,但也很怕雒于仁所说的这些被张扬出去。他沉吟片刻才说,这件事不宜严办雒于仁,因为那样就得把他的疏文下交廷议，很容易流传于外，外间人不明真相，反倒会把雒于仁所说的传闻之词当成真事，不如且自按下，由我告诉雒于仁，要他即行辞官回家，暗中了结此事，倒更好些。万历果然很怕张扬，终于依从了申时行的办法，让雒于仁免去了一场杀身之祸。其实雒于仁所说的还是在申时行当国时的万历，那时候的万历比以后还要强得多，最少他还没有老躲在深宫里，连首辅都经年难得见到他的行为。大理寺评事这个官职并不够大，雒于仁任职一年多，前后只见到过万历三次，便认为万历倦于朝务，在疏文里正式提了出来。但是，那还是万历表现得还不错的时候，到了万历中期以后，不但像雒于仁那样的小官长年见不到他，就是首辅，整年都见不到他一面也不是什么稀罕事情了。到了后来，酒、色、财、气四样，万历算是占全了，只是在比重上有所不同，财这一事，已经压倒了其余的三项，万历不拘要干点儿什么，都非要钱不可了。无论要他批点什么，或是查禁一点什么，作为交换条件的，万历都是先谈谈价钱。先要说，他还有件什么事，得要多少钱才办得成，你得先把他缺的钱弄来了，他才有心思来答应你的。反正他已经变成了个讨价还价的好手，越是群臣急切希望他办的事，他所要的价钱也最大。譬如，储位已定后，废储之说闹得很凶，群臣们最切盼的便是已被封为福王的皇三子朱常洵快些离京返封地。为了福王之事，万历便不知给群臣出了多少的难题，索要了多少财物和土地，一共连续要了十多年，最后在万历四十二年（1614），才算收敛够了，终于让福王到洛阳去了。对于国事，明神宗在万历末年更荒废到令人吃惊的程度，就连文武官员出了缺，他也懒于批补，以为事情总会有人办好的。这样，那时的六部，常常会出现既无尚书，也没有左、右侍郎的局面，部务只靠几个郎中、员外郎之类的司官来顶着，以至部务积压，什么事也办不成。不但部臣外吏有缺不补，就是阁臣也不例外，阁臣只留有一人、成为独相的时候，在万历后期也是常见的。万历荒唐至此，所以国内被弄得百事俱废，内忧外患一时交至。满洲自努尔哈赤强盛以来，很快便开始了南攻，他们每战必胜，夺取了辽东一带的很多土地，这固然由于他们挟着初兴之势，士气极高，才致如此，但万历的那种荒废朝政的做法，也不能不说是敌不住满洲的一个主因。因为这种种事实，后来很多史家都认为，明代的灭亡实在是万历一手造成的。万历死后，明代虽然还延续了二十多年，那不过是"百足之虫，死而不僵"，苟延残喘，勉强拖过来的。

万历死后，继续在位为帝的，应该说是天启，中间虽然有个明光宗朱常洛，还有个泰昌的年号，但那个间隔很短，实在说来紧接着万历的，应该算天启。但是，天启比万历更糟，他任用魏忠贤，把朝政更搞到了难于收拾的地步。亡国之祸没有落在他头上，是因为他死得太早，所以躲过了，倒让"亡国君"这个帽子，落在了继他即位的朱由检头上。

明代的末帝朱由检，是明光宗的第五子，他早年丧母，幼时的生活比天启还要孤苦，天启还有个乳母客氏作为依靠，崇祯可是连个那样的乳母也没有。他生于万历三十八年（1610）十二月，他的生母姓刘，是宫中的一名淑女。刘氏生下了崇祯后，不久便失欢于当时还是皇太子的明光宗，跟着又因故受到了严谴，负屈死了。崇祯由于有失母之痛，而且环境异常孤独，自幼便养成了偏执、孤僻、猜忌、多疑的习性。他对任何人都不肯信任，对任何人都怀有戒心。他没有像天启那样，由于孤独，便自己躲到一边儿玩去，用造些小房子为自己解忧，简直没有好好读过什么书。崇祯大约是还肯跟着他的讲官读书的，从他即位后点定人们送呈的几个年号时所说的话来看，他的书读得还不错，最少，绝不像他的哥哥天启那么糟①。但究其实际，以他在位时的各项作为而言，崇祯最多也只能是个极平庸的皇帝，守成于盛世之后尚可，挽狂澜于既倒，他可就无能为力了。不过，他即位之后，和为势已大的魏忠贤所作的一场斗争，干得倒还很漂亮。事后论定，以崇祯在位十七年所干的各种事情而言，铲除了魏忠贤和其余党，似乎可以说是崇祯所做出的唯一一件干得既漂亮、结果又最为成功的事情。

崇祯是在天启二年（1622），就被封为信王了。封王后，他还在宫中住了几年，住到天启六年，方才动身之国，出居信邸。他在那里只住了不到一年，天启七年，又因天启病危，被召回京，就在当年嗣位为帝。

在天启年间，崇祯一直住在宫里，对于宫中之事耳闻目睹，知之甚悉，对于魏忠贤的诸般罪恶更是十分清楚。崇祯出居信邸为时虽短，却也接触到了一些外间的情况，也了解到魏忠贤党羽虽多，声势虽大，但因他作恶多端，民怨很大，这又成了他的极端虚弱之处。有了这些经历和认识，崇祯对于魏忠贤已处在知己知彼的有利地位，所以在即位为帝以后，可以不慌不忙，从容不迫地便斗倒魏忠贤及其同伙。

---

① 孙承泽《思陵典礼记》卷一："崇祯丁卯八月二十三日，定纪元之号，阁臣以四号进：一曰乾圣，上曰，'乾为天，圣则安敢当。'二曰兴福，上曰，'中兴甚好，亦不敢当。'三曰咸嘉，上曰，'咸旁为戈，今方欲息干戈，勿用。'四曰崇祯，始用之。遂颁行天下。"
按，文秉《烈皇小识》卷一所记，与《思陵典礼记》略异。内曰："上既即位，廷议改元，礼部拟进者四：永昌、绍庆、咸宁、崇贞。御笔改贞为祯，点用之。"

天启的突然去世，对于魏忠贤和他的那些义子干儿来说，真是个意想不到的、难以承受的打击。在那时，他们一伙的声势和力量虽然已经很强大，但他们还是得打着天启的旗号才可以到处横行。至于篡居帝位，他们从上到下，简直连想也没有想过。不过天启这突然一死，魏忠贤感到了自己的处境为难，倒也兴起了一片篡夺天下的心，天启才一去世，他便把崔呈秀召到他那里，二人屏众密谈了很长的时间。筹算的结果是，他们自觉力量还很不足，便没有再提这件事。

崇祯面对着魏忠贤及其党羽，在行动上非常审慎，他先是不露声色，静以观变，只在他们显出些不稳定的状态时，才微示以声色，以增重那些人的不安。这种"引而不发，跃如也"的势态，让那些猜疑不定的人更显得动摇，终于使他们之中的杨维垣最先试着以奏论崔呈秀，来探探路子。他们想看看崇祯在这件事情上有些什么反应。崇祯倒没有什么反应，依然是静观不动，这在廷臣间，却激起了不小的波涛。这些年论奏魏忠贤的人，一直都是被用力压住的，杨维垣的试探正触动了他们。于是劲奏魏忠贤的疏文，一时又纷纷递上来了。在这些疏文中，尤以贡士①钱嘉征的一文，说得最为详尽犀利。他在疏中列举了魏忠贤所犯的并帝、蔑后、弄兵、无二祖列宗、克削藩封、无圣、滥爵、掩边功、朘民、通关节十项恶在必诛的大罪。在所论的这些罪行中，尤以并帝、蔑后、弄兵、无圣等几项说得最为痛切。所谓并帝，是指魏忠贤竟敢与皇帝比并：皇帝人称万岁，魏忠贤竟让人称他为九千岁，其想与皇帝争胜之意可见。在诸般诏令中，也常常以厂臣与天子并列。还有，他出入

---

① 会试已中，而未经廷试者，称为贡士。

警跸，更与天子无异。蔑后这一条罪行更显得昭著，由于张皇后早就看出了客、魏互结，盘踞宫闱，觉得这样祸害很多，时常向天启说起，要天启远着他们，与客、魏对立，而客、魏也一力想废了皇后，另立魏良卿的女儿为后。他们还把随侍在皇后左右的太监、宫女等人，渐渐都换成了他们的党羽，在皇后有娠时，这些人竟暗下毒手，把皇后弄到了流产。天启病重时，客、魏二人很不愿把信王召回，还是张皇后顶住了他们，信王才终于得被召回来嗣位的。弄兵，则是说魏忠贤一贯都在拉拢分驻各地的总兵官，希望他们能与他合成一气。另外，他还兴起了一个与各地方军马接近的办法，那就是让他们轮流到大内中去会操，人多时，进入大内的竟达万人。这样拉拢各项人马，魏忠贤还意犹未足，还选出了三千名小内监，就在禁中操练、习武。他尽力这么做，到底是想干什么，可以说是司马昭之心，路人尽知。无圣，则是说，魏忠贤竟敢让他的党徒把他和至圣先师孔子相比，魏的党徒竟然说，魏忠贤在京的生祠"宜建祠国学西，与先圣并尊"。滥爵一项，钱嘉征则列举了大量的事实，其中最重要的是，魏忠贤一个阉人，竟自封为尚公，他的侄儿魏良卿，竟也得封为宁国公，另一个侄儿魏良栋，也得封为东安侯。

崇祯看了钱嘉征的疏文，觉得很好，决意用它来开始进攻。崇祯命人把魏忠贤召上殿来，然后命一名内侍，把钱嘉征的疏文从头至尾、一字一句地读给他听，在精神上先给他一个打击。这一击的效果竟超过了意料，魏忠贤被打垮了。他从殿上下来，已经是惊恐万状，不知如何是好了。魏忠贤反复思量，竟想到了通行于万历年间的办法，决定用献宝的办法来救自己。那时，在崇祯身边应值的内监里面有个叫徐应元的，他以前和魏忠贤曾经是赌友，魏忠贤悄悄找到徐应元，再三拜托他，把一大批珍贵的珠宝转献给崇祯，想借此打开一条出路。这种办法，在万历和天启年间都是极有效的，但用在崇祯身上却完全无用，反倒让崇祯看透了魏忠贤已经是智竭力穷，再没有什么招数了。这时，崇祯才就此动起手来，他先把那个替魏忠贤献宝的徐应元斥革严办，然后又传谕把魏忠贤发往凤阳，让他去看守皇陵。崇祯先这么从轻发落，仍是意存审慎，因为魏忠贤实在是党羽极多，崇祯怕操之过急会生变故，不如先试探一步，看看再说。魏忠贤伙同着一个和他一样，同被发往凤阳去守皇陵的李朝钦，在谕旨传出后，便即刻上路了。宫内宫外一点儿动静也没有。崇祯看到这种情况，就又派人去追赶魏忠贤，要把他追回京来，再行究治。追魏忠贤的一行人在阜城县境追上了他们。魏忠贤得知又要追他回去，自觉此番回京，必然大为不妙，他和李朝钦暗暗商量，都感到已无生路，抽个空子，两个人都悬梁自尽了。崇祯得知魏忠贤的死讯，派人把已死的魏忠贤予以戮尸，将割下来的首级拿到河间府去，悬挂在通衢上，俾众周知。同时他在京中也开始了查拿魏忠贤余党的行动。首批被拿获的人中，最令人瞩目的便是客氏，她被押入浣衣局里，立即被活活打死。客氏的儿子侯国兴，她的弟弟客光先，还有魏忠贤的侄儿魏良卿，也是首批便被拿下了的，也就在当天，便都被押赴市曹，斩首示众了。魏忠贤的头号帮凶崔呈秀，也在首批捉拿的人中，但人们没能在他活着的时候拿到他。崔呈秀比崇祯更早得到魏忠贤在阜城县自缢的消息，他自知自己也万难幸免，因此在家里痛哭痛饮，摔毁了很多珠宝和酒器，也悬梁自尽了。崔呈秀自尽后，也得了个戮尸的处分，他的头也被悬上通衢，用以示众。

在首恶客氏、魏忠贤、崔呈秀、侯国兴、客光先、魏良卿等人都已被处死后,崇祯才又开始清查魏忠贤的其他党羽。他召回了之前被顾秉谦、魏广微等人硬行挤出内阁的首辅韩爌,要他重新担任首辅,会同那时还留在阁中的李标、钱龙锡等人,一同来办理清查魏党这件事。崇祯原以为,韩爌是被魏党逼离内阁的,魏党使韩爌受到削籍的处分,还坐赃两千两,要他赔补。他在那些人手里吃了很多苦头,让他来主持这件事,他必然会很高兴,而且会很尽力。李标和钱龙锡,也都受过魏党的很多迫害,办理这件事,也必然会极尽力。但是崇祯却不知道,韩、李、钱三个人虽然都受过魏忠贤一伙人的无数陷害,但是他们做事都很慎重小心,绝不肯罗织人罪,而且他们又都以仁人君子自命,认为对仇家放宽些,才见得厚道。三个人都这样不肯多寻求,所以事情进行得很慢,过了好一阵,他们才把罪恶昭著、万不可免的人,凑集出了四五十个,略略说了些罪状,拿来入奏。崇祯看了列出的人,认为太少,要他们再出去仔细地查查。韩、李、钱三人无奈,只好又去寻查了一番,添了一些人,又重行入奏。崇祯一看,合计两次所奏,在数的还不足百人,仍不满意。他又指示,要从"赞导""拥戴""颂美""谄附"等几个方面去加意搜寻,一定还会很有发现。崇祯还向韩、李、钱三人宣称,内侍里面和魏忠贤沆瀣一气的实也很多,对于这些人,也不能放过。韩、李、钱三人都是只谨循正路,尽力少和内侍往来的人,见崇祯又提到这些人,觉得更为难办,于是一齐推说,内侍方面他们不熟,实在搞不清楚,更是难办。崇祯不以为然,挥着手说:"哪里是弄不清楚,分明是怕在宫里招怨而已。"过了几天,崇祯又把他们三人召入便殿,指着放在桌案上的一只装得满满的口袋向他们说,那里面所装的,都是魏忠贤那一伙人所上的疏文,细加寻阅,可以入案的一定不少。韩、李、钱三人感到负担太重，便以不习法事作为推脱。崇祯认为这并不难，他可以加派几个习知法事的人来帮助。他果真又派了吏部尚书王永光、刑部尚书乔允升、左都御史曹于汴三人前来协助他们。这六人又共同协力搞了一些日子，才在崇祯二年（1629）查核完毕，列出详情奏上。最后，经崇祯审定，才以"钦定逆案"为名，把它颁行于天下。在钦案中，共有罪犯262人，按罪行轻重，分为六等。

第一等。定在这一等里的是首逆魏忠贤和客氏二人。他们被判为凌迟处死。其实这两个人早已死了，凌迟之罪，已经无从执行，但还是予以宣说，以见其罪恶之大。后来有人议论，说崇祯办事操切急躁，不顾后果，在这里已经微露端倪，如果他不把客氏一下子就迫不及待地活活打死，在结案时，是会有个首恶被明正典刑的。

第二等。列在这一等的是首逆的同谋，他们被判处了死刑，并且是绝不待时。列在这一等的一共有6人，他们是：崔呈秀、魏良卿、侯国兴、李朝钦、李永贞、刘若愚。在这6个人里，也只有刘若愚尚在，其余的人，不是已经自杀，便是一被捉拿归案就被处决了。其实，若以刘若愚的所作所为而言，也够不上是什么"首逆同谋"，不过，在这一等里，如果不把他凑上去，就又会是空无一人，实在太不像话了。所以，当时便有很多人认为，刘若愚是给提了级，硬凑进第二等里去的。

第三等。这一等的罪名是结交近侍，判的是秋后处决。列在这一等里的，一共有19个人，列在首、次二名的是刘志选和梁梦环，其余的人里最出名的还有田尔耕和许显纯这两个杀人的恶手。刘志选是在为红丸案搞翻案时，以力诋礼部尚书孙慎行而被魏忠贤看中的，从此他就成了魏忠贤的得力党羽。他为了给魏忠贤出力，想把魏良卿的女儿推上皇后的宝座,还诬陷过张皇后和她的父亲张国纪。刘志选对当时所修的《三朝要典》曾极力加以赞扬,把它和《春秋》相比。梁梦环是最初兴心把杨涟、左光斗等人牵扯进熊廷弼一案里面去的人,他说,只论"移宫",没法把他们杀了,把他们牵入"辽案",说他们受了贿,就可以用刑逼赃了。他们拿不出钱来,会不断受"追比",早晚都要死在追比中。五虎和五彪,除了崔呈秀被列入第二等以外,其余的9人都被列入了这一等,等候着秋后处决。

第四等。这一等人的罪名也是结交近侍,不过,他们的罪行比较轻,所以被判为充军。列在这一等里的只有11个人,列在首名的则是魏广微。这个魏广微是最先被魏忠贤硬塞进内阁里去的党羽中的一个。他原是名门世宦人家的子弟,他父亲倒一向都是个正人。魏广微很羡慕魏忠贤的手眼通天,他是尽力逢迎钻营才得以成为魏党的,由于都姓魏,他把自己和魏忠贤拉扯成一家,每逢写信给魏忠贤,信封上都写有"内阁家报"的字样。当时有些人常称魏广微为"外魏公",用来和魏忠贤加以区别。被列入这一等里的徐大化,也是个极力要把杨涟等牵扯进辽案里面予以残害的人,他说:"封疆事重,杀之有名。"名列十狗之首的周应秋也被划在这一等中。划在这一等里的还有那个向天启献上春药灵露饮的霍维华。这个霍维华为人最狡猾,他原是魏忠贤一伙里仅次于崔呈秀的一个谋主,魏忠贤所干的各样坏事他几乎都参与过,但他不像崔呈秀,他干得要隐秘得多,总是在幕后躲着,让人抓不着他的把柄。在魏党差不多已经全都落网时,霍维华却还在逍遥法外,并且将有外出督师之命。但是,雁过也要留下个影儿,后来,到底让给事中颜继祖把他给揭露了，霍维华这才露出了尾巴，被判了罪。他被定为四等，实在是偏低了，以他的所作所为就是被判在第三等，也得算是个冒尖的人。

第五等。这一等的罪名是结交内侍又次等，判为论徒三年，输赎为民。判入这一等的人数最多，共有129人。在这一等里，共有阁臣4人，他们是：顾秉谦、冯铨、张瑞图、来宗道。顾秉谦也是最先被魏忠贤硬塞进内阁的一名党羽，他做票拟，一唯魏忠贤的心意是从，被魏忠贤认为是替他干得最得力的一个。冯铨是在天启五年（1625），魏忠贤想要毁尽天下的东林书院时入阁的。在入阁之前，冯铨早已便是魏忠贤手下的一个谋士。张瑞图和另一个被列入第六等的施凤来，都是在天启六年才入阁的。他们自中式以来彼此便相联很密，常常被人同时提到。他们都是万历三十五年（1607）丁未科的进士，且都中得很高，施凤来是一甲第二名（榜眼），张瑞图是一甲第三名（探花）。他们又都是当时著名的书法家，各地为魏忠贤建造的生祠，所有的匾额和碑文，几乎都是由他们二人书写的。他们还为魏忠贤代撰过很多的碑铭。在殿试和入阁这两项上，施凤来都名列在前，比张瑞图要占先一点，但在论罪上，张瑞图却抢了先，他被定在第五等，而施凤来却在第六等。原来，在初定逆案时，并没有把施凤来和张瑞图定入，还是崇祯问起了那些生祠中的碑铭匾联等事，在这方面施、张二人牵扯得太多，所以终于入了逆案。但是如何竟把他们二人分入在五、六两等，则不得而知了。来宗道入阁时已是天启七年，那时魏忠贤已经自缢身亡，人们都认为他入阁的时候赶得好，也许不会牵进逆案里面了，但是崇祯却向韩爌等指出，来宗道合于"谄附"那一条，他任职在礼部，替魏党办过不少的事情。崔呈秀的父亲死了,来宗道特别替崔父请恤,在他的《请恤文》中竟至有"在天之灵"等语。定入这一等的,还有王绍徽、邵辅忠、孙杰、刘廷元等人,他们之前都是攀附着郑贵妃一家的,在"三案"中,他们都因趋附郑家为世人唾弃。他们都是在为"三案"翻案时成了魏忠贤的得力党羽的。那个专和杨涟作对的贾继春,也被定入了这一等。贾继春狡诈善变,原来也并未定入逆案,他也是被崇祯问到,才终于没能够逃脱的。崇祯最初问到贾继春时,韩爌等人都说,贾继春虽多反复,但其持论有时也不无可取之处。崇祯却说:"唯其多反复,才正是个真正的小人!"这一语定音,贾继春终于被列入第五等里了。

第六等。定在这一等里的人数仅次于第五等,共有95名。定在这一等里的人,都是些内监和一些首恶的亲属。但是,在这一等里,也还有两名阁臣,那便是施凤来和黄立极。这是最末一等,处罪也最轻,判的是革职闲住。

崇祯在他即位后不久,便摧毁了布满中外的客、魏据有的滔天恶势,又只到崇祯二年,便彻底清除了魏党,颁布了"钦定逆案"。在清查逆案中人时,他还作出了很多极重要、极深刻的指示,提出过不少的材料和深入的线索。崇祯即位时年纪还不足18岁,那么年轻,干起事来却能够这么周密细致,从容镇定,使很多人都深感诧异,特别是拿他和才去世的天启一比,更觉得真是有天上地下之分。有道是,"饥者易为食,渴者易为饮"。在长久的混乱之后,忽然得到了这样的清理,真有如酷暑中吹来了一阵清风,使人们不觉都精神一振,有人竟觉得,这以后应该是太平有望,不觉便生出了望治之心,兴起了中兴之念。崇祯本人对他自己的成就更感到欣喜。原来崇祯对于魏忠贤的势倾域内，实在感到很大的压力，他是做了长期的打算，想着也许要经过几年才可以把他们斗垮的。不想魏忠贤虽然看来势大，但由于一向多行不义，人心不附，而且得势的时间也太短，根基实在很差，所以崇祯一和他们认真较量，竟没有费多大的力量，便把客、魏缔结的庞大势力彻底打垮了。崇祯这么轻易地得到了胜利，竟被胜利冲昏了头脑，忘记了魏忠贤的轻易垮台乃是由很多原因造成的，他是因利乘便，所以才胜得并不费力。他完全忽略了这些，竟以为他的从容制胜，乃是由于他的天纵英明，所以才能一尘不惊，举重若轻地完成了这么一桩大业。这个结果，对崇祯来说，有有利的和不利的两个方面。对他有利的是，无论如何，祸国殃民的魏党是除掉了，一切都松动了一步。对他不利的是，这事大大地助长了他的骄矜之气，使其自以为是个不世出的英雄，后来无论干什么事都自以为是，轻视、鄙薄别人。他原本只是个平庸的、才干中等的人，做起事来谦虚谨慎，得到人们的指点和教益，或许还可以有成，现在成了这样，还能干得成什么呢？自崇祯即位以来，除了斗垮了魏忠贤是他的一件为人称道的事，此外他并无别的成就，他的器小易盈，也是造成这种现象的一因。

其实，就是崇祯自以为非常值得夸耀的肃清魏党一事，他做得也很不够，他并没有把那些人彻底肃清，还有很多相当重要的人都漏网得脱。譬如在南明弘光朝执政的马士英和阮大铖、杨维垣等人，便都是崇祯的"钦定逆案"中漏掉的，他们在南明，又掀起了反攻倒算的波澜。还有件更具讽刺意味的事是，崇祯亲自任用的，专门用来搜查逆党、整理逆案的吏部尚书王永光，便是一个藏得很深的魏党。王永光以逆党而查办逆党，可谓正得其便，他不但借此保住了自己，而且在办理中，还掩护并纵脱了不少同伙。甚至不止如此，王永光还不断地为已经名挂在逆案中的人出谋划策，让他们可以寻机摆脱罪名，甚至竟得到复官的机会。

十八 明代的灭亡

崇祯在即位之初所面对的环境实在已很严重。那时外有强敌不断攻入，蚕食边地，掠夺军资，特别是地处东北的满洲，已经强大起来，不断地兴兵进扰中原。在内，则举目便见疮痍，府库空虚，灾情遍地，法令已敝，贪污成风。而且那时更为可忧的是，在魏忠贤的党羽多年的压榨夺取之下，整个国家已被搞得民穷财尽，麻木不仁。但是才即位不久的新君崇祯却全没有理会这些，他不意竟一举摧毁了魏忠贤和其羽翼，得意到不知道如何来衡量自己，竟以为自己真的是一个中兴的令主，不世出的英雄。这么错误地估量了自己，崇祯在初时所想着的，完全是他的中兴大业。崇祯为着他那个中兴的大业，倒是极力很拼搏过一阵的，无奈他的基业早已腐坏殆尽，而且内忧外患交替而来，他又过于急躁操切，所以他在即位后的17年左右时间里，虽是宵衣旰食，勤劳不懈，到底还是逃不脱作为一个亡国之君的命运。

崇祯是明光宗朱常洛的第五子，他的生母刘氏因触怒了尚是太子的明光宗被谴而早死，以致他的童年十分孤零，他孤处于深宫一隅，很少有人前来理睬。卑微的地位，被无视的生活，倒激成了他极度自尊、多疑多忌的性格。他不相信任何人，也听不进半点逆耳的话。顺利地粉碎了魏忠贤那一伙，又使他感到非常自负。多疑和自负，给崇祯在行事上带来不少的阻碍。他用人而不信人，既不相信他们有才干,更不相信他们会实心任事。在他把某事交付给某个人后,总不能完全放心,总要派出一些人,从旁予以察看。任务完成后,他也总觉得做得实在并不好,这种察察为明的做法,促成了他那种刻薄寡恩,苛于责人的作风。被他任用的人,像流水一样不断地流着。如以阁臣而言,阁臣在处理朝政上是最切要的,但在他在位的那一段17年左右的时间里,阁臣的替换竟多达50人,平均起来,每年顶少就要有3个。在明代的一十六帝中,没有哪一个是像他这样的。在崇祯年间,阁臣的情况还有个特色,那便是阁臣的人数之多,是以往历朝所罕见的。在崇祯年间,同时在阁任事的阁臣,少说也总有六至八人,有些时候,竟会多到十个人。这些阁臣,来和去都非常快,任职到两三年的都很少见,入阁只几个月便又被逐出的很平常。譬如有名的状元宰相文震孟,他于崇祯八年七月间入阁,但还没有半年便已"落职闲住"了。还有程国祥和方逢年,他们也都是入阁才只有几个月便被罢去的。在这些阁臣之中,任事最久的是温体仁,他是在崇祯三年(1630)六月入阁的,到崇祯十年(1637)六月他致仕,在阁中任事共有7年,只这么短短的一点时间,若和前朝的阁臣杨士奇、杨荣、商辂等人比起来,简直是微不足道,但在崇祯这一朝,他却已是在阁中历时最久的人了。在阁年数仅次于温体仁的是周延儒,他入阁前后共有两次,前后合计,也还不满6年,但他已经是在阁任职次长的人了。

温体仁和周延儒之所以能久于任事,首先便在于他们都是为众论所不满的人。崇祯有这么个观念,他认为,凡是时被诸臣所攻讦的人,必然是无党的人,这便可以大用。温体仁极为奸佞取巧,他猜透了崇祯所以乐于用他,正由于他常为诸臣攻击之故,因而他放手贪婪,并不怕人奏论。他还常向崇祯表白,他因与诸臣不合,所以人们总是一致都来攻他。温体仁总在被人攻讦，确是事实，但崇祯是个以察察为明的人，到底他还是查明了，温体仁并非无党，他也有自己的门户，自称无党不过是欺人之谈而已。崇祯查明此事，对温体仁便不再信任，不久便任由他致仕而去。

周延儒在崇祯一朝那么多的阁臣中，倒是唯有的被崇祯稍觉钦佩的人。他是万历四十一年（1613）癸丑科的状元，而且会试时的会元也是他。连中两元，比只中个状元更令人欣羡，而且那时他又年轻，是个二十来岁的俊美漂亮的佳士，才高貌美，所以他才一得中状元便已经成了一个遐迩闻名的人了。崇祯在他即位为帝以前，曾被周延儒的声名所动。崇祯元年，大学士刘鸿训被罢时，即将会推阁臣，崇祯以为，周延儒的声望很高，一定会被廷臣推出来的。但他查看会推出来的名单，却只有成基命、钱谦益等11个人，内中并没有周延儒的名字。崇祯对于这个名单很是纳闷，他弄不明白，周延儒何以竟会落选。崇祯也想到了，周延儒也许是自视过高，落落寡合，所以诸臣才不愿意推他。这么想着，崇祯对于周延儒更增添了好感，他认为，他就是需要这种与众不同的人。却巧这时正好发生了一件事，会推中没有被推出来的温体仁为了泄愤，上疏攻击已被会推出来的钱谦益行为不端，受贿结党，难膺阁臣之选。崇祯得到温体仁的劲疏，正中下怀，借此便将已被推出的11人全部取消，决定不再在这些人里选择阁臣。到了崇祯二年三月，崇祯终于在文华殿里，单独地召见了周延儒，和他密谈了很久，直谈到深夜方休。他们谈了那么久，都谈了些什么，一时无人得知，但是，这种非比寻常的召见，却引起了很多人的震惊，特别是那些对周延儒深怀不满的人。这些人一哄而起，纷纷上疏奏论周延儒。最先上疏的是御史黄宗昌，他列举了周延儒曾有过的各种不良行为，认为单独召见这种人,对于君德实在没有什么好处。御史李长春没有说到周延儒有什么不好,他是着重于在文华殿单独召见一事,他认为那样做害多而利少,以后切不可以此为法。南京给事中钱允鲸在疏文中则说到,周延儒和名登逆案的冯铨,二人相交极厚,重用了他,将来怕会在暗中为逆党翻案。这些攻击周延儒的人,都是想一举便把他给打下去,但结果却适得其反,他们的这些攻击反而加深了崇祯对周延儒的好感,让他切实地感到,周延儒的确是个无党无援的人。有了这种印象,崇祯更决心要用周延儒了,所以就在崇祯二年十二月,竟以特旨命周延儒为礼部尚书兼东阁大学士,入预机务,成为当时最受崇祯看重的一位阁臣。崇祯对周延儒的倚信,在平日和岁首对他的尊礼上,也颇为与众不同。每当岁首,崇祯总要将周延儒请到殿内东向之处,自己向他作揖致敬,并且还说:"朕以天下听先生!"这种礼敬,对于别的阁臣是极少见的。周延儒最初入阁之时,正值满洲大举攻入,前锋人马已抵达德胜门一带,被他们占夺到的土地已有很多,地方有司和统兵官们,也在战斗中死了不少。阁臣钱龙锡、韩爌、李标等,也都是为此而被罢,或是致仕而去的。周延儒极善言辞,笔下也很能表达曲折委婉的微意,但对于兵事,则实在非其所长。不过,周延儒又颇能推寻事理,他觉得满洲之大举攻入,不过是为了掳取人力物资而已,以他们的所为而言,实无久驻之意。他是这么看的,也就向崇祯婉转说到逐退满洲并不算难,最迟在入秋前后,一定能把他们打退。果然,到了五月中旬,满洲人掠足了粮麦,便满载着所得退去了。这时,所有失地依次收复的奏报也接踵而来,真个依了周延儒的说法。崇祯初次感到周延儒料事精当,于心深有所感。他对周延儒之所以特别敬重,也都是由于周延儒常常会有这样的机智。然而,像周延儒这样,只是以语言警敏,料事巧合为能,而于实际谋略却很欠缺的人,早晚总会露出马脚来的,他第二次复出,便由于露出了真相,而送了自己的性命。周延儒被召复出,是在崇祯十四年(1641)。那时又正是个内外俱艰、非常紧急的时刻。崇祯把周延儒重又召回内阁,对他实在是抱有很大希望的,而周延儒对这次重任首辅,也很想一新观听,大大提高自己的形象。他上任伊始,便启用了不少极负时誉的人。他以郑三俊长吏部,刘宗周长都察院,范景文长工部……这些人都是起之于废籍,一时显得九卿尽称得人,翕然为中外所称道。但是虽然如此,却已无补于即将临近倾覆的国势。从内部而言,农民起义军自起义以来,已经有了十几年的经历,他们都极为壮大了。李自成、张献忠都已占据了不少地方,而且人马众多,已经有了俨若敌国之势了。在外,则满洲越见精强,已有正式进逼之势,特别是松山一战,在那里的明军几已全部覆没,经略洪承畴被擒后又投降了他们。巡抚丘民仰以下多人被杀,使满洲攻入中原的野心已经不可扼制。崇祯十五年,满洲兵又分道攻入,深入京畿之南,畿南的郡邑几乎全已失陷,形势极为险恶。到了崇祯十六年的四月间,周延儒看出,这一次满洲的攻入,仍是暂时的掠取,并无久占之意,于是他又自请出外督师,想要在满洲不久即将退去一事上,又为自己捞到一次虚名。他带领着属下的幕僚们领兵离京后,只走到通州便屯兵不进,每日除了不断派出人去打探满洲是否已有退兵的迹象以外,便是和他的幕客们饮酒作乐,并且时不时编些假的捷报,送到京中奏上,骗取崇祯的欢心。崇祯接到捷报倒也极为高兴,每次都要赐以玺书,大为褒奖。五月间,满洲果又退兵,周延儒志得意满,也就收兵回朝。他一回朝,便将属下的很多人选出,虚报事绩,要兵部予以议功。周延儒又清理出在他督师时所得到的敕谕等，上交朝廷，以示谨敬。崇祯也依以前的旧例，命周延儒把那些敕谕等都收回去藏贮，以识勋劳，同时还加封周延儒为太师，荫子一人为中书舍人，且赐以银币、蟒服等物。周延儒辞去了太师这一最高的宫衔，略为表示谦退，对于其他各项则都坦然接受了。不过，崇祯终究是个以察察为明的人，对于周延儒，虽然一向倚信，仍不免要多方考察。周延儒离朝去督师后，崇祯跟着便派出一些内监，还派了锦衣卫指挥骆养性，让他们在暗中把周延儒的各项作为都一一详报。周延儒回朝后不久，这些人也把他们的监视所得暗自奏上。崇祯把这些和周延儒所奏的军情加以核对，这才晓得，原来周延儒竟在愚弄着他。崇祯一向自以为是个明察秋毫的人，发现了被人愚弄，一时至为羞怒。他原想就此便将周延儒严惩，但转而又想到，自己对他的各种谎报都曾以玺书褒奖，闹了出去更显出自己多次受骗，脸上也自无光，不如且由廷议论罪，然后再寻别样罪名惩办他。这样盘算过以后，在周延儒被议自请戍边时，崇祯还降有温旨，予以抚慰，说"卿报国尽忱，终始勿替"，还赐给周延儒路费百金，并许他驰驿而归。崇祯特别夸大了自己对于周延儒的温厚，意在显出自己所以误用周延儒，完全出于过于爱才之意，因此才不禁轻信了他。在周延儒去后，崇祯又命人尽力清查历年来他所犯下的罪行，结果查出了周延儒长期以来有很多的赃私，还有他纵容属下为非作歹及勾结内侍等种种罪行。对于他的这些罪行，崇祯却是不怕声张的，于是立即大怒，不仅完全削去了周延儒的所有职衔，还派出缇骑，要他们尽快赶上，要把周延儒拿进京来问罪。周延儒被捉回京，自觉情况很为不妙，不但多方设法请人营救，而且自行上疏乞哀，极力恳求开恩。但是所有这些举动都无法动摇崇祯要除掉他的决心，终于还是谕令周延儒自裁，并且抄了他的家。

崇祯对待阁臣尚且如此冷酷,对于较次于阁臣的六部诸卿,其贬谪弃斥就更轻易了。即以刑部为例,在他在位期间,主管部务的尚书,先后就换了17个人,平均起来,每人的任职时间,勉强算是一年还有些不足。崇祯这样苛待和轻视诸臣,有些智能之士,不是被斥,便是自行引退,留下来的,很多都是巧于规避的人,敢于任事的人已经越来越少了。而且,留下来的人即便都还敢于任事,但他频繁调换,纵有能人,在短短的任期中,又能干出点儿什么来呢?

崇祯是深知魏忠贤一伙为害之大的,依理而言,他对于宦官任事应存有戒心,不再蹈前朝的覆辙才是。但实际上却又不然,他很快便又走上了历朝的老路,觉得与其倚信外臣,毋宁倚信宦官。在他初即位时,这种做法还不显见,到了"钦定逆案"颁布以后,便有点儿显出来了。到了崇祯三年,由于兵败饷绌,他便已开始指责诸臣不能实心任事,渐渐出现了常与随侍在身边的内监论及政事的情况,并在崇祯四年(1631)又恢复了派遣内监到军中去做监军的办法。那时派出的监军,最着重的是,钦派王应朝等内监到关、宁一带的驻军里去做监军,内监王坤则到宣府驻军中去做监军,其他还有刘文忠到大同,刘允中到山西等。

在宦官中,最为崇祯宠信的则是掌管司礼监的太监张彝宪。崇祯因为他精于筹算,便命他钩校户、工两部的出入,还为此而为他特立了官署,称之为"户工总理",实际上已经把户、工两部全置于张彝宪的管理之下了。他的这种做法,叫人感到宦官用事的苗头又将出现,因此给事中宋可久、冯元飙等十多个人都纷纷上疏切谏,吏部尚书闵洪学也为此事率领群臣联名力争。他们都说应防微杜渐，宦官擅权不宜再有。崇祯对这些谏疏显得很不在意，反而责怪群臣，说这是由于诸臣不能实心任事造成的结果。他说，"诸臣若实心任事，朕亦何需此辈。"[1]张彝宪受到崇祯这样的宠任，竟公然按行户、工两部，位居于尚书之上，还命部中诸司，凡属郎中以下，都要依属吏谒上之礼，前来谒见。工部侍郎高弘图不肯忍受这样的欺压，抗疏乞归，结果竟受到了削籍的处分。张彝宪恃宠横行，后来更大作威福，把权力伸张到很多不归他管的部门里去。勒索未遂，张彝宪竟故意勒掯边境镇军的军器，不让其及时地如数发出。管盔甲的主事孙肇兴因恐有误边事，为此曾具疏劾奏张彝宪，但结果却因此得罪，受到了遣戍的处分。与孙肇兴事件相类的还有多起，主事金铉、周镳等也都是因为疏劾张彝宪反而被斥的。更有甚者，工部尚书周士朴之去职，也是因为每每与张彝宪议论不合所导致的结果。宫中的内监，在钦定逆案正在进行时，气焰着实低落了一阵，到张彝宪用事之初，已见活跃起来，后来张彝宪大为走红，内监们又都显得有些不可一世了。张彝宪的势力后来已深入内阁。周延儒之初次去阁，张彝宪在这件事上便起了不小的作用。温体仁在挤走周延儒的事件中和张彝宪有勾结，他为人又以柔媚见长，所以在他们的交往中没有吃什么大亏，但时不时吃张彝宪苦头的情况确实也不少。当时的左副都御史王志道曾在所上的一篇疏中论到这种情况，他说："近者内臣举动，几于手握皇纲，而辅臣终不敢一问。至于身被弹击，犹忍辱不言。何以副明主之知？"他在

---

[1] 《崇祯朝纪事》卷二记有此事。上曰："诸臣公疏，遣用内臣，太祖明训，朕岂不知。只成祖以来，也有用的。皆出一时权宜，其天启年用的，朕且撤回，岂如今反用？朕何尝不信文武诸臣，年来做事不堪，万不得已，权宜用他，若诸臣肯实心任事，要撤也不难。"

疏中既明论宦官，又暗责周延儒，说得很是尖锐。但是那时的崇祯已经决意任用内臣，所以王志道也因上疏得罪，被削籍而去。张彝宪死后，继之而起，颇为用事的，又有曹化淳、高起潜、李国辅、吕直、许进忠、方正化、高时明、陈大金、孙惟武、阎思印等多人。这些人或是掌管司礼监，或是到各地去做监军，还有些则是被派出去直接率领军队驻守关隘。在这些人里，高起潜特别以知兵见称于崇祯，因而他曾被派往很多地方去做监军。所有这些作为监军的太监，对于军队，都没有起到什么好作用，他们大都是胡乱指挥，克扣军饷，临阵则常是未败而先逃，以至于引起了全军的溃败。高起潜就更是如此，他几乎到一处便搞乱一处，造成了很多统兵官的败亡。崇祯十七年（1644），李自成领军来攻北京，首先开门献城的，竟是为崇祯所亲信、特意命来领兵守城的宦官。后来清兵入关，特别为崇祯倚信、常呼之为"大伴"的曹化淳，又联合着高起潜，领头先投降了清朝。

粉碎了魏忠贤一伙，又定出了逆案，这时崇祯所亟须应付的便是内忧和外患两件事。明代自建国以来，四方边境便不断发生战争。在明初大致都是以攻为守，常以防御性的征讨震慑外敌，使之不敢入侵。土木之变以后，主要的边患来自北方，战争的形势已变为防堵外敌的侵入了。到了万历末年，主要的外患又已变为来自东北的满洲了。崇祯的外患来自东方，内忧则起于西隅。明代自永乐十八年（1420）唐赛儿在山东率众起义以来，由于剥削日重，农民起义不断发生，但是规模都不大，一般都是旋起旋灭，说不上是内忧。天启之末，陕西大饥，已经出现了一些小小骚动，延续到崇祯元年（1628），便发生了由延绥缺饷而引起的固原兵变，终于闹到劫夺州库的事态。那时各处郡县都正闹着饥荒，处处都有饥民群聚。从固原兵变开始，很多州县都发生了抢劫粮库的事件。当时已经形成了农民起义的势头的，便有白水王二，府谷王嘉胤，宜川王左挂、飞山虎、大红狼等数起。另外，李自成的舅舅高迎祥、饥民王大梁等，也同时聚众而起。王大梁自称大梁王，高迎祥则自号闯王。那时的李自成已经投入了高迎祥的部众中，做了一名头目。

面对着内外交逼的情势，崇祯从一开始便决定了要以先内而后外的办法来应付它。对内他是尽力调兵围剿，想尽快把农民起义军彻底剿灭；对外他则是以抗击与谈和并用，而且更想尽快达成和议，以便腾出手来，一意剿灭农民起义军。崇祯所以这么决定，是仔细盘算过的，他觉得如今的农民起义虽然远比以前各朝为多，但还是易于扑灭的，只要把外患暂时排开，很快便能把国内的乌合之众剿平，那时他也就有足够的力量来对外了。崇祯的这种想法，初看好像很有道理，但他却忘了今昔有所不同，所以想得虽好，却终难成功。在他以前的历朝，农民起义之所以易于剿灭，是由于那时的灾区不多，濒临死境的饥民为数还不太多，一经挫败，再想集聚便很困难。而在他即位后，则是到处灾荒，饥民遍地，起义军受到挫折，可以流向别处，而且在所经之处只要登高一呼，便会有无数饥民齐来投奔。起义军有这种有利的条件，所以越剿越多，崇祯所定下的先内后外的政策永远只能停在对内的阶段上。

陕西的局势最先引起了崇祯的注意：饥民闹事竟引起了饥兵的响应，三边总督武之望发兵剿办，而他自己竟死在这剿办之中。这事引起明廷的注意，立以左副都御史杨鹤为兵部左侍郎、三边总督，让他去接替武之望，尽力做好清剿事宜。杨鹤并没有什么特出的才具，只不过是个很平庸的官员，他所用的办法也还是那老一套，剿抚并用，并且以抚为主而已。杨鹤才来到陕西时，干得似乎还好，不久便有流民头领神一魁、拓先龄、金翅鹏、过天星等人来受了招抚，形势倒像很是不错。其实，神一魁等并非真心就抚，不过是权且找个休整的机会而已。他们休整已毕，人也增添了不少，便又重新大干起来。杨鹤剿抚全都无效，经人疏劾，便被以主抚误国的罪名投入狱中，最后则被遣戍到袁州。他在袁州戍所住了几年，到崇祯八年（1635）冬，便死在那里了。

接替杨鹤来办这事的是延绥巡抚陈奇瑜，他干得要比杨鹤出色，他曾把流民的各路人马，包括李自成和张献忠的部属，都诱入了进易出难的车厢峡里面，把他们在那里围困了多日。流民被困在那里，由于山口已被堵塞，无所得食，又赶上了大雨兼旬，弓矢尽脱，马死过半，已临近于全军覆没之险，最后，李自成等采纳了顾君恩的计谋，派出人去向陈奇瑜及其左右行贿，献出了他们所带的很多珍宝，并且诈称愿降。陈奇瑜等为他们的财宝所动，最后答应把他们都遣送回籍。陈奇瑜先后遣送了三万六千余人，以每一百人为一组，由一名安抚官予以押护，要把他们送回乡去务农。但是这些人所以自称愿降，不过是想脱出车厢峡，一出栈道，哪里还肯受人约束，各组几乎都是走出不远便把安抚官杀了，又各个自行其是起来。陈奇瑜干出这样的事，如何瞒得过人们的耳目，早有很多人纷纷加以劾奏，明廷也要查办他。陈奇瑜至此无奈，只有拿出他所得的许多珠宝，尽力上下打点，想设法混过关去。当时倒是让他混过了，但到了崇祯九年（1636），他终于无法摆脱，还是得了个戍边的处分。其实，以崇祯的严办失利将官而言，陈奇瑜早就该被处决了，他之可以逃脱性命，还是他的那些珠宝起了作用，有不少人替他开脱，才得免于身首异处。

崇祯的猜狠残酷，在当时和以后都是很有名的。他对待大臣，特别是对待将帅,已经是残暴到出了格,他们领军作战,常常是稍有所失便难逃一死。崇祯不但刚愎自用,而且认为那些将帅都远不及他,他还总想杀一儆百,用以树威。他在位虽然只有十几年,但各地的总督得罪被杀的,就有袁崇焕、杨一鹏、刘策、熊文灿、郑崇俭、赵光抃、范志完7人。总督以下,各地的巡抚被杀的更多,算来共有蓟州巡抚王应豸、山西巡抚耿如杞、宣府巡抚李养冲、登莱巡抚孙元化、大同巡抚张翼明、顺天巡抚陈祖苞、保定巡抚张其平、山东巡抚颜继祖、四川巡抚邵捷春、永平巡抚马成名、顺天巡抚潘永图11人。另外,河南巡抚李仙风是自己看到势将不免,便自杀了的,还没有把他算在数内。在这些人里,蓟辽总督袁崇焕最是个人才,他出镇蓟辽,协调四镇,联系远达登莱天津一带,使满洲攻入极感困难,继努尔哈赤为帝的清太宗皇太极,一心想把袁崇焕除掉,是他巧施反间计,使崇祯坠入他的术中,才把袁崇焕杀了的。杨一鹏是漕运总督,张献忠将要进入安徽时,兵部尚书张凤翼曾想让杨一鹏移镇凤阳,而阁臣温体仁却不同意,后来皇陵失守,遭到毁破,崇祯极其惊痛,忙素服避殿,亲往太庙致祭。他认为失陷皇陵,杨一鹏责无旁贷,于是把杨一鹏逮入京中杀了。在杀这些人的事件里,株连人数最多的一次,是崇祯十二年(1639),满洲攻入,深入山东境内的那一次。在那一次,崇祯杀了山东巡抚颜继祖,总兵官倪宠、祖宽和内臣邓希诏、孙茂霖等33人。[①]总督熊文灿之被戮,是由于他先后招降了张献忠、罗汝才、马进忠、李万庆(射塌天)等人,而这些人并非真心降顺,不过是想找个休兵整顿

[①] 这个人数是据《明史》卷24,《明实录》则作32人,而《明史》卷259则作36人。

的机会而已。他们休整够了,便又各自拉起他们的人马来,干自己的事去了。朝廷觉得熊文灿贻误军机,所以把他逮入京中,问成死罪,把他杀了。所有这些人的被杀,当然不免也要有些罪过,但罪应问死的其实并不多,主要还是由于崇祯的躁急和骄矜。崇祯急于事功,又自视过高,并且极为多疑,他所用的人,不是触犯了什么忌讳,便是什么事没能让他满意,结果便因而丧命。崇祯对于被派到外面去作战的将帅,总疑心他们不是怯懦畏战,便是欺蒙报功,因此对于他们无不实行遥控,出击、作战都要听从他的。很多主帅都是因为筹备未足,战机未至,但因崇祯不断派人前来促战,不敢过于违抗,轻率进军,不是战败获罪,便是兵溃身亡。洪承畴的松山一战竟至全军覆没,也是由于崇祯不断派人前来催他出征,他不敢违抗,军力未足,调动未妥,便不得不勉强出师,终难逃脱全军败溃的结果。

因为急于事功,崇祯在筹集军费这一方面也是不顾一切地拼命蛮干。早在万历末年,由于满洲攻入,连年作战,导致国库空虚,军费亟须,朝廷只有在田赋上来打主意,那时便曾增赋加了年赋五百二十万两,称为"辽饷"。崇祯才即位时,又因军费不足,把"辽饷"增加了一百四十万两,每年共征六百六十万两。但是军务不息,军费依然不足,崇祯不顾人民死活,仍旧拼命增赋。他前后又以"剿饷""练饷"等名目把田赋增加了一千六百七十万两,给人民加上了重担。有人说,崇祯拼命增赋,无疑是"为渊驱鱼,为丛驱雀",使多少无以为生的人,更多地投向农民军,加速了大明的灭亡。

剿饷和练饷,都是当时的兵部尚书杨嗣昌替崇祯策划着干的。这个杨嗣昌,就是那个因为剿抚两失而被谪戍到袁州,并死在那里的杨鹤的儿子。杨嗣昌很不同于杨鹤,他不但在才干上远优于乃父,而且博涉文籍,多识先朝故事,口才和文笔也颇多过人之处。以罪行而论,杨鹤的罪在崇祯时本应处死,他之得以免死戍边,还该说是得力于他的儿子杨嗣昌。在他被逮进京之时,杨嗣昌连上三疏,请代父死,他才得到了减免。崇祯七年(1634)杨嗣昌被擢任为宣大山西总督,由于杨鹤便是在任此职时而得罪的,所以杨嗣昌便上疏请辞,他说:"臣父鹤以总督蒙谴已三年,臣何心复居此职。"他这么说,原本是想,或者杨鹤可以得到宽宥,但崇祯只是下诏勉励了杨嗣昌一番,对于杨鹤还是没有理会。此后杨嗣昌又曾多次上疏论及边事,崇祯对他的才识很为赏识,崇祯九年,兵部尚书张凤翼去世,崇祯认为,本兵一职只有杨嗣昌才最合适,别人谁也顶不了他。但是由于杨鹤在袁州去世,杨嗣昌正好丁忧在家,不能任事。他在家里奉到诏命,曾连上三疏请辞。然而崇祯认定了本兵一职非他不可,执意不许,最后终于用夺情的办法,还是把杨嗣昌召回朝来,让他当了兵部尚书。

在本兵任上,杨嗣昌表现得与张凤翼大不相同,张凤翼做兵部尚书已有多年,只不过是相机办事而已,政绩平平常常,无功也无过。杨嗣昌却是放目全局,不断筹算,有时竟管到兵部以外一些事上去了。崇祯对杨嗣昌的这种做法大为称赏,曾多次向他表示:"恨用卿晚!"由于君臣相得,杨嗣昌后来竟参与上了崇祯一直在暗中进行着的与满洲谈和的事情,以至成了谈和中的主要人物。杨嗣昌非常明白,崇祯实在极想与满州媾和,但却又很怕被外面知道,而且特别怕听这个"和"字,说起这件事来,只以"就抚"作为议和的代称。杨嗣昌善体君心,把这件事干得极其隐秘,崇祯对他就更为倚重了。以杨嗣昌的所作所为而论,在他还没有入阁时,实际上已经被看得重于阁臣，到了崇祯十一年（1638），杨嗣昌与程国祥、方逢年、蔡国用、范复粹5个人，同样以礼部尚书兼东阁大学士入预机务后，他在阁臣的名次上，虽说还只是列在三四名的样子，但在实际上，当时的首辅更无法和他相比了。依例，任职各部的人在入阁后便不再兼管部务，但崇祯却特别诏示，杨嗣昌虽已入阁，兵部的事仍旧由杨嗣昌兼管。所以如此，一则是因为在军务上他是个熟手，有很多计划都是他手订的，换了别人，一时难以妥帖。其次是与满洲议和的事，和杨嗣昌一同参与着的，都是他在兵部中的一些属员，他离了兵部，办起事来就不够机密和方便了。

崇祯十三年（1640），已经被总督湖广四川一带军务的熊文灿招抚并且安置到谷城一带驻扎的张献忠，忽然又举起反旗，把队伍拉出谷城，又自由行动起来了。跟着，和张献忠同时就抚的罗汝才等九营也应和张献忠，举起了反旗。一时，稍见平寂的农民起义军，声势重又大振。这件事对于熊文灿很是不利，抚而又叛，会给他招来杀身之祸。不仅如此，由于熊文灿去总督军务，乃是由杨嗣昌举荐，他坏了事，杨嗣昌也难于逃脱干连。果然，那时便有人不断论奏，说熊文灿和杨嗣昌的关系并非一般，杨嗣昌不但保荐了他，而且在他招抚张献忠、罗汝才等人时，论奏者很多，也是杨嗣昌一力为他所举的人辩护，把不容招抚的议论硬给压了下来，才使抚局得成的。如今抚而复叛，熊文灿自然罪有应得，杨嗣昌也难辞其咎。当时不但朝论纷纷，而且川、鄂之间也顿时大乱，情势极为紧急。那时杨嗣昌被攻击得走投无路，他反复思虑，认为只有自请前往川、鄂一带督师剿叛，对他的攻击才能平静下来。寻思已定，他便上疏，自请往川、鄂一带督师平叛，借以补举荐非人之过，并以仰报圣恩。崇祯素常看重杨嗣昌，见他自请出外督师，觉得扫平流寇大有希望，便降下特旨，命杨嗣昌以阁臣出外督师，可称为"阁帅"，又特别赐给杨嗣昌尚方宝剑一柄，命他可以便宜行事，自行诛赏。临行之时，崇祯还特为其设宴饯行，亲自敬了御酒三杯，还赋诗一首，以增行色。所有这些，都是前所未有的殊礼，即此也可见崇祯对杨嗣昌此行所抱的希望之大。

杨嗣昌出征之初，搞得还不坏，他连日星驰，很快赶到襄阳，并在那里设帐指挥。那时李自成正在陕右一带休整人马，没有什么活动，所以杨嗣昌可以一意来对付张献忠。他接连打了几次胜仗，打得张献忠又复向他求抚。杨嗣昌知道张献忠求抚又是他的缓兵之计，径自告诉他说，不许他就抚，只许他来投降。杨嗣昌乘胜用兵，又连连得胜，不但歼灭了扫地王曹威等，还打垮了托天王常国安、十反王杨友贤、金翅鹏刘希原等人，他们先后都归降了杨嗣昌。坚持着不肯来降的只有张献忠，他又连打了几次败仗，只好率众进入了四川。杨嗣昌认为，只要平定了张献忠，川、鄂一带便可以说已平定，可以到陕西一带去打李自成了，因而穷追不舍，也驱兵入川。入川后，杨嗣昌的部将左良玉在玛瑙山一带又打了个很大的胜仗，斩首至三千六百有余，另外坠岩落谷而死的还有很多。但是张献忠虽经此败，却仍不肯降。他率领的都是些跟着他长期奔走，惯于跋山涉水的人。他们进了山林，奔走极为自如，牵引着杨嗣昌的人马，在山里绕开了圈子，把官军拖得疲惫不堪。而张献忠部却仍是从容自在，并且在山里不断收集了很多以前被打散的，以及别家被打散的队伍，倒使自己壮大起来。绕来绕去，张献忠最后竟甩掉了在后面追他的人马，又回向湖北。在回鄂途中，张献忠凑巧又擒杀了杨嗣昌派往襄阳的军使，得到了杨嗣昌的军符，于是以督师调兵为名，赚开了城门，使襄阳竟自不攻而下。

张献忠得到了襄阳，最先便是将袭封襄王的朱翊铭捉获。因为他知道，当时的军律里有"失陷藩王者死"这么一条，所以在把襄王捉获后，便请他赴宴，并向他敬酒道："你虽无罪，不过我想用你的头来换杨嗣昌的头，所以这是你最后的一席酒了。"襄王被杀的消息，杨嗣昌是在到达夷陵时才得知的，他出来督师已有两年，这两年中，他虽然不断受到崇祯的褒奖，但在入川以后，因为部下诸将厌于穷追，已是日久无功，崇祯对他的恩礼已经越来越差了，在这种不利的情势里，又碰上了失陷襄阳、襄王被杀等事，他料想着，一向待人刻薄寡恩的崇祯，对待他也绝不会有什么两样，大概他离着被逮入京，问罪正法的时候已经不远了。正在这时，他又得到了李自成攻入洛阳，福王朱常洵也被杀死的消息。这位福王，乃崇祯的亲叔父，当今天子的长亲，在分量上又比襄王吃重得多了。杨嗣昌思前想后，他觉得，襄王以后又继以福王，可以说已经是绝无生路了。他于是先向崇祯告了病，然后便在军中静卧，绝食而死。因为他在死前就告了病，所以军中的奏报也就说他是病故，没有提到别的。

在杨嗣昌离京督师以后，继之而为兵部尚书的是傅宗龙，他是云南昆明人，万历三十八年（1610）庚戌科的进士。傅宗龙为人憨直，他才一得任本兵，便向崇祯谈起民穷财尽、国势艰危的种种情况。最初，崇祯倒还听得下去，但是他的话题好像不多，每次见了，说的总是这些，一而再、再而三，说得多了，倒让崇祯讨厌起来，后来竟说傅宗龙"所言卑卑，皆他人唾余"，很不耐烦地把他从本兵上换了下来。

接替傅宗龙来掌本兵的是陈新甲，他这个人并不是进士出身，仅仅在乡试中了举，便开始入仕了。明代最重甲科，举人出身则被称为乙科。历来是甲科为人所重,乙科则为人所轻,因为多年相沿,已成惯例,入阁必须是甲科出身才可,乙科出身的人,不但无由入阁,就是做到六部尚书或是侍郎的人,也极罕见。陈新甲能做到兵部尚书,实在是很不容易的。他所以能够如此,一是他本人确实很有才干,二是他很为杨嗣昌所赏识,杨在将去督师之时,便曾向崇祯推荐过他,说陈新甲是个人才,将来可以让他来管本兵。除此以外,还有个很重要的原因,那就是年来多故,这兵部尚书一职被人视为畏途,没有人来争夺,这便成了陈新甲得任兵部尚书的一个更重要的条件。陈新甲还和杨嗣昌有些相像,他也是一个有口才、工笔札的人,他入居兵部后,又成了一个言必被采,事必得从的人。后来他便接替了杨嗣昌,把杨代替崇祯暗中和满洲议和的工作也接下来了。办上了这件事,他和崇祯的关系便又近了一层,彼此间都有了不少不愿为外人所知的事情,崇祯不断为议和的事有手诏给他,为了怕泄密,每次都要再三叮嘱,千万不可外泄。然而事难久秘,这件事拖得太久了,外边已经颇有些耳闻,而且有人在猜测着了,后来又出了个意外的岔子,竟一下子便传开了。原来,那时有个被派到关外进行和议的职方郎中马绍愉,从关外才一回来,便向陈新甲密报所进行的各事的情况,陈新甲看过了他的密报,随手向几案上一放,便又忙着办别的事情去了。他的家童看到了几案上的密报,却误以为那乃是塘报一类的东西,怕延迟有误,便忙着把它传了出去。这一来,秘事全泄,言路一时大哗,给事中方士亮等纷纷上疏奏论。崇祯觉得这件事对于他的名声影响太大,必须想个办法遮掩过去。他先降下一道严旨,命陈新甲速行自陈。其实崇祯原是想用一种"雷声大,雨点小"的办法来掩饰的,只要陈新甲能随便扯上一通,把这事胡乱遮掩过去,也就行了。不想陈新甲并没能领会到崇祯的这些深意，不但不设法掩饰，反而自诩其功，把事情全挑开了，已经再难掖藏。他的这种做法惹得崇祯极为愤怒，又加上言官们疏论不已，大肆攻击，闹得崇祯更是冒火。最后，崇祯为了洗刷自己，只好把陈新甲投入狱中，要把一切都推在他的身上。陈新甲入狱后才感到事情不妙，但他却猜不到是崇祯要用他的人头来洗刷自己。他不住地上下打点，极力想保住自己的性命。他的关节，已经通到了首辅周延儒、阁臣陈演等那里，他们都竭力救他，说依律，敌兵未薄京城，不杀大司马。大司马一向是兵部尚书的尊称，总是在事关重大时才用这种称呼，周、陈二人用这个称呼来称陈新甲，也是来向崇祯显示陈新甲的身威之重，非同小可。然而崇祯却不为所动，他历数自陈新甲接管本兵以来，散居各地的藩王，先后已有七人因城陷而被杀了。他转问他们，这些事"不甚于薄城耶"？陈新甲终于在崇祯十五年（1642）八月被问了斩刑，这时离着明朝的灭亡已经很近，只有一年半的光景了。

在这临近灭亡的一年多的时间里，形势的变化很快，农民起义军的张献忠和李自成，尤其是李自成，发展得很迅速，他们所占有的地方不断扩展，到了崇祯十七年（1644）正月，李自成已经在西安称王，国号"大顺"，改元为"永昌"，连他的名字也改为李自晟了。李自成在建国后，进展得更快，他的征旗所至，几乎都是兵不血刃，地方官早已开城迎降了。那年三月里，李自成攻抵北京，京营的守兵和监守的宦官也是等他一到，便开城出降了。所以李自成进入北京也很迅速，几乎也是兵不血刃。那时崇祯自知大势已去，就在内城将陷的头一天，他先逼着周皇后和袁贵妃自尽。他眼望着周皇后自缢身亡，又挥剑砍伤了投缳自尽尚未气绝的袁贵妃。三月十九日，内城已破，崇祯带着司礼监的秉笔太监王承恩，来到宫中最高处的煤山,瞭望城中的纷乱状况,就在喊杀声渐近时,他自缢于煤山的一棵树上,王承恩也在另一棵树上,陪同他自缢而死。据说,崇祯死前,还在他的袍襟上写了这么几句:"朕凉德藐躬,上干天咎,然皆诸臣误朕。朕死无面目见祖宗。自去冠冕,以发覆面。任贼分裂,无伤百姓一人。"①他在崇祯末年习惯说"君非亡国之君,臣皆误国之臣"一类的话,临死还这么写下,可见他至死还是这么想着的,真可以说是"至死不悟"。

然而崇祯之所以至死不悟,也有他的道理,因为他除了猜狠刻薄,果于杀戮这两点和所有的亡国之君有共同处外,其他的亡国恶德他都并不具有。不但没有什么另外的恶德,他还勤勤恳恳,宵衣旰食,昼夜忙于国事,是个看上去极为勤苦的皇帝。他就是为了这些,所以才常有"君非亡国之君"的叹息。但是,他承受下来的便是一个注定了要灭亡的烂摊子,以他的一些做法而言,还是在亡国之路上又迈了一步,算不得是完全无辜的。《明史》便有多处说到了这一点。譬如,在《流贼》前面,便有一段说:"庄烈之继统也,臣僚之党局已成,草野之物力已耗,国家之法令已坏,边疆之抢攘已甚。庄烈虽锐意更始,治核名实,而人才之贤否,议论之是

---

① 这几句是《明史》所载。《明实录》则作:"朕自登极十七年,内地三陷,逆贼直逼京师。虽朕薄德匪躬,上干天咎,然皆诸臣之误朕也。朕死,无面目见祖宗于地下,故自去冠冕,以发覆面,任贼分裂,无伤百姓。"文较《明史》略繁。在《明史》《明实录》以外,记有崇祯此语的书还有不少。如冯梦龙的《甲申纪闻》、邹漪的《明季遗闻》,所载语句大致都与《明实录》相近。而陈济生的《再生纪略》和韦道人的《燕都识余》,则都多有"勿坏陵寝"一语。《烈皇小识》卷八亦载有此事,文句但为"因失江山,无面目见祖宗于天上,不敢终于正寝"而已,并无"诸臣误朕,勿伤百姓"等语。《甲申传信录》所记亦同。说者有谓,二书所记简短,更为可信。

非，政事之得失，军机之成败，未能灼见于中，不摇于外也。且性多疑而任察，好刚而尚气。任察则苛刻寡恩，尚气则急遽失措。当夫群盗满山，四方鼎沸，而委政柄者非庸即佞，剿抚两端，茫无成算。内外大臣救过不给，人怀规利自全之心。言语戆直，切中事弊者，率皆摧折以去。其所任为阃帅者，事权中制，功过莫偿。败一方即戮一将，隳一城即杀一吏，赏罚太明而至于不能罚，制驭过严而至于不能制。加以天灾流行，饥馑洊臻，政繁赋重，外讧内叛。譬一人之身，元气羸然，疽毒并发，厥症固已甚危，而医则良否错进，剂则寒热互投，病入膏肓，而无可救，不亡何待哉。是故明之亡，亡于流贼；而其致亡之本，不在于流贼也。呜呼！庄烈非亡国之君，而当亡国之运，又乏救亡之术，徒见其焦劳瞀乱，孑立于上十有七年，而帷幄不闻良、平之谋，行间未睹李、郭之将，卒致宗社颠覆，徒以身殉。悲夫！"此论未必尽是，但所举出的情况却还切合，内中所说的一些话，如"内外大臣救过不给，人怀规利自全之心"及"赏罚太明而至于不能罚，制驭过严而至于不能制"等，说得实在也很切至。在《明史》另一篇之末也说到这一点，说崇祯是"临朝浩叹，慨然思得非常之材，而用匪其人，益以偾事。乃复信任宦官，布列要地，举措失当，制置乖方……"这段话也正说着了崇祯一朝的实弊。

李自成攻入北京，崇祯在煤山自缢，后来人们便以此时作为明朝的灭亡。这是由于统一的大明帝国至此确实是不存在了，后来在南方各地残存着的一些南明政权，不是为时很短、很快就覆灭了的偏处一隅的政权，就是一些连偏安也说不上的流亡政府，实际上已是一种支离破碎的延续了。另外还有，清入关是和李自成入京紧接着的，清世祖的顺治元年，也就是崇祯十七年，人们为了便于计算,把明代还在继续着的两个多月都摒去不计,径直就把那一年称为顺治元年,把很多不与明廷直接有关的事,也都算成顺治元年的事了。

在崇祯以后,继之而在南京建朝立号的是福王朱常洵的儿子朱由崧,他是在崇祯十四年(1641)正月李自成攻入洛阳时逃出来的,后来在淮安安顿下来。凤阳总督马士英,为了争夺拥立功,在崇祯十七年五月,把朱由崧从淮安迎入南京,让他登上了尊位,暂称为监国。朱由崧和他的父亲福王朱常洵差不多,都昏庸闇弱,却又耽于酒色,偏安江左,形势危殆,他却茫无所知,成为监国便以为可以安享富贵,终日只是征歌选舞,纵情淫乐,所以他被拥立了才只有一年多,便已国破被俘,由清军把他解往北京去了。

紧接在弘光之后所成立的南明政权,还有在福州一带、由苏观生和郑芝龙等拥立的唐王朱聿键。他也没有称帝,仍只称监国。同时,在浙江一带,张国维、朱大典、钱肃乐、张煌言等人还拥立了鲁王。他们也都是只称为监国。唐王朱聿键的年号称隆武,他在顺治三年(1646)便已兵败被俘,在福州被杀害了。朱聿键死后,苏观生等又拥立了他的弟弟朱聿𨮁,年号则改为绍武。但朱聿𨮁支持的时光也很短,不久,他也败亡了。

顺治三年,张国维、张煌言等人所立的鲁王在浙江也失败了,但他们却立国到海上,在那里一直支撑到顺治十三年(1656),鲁王又去了监国之号,与郑成功合作,共同抗清。

在这些以外,顺治三年,还有一支在肇庆由丁魁楚和瞿式耜所立的永明王朱由榔,他们还定出了年号,称为永历。这永明王是南明所有的诸王中,历时最久的一个,后来他与李自成及张献忠的余部都曾联合起来,一致抗清。永明王辗转在南疆各省,最后退据至滇南一带，他最后兵败，逃到了缅甸，是吴三桂力迫缅人将他献出，最后被杀死在昆明的。永明王是南明诸王中延续得最久的一个，他死了以后，南明也可以说是灭亡了。

李自成在崇祯十七年攻破北京后，没有在北京久留，就又领军北上，去征讨不肯归降、却去投顺了清军的山海关总兵吴三桂。后两军在山海关前交战。最初，向他迎战的只有吴三桂的所部诸军，两军相交，李自成军显得兵力较强。战斗方酣之时，满洲的马队突然从吴三桂的阵右侧冲了出来，一时万马奔腾，矢飞如雨，李自成军遭到这种突袭，不觉大败，全军没有再战，一路急急奔回了北京。不久，李自成匆匆忙忙地在武英殿登上了帝位，然后即于次日率众西行，想要退守西安。在退往定县的时候，他们又与紧追不舍的吴三桂军和清军接战，结果又打败了，在后面断后的将军谷可成也战死了。

回到西安，李自成见军势稍定，便又向汉中和保宁等地进军。顺治二年，清军攻破了潼关，李自成的潼关守将马世耀又在那里战死了。潼关失守，李自成遂弃了西安，从龙驹寨走武冈，入襄阳而至武昌。一路之上，李自成率所部与追兵有很多接触，但结果常很不利。退到湖北九宫山时，李自成因出外察看情势，和大队失散了，只带有二十余骑，在山里活动。那时他们突然遇到了在那一带筑寨自保的地主武装，一战之后，李自成竟为这些人所杀。

李自成死后，在他的部众中，战死和被擒的又有刘宗敏、左光先、宋献策等人，牛金星和宋企郊等人则分别逃走了。但是，李自成的所部，留下来的还有三十万人左右，由他的侄儿李过带领着。李过后来改名为李锦，已经开始与南明联合抗清。唐王在福建立国时，李锦已经归降了他，唐王特将李锦赐名为李赤心，还将李自成的夫人高氏封为忠义夫人，请她也协同抗清。在唐王败亡之后，李赤心又曾协助过永明王，被封为兴国侯，之后不久，他便死了。

张献忠是崇祯十七年才在四川称王的。他的国号称为"大西"，年号则称"大顺"。他一直都在川、鄂一带活动，顺治三年（1646），清军入川，张献忠在与清军作战时，中箭败走，为追军所杀。张献忠死后，他的部众分别由孙可望和李定国二人率领，在云、贵一带活动。他们都与永明王联合着抵抗过清军，其中尤以李定国最为忠勇尽力。李定国保着永明王一直转战到滇西一带地方，在永明王逃入缅甸以后，他们才分了手。后来永明王在昆明遇害，李定国也怀恨而死。

永明王、李赤心、李定国等都是在康熙初年才死的，直到那时，清廷才稳定了它的统治地位。

附表　明朝君主世系图

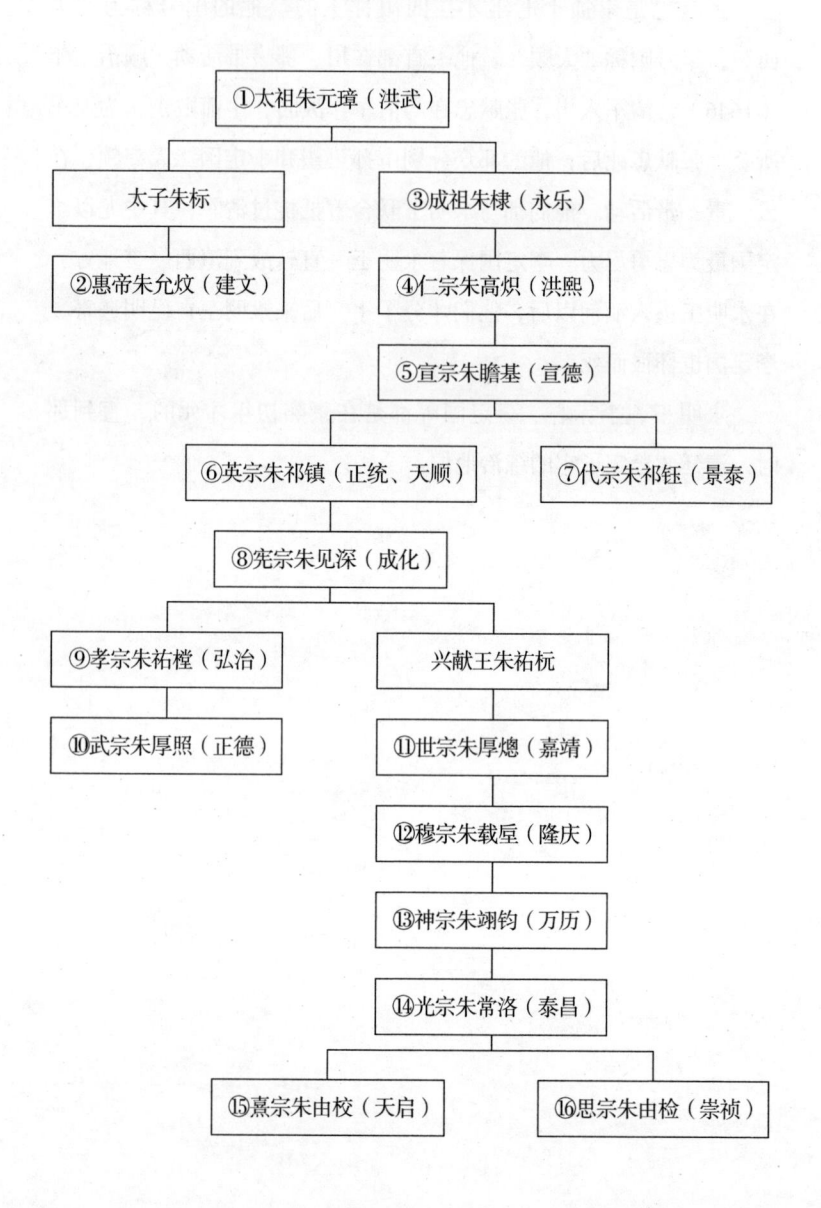

```
①太祖朱元璋（洪武）
├── 太子朱标
│   └── ②惠帝朱允炆（建文）
└── ③成祖朱棣（永乐）
    └── ④仁宗朱高炽（洪熙）
        └── ⑤宣宗朱瞻基（宣德）
            ├── ⑥英宗朱祁镇（正统、天顺）
            │   └── ⑧宪宗朱见深（成化）
            │       ├── ⑨孝宗朱祐樘（弘治）
            │       │   └── ⑩武宗朱厚照（正德）
            │       └── 兴献王朱祐杬
            │           └── ⑪世宗朱厚熜（嘉靖）
            │               └── ⑫穆宗朱载垕（隆庆）
            │                   └── ⑬神宗朱翊钧（万历）
            │                       └── ⑭光宗朱常洛（泰昌）
            │                           ├── ⑮熹宗朱由校（天启）
            │                           └── ⑯思宗朱由检（崇祯）
            └── ⑦代宗朱祁钰（景泰）
```

图书在版编目（CIP）数据

明代的宦官和宫廷 / 温功义著. —哈尔滨：哈尔滨出版社，2023.11
ISBN 978-7-5484-6981-0

Ⅰ. ①明… Ⅱ. ①温… Ⅲ. ①宦官—研究—中国—明代②中国历史—研究—明代　Ⅳ. ①D691.42②K248.07

中国版本图书馆CIP数据核字（2022）第242398号

书　　名：明代的宦官和宫廷
MINGDAI DE HUANGUAN HE GONGTING

作　　者：温功义　著
责任编辑：尉晓敏　孙　迪
装帧设计：人马艺术设计·储平

出版发行：哈尔滨出版社（Harbin Publishing House）
社　　址：哈尔滨市香坊区泰山路82-9号　　邮编：150090
经　　销：全国新华书店
印　　刷：天津光之彩印刷有限公司
网　　址：www.hrbcbs.com
E-mail：hrbcbs@yeah.net
编辑版权热线：（0451）87900271　87900272
销售热线：（0451）87900202　87900203

开　　本：880mm×1230mm　　1/32　　印张：13　　字数：280千字
版　　次：2023年11月第1版
印　　次：2023年11月第1次印刷
书　　号：ISBN 978-7-5484-6981-0
定　　价：60.00元

凡购本社图书发现印装错误，请与本社印制部联系调换。
服务热线：（0451）87900279